21世纪经济管理新形态教材
营销学系列

新媒体营销

李玥 杨仲基 胡艳玲◎主编

清华大学出版社

北京

内 容 简 介

　　新媒体营销是一门建立在经济科学、行为科学、计算机应用和网络通信技术等多方面内容基础之上的应用科学，具有综合性、实践性、边缘性等特点。本书主要研究新媒体营销的概念、思维、演进历程以及新媒体营销与传统营销、网络营销、数字营销的区别与联系，网络市场与网络消费者特征，新媒体营销理论基础，社交平台、视频平台、直播平台、问答平台、社区平台、自媒体平台等不同类型新媒体营销平台的运作方式和营销技巧，以及新媒体营销实践与管理策略等内容。本书能够结合数字时代背景和新媒体营销情境，通过大量案例，理论联系实际，有利于读者掌握新媒体营销的理论知识与方法技能。

　　本书既适合高等院校工商管理、市场营销、电子商务等专业本科生或相关研究方向的研究生、MBA 学生使用，也适合从事企业网络营销和新媒体传播的实践工作者参考。

图书在版编目（CIP）数据

　新媒体营销/李玥，杨仲基，胡艳玲主编.—北京：清华大学出版社，2022.1（2024.7 重印）
　　21 世纪经济管理新形态教材·营销学系列
　　ISBN 978-7-302-58887-0

　Ⅰ. ①新…　Ⅱ. ①李…②杨…③胡…　Ⅲ. ①网络营销－高等学校－教材　Ⅳ. ①F713.365.2

　中国版本图书馆 CIP 数据核字(2021)第 159699 号

责任编辑：徐永杰
封面设计：李召霞
责任校对：王凤芝
责任印制：杨　艳

出版发行：清华大学出版社
　　　网　　　址：https://www.tup.com.cn，https://www.wqxuetang.com
　　　地　　　址：北京清华大学学研大厦 A 座　　　邮　　编：100084
　　　社 总 机：010-83470000　　　邮　　购：010-62786544
　　　投稿与读者服务：010-62776969，c-service@tup.tsinghua.edu.cn
　　　质量反馈：010-62772015，zhiliang@tup.tsinghua.edu.cn
印 装 者：三河市龙大印装有限公司
经　　　销：全国新华书店
开　　　本：185mm×260mm　　　印　　张：20.75　　　字　　数：497 千字
版　　　次：2022 年 1 月第 1 版　　　印　　次：2024 年 7 月第 4 次印刷
定　　　价：59.00 元

产品编号：093746-01

随着互联网经济的日益繁荣,新媒体蓬勃发展,正在深刻地改变着现实社会生活的各个方面,孕育着无限商机。我们开始越来越多地通过视频平台、网络直播接触营销活动。一方面,这些营销活动不断对传统的网络营销理论产生冲击;另一方面,今天的新媒体营销人员需要更多紧跟时代步伐的理论和工具,帮助企业开辟客户资源,建立庞大的网上客户群。

为什么要学习新媒体营销?

随着数字经济时代到来以及移动通信技术、智能终端和互联网的快速发展,营销方式也发生了巨大变革,出现了博客、微博、微信、TAG、SNS、RSS、WIKI、数字杂志、数字报纸等新媒体形态,新媒体迎合了人们休闲娱乐时间碎片化的需求,能够满足随时随地的互动性表达、娱乐与信息的需要。新媒体营销建立在数字技术和网络技术基础之上,以多媒体作为信息的呈现形式,具有全天候和全覆盖性等特征,在技术、运营、产品、服务等商业模式上具有创新性,新媒体的边界不断变化呈现出媒介融合的趋势。新媒体营销体现出更强的交互性与即时性、海量性与共享性、多媒体与超文本、个性化与社群化等特征。企业如何开展新媒体营销,向顾客传递系统而有效的信息,建立良好的互动关系,实现价值共创,不断提升企业竞争力,成为新一轮市场竞争中企业面临的关键核心问题。

新媒体平台的发展打破了传统营销静态的、间断的、单向的营销方式,消费者的需求也在不断变化、升级和迭代,为企业的营销活动注入生机活力。新媒体营销在了解用户需求的基础上,借助新媒体平台,通过便捷地收集消费者的基本信息、历史购买数据、社交行为等相关数据,更好地分析洞察消费者的兴趣偏好和行为习惯,使线下的"人、货、场"实现同步协同,全方位、多角度地接触场景中的消费者,这必将产生更多的机会点和盈利空间,为品牌传播带来更多声量。Facebook、Twitter、YouTube、LinkedIn 等是国外主流的新媒体平台,而微信、抖音、微博、小红书等则是国内主流的新媒体平台,它们既是消费者之间信息交流的互动平台,也是企业寻找、发现消费者进行沟通的桥梁。

在数字经济时代的背景下,新媒体为消费者提供更加方便快捷的信息交流渠道,使其创新能力的发挥达到了前所未有的高度。新媒体营销需要对网络市场的基本规律有充分的了解,需要对网络中的人们的需求变化有充分把握,需要在市场环境中具备平台创新思维和管理能力。因此,新媒体营销学的知识也需在原有理论体系的基础上"不断完善","顺势"升级。

如何借助本书学好新媒体营销?

结合新媒体营销快速发展的特点,为满足我国企业的发展需求以及高等院校新媒体营销课程的教学需要,本书基于新媒体营销理论基础,围绕新媒体平台,分16章进行了阐述。全书注重理论和实践的紧密结合,力求在结构上完整,在内容上新颖、实用。

1. 开篇导入,思路清晰

每章开始,均设有一个整合性的开篇部分,包括要点概述、导入案例等,启发学生思考,便于进入新媒体营销学习情境,快速融入课堂学习。

2. 案例丰富,学以致用

本书在案例选取上突出现实性、应用性和可操作性,注重案例及阅读材料的新颖性、国际化和本土化,使学生加深对新媒体营销理论知识内容的理解、掌握,学以致用。

3. 理论阐述,特色鲜明

针对全球经济化的快速发展,特别是移动互联网、信息技术的快速发展,给新媒体营销带来了新的课题,本书在理论上引入国内外前沿性研究成果,如SNS社区营销、网络社会、数字创新以及网络营销等内容,通过直观的图表注释,使内容易于理解,提高学生学习的深度和广度。

4. 题库丰富,配套练习

在每章内容结束后,通过设置思考问题,让学生及时复习所学知识,有针对性地检验学习效果,便于查漏补缺,帮助学生提升自主学习能力和拓展知识面。

本书的特色

1. 重视新媒体平台在营销活动中的重要作用

针对目前企业在新媒体营销中的实践应用情况,构建了系统的新媒体营销内容体系,突出新媒体平台在营销活动中的重要作用。为凸显新媒体营销平台地位,本书特别把新媒体平台作为独立的一篇进行详细阐述,以期能引发读者对新媒体平台更多的关注。

2. 重新梳理了部分易混淆的概念

为了加深读者对新媒体营销中基本概念的理解,本书对该领域内一些易混淆的概念进行了重新梳理和界定。例如,前置贴片广告、暂停贴片广告、后置贴片广告,明确了三者之间的联系和区别。

3. 使用大量消费者熟悉的新媒体营销案例

为了增强读者的阅读兴趣,吸引读者继续读下去,使用大量典型的新媒体营销案例,如抖音、拼多多、今日头条、小红书、B 站等。这些案例的后面提供了"相关链接",以扩大向读者提供的信息量。

4. 聚焦于最新的国内外学术研究

本书引入了新媒体营销领域前沿的研究成果,并将其融入相关的传统理论中,对新媒体营销领域内传统理论进行了创新性发展和描述,以进一步丰富和完善新媒体营销研究的理论体系。

5. 充分体现实战性,突出学思结合

本书在每章后面提供了思考题和练习题,以便学完后对每章内容有个总体的认识和理解,从而更好地帮助学生提升其学习效果,也有利于教师组织课堂教学。

本书由李玥、杨仲基、胡艳玲编著。李玥编写第一、二、三、九、十、十一章,负责总体框架设计、组织撰写以及全书统稿,杨仲基编写第四、五、六、七、八章,胡艳玲编写第十二、十三、十四、十五、十六章,并协助全书统稿和校稿。同时,在本书编著过程中,感谢哈尔滨理工大学南区 828 实验室的研究生们,参与了本书资料收集、案例分析以及校稿等工作。此外,本书还参考借鉴并引用了国内外新媒体营销、网络营销、数字营销等相关教材、著作、文献及案例。在此,向各位老师、同行、学者表示最诚挚的谢意。

随着数字技术发展,新媒体营销的内涵不断拓展,方法手段也将日益多样化。由于编者水平有限,书中难免存在不足之处,敬请广大读者批评指正,使本书后续能进一步完善,持续创新和提升,切实为企业新媒体营销提供理论方法支持和决策参考,真正实现价值共创。

编　者

目录
CONTENTS

第三篇　新媒体营销平台

第四篇　新媒体营销实践与管理

第一篇

新媒体营销基础

第一章

新媒体营销概述

【本章要点】

随着互联网信息技术的飞速发展,新媒体营销在经济和社会各个领域都得到广泛应用,其理论和方法的应用对企业经营、政府管理,乃至国际关系等起着重要作用。面对数字经济浪潮下,更加激烈的市场竞争和更大的机遇与挑战,全面、系统地学习、掌握和应用新媒体营销的理论和方法,对于各个领域、行业的营销人员,以及当代经济管理类各专业的大学生来说具有重要的意义。本章主要介绍新媒体内涵和表现形式、新媒体营销思维与策略、新媒体营销的演进与比较、数字技术对新媒体营销的影响等内容。

【学习目标】

1. 掌握新媒体的内涵和表现形式。
2. 了解新媒体营销与传统媒体营销的异同。
3. 掌握新媒体营销的思维和策略。
4. 熟悉数字时代新媒体营销创新趋势。
5. 掌握数字技术对新媒体营销的影响。

第一节　新媒体营销

一、新媒体

(一) 新媒体的概念

"媒体"(media)一词是拉丁语 Medius 的音译,意为"两者之间",也常被翻译为媒介。媒体是传播信息的媒介,是人们用来传递信息和获取信息的工具、渠道、载体、中介物或技术手段。传统的媒体主要有四类:电视、广播、报纸和杂志,是人类社会生产的早期媒体形式。

新媒体(new media)的概念是由美国哥伦比亚电视广播网(Columbia Broadcasting System,CBS)技术研究所所长戈尔德马克(P. Goldmark)于 1967 年率先提出的。新媒体的

"新",是相对于传统媒体而言,使用了先进的数字技术等,扩大了传播渠道以及用户范围。新媒体是指利用数字技术、网络技术,通过互联网、移动通信网络等传播渠道,结合手机、计算机等输出终端,向用户提供文字图片、音视频等信息及服务的新型传播形式与手段。

(二)新媒体的特征

新媒体是一个相对的概念,与媒介技术的不断推陈出新紧密相关。为了进一步了解新媒体,下面从传播、产业、舆论和文化四个方面来介绍新媒体的特征。

1. 传播

传播主要依赖数字化技术,数字化是新媒体传播特性的本质;由"点对面"的单项线性传播变为双向的交互性传播,交互性是新媒体传播特征的主要表现形式;传播行为更加个性化,个性化是新媒体传播特征的一种延伸;传播成本降低;传播更新速度快;从单一媒体传播到融合媒体传播;实时发布和异步接收;共享海量的传播信息;能形成特定的效应。

2. 产业

产业方式多样化,如微信、微博等;具有兼容性的技术,如手机银行兼容了移动网络技术、在线交易技术和网络安全技术等;分众传播,能够细分用户以及提供信息定制服务;适应扁平化需求,简化了中间环节,信息传播的源头直接连接到用户;新媒体与传统媒体互相借力实现共赢。

3. 舆论

自动产生议题,新媒体信息传播行为的个性化、传播的交互性,以及传播环境的相对自由开放,为用户提出议题和发表意见提供了便利;扩展了传播空间,打破了时间和空间的界限;缩短了舆论形成的周期,人们能快速传播信息和汇集意见,迅速成为舆论热点。

4. 文化

内容和形式的更新换代,涉及全球化扩展与不同文化的兼容。注重大众娱乐化以及平民文化,体现了文化的双面性。

(三)新媒体的表现形式

新媒体本身就是一个不断变化的概念,表现形式会随着技术的发展不断增加,比较常见且使用较为广泛的新媒体的表现形式主要有以下几种。

1. 微博

微博是一种基于用户关系信息分享、传播以及获取的通过关注机制分享简短实时信息的广播式的社交媒体、网络平台。微博是微型博客的简称,也是国内非常受欢迎、使用较多的博客形式。

2. QQ

QQ是腾讯公司推出的一款即时通信软件,QQ具有在线聊天、视频通话、面对面传文件、共享文件、网络硬盘、自定义面板和QQ邮箱等多种功能,并可与多种通信终端相连,包括计算机、手机和其他移动设备等。

3. 微信

微信是一款社交工具,它不仅可以通过网络快速发送文字、图片、语音、视频,还具有群聊、分享、扫一扫、查找附近的人等功能,而且打破了运营商、硬件和软件、社交网络等多种壁垒,实现了现实与虚拟世界的无缝连接,使移动终端成了新的社交节点。微信使个人移动终端的功能得到发挥,将人际传播和大众传播融为一体,成就了一种全新的传播类型。所以人们通常将微信定义为一款新型的,依托于移动互联网和个人移动终端技术,具有社交功能、信息分享功能和信息接收功能的新媒体平台。

微信作为新媒体平台,还有一项重要的传播手段——微信公众平台,政府、媒体机构、企业、个人等都可以建立独立的微信公众平台,通过微信公众平台(订阅号或服务号)进行各种宣传或营销推广。

4. 网络直播

网络直播就是借助互联网的优势,利用相关直播软件将即时的现场环境发布到互联网上,再借由互联网技术快速、清晰地呈现在用户面前。网络直播作为新媒体的一种传播方式,具有时效性强、传播快捷、互动性强的独特优势,同时它也是一种新兴的网络社交方式,因此进行网络直播的平台也成了一种崭新的社交媒体。

广义的网络直播包括电视节目的网络直播和网络视频直播两种类型,其中电视节目的网络直播是基于互联网的技术优势,利用视讯方式进行直播,其直播渠道包括PC(个人计算机)端和移动端;网络视频直播是一种直播网站自给自足的节目内容,基于现场架设独立的信号,上传至网络供用户观看。目前,网络视频直播已经发展得较为成熟,尤其是可以与用户进行直接信息交流的网络互动直播,其互动性更强,且能够随时随地进行直播,是目前新媒体中发展迅猛的传播形式,网络互动直播又分为以下三种类型。

(1)娱乐直播。娱乐直播是当前市场上用户数量最大的一个类型,演艺人员、剧组、"网红"的入驻,保证了直播平台的用户基数,这种直播类型最大的特点就是能满足用户与偶像"零距离"接触的意愿。

(2)游戏直播。游戏直播是在直播平台上通过游戏主播对游戏的直播讲解吸引粉丝,游戏直播其实是发展最早的直播类型,其核心是能够带来大量用户的主播。

(3)购物直播。购物直播也称消费直播,类似于电视购物,这类直播以"网红主播"展示并讲解商品为亮点,使用户能更加直观地感受商品,以激发用户的消费欲望,从而达到将商品售出的目的。

5. 短视频

短视频是一种视频长度以秒计数,主要依托于移动智能终端实现快速拍摄与美化编辑,可在各种社交媒体平台上实时分享和无缝对接的一种新型视频形式。短视频既可以代替图文作为信息的传播介质,如新闻时事,也可以单独作为一种娱乐内容,如短视频里面的个人秀或者生活中的片段。短视频既可以包含丰富的视听信息,又不占用用户太多的时间,是目前比较便捷的传播形式。短视频创造的诸多热门话题,成为一种社会现象,打破了视频传播的常规思维,逐步在新媒体行业中占据一席之地。

目前,短视频社区类应用程序越来越多,如微视、秒拍、美拍、快手和抖音等,甚至一些新闻资讯类平台和各大社交平台也通过设置短视频频道来吸引用户。短视频具有以下四个传播特点。

(1)内容生成相对容易。短视频的制作门槛低,使用手机等非专业拍摄设备就能实现短视频的制作与编辑。短视频的时长一般在5分钟以内,不需要大量的拍摄时间和后期编辑。此外,短视频还可以使用现成的滤镜和特效,让用户参与到创作中,成为短视频中的主角,激发用户自身的传播积极性,促进用户之间的信息分享。

(2)传播速度快。手机等移动客户端是短视频传播的主要途径,短视频时长短、流量小、观看方便,而且即拍即传,能够在互联网中迅速传播。

(3)具有强烈的社交属性。短视频的传播渠道主要为社交媒体平台,可以说短视频逐渐成为人与人之间传递信息的载体,其功能类似于图片在传播中起到的作用,并且更具有画面感,也更真实、可信。

(4)点对点传播。短视频依托于移动端,具有传播和分享的优势。短视频使信息以一种实时的、有声音的、有图像的方式,在人与人之间传播开来,这种特点使短视频成为点对点传播的一种媒介形式,并且逐渐成为人们的网络社交习惯。

6. 移动新闻客户端

移动新闻客户端是一种传统报业与移动互联网紧密结合的媒体形式,移动新闻客户端通常定义为依靠移动互联网,以文字、图像、声音等多种符号传播新闻信息为内容,以智能手机、平板电脑等移动终端作为接收设备的全媒体数字媒介。目前常见的移动新闻客户端主要有以下四种类型。

(1)综合门户。综合门户是网络中各大综合门户网站推出的移动新闻客户端,如新浪移动新闻客户端、腾讯移动新闻客户端等。

(2)传统媒体。传统媒体是各种传统的新闻媒体推出的移动新闻客户端,如央视移动新闻客户端和其他地方媒体的移动新闻客户端等。这类移动新闻客户端的优势在于传统媒体本身就具备强大的品牌号召力,以及独家的原创内容。

(3)聚合媒体。聚合媒体是指通过各种网络技术,将分散的内容加以整合,并通过多样化、个性化的方式推送给用户,使用户能通过一站式的访问,获取所需的各种信息,如百度新闻、今日头条、网易云阅读和一点资讯等。

(4)垂直媒体。垂直媒体是指生活、体育、汽车、科技、娱乐、旅游和教育等众多行业或领域的专业媒体推出的移动新闻客户端,如生活领域的美团、体育领域的 PP 体育、旅游领域的马蜂窝旅游等。

7. 自媒体

自媒体(又称"公民媒体"或"个人媒体")是一种以现代化、电子化的手段,向不特定的大多数人或者特定的个人传递规范性及非规范性信息的新媒体的总称。简单地说,就是个人用于发布自己亲眼所见、亲耳所闻事件的载体,很多新媒体的类型都可以归入自媒体范围,如微博和微信等。

自媒体的"自"主要有两个方面的意思,一是"自己",指人人都可以通过网络平台发布自己的信息和言论;二是"自由",指自媒体相对于其他新媒体,具有更自由的语言空间和自主权。在自媒体中,人人都是信息的生产者和消费者。自媒体具有以下三个基本特性。

(1)人人提供内容。每个人都可以拥有一个自己的媒体平台,如个人的微信和微博等,而这些媒体平台则变成了个人进行信息传播的载体。人们可以通过自媒体来表达自己想要表达的观点,展示自己生活中的酸甜苦辣,构建自己的社交网络,而这些内容又可以成为其他人的来源信息,编辑和加工后再次在自媒体中进行发布与传播。

(2)低门槛、易操作。传统媒体的运作需要大量的人力和物力,而自媒体的运作只需要用户通过简单的注册,依照新媒体平台提供的空间和模板,就可以在网络上发布文字、音乐、图片、视频等信息,创建属于个人的"媒体"。

（3）互动性。自媒体的作者与用户之间具有良好的互动性,作者与用户、用户与用户之间都能产生深度的互动,而且两者之间的界限会变得模糊,甚至融为一体。

8. 数字电视

新媒体中的数字电视是指基于网络技术的数字电视系统,包括交互式网络电视(internet protocal television,IPTV)、车载移动电视、楼宇电视、户外显示屏系统等。数字电视实现了边走边看、随时随地收看,极大地满足了快节奏社会中人们对于信息的需求。数字电视除了具有传统媒体的宣传和欣赏功能外,还可以承担城市应急预警、交通、食品卫生、商品质量等政府安全信息发布的重任。

（1）交互式网络电视。交互式网络电视是一种集互联网、多媒体、通信等技术于一体,利用宽带网向家庭用户提供包括数字电视在内的多种交互式服务的新技术。用户可以通过计算机、网络机顶盒＋普通电视机和移动终端三种方式享用电视服务。

（2）车载移动电视。车载移动电视是一种移动数字电视类型,通常安装在公交车、地铁和出租车等公共交通工具上,通过无线发射、地面接收的方式进行电视节目和信息的传播,它是目前比较常用的数字电视新媒体。

（3）楼宇电视。楼宇电视是指采用数字电视机为接收终端,以播出电视广告和其他节目为表现手段,将商业楼宇、卖场超市、校园、会所等场所作为传播空间,播放各种信息的新兴电视传播形式,以实现户外楼宇广告媒体发布。

（4）户外显示屏系统。户外显示屏系统由计算机专用设备、显示屏幕、视频输入端口、系统软件和网络组成,通常采用巨大的显示屏幕来播放电视广告。

（四）新媒体发展趋势

以信息技术为基础的移动互联网模式下的新媒体对传统媒体产生了越来越深刻的影响,尤其是传播方式的影响。有的影响仅仅是技术演化造成的,有的影响则是社会文化演化造成的。当然,技术的演化也可以反过来加速社会文化的演化。

1. 注意力经济时代来临

人类信息阅读的载体的变化趋势是:从岩画到纸书,从书籍到报刊,从报刊到计算机客户端,从计算机客户端到手机等移动端。在变化方面,趋势是阅读屏幕越来越小、阅读时间越来越短。计算机阅读和移动阅读都是交互式阅读模式,阅读什么样的内容是需要自己一步步去选择的,这和图书这种静态沉浸式阅读模式完全不同。

在这种交互式阅读模式下,如果阅读者要花很长时间等待自己想看的内容,他会变得越来越缺乏耐心,甚至直接跳出。这种因为不耐烦等待而立即跳出的行为模式在纸质图书阅读过程中则比较少见。有人归纳出"3秒原则",意思是如果内容在3秒内显示不出来,阅读者就会选择跳出。

2. 移动场景阅读时代来临

随着智能手机的普及,原来很多必须依赖计算机完成的工作现在可以用手机来完成,如工作交流、邮件收发,甚至是内容制作(如微信排版、编辑)等。阅读进入移动场景下的碎片化时间阅读模式。在公交、地铁、餐馆、会议、课堂等场合,只要有一点点碎片化时间,人们就会变成"低头一族",阅读手机上的信息。

3．参与感时代来临

在互联网时代，媒体的一大变化趋势就是信息量越来越多，产生信息的周期越来越短，以报纸为例，我们可以清晰地看到整个媒体的演化特征，报纸由最初的月刊形式，经历周刊、日刊、门户网站等阶段，现在已发展为新闻客户端形式。

报纸是其他媒体发展的一个缩影。除了报纸外，像电视、视频这样的媒体，也是频道越来越多、内容越来越多，每一个媒体都在努力抓住潜在用户的眼球，确保拥有更多的用户。

4．社会化传播时代来临

传统媒体，包括当下被视为传统媒体的一些互联网媒体（如新闻网站），视频门户更多是依赖渠道的流量去传播的。当网络分发流量的渠道是百度时，大家都必须在百度上投入推广费用；当网络流量渠道转移到微信时，大家又想通过微信公众号做推广。所以在新媒体上做推广，很多业内人士叫"导流"。不管应用的媒体平台是什么，传统媒体考核指标叫目标人群到达率，在报刊上就是发行量，在电视广播上就是收视（听）率，在网站上便是访问量。将广告或者公关文章插入或植入覆盖率高的媒体内容中，便可以获得较高的注意力流量。

在过去，这些流量可以来自搜索引擎，如有公信力的网站、用户关注的明星微博、用户喜欢的微信公众号等。当流量是稀缺资源的时候，流量就会越来越贵。不过，质量最高的流量往往是你的社交圈里信任的人推荐的。有些人在社交圈里能量高，在某些专业领域有眼光，大家都信任他，并直接选用他推荐的产品或服务。如果他能影响的人足够多，他就开始在某些领域形成了个人品牌，开始成为更多人的"信任代理"。一旦成为众多人的"信任代理"，他就可以有意识强化个人品牌的标签识别度，不断曝光自己在某个领域的影响力，鼓励对这个领域感兴趣的人直接通过社交媒体和自己互动，积累粉丝订阅数，这样的人也被称为"自媒体""网红"。

这就是当今互联网和过去互联网的一个区别：当今互联网越来越强化人和人直接的链接，而不仅仅是人和组织、人和社会的链接。

5．短视频时代来临

2018年，短视频产品"抖音"的国内日活跃用户数量突破2.5亿，国内月活跃用户数量突破5亿，热门城市全年点赞量超过10亿。显然，以抖音为代表的短视频时代已经来临。

6．信息流时代来临

在新媒体领域中，"信息流"指的是平台按照一定的顺序呈现内容，像水流一样将内容逐个呈现在用户面前。随着新媒体的发展，信息流形式的运用十分普及，信息流广告的出现加深了新媒体营销对消费者行为的影响，其价值越来越凸显。例如，用户在进入微博首页后，所看到的信息呈现样式即信息流。

7．内容电商时代来临

21世纪初，国内新媒体平台（如新浪、网易邮箱、搜狐等）与电商平台（如阿里巴巴、当当网、财付通等）呈相互分离状态——新媒体平台负责内容传播，电商平台负责产品销售，两大平台各行其道，企业新媒体营销者根据具体需求选择对应的平台。

但是，随着微信公众平台、今日头条、大鱼号等新媒体内容平台的崛起，新媒体平台与电商平台开始广泛融合，越来越多的新媒体账号开始通过文章、视频等内容形式直接销售商品（包括虚拟商品）。

二、新媒体营销

（一）新媒体营销的概念

新媒体营销就是企业通过新媒体渠道所开展的营销活动。具体来讲，新媒体营销是指借助移动互联网技术，以短视频、直播 App 等新媒体平台为营销渠道，针对企业所提供的服务、产品等内容宣传企业的品牌价值或促销信息，是企业营销战略的关键环节。新媒体营销属于营销的一种，是企业开展网络营销活动的方式，也是一种基于现代营销理论、利用新技术的企业经营手段，能够最大限度地满足企业及客户的需要，为企业带来更多的利益。

（二）新媒体营销的特点

1. 应用载体广泛

（1）PC 互联网。网络媒体是新媒体的主要形态。互联网在中国近 20 年的发展历程早已经完全获得了媒体的属性和地位。它的出现给世界带来了颠覆性的改变，成为当下人们生活不可或缺的重要元素。

（2）移动互联网。移动媒体是以智能手机、平板电脑等移动终端为传播载体的新兴媒体形态。移动媒体的形式丰富多样，从早期的手机短信、手机报，到如今的资讯、视频、社交等 App，其最大的特点就是具有移动性、小巧、可随身携带。

2. 呈现形式多样

（1）文字。文字是最为常见的内容呈现形式，如江小白文字文案"活在别人的眼光下，不如活在自己的期待中"。

（2）图片。用优质图片做广告，这种直观的视觉方式能让读者瞬间记住图片所要宣传的产品或思想。

（3）音频。用音频进行营销，无须占用用户的双眼，即可实现"伴随式"营销。例如，2016 年"双 11"活动中，天猫商城与上海彩虹合唱团合作，推出了"我就是这么诚实"推广曲，歌词切中用户痛点，开启了"双 11"的音频营销模式。

（4）视频。用视频进行营销，包括电视广告、网络视频、宣传片、微电影等各种方式。例如，美国 Blendtec 公司为宣传搅拌机，以一个老人将各种稀奇古怪的东西扔进搅拌机为主题，拍了一系列视频，最终取得不错的营销效果。

（5）H5 动态页面。这是近年来兴起的一种营销方式，它利用各种创意的设计进行营销，因为形式多样，往往能起到良好的传播效果。例如，支付宝推出的"支付宝十年账单"H5 页面、网易云音乐推出的"年度听歌总结"等，它脱离了主营业务本身，在微博、微信朋友圈形成了刷屏的营销效果。

3. 营销成本低廉

企业利用新媒体开展营销活动不仅简单方便，而且宣传推广的费用也较低。利用新媒体发布企业营销活动及产品信息的成本几乎为零，这与企业在报纸、广播、电视等传统媒体上高额的付费广告相比，极大地降低了企业的宣传推广费用。不仅如此，企业还可以通过网络社交媒体进行低成本的舆论监控。在社交网络出现以前，企业对用户进行舆论监控的难度很大。除此之外,社交媒体在企业危机公关时发挥的作用也已经得到了广泛认可。目前,国内许多企业都在开展新媒体营销,如小米公司等。

4. 目标客户精准

新媒体涵盖了丰富多彩的内容,如微信、微博、论坛等让每个人都可以成为信息发布者。在浩瀚如烟的信息中,人们关于生活、学习、工作等各类讨论展现了前所未有的信息广度和深度。通过对社交平台的大量数据进行分析,企业可以利用新媒体有效地挖掘用户的需求,为产品的设计与开发提供良好的依据。相对于传统媒体受众只能被动地接收信息,在新媒体传播中,受众可以借助先进的网络通信技术及时地与企业进行互动,这使得传播方式发生了根本的变化。移动网络及移动设备的普及,使信息的实时性及跨越时空的传播成为可能。因此,新媒体营销实现了随时随地的信息传播,营销效率大大提高。以新媒体技术为基础的新媒体营销,大大降低了产品投放市场前的风险。

三、新媒体营销的思维与策略

(一)新媒体营销思维

数字时代的到来,改变了人们的交互模式,也打破了原有的营销生态,新媒体始终是动态的,是持续不断地进化的。技术的发展赋予每个人获取、使用和分发信息的权利。技术越进步、网络越发达,个人在信息生活中的媒体属性就越强。人人都是媒体,人人都是信息中心,人人都是信息的使用者,也是信息的制造者与传播者。"人人皆媒"的意义不在于新闻报道,而在于意见表达。微博、微信、App 等新媒体工具只是表象,新媒体经营者需要深刻理解新媒体影响力的本质。

1. 社交思维

随着新媒体营销的爆发,拥有粉丝变得越来越重要。新媒体时代的粉丝充当着重要角色,新媒体营销之战其实也是粉丝之战。新媒体营销的一切目的都转向获取高质量的粉丝,拥有粉丝就等于拥有财富。粉丝经济告诉我们,一个媒体平台,如果不能"聚粉",那么这个媒体将会慢慢失去其价值。例如,郭敬明的《小时代》口碑并不算好,其在豆瓣上的评分甚至低于 5 分,但杨幂、郭采洁等一批娱乐名人的效应还是吸引了大批年轻粉丝。经数据分析发现,观看《小时代》的观众平均年龄为 20.3 岁,这批年轻人成为《小时代》票房的最大贡献者,也成为《小时代》在社交网络上传播的最大贡献者。这部电影自上映的第一天起,就一直处在争论的风口浪尖,两派在社交媒体上展开了旷日持久的骂战,反而让《小时代》引起了更多的关注。

2. 用户思维

用户思维是指在价值链各个环节中都要"以用户为中心"去考虑问题。企业应该站在用户的角度思考,以用户的语言表述用户关注的重点,来帮助用户思考和判断,从而让用户能快速获取自己的需求。"你家的产品和我有什么关系?我为什么要对你感兴趣?"——这叫用户思维,与之相反的是产品思维:"我跟你说呀,我家的货有多好多好,给我点时间,我给你详细介绍一下呗!"这叫自嗨!

培养用户思维,从了解用户开始。"用户思维"的关键点就是到用户中去,看看他们最关心什么,对产品和服务是什么看法,他们是怎么描述产品的。打动用户,要从用户最关心的价值点入手。在推广产品时,我们很容易犯的一个错误就是:用我们自己的语言描述自己认为好的卖点,而不是告诉用户这个产品对于他们的价值点、利益点是什么,他们买了或用了之后能得到什么好处。在用户思维下介绍产品特点时,一定要明确展示能给用户带来哪些好处,不要以产品特点为主,而是要以用户的利益点为主。

3. 流量思维

互联网时代,流量为王。网站如果没有流量,那就如同"无源之水、无本之木"。因此,抓住用户的痛点,也就抓住了营销的根本。借势热点是最普遍的蹭流量行为,用户的关注点在哪里,就去生成与关注点相关的内容来迎合用户的需求。

4. 大数据思维

新媒体是一种建立在数字技术和网络技术上的"互动式数字化复合媒体"。作为技术不断更新的产物,新媒体以其形式丰富、互动性强、渠道广泛、覆盖率高、精准到达、性价比高、推广方便等特点在现代传媒产业中占据越来越重要的位置,从而积累了大量用户和用户行为数据,这就成为做用户分析的大数据的基础。

"数据"不只是一个概念,数据目前已变为十分重要的资源和资料。大数据已成为新媒体的核心资源——不仅是新闻报道的重要内容,还是媒体统计和分析受众心理、需求及行为习惯等的重要依据。分析、解读数据,探索得出一种为受众和用户提供个性化服务的新媒体运营方式,将成为新媒体在大数据时代竞争的趋势。

(二)新媒体营销策略

1. 事件营销

事件营销(event marketing)是指通过策划、组织和利用具有新闻价值、社会影响及名人效应的人物或事件,吸引媒体、社会团体和消费者的关注,以提高企业或产品的知名度、美誉度,树立良好的品牌形象,并最终促成产品或服务的销售。事件营销的策划要谨慎、适度,有的企业切入点很好,但是过度渲染会让公众产生审美疲劳。如果企业能做到不偏不倚,以客观的表述加上诚恳、贴心的提醒,就会让整个事件营销获得巨大的成功。因此,在一场事件营销策划的过程中,企业要明确自己的目的并时刻谨记。

在进行事件营销准备的时候,企业除了要时刻谨记策划目的外,还必须在其他方面做好相应的工作。

(1)符合新闻法规。不论企业如何策划事件营销,一定要符合相关的新闻法规。

(2)不能盲目跟风。成功的事件营销要依赖于深厚的企业文化底蕴,而不是盲目跟风学来的,就算蹭热点,也要看自己是否合适,要针对自己的情况进行有效结合并实施。

(3)事件与品牌关联。无论事件营销怎么策划,一定要与品牌关联,一定要对品牌起到宣传的作用。

(4)曲折的故事情节。好的事件营销应该像讲故事一样,一波三折,让人们看了还想看,这样的营销效应才能持久。

(5)吸引媒体关注。事件营销最早也叫新闻营销,可见事件营销与媒体是密不可分的,事件营销的关键点是吸引媒体关注。

(6)不断尝试。事件营销的实施过程不一定都是顺风顺水的,大众对事件的关注程度不一定与策划时想象的一样。所以要想成功,很重要的一条是要戒骄戒躁、坚持实施、不断尝试。

(7)控制好风险。在策划营销方案之前,一定要考虑到风险的要素,控制好风险,千万不能对企业造成负面影响,所有的推广都应该为品牌服务。事件营销已成为网络营销传播过程中的一把利器,也是企业低成本营销的方法之一。

2. 病毒营销

"病毒营销"(viral marketing)这一术语最早是由贾维逊和德雷伯在 1997 年发表的一篇文章中提出的。病毒营销是指利用公众的积极性和人际网络,让营销信息像病毒一样传播和扩散的方法。营销信息被快速复制传向数以万计、数以百万计的受众,它能够像病毒一样快速复制、广泛传播,信息短时间内传向更多的受众。

在"病毒"信息众多且趋于同质化的今天,要想使病毒营销获得预期效果,"病毒"信息应该具有艺术性、娱乐性与情感因素,使用户在观看或使用过程中获得情感体验,进而获得内心深处的认同与情感上的共鸣,强化用户对品牌的喜爱与忠诚度。2018 年,百丽公司推出一个微电影——《我变成我》被频繁转载。电影讲述了一个胆怯的女孩在见到另一个"自己"是怎么一次次面对挫折、一次次勇于尝试之后,变得越来越自信,越来越成熟,最后顺利蜕变成当初曾羡慕的另一个自己。立足当下"每个人的存在都是有价值"的社会话题,我们身处在瞬息万变的世界,不要因为不如别人,就选择自暴自弃,唯有勇敢改变,勇于打破自己筑起的心墙,才能活出精彩的人生。给人营造出追梦路上有自信就有方向的感觉,使受众在情感上产生共鸣,从而提升了百丽女鞋在用户心目中的形象。

用户分享一个"病毒",一定是觉得这个东西有趣、新鲜或能体现他的品位。要想做到这一点,就要在"新"字上下功夫。"病毒"即被推广的产品或事物,它依靠对目标群体的利益、爱好、信息接收方式等的分析制造传播卖点。"病毒"的语言要简洁明了、通俗易懂,这样才能脱颖而出,成为某一时期的流行语,如必胜客的"吃垮必胜客"、耐克的"Just Do It"等,都是精心提炼出来的"病毒"语言与话题。"病毒"所采取的形式必须符合产品及投放媒体的特点。例如,有的企业采取视频的"病毒"形式,内容本身可以是广告,也可以在视频中自然地植入广告元素。企业通过将产品信息巧妙地融合在视频中,减少广告的商业气息,给受众留下深刻的品牌印象,从而实现更好的传播效果。开展网络病毒营销前应注意以下事项。

(1)标题。标题要配上优质的内容,紧紧地抓住受众的心理,使受众在潜意识的控制下点击。

(2)优质内容。在"干货"盛行的互联网时代,了解受众的需求,分享一些对他们有帮助或极具认同感的"病毒",对于"病毒"的传播更有帮助。

(3)配图。图片要充满正能量,图片的配色也可以增加受众点击的概率。

(4)精准投放。选择一个精准的平台很重要,平台上的用户就是受众,一个平台的用户需求往往是精准定位的。

(5)多平台分享。单一平台的传播速度及范围有限,要想"病毒"的传播速度快、影响范围大,建议在多个平台投放。

3. 口碑营销

口碑营销的口碑源于传播学。菲利普·科特勒将 21 世纪的口碑传播定义为:由生产者以外的个人通过明示或暗示的方法,不经过第三方处理、加工,传递关于某一特定或某一种类的产品、品牌、厂商、销售者，以及能够使人联想到上述对象的任何组织或个人信息，从而导致受众获得信息、改变态度，甚至影响其购买行为的一种双向互动传播行为，口碑营销也因此被市场营销广泛地应用。口碑营销是企业在调查市场需求的情况下，为用户提供所需要的产品和服务，同时制订一个口碑推广计划，让用户自动传播公司的产品和服务的良好评价，让人们通过口碑了解产品和品牌，最终达到企业销售产品和提供服务的目的。

传统的口碑营销是指通过亲戚、朋友的相互交流将自己的产品信息或品牌传播开来。相对于纯粹的广告、促销、公关、商家推荐、家装公司推荐等，口碑营销的一个重要特征就是可信度更高。

在这个信息爆炸、媒体众多的时代，大众对广告甚至新闻，都具有极强的免疫能力，企业只有制造新颖的口碑传播内容才能吸引大众的关注与议论。口碑是目标，营销是手段，产品是基石。例如，德芙巧克力利用亮点话题，渗透到目标人群关注的网站中，提高德芙巧克力的曝光度，并利用网站用户口口相传的作用，增强用户的口碑好感度。

4. 饥饿营销

饥饿营销是指商品提供者有意调低产量，以期达到调控供求关系、制造供不应求的"假象"的目的，以维护产品形象并维持商品较高售价和利润率的营销策略。例如，小米手机基本上每次网上发售不到30分钟便被一抢而空。企业先通过大量的广告促销宣传，引起消费者的购买欲望，然后采取饥饿营销的手段，让消费者苦苦等待，从而进一步增强消费者的购买欲望，有利于企业对产品进行提价销售或为未来大量销售奠定客户基础，让品牌产生高额的附加价值，为品牌树立高价值的形象。需要注意的是，只有在市场竞争不充分、消费者心态不够成熟、产品综合竞争力和不可替代性较强的情况下，饥饿营销才能较好地发挥作用，否则只能是一厢情愿。

5. 情感营销

情感营销是把消费者个人情感差异和需求作为企业品牌营销战略的情感营销核心，通过借助情感包装、情感促销、情感广告、情感口碑、情感设计、企业文化等策略来实现企业的经营目标。

在情感消费时代，消费者购买商品时看重的已不是商品数量的多少、质量的好坏及价格的高低，而是一种情感上的满足、一种心理上的认同。例如，著名的江小白情感营销文案就是利用情感营销的方式来获得消费者的共鸣。

6. 知识营销

知识营销是指通过有效的知识传播方法和途径，将企业所拥有的对消费者有价值的知识传递给潜在消费者，让潜在消费者逐渐形成对企业品牌和产品的认可，从而将潜在消费者最终转化为消费者的各种营销行为。知识营销要让消费者在消费的同时学到新知识，重视和强调知识的纽带作用，通过对相关商品知识的延伸、宣传、介绍，让消费者知晓商品或服务的特点及优势。例如，茅浆窖酒以网友的口吻在百度知道上求助分辨1987年茅浆窖酒真假的方式，再以专业人士的身份进行详细作答，有理有据，既为抱有同样疑惑的受众提供了答案，又向大家解释了茅浆窖酒珍贵的原因。

7. 会员营销

会员营销是一门精准的营销，是基于会员管理的营销方法。商家通过将普通消费者转变为会员，分析会员的消费信息，挖掘会员的后续消费力及其终身消费价值，通过会员转介绍等方式,将一个会员的价值最大化,并且通过会员积分、等级制度等多种管理办法,增加会员的黏性和活跃度,使会员生命周期持续延伸。因此,会员营销是一种绑定消费者的手段,它在新媒体营销中运用得非常广泛。例如,苏宁打通旗下全产业,推出"一账通"服务,消费者拥有一个会员账号,不仅可以通过苏宁易购轻松购买各种商品,还可以观看 PPTV 上的会员优质电影,享受聚力体育中的体育衍生品的赠送,参加苏宁广场、苏宁影城等的优惠活动。

第二节　新媒体营销的演进与比较

一、新媒体营销与传统媒体营销的区别

(一)传播媒介

无论何种营销方式,营销活动的落地和传播都必须依托于媒介,没有媒介,信息就没有承载的渠道,信息也将无法形成传播。

新媒体营销的传播媒介既包含以互联网为传播渠道,如微博、微信、直播、短视频、知乎、今日头条等具备传播属性的社交媒体平台,也包含在这些平台上活跃的意见领袖,新媒体营销的传播媒介特点是重新构建人与人之间的沟通方式,可实现信息的全网覆盖。

传统媒体营销的传播媒介包含广播、电视、杂志、户外大屏等展示性强的媒体平台,传统媒体营销的特点是媒介内容之间单一沟通,传播范围具有较强的地域性。

值得特别指出的是,新媒体营销并不抗拒对传统媒体的整合利用,作为营销人员,没有必要刻意在营销策划中区分是传统媒体还是新媒体,只要能精准达到目的,而且成本可控,都可以考虑使用。

(二)传播方式

新媒体营销的传播方式具有双向性和互动性的特点,且互动形式多样化。通过新媒体传播的信息,每个人都可以进行评论转发等,信息发布方通过新媒体平台可以及时高效且以丰富的形式与对方沟通。双方的互动性有利于企业及时了解市场动向和消费者需求,以便及时调整市场策略。

传统媒体营销的传播方式具有内容形式多样化但传播单一的特点。通过传统媒体传播的信息,信息接收方不能进行评论转发,信息发布方与接收方不能通过传统媒体进行及时高效的沟通,单一的传播形式虽然不利于企业消费者之间的互动,但适合企业品牌和产品的强曝光。单一传播方式多以广告的形式出现。

以微博和报刊为例,通过微博可以对看到的微博进行评论转发,并能让其他人看到自己评论转发的内容,但是报刊并不能转发评论,无法与读者形成互动。

(三)用户管理

新媒体营销依托于互联网技术,通过新媒体平台的用户注册信息、身份验证、消费记录、兴趣爱好、浏览轨迹等可以进行全方位的用户信息梳理,有效信息量越大,则消费者画像越

清晰,通过这些用户信息可以在新媒体营销平台开展更为精准的营销活动。

传统媒体营销因无法与用户取得直接沟通,无法直接掌握消费者的信息,对于消费者画像的描述只能通过媒介渠道的地理位置、人流量信息、购买媒介信息等进行简单粗略估算,无法实现精准营销活动的开展。

以微信服务号与公交站牌广告为例,微信服务号提供了语音识别接口、客服接口、OAuth 2.0 网页授权接口、生成带参数的二维码接口、获取用户地理位置接口、获取用户基本信息接口、获取关注者列表接口、用户分组接口、上传下载多媒体文件接口,通过这些技术接口可以充分获取微信粉丝的用户属性。公交站牌广告的投放虽然能够实现强曝光,但并不能收集到观看广告的人群属性;不能跟踪其是否有下单购买等,无法清晰描绘出用户属性。

(四) 营销理论

新媒体营销与传统媒体营销之间在传播媒介、传播方式、用户管理等方面的差异产生了两种不同的营销法则。

1898 年由美国广告学家 E. S. 刘易斯提出的 AIDMA 法则一直沿用至今,AIDMA 的含义为:A(attention)引起注意、I(interest)产生兴趣、D(desire)培养欲望、M(memory)形成记忆、A(action)促成行动。AIDMA 法则是指,首先消费者注意到该广告,其次对广告感兴趣而阅读下去,接着产生想买来试一试的欲望,然后记住该广告的内容,最后产生购买行为。

AIDMA 法则很好地反映了传统媒体环境下的营销关系。新闻、娱乐、广告等信息经过编辑后,形成图片、文字、视频等形式在电视、广播、报纸、杂志发布,信息接收者甚至无法选择或筛选自己接收到的信息,同时信息接收者并没有及时的、畅通的渠道与信息发布方产生连接。这种一对多、集权式的传播技术,形成了消费者对于营销信息的 AIDMA 反应模式,从而形成了以“媒体”为核心、以“引起注意”为首要任务的营销策略,这种策略在对媒体的使用上要求内容刺激性强、覆盖传播范围广、多次重复等,通过“引起注意”来打开消费者消费意愿的大门。

随着后期互联网行业的发展,尤其是互联网社交媒体服务的出现,传统媒体的 AIDMA 法则已无法满足新型媒体的营销要求。

2005 年,国际 4A 广告公司日本电通广告提出 AISAS 营销法则,AISAS 的含义为:A(attention)引起注意,I(interest)产生兴趣,S(search)主动搜索,A(action)付诸行动,S(share)口碑分享。AISAS 营销法则是指通过引起消费者的注意,使消费者对信息产生兴趣,消费者开始主动搜索产品的其他信息,进而付诸行动产生购买行为,并通过网络进行分享。但分享的结束并非意味着营销的结束,通过消费者的网络分享,可以影响其他潜在消费者,引起对方的注意,进而产生兴趣,主动搜索甚至购买再分享。

由于传播环境与生活方式等大环境的变化,大众的消费决策以及消费过程也随之变化,尤其是随着电商以及新媒体的发展,人们越来越多地通过电商平台产生消费行为,越来越多地通过社交媒体与网友、远方的朋友及钟爱的品牌发生互动。AISAS 营销法则充分验证了这一环境的变化对消费者行为产生的影响,人们开始在社交媒体上花费越来越多的时间,社交平台逐渐成为互联网上的集市,但人们的时间是有限的,争夺用户时间引起用户注意开始成为营销的重要问题,搜索引擎技术的进步同样为消费者的决策提供支持,消费者一旦对营销内容产生兴趣,就会主动地通过搜索引擎对关心的内容进行搜索,进而采取行动产生消费,再通过社交媒体分享购买过程或产品体验。

传统媒体营销与新媒体营销对于企业营销活动的开展各有千秋,企业对于传统营销以及新媒体营销的重视程度并没有固定标准,这需要企业对自身产品及消费者的行为习惯进行调查,以着重发展适合企业自身需要的营销方式。同样,传统媒体的 AIDMA 法则与新媒体的 AISAS 营销法则并无优劣之分,两种营销法则是由不同的媒体属性决定的,对于企业而言,充分利用好传统媒体营销和新媒体营销的优势,将两种营销方式配合使用,使两种营销方式相互补充、相互影响,最终达到企业的营销目标才是首要任务。

二、新媒体营销与网络营销的区别

网络营销是以互联网为媒体的营销,主要分为网络广告、电子邮件营销、搜索引擎营销、IM(即时通信)营销、BBS 营销、SNS(社会化网络)营销、网络视频营销、Widget 营销、博客营销、微博营销等。

例如,《啥是佩奇》在 2019 年 1 月 17 日播出后迅速形成了"病毒传播"现象,讲述了一个爷爷为满足孙子的愿望,自己摸索做出朋克佩奇的故事,创造了 2.3 亿播放量、16 亿微博转发量。《啥是佩奇》实际上是张大鹏导演为自己春节档上映的动画电影《小猪佩奇过大年》制作的一部电影推广短片,讲述的还是关于亲情的老话题,但新壶装旧酒,把亲情与网红佩奇搭在一起,变成新的情感洞察。短片中对佩奇毫无了解的乡村老人与在城里深受小朋友追捧的佩奇之间所存在的信息差引导了故事讲述的延续性,让"啥是佩奇"自然而合理性存在,观众的情绪也随着硬核佩奇的出现而达到高潮,这种中国式、含蓄的情感表达方式,极容易引起共鸣。

新媒体营销是以互联网 PC 和移动互联网(手机等手持终端)为代表的新型媒体营销,新媒体包括互联网,因此,新媒体营销涵盖网络营销,且新媒体更注重互动性和用户的心理攻占。事实上,新媒体是一种媒体形态,大部分人认为新媒体就是网络媒体,还有的人认为新媒体是手机端,这都不能说不对。新媒体本身就是一个不固定的范围,新是相对于旧而言的,随着媒体的发展会不断出现新媒体。

三、新媒体营销与数字营销的区别

数字营销是使用数字技术的产品或服务的营销,主要是在互联网上,但也包括手机、展示广告和任何其他数字媒体。数字营销属于一种高层次的营销形式,实现了精准化、可量化以及数据化。数字营销具备明确的数据库对象,使用数字营销进行市场营销能够有效提升营销效率和质量。因此,要尽可能多地将大数据技术以及人工智能技术等先进信息技术应用到市场营销中,实现数字化营销,从而以最节约成本、最有效和最高效的方式,进行市场开拓和消费者开拓。

吉利汽车、利欧数字在 2019 年 8 月与我国迄今最强有力的汽车行业平台汽车之家进行了联合,并与其在 2019 年头部 S+级网台联动项目——818 全球超级车展——达成了燃擎盛典日的深度合作。该项目是汽车之家首度破界出圈,联合颇有年轻人聚集之巅感的湖南卫视,实现了非常独特的汽车行业线上线下联动。因此,2019 年 8 月 18 日晚,湖南卫视的全球汽车夜,也成为行业内首个"车晚"盛典。

汽车之家全球超级车展在线上传播采用了 AR(增强现实)车展模式,突破了传统硬广以及单一车型页看车的模式,并结合 AR 数字技术营造更为真实的车展现场,打造出沉浸式的看车体验,有效提升了潜在购车人群关注度。同时,通过抵扣券、秒杀车等互动方式促进意向用户留资,以金融政策优惠价格刺激用户完成购车决策闭环,高效收集了销售线索。最后,线下首度跨界湖南卫视,突破了玩法,打造出了全球汽车夜,并以明星资源带动品牌的曝光和更高关注,配合海报、短视频的产出,引发了裂变传播。

吉利博越 PRO 作为吉利汽车的新车,在"8·18"全球汽车夜晚会进行深度植入,作为明星用车在游戏环节强势露出,为有效提升新车上市关注度提供了有力借鉴。同时,晚会素材反哺线上传播形成延展传播,也很具有参考价值。除品牌声量的曝光外,吉利博越 PRO加强数字端的投放,与线下晚会曝光形成合力作用,利用汽车之家平台的强势和专业,同步产出多维 PGC(专业生产内容)、OGC(职业生产内容)等内容,全面解读了吉利汽车车型卖点优势,产出线上丰富的延展内容。加之协同公关、电商部门共同发力,形成了比较全面的线上传播矩阵。就实际效果而言,该项目持续一个月,吉利汽车 AR 展馆 PV(页面浏览量)达 980 万,共收集销售线索 14 522 条,累计成交 1 769 台。

数字技术的不断进步,促进了媒体技术的发展,导致了新媒体的诞生,因此,数字营销涵盖了新媒体营销,范围更加广泛。

第三节　数字时代的新媒体营销

一、数字时代的特征与数字创新趋势

(一)数字时代的特征

数字时代是指信息领域的数字技术向人类生活的各个领域全面推进的过程。从 2012年移动互联网的普及开始,一个最大的外部环境变化因素就是技术,它引领我们走向数字时代。与以往相比,数字时代带来的变化可以用下面八个特征来表达。

1. 所有东西都在不断迭代升级

这意味着你的生存空间一直面临调整。例如,从微信到抖音,你会发现这是文字升级图像、图像升级声音、声音升级视频的一个过程。在互联网的发展历程中,微信从早期的一个通信工具,经历了数次的迭代升级,如图 1-1 所示,演变为综合性的开放式应用平台,成为移

图 1-1　微信的迭代升级

动互联网应用的基础配置。再如,我们以前都认为年轻老师超过年长的老师是需要一些时间的,现在不用,年轻老师直接借助技术开辟条新路迭代就好了,这个特征跟以往都不一样,需要我们去特别注意和理解。

2. 一切都正在转换为数据

从"数据"到"信息"、到"知识"再到"智慧",是一个递进的过程。这当中的起点,就是"数据"。这是一个独特的变化。拿服装业来讲,从前最厉害的是裁缝,接下来是设备,再来是设计,接着是品牌。现在就不是这样,现在的核心变成了,你拥有多少客户的数据、板型数据库,把数据库匹配起来,就可以为一个人去做定制,并可以承诺送达时间,整个行业的基础逻辑就改变了。

如图1-2所示,这意味着,当一切转化为数据的时候,就有了两个方向的创新机会。原来必须创新商业模式才有机会(如阿里巴巴),现在做效率提升(如"互联网＋"),机会一样非常大。数字出版和音频出版正在冲击传统出版社,就是源于改变效率、改变成本结构。很多商业模式创新不那么容易,但是效率提升对于创新行业来说,是相对容易的。因为你就在这个领域里,你熟悉这个领域,提升效率会带来全新的机会。

3. 数字时代大多数的创新都是现有事物的重组

图1-3所列出的这些公司,可以说并不是做了全新的东西,而是把现有事物做了重新组合而获得新机会。在数字时代,能否创新关键在于你能否改变固有的思维习惯——运用现有的资源去做一些重组创新。

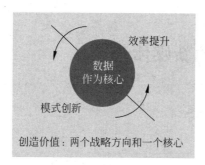

图 1-2　数据的核心作用体现

图 1-3　常见的创新型公司

4. 深度互动和深度学习的机会

在数字时代,你会遇到很多领域都是全新的,如虚拟现实、人工智能、无人机、远程医疗、云等,如果你能够不断了解深度学习和深度互动,并把它们与你所在的领域和资源组合,就会出现新的机会。

5. 核心不是分享,而是协同

分享背后的逻辑是协作。区块链为什么如此值得关注？原因就在于区块链的底层技术逻辑是以协同为主,交易以分布式出现,可以实现整个网络的交易。在今天,大规模的合作与协同成为可能。

这里举一个支付宝的例子。在香港,菲佣用支付宝可以很便捷地为远在菲律宾的家人汇款,阿里首先教给菲佣下载使用支付宝,然后在菲律宾做了非常多提现金的小店铺,帮助他们快速就把钱汇给家里人。支付宝运用技术平台,完成了银行间无法如此便捷完成的功能。这样的变化就意味着协同产生价值,而区块链的应用将改变许多行业规则。

6. 连接比拥有更重要

在数字时代,你一定注意,拥有什么并不重要,最重要的在于你能开放到多大程度与他人连接。重要的不是你自己拥有什么,而是你可以和多少人连接在一起,因为所有的机会都来源于连接。

7. 颠覆不是从内部出现的

当你发现有一个从来没做过这个行业的人在做跟你相似事情的时候,你一定要敞开怀抱拥抱新进入者,别拒绝,因为那很有可能是迭代整个行业的机会出现了。很多时候我们没有关注到外部那些微小的变化,但正是这些微小的变化,酝酿着行业大变的力量,颠覆往往不是从内部出现的。

例如,电信行业的颠覆来自无线网络,汽车行业的颠覆来自特斯拉,相机行业的颠覆来自手机,银行的颠覆来自支付宝等。

8. 可量化、可衡量、可程序化的工作都会被机器智能取代

海尔集团对互联工厂模式的探索和实践,很好地诠释了工业 4.0 的理念。海尔提出的互联工厂,不是一个工厂的概念,而是一个生态系统,是对整个企业全系统全流程进行颠覆,机器人真的来了,而且比我们想象的要快。

(二)数字时代新媒体营销创新趋势

数字时代已经到来,随着数字技术的不断完善,基于数字技术衍生出来的新媒体也会不断发展,同样,新媒体营销也会发生翻天覆地的变化。把握数字时代新媒体营销的创新趋势,才能紧跟时代步伐,让新媒体营销大放异彩。

1. 内容至上,品牌、商家追求更好的内容沟通平台

小红书等社交类平台的搭建给消费者和商家提供了对话的平台。随着消费升级,品牌商发现单纯的广告营销已经不能吸引消费者的注意力了。通过内容与消费者产生共鸣,传达品牌价值,以更有诚意的方式与消费者沟通,是品牌商所追求的最终目的。

互联网的作用在疫情期间发挥到了极致,依托于互联网衍生的数字营销行业有了更充分的发展空间。消费主体逐渐向年轻化转移,Z 世代逐渐成为消费主力。这一代的消费者更加注重产品的体验和消费的服务,从当前的新兴品牌的营销模式来看,未来新媒体营销需要在诸多领域开展精细化运作中获得消费者的青睐。未来营销中,内容化依然是非常重要的趋势,"种草""拔草"这种消费趋势已经深入品牌主和消费者的内心。未来营销应当考虑,如何通过个性化的品牌价值与差异化的用户群体进行更好的匹配。内容营销是一种非常有效的营销方式,未来在内容营销上也势必会出现更多新玩法。

2. 私域流量依然备受推崇,是品牌发展长期的机会点

2019 年,私域流量已经成为营销圈的热门话题,品牌想在公域中获取大的流量已经是一件门槛非常高的事情。2020 年的疫情,让更多的商家和品牌转战私域流量。行业内基于私域流量提出新概念"长效 ROI(投资回报率,return on investment)",把用户导入企业的私域,让企业可以长期、反复地运营用户。"长效 ROI"与"短效 ROI"相呼应,成为评定广告交易的新标准。

私域流量可能是传统品牌和新兴品牌的一个新的发展机会点,私域流量是一个比较新的概念,谁能摸清私域流量的玩法,谁就能率先获得相关的红利。当然不同行业、不同规模在私域流量上的措施也是有差异化的。在以用户为中心的思维中,私域流量将数字营销推到更精细化的方向,同时也因为大数据、技术和社群等概念的出现,给私域流量的积累和裂变提供了前提条件。

3. 消费升级,民生行业是未来数字营销新的赛道

随着大数据、云计算和消费升级的深化,越来越多的品牌意识到,想要长久地发展,除了自身产品过硬,还需要在设计包装、消费体验、环保理念和情感共鸣上做升级,满足消费者日益升级的消费需求。以零食产业来说,不少产品打出"0 糖、0 脂、0 卡"的健康旗号,代餐、保健食品已经成为消费者的新宠。与此同时,民生行业也逐渐成为新媒体营销的新赛道,医疗、美容和社区团购纷纷加入新媒体营销手段,满足消费者需求之外也为未来新媒体营销行业开辟了新方向。

当前中国已经进入后疫情时代,在时代背景的加推下,数字化进程会愈演愈烈,各个行业也会意识到营销数字化的重要性。在疫情常态化的未来,对于未来的消费趋势可以总结为四个字"宅、云、理、康"。消费者越来越习惯云上生活,对待消费有自己理性的消费观、对健康越来越重视等。从探寻消费者需求角度来说,未来新媒体营销的发展必然也是离不开这四个字。

4. "视频流"三足鼎立,还将长期占据主流

短视频历经多年发展,逐步走向商业化明晰的成熟阶段,而如今直播又一跃成为新的营销风口。纵观视频营销的发展历程,我们不难发现,长视频、短视频和直播组成的"视频流"三足鼎立,传播形式正呈现一种彼此竞争又相互吸纳的趋势。这种趋势在一定程度上促进了新媒体营销行业的发展,未来很长一段时间,这种"视频流"传播形式将长期占据主流。

未来营销的趋势,倾向于从内容、渠道、营销玩法几个方面考察。从内容上看,当前直播、短视频传播已经成为品牌宣传的常态形式;从渠道上看,流量越发地集中到头部渠道;从营销玩法上看,品牌越来越用诚意与消费者沟通,少了营销套路。后疫情时代,直播带货依然呈现明朗的态势。也正是因为疫情的出现让品牌和商家改变了固有的思维模式,电商直播在未来营销当中依然会是主流。

5. 全链路营销成行业共识,线上线下整合发展

面对充满变数的未来,新媒体营销行业要认识到:新媒体营销势必与疫情长期共生;疫情反推了数字化进程,无论企业是否做好转型准备,都不得不跑步进入下一个数字经济的新周期;全链路营销是全行业变革的统一目标。

线上线下联动的全渠道整合营销模式已经是大势所趋,通过线上数据的驱动和赋能,能够在线下的人、货、场的匹配中,实现精准识别目标用户,全方位、多角度触达场景中的消费者,为品牌传播带来更多声量,完善消费者购物体验,达到品效协同,也是长期发展的最优解。

6. 技术变革,助力新媒体营销更多元、更具价值

科技赋能传统营销,通过大数据的监测和测评,帮助广告商更直接地筛选出目标用户。而依托于数字技术产生的新媒体营销,在科技的运用上更加纯熟。当前我们仍然处于科技赋能新媒体营销探索和搭建状态,随着科技不断融入新媒体营销行业,新媒体营销也将会产生更丰富多元的玩法。

二、数字技术对新媒体营销的影响

新媒体营销是以数字技术为基础而兴起的一种新兴营销方式,有别于传统的媒体营销,它和用户的联系更加紧密,营销效果更好的同时,成本也相对较低,这些都得益于数字技术的发展。数字技术对新媒体营销主要有以下三个方面的影响。

(一) 精准化营销

基于大数据、云计算,品牌商可以便捷地收集消费者的基本信息、历史购买数据、历史浏览数据、社交行为等相关数据,更好地分析、洞察消费者的兴趣偏好和行为习惯,并以此为依据为消费者提供精准化、个性化的服务。

2016年,星巴克提出"数字飞轮(digital flywheel)"战略,通过将 AI 智能系统接入星巴克的会员账户,分析会员历史订单、消费日期等了解顾客,为顾客提供更加精准、个性化的服务。系统甚至还会将会员的消费情况与天气状况的数据联系起来,在不同天气下为顾客智能推送不同的建议。

当传统书店还在像卖场一样提供多种产品供消费者选择的时候,日本茑屋书店已经开始运用数据进行门店的建设、选品。茑屋书店的每个门店都采用数据系统,用户的会员卡、门店 POS 机以及书籍上的电子标签可以实现联动,实时记录消费者的购书情况,分析消费者的偏好,从而调整选品方案。

(二) 场景营销

场景作为一种天然的传播渠道,其实在传统的营销上早已有所运用,从"怕上火,喝王老吉"到"经常用脑,多喝六个核桃"都可以看出品牌对于场景构建的重视。随着数字技术的进一步发展,场景得以不断扩展。场景营销突破了时间、空间的限制,连接线上与线下、人与设备、人与产品、人与人,触及更多消费者,更具感染力。

近年来,红牛经常绑定"自习室""学校教室"这两个核心场景,将红牛与自习室、学校教室、手机三者紧密联系起来。2016年,红牛打破时空的界限,在手机移动端建立起"红牛能量自习室"。用户进入界面后可以选择教学楼、图书馆、食堂等熟悉的场景,并根据旁边座位同学的头像选座,使得受众有一种身临其境的实感。选座后,按下"开始自习"的按钮便可以开始专注学习,坚持一段时间还会有各种奖励。在这场活动中,红牛将原本分散学生注意力的手机变为一个可以实现"专注学习"的平台,巧妙地将品牌融入学生群体喜闻乐见的自习室场景中,实现一场充满正能量的场景营销。单单举办有意思的营销活动显然无法吸引到更多的参与者,所以红牛配合利用微信朋友圈作为引流的入口,通过文案"容得下万人,却容不下一部手机"吸引人们的注意力,提升活动的曝光度。

(三) 互动营销

数字技术的发展改变了原来传统的单向营销方式,重塑品牌与消费者的沟通方式。品牌不再是高高在上地向消费者单向地传递信息,而是更加重视与消费者的互动,通过提升消费者的参与度来传播品牌。

　　百事可乐从 2012 年开始,每年春节前后都会发布"把乐带回家"系列微电影,到 2020 年该系列已经走过 9 个年头。2020 年,百事可乐将互动视频技术融入微电影中,打造出一部世界领先的多功能互动微电影,其中游戏化的剧情带给年轻人沉浸式的互动体验,让年轻人"看得入迷,玩得过瘾"。除此之外,百事可乐的活动还创造世界首次电商拟真互动。用户通过互动剧参与"开箱找老鼠"的游戏,看到老鼠的中奖用户与非中奖用户将会享受不同的剧情路线。中奖用户会在剧情彩蛋中收到百事可乐的电商礼券,活动从真正意义上做到了跨互动平台和电商的一体化顺畅体验。借助互动视频技术,百事可乐在长短视频扎堆的网络中快速吸引人们的注意力,通过创意的互动形式与年轻群体建立起更加紧密的联系。

<table>
<tr><td align="center">扫描此码</td><td align="center">扫描此码</td></tr>
<tr><td align="center"></td><td align="center"></td></tr>
<tr><td align="center">案例讨论</td><td align="center">在线自测</td></tr>
</table>

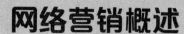

【本章要点】

随着互联网经济的快速发展，网络营销日臻完善，在企业经营策略中发挥着越来越重要的作用，网络营销的价值也被越来越多的实践应用所证实。网络营销的内容和形式非常丰富，且仍处于快速发展变化过程中。本章主要介绍网络营销的基础知识，包括网络营销的产生和演进历程、网络营销的概念和特点，以及网络营销未来发展趋势等内容。

【学习目标】

1. 了解网络营销产生基础与演进历程。

2. 掌握网络营销基本概念和具体内容。

3. 熟悉网络营销和电子商务的区别和联系。

4. 熟悉网络营销对传统营销的影响。

5. 了解网络营销未来发展趋势。

第一节　网络营销的内容和特点

一、网络营销的产生

（一）互联网的发展与影响

1969 年 11 月 21 日，加利福尼亚大学洛杉矶分校的一台计算机与千里之外的斯坦福研究所的另一台计算机联通，这一事件成为互联网技术蓬勃发展的起源。

网络，一般指计算机网络，是由计算机集合和通信设施组成的系统；在网络营销中，它主要指的是互联网，包括因特网（internet）、企业内部网（intranet）及企业外部网（extranet）、移动互联网（mobile internet）。互联网也就是由众多计算机、智能终端及其网络，通过电话线、光缆、通信卫星等连接而成的一个计算机网，是一种集通信技术、信息技术、网络技术、移动技术和计算机技术为一体的网络系统。早期的互联网主要用于军事、教育和研究活动。

各项高新技术的飞速发展,以及互联网信息开放、分享和价格低廉的特点,推动了网络技术的商业化,互联网也逐步渗透至经济领域,并在商业领域的应用中显现出巨大的威力和发展前景。事实上,互联网的真正飞跃发展也要归功于互联网的商业化,商业机构踏入互联网后,很快发现了它在通信、资料检索和客户服务等方面的巨大潜力。

每一次技术革命必然会推动大的社会变革。网络技术的发展改变了商业生态环境,也改变了人们的生活方式和企业的营销方式。截至 2021 年 1 月,全球互联网的普及率为 59.5%,全球使用互联网的人数达到了 46.6 亿。总体而言,互联网用户平均每天在所有设备上使用互联网的时间接近 7 小时,相当于每周上网时间超过 48 小时。这些数据都充分说明了互联网构成的任何区域所不能比拟的巨大市场,以及当代人在生活中对互联网的依赖程度。这些不断刺激着企业去探寻网络端的营销方式,网络营销这一概念也应运而生。中国互联网的发展大致可以划分为三个阶段。

第一阶段从 1996 年到 2000 年,为我国互联网发展热潮阶段,以几大门户网站(搜狐、新浪、网易)为绝对主导;网民普及率不到 1%。

第二阶段从 2001 年到 2003 年,为我国互联网发展低潮阶段。随着 2000 年纳斯达克网络股的暴跌,网络经济发展步入冬天,我国的互联网发展也进入调整期,然而这一时期仍然磨砺了盛大、百度、腾讯等公司,网民普及率不到 10%。

第三阶段从 2004 年至今,随着 Web 2.0 新兴公司从概念到资本到商业模式,到市场力量的逐渐崛起,第二次互联网发展进入又一轮热潮期。

从以上发展阶段来看,第三阶段发展时期才是中国互联网时代真正井喷爆发的时期。由于技术上的成熟和产品价格降低所带来的实惠,互联网所显示的强大能量被释放出来,而且随着基数的扩大而速度倍增。

中国的信息基础设施发展迅速,并逐步向数字化、智能化、宽带化方向发展,网络规模、技术层次和服务水平都达到了较高的水平。另外,移动互联网、视频技术应用到电子商务,提升了电子商务的服务水平。

(二)消费者价值观和生活方式的转变

满足消费者的需求是市场营销的核心。随着科技的发展、社会的进步和经济的繁荣,消费者的价值观也在不断地变化,市场已经从卖方市场向买方市场转变,消费者主导的经营时代已经来临,企业纷纷上网为消费者提供各种各样的服务,开展网络营销,以获得竞争优势。消费者价值观的变革主要体现在以下方面。

1. 个性化消费的回归

在过去相当长的一个时期内,工业化和标准化的生产以大量低成本、清单化的产品满足消费者的个性化需求;另外,在短缺经济或近乎垄断的市场中,可供消费者挑选的产品相对较少,使得消费者的个性不得不被压抑。而在市场经济充分发展的今天,多数产品无论在数量上还是在品种上都已经极为丰富,消费者完全可以以自己的愿望为基础挑选或购买商品或服务。从理论上看,没有两个消费者的心理是完全一样的,每个消费者都是一个细分市场,个性化消费正成为消费的主流。

2. 消费主动性增强

由于商品生产的日益细化和专业化,消费者购买商品的风险会随着选择的增多而上升;

消费者购物时逐步理性化,会通过各种渠道获取与商品有关的信息,并进行分析与比较,以降低购买风险。

3. 追求购物的方便性和趣味性

在信息社会里,有许多生活节奏紧张的消费者,他们会以购物的方便性为目标,追求尽量节省时间和劳动成本;也有许多消费者希望通过网络来消费一些新鲜和有趣的网络产品(如网络游戏等)来满足心理的需要,从中获得享受。

4. 价格仍然是影响消费者购买的重要因素

虽然现代市场营销总是以各种策略来削弱消费者对价格的敏感度,避免价格恶性竞争。但是,价格始终对消费者产生重要的影响,即使在现代营销技术面前,价格的作用仍不可忽视,价格的变动依然会影响消费者既定的购买原则。

生活方式(lifestyle)是一个内容相当广泛的概念,它包括人们的衣、食、住、行、劳动工作、休息娱乐、社会交往、待人接物等物质生活和精神生活的价值观、道德观、审美观,以及与这些方式相关的方面。人的活动具有能动性、创造性的特点,在相同的社会条件下,不同的主体会形成全然不同的生活方式。不同的职业特征、人口特征等主客观因素所形成的特有的生活模式,必然通过一定典型的、稳定的生活活动形式表现出来。互联网深刻影响了人们的日常活动。如 Tinder 改变了人们的约会方式,BOSS 改变了人们找工作的方式,Airbnb 改变了人们的居住方式,淘宝、天猫改变了人们的购物方式,等等。我们打发时间的习惯也被深深影响。

在中国,即时通信、搜索引擎、网络新闻作为互联网的基础应用,使用率均在 80% 以上,未来几年内,这类应用使用率提升的空间有限,但在使用深度和用户体验上会有较大突破。网络交易类应用经过多年发展,在国内市场已经逐渐步入稳定期,虽然用户规模增速逐渐放缓,但绝对规模均较大。整体而言,娱乐类应用作为网络应用中最早出现的类型,经过多年发展,用户规模和使用率已经逐渐稳定。互联网已经改变我们的生活方式及价值观念。对于企业来说,必须适应这种变化,把握住这种变化。

(三) 网络经济的兴起

从经济形态来说,网络经济无疑是工业革命后信息技术改变世界经济最好的概括。网络经济是一种建立在计算机网络基础之上、以现代信息技术为核心的新的经济形态。它不仅是指以计算机为核心的信息技术产业,也包括以现代计算机技术为基础的整个高新技术产业,还包括由高新技术的推广和运用所引起的传统产业、传统经济部门的变革。目前人们对未来经济的描述有多种说法,诸如知识经济、信息经济、后工业经济、新经济、注意力经济等,但它们的基础是相同的,这就是计算机与计算机网络,特别是国际互联网络对经济的决定性影响。

1977 年,波拉特(M. U. Porat)的《信息经济:定义和测量》一书,把第一、第二、第三产业中的信息与信息活动分离出来构成独立的信息产业。波拉特测算美国 1967 年的信息经济规模占国民生产总值的 46%。而后,学者发现信息经济不仅是一个产业部门,信息是渗透到国民经济的所有部门的一种生产要素,与信息的生产、存储、传输和计算管理相关的服务的发展成为工业部门衰退的替代因素,今天互联网极大地改变了知识和信息的生产机制与化播形态,信息借助互联网渗透于社会的各个角落,对经济的作用不断被放大。与传统经济相比,网络经济具有以下几个显著的特征。

1. 超越时空界限,变化节奏快

消除时空差距是互联网改变世界的根本性原因。互联网突破了传统的国家、地区界限,使整个世界紧密联系起来,网络经济活动将空间因素的制约降到最小限度,使整个经济的全球化进程大大加快,世界各国的相互依存性空前加强,网络经济可以24小时不间断运行,经济活动更少受到时间因素制约。现代信息网络可用光速传输信息,网络经济以接近于实时的速度收集、处理和应用信息,节奏大大加快了。因此,网络经济的发展趋势应是对市场变化发展高度灵敏的"速度型经济"。

2. 高渗透性,广泛渗透到传统产业

迅速发展的信息技术、网络技术具有极高的渗透性功能,使得信息服务业迅速地向第一、第二产业扩张,使三大产业之间的界限模糊,出现了第一、第二产业和第三产业相互融合的趋势。三大产业分类法也受到了挑战。为此,学术界提出了"第四产业"的概念,用以涵盖广义的信息产业。作为网络经济的重要组成部分,信息产业已经广泛渗透到传统产业中,对于诸如商业、银行业、传媒业、制造业等传统产业来说,迅速利用信息技术、网络技术,实现产业内部的升级改造,以迎接网络经济带来的机遇和挑战,是一种必然选择。

3. 边际效益递增性

边际效益随着生产规模的扩大显现出不同的增减趋势。在工业社会物质产品生产过程中,边际效益递减是普遍规律,因为传统的生产要素土地、资本、劳动力都具有边际成本递增和边际效益递减的特征。与此相反,网络经济却显现出明显的边际效益递增性。

(1)网络经济边际成本递减。信息网络成本主要由三部分构成:一是网络建设成本,二是信息传递成本,三是信息的收集、处理和制作成本。由于信息网络可以长期使用,并且其建设费用与信息传递成本及入网人数无关。所以前两部分的边际成本为零,平均成本有明显递减趋势。只有第三种成本与入网人数相关,即入网人数越多,所需信息收集、处理、制作的信息也就越多,这部分成本就会越多,但其平均成本和边际成本都呈下降趋势。因此,信息网络的平均成本随着入网人数的增加而明显递减,其边际成本则随之缓慢递减,但网络的收益却随入网人数的增加而同比例增加;网络规模越大,总收益和边际收益就越大。

(2)网络经济具有累积增值性。在网络经济中,对信息的投资不仅可以获得一般的投资报酬,还可以获得信息累积的增值报酬。这是由于一方面信息网络能够发挥特殊功能,把零散而无序的大量资料、数据、信息按照使用者的要求进行加工、处理、分析、综合,从而形成有序的、高质量的信息资源,为经济决策提供科学依据。另一方面,信息使用具有传递效应,会带来不断增加的报酬。例如,一条技术信息能以任意规模在生产中加以运用,这就是说,在信息成本几乎没有增加的情况下,信息使用规模的不断扩大可以带来不断增加的收益。这种传递也使网络经济呈现边际收益增加的趋势。

4. 信息共享与资源共享

一般实物商品交易后,出售者就失去了实物,而信息、知识交易后,并没有失去信息和知识,而是形成出售者和购买者共享信息与知识的局面。现在,特别是在录音、录像、复制、电子计算机、网络传播技术迅速发展的情况下,信息的再生能力很强。这就为信息资源的共享创造了更便利的条件。一方面,网络经济在很大程度上能有效杜绝传统工业生产对有形资源、能源的过度消耗,避免造成环境污染、生态恶化等危害,实现了社会经济的可持续发展。

另一方面,信息的共享会促进社会资源的共享,形成共享经济。共享经济的本质是整合线下的闲散物品或服务者,让他们以较低的价格提供产品或服务。对供给方来说,通过在特定时间内让渡物品的使用权或提供服务,来获得一定的金钱回报;对需求方来说,不直接拥有物品的所有权,而是通过租、借等共享的方式使用物品。共享资源牵涉到三大主体,即商品或服务的需求方、供给方和共享经济平台。共享经济平台作为连接供需双方的纽带,必须以互联网作为媒介,通过移动 LBS(定位服务)应用、动态算法与定价、双方互评体系等一系列机制的建立,使得供给方与需求方通过共享经济平台进行交易。

网络经济的这些特点有效地推动网络经济的快速发展。在坚实的网络经济基础之上,衍生出各种各样的商务形式,网络营销也顺理成章地成为各种商务形式运营的重要职能。

(四)网络组织的蓬勃发展

社会是由许多个体汇集而成的有组织、有规则的相互合作的生存关系的群体。网络组织特指由一群地位平等的"节点"依靠共同目标或兴趣自发聚合起来的组织。网络组织的特征如下。

1. 平等

网络组织中的个体的地位都是平等的。不同于"层级组织",或"金字塔组织",网络组织中不存在必然的上级和下属,只有独立的"节点"。

2. 开放

网络组织依靠开放性成长,所有游离在网络之外的节点都可以自愿加入。与传统的封闭型组织不同,你很可能无法统计网络组织中具体的"节点"个数,因为它们随时都在变动。

3. 分权

网络组织中没有固定的上级或领导,但是可能存在群落的精神与文化的领头人,他本身没有强制权力。领头人出现,依靠的是各节点的信任,当一个领头人消失后,会有新的领头人出现。如果一个系统靠外部指令而形成组织,就是他组织;如果不存在外部指令,系统按照相互默契的某种规则,各尽其责而又协调地、自动地形成有序结构,就是自组织。网络组织实际上就是一种自组织系统,互联网在信息交换方面具备以下优点。

(1)互联网能够不受空间限制来进行信息交换。

(2)信息交换具有时域性(更新速度快)。

(3)信息交换具有互动性(人与人、人与信息之间可以互动交流)。

(4)信息交换的使用成本低(通过信息交换,代替实物交换)。

(5)信息交换趋向于个性化发展(容易满足每个人的个性化需求)。

(6)使用者众多。

(7)有价值的信息被资源整合,信息储存量大、高效、快捷。

(8)信息交换能以多种形式存在(视频、图片、文章等)。

企业构建网络社区需要具备五个因素,即一定范围的地域空间、一定规模的社区设施、一定数量的社区人口、一定类型的社区活动和一定特征的社区文化。

一定范围的地域空间指的是网站的域名、网站的空间,同时还包括到达这个空间的带宽,带宽正如你去往不同地方的公路,假如到达这个社区的公路宽敞和方便,那么这个社区便会更容易凝聚人气。

　　一定规模的社区设施在现实社区中指的是人们居住的条件和环境,社区需要为居民提供独立的住所,公共的活动场所、娱乐场所、生活服务设施等。网络社区指的是网络的功能和服务,人们在网络社区上仍然需要独立的个人空间(如 blog.8),需要公共的功能和娱乐场所(如论坛、游戏等),需要聚集各种服务(如商城、生活资讯、分类信息、在线咨询等)。完善的功能和服务正如优良的小区,可以吸引人们来到这里,并做长期居住的打算。

　　一定数量的社区人口指网站的注册用户数,当然注册用户数并不等于有效用户数。网络社区与现实社区有一个很明显的区别,现实社区中,社区中的人口容量是有限的,而网络社区中,人口容量几乎是无限的。网络社区的运营者应该通过一切有效的手段让更多的网民到达这个社区,并想办法留住这些网民。关于人口的容量,网络社区具有无可比拟的优势。开发商耗资上亿元建设一个现实的社区,耗资百亿元打造一条繁华的商业街,而且这样的社区和商业街空间、商铺和房屋的数量也有限。然而网站运营者只需要建设现实社区的 1/10 甚至 1/100 的成本,就可以打造出一个同样繁华的社区和商业街。

　　一定类型的社区活动指的是人们在生产过程中参与的各种生活、工作和娱乐活动,以及在这个过程中结成的关系。在网络社区中具体体现为记录自己的感情和生活,发起和参与各种问题的讨论,表达对一些问题的看法和观点,参与各种兴趣、各种主题的活动,通过各种方法表达和满足个性的诉求,进行倾诉、认同、交友、交易等,以及人们在这些活动中形成的社会网络。

　　一定特征的社区文化指的是在不同的网络社区,由于社区的功能、结构、人群的组成、组织者的理念和倡导等方面的差异,形成具有一定特征的社区文化和社区认同。网络社区只有在具备前面四个方面的因素以后,才有可能形成一定特征的社区文化。社区文化不是某个人赋予的,而是人们在社区活动中积累和沉淀下来的一种价值认同。如提起人人网,你会想起温馨的校园生活或是过去的工作经历。

　　网络组织的形式多种多样,包括 BBS /论坛、贴吧、公告栏、群组讨论、在线聊天、交友、个人空间、无线增值服务等形式在内的网上交流空间,同主题的网络社区集中了具有共同兴趣的访问者。网络社区就是社区网络化、信息化,简而言之就是一个以成熟社区为内容的大型规模性局域网,涉及金融经贸、大型会展、高档办公、企业管理、文体娱乐等综合信息服务功能需求,同时与所在地的信息平台在电子商务领域进行全面合作。我们每个人都是社会关系的联结,在虚拟空间中,每个人都加入不同的网络组织,又通过该组织成员的介绍认识了其他的组织以及新组织成员,借助互联网的优势,个人在互联网的虚拟世界中加入比现实社会更多的社区。大量的网络社区的存在改变现代社会的组织形态,这也必然会深刻影响到整个社会的商业运作,营销方式的变化也是必然的了。

二、网络营销的内容

(一) 网络营销的定义

　　随着互联网的普及和应用,以互联网为载体,以全新的理念、方式和方法实施营销活动应运而生,即网络营销。网络营销是企业借助互联网实现营销目标的一种营销手段,也是电子商务的重要组成部分。关于网络营销,国外有许多种叫法,如 Cyber Marketing、Network

Marketing、E-marketing、Online Marketing、Web Marketing 等，都有"网络营销"或者"互联网营销"的含义，但不同的单词组合有着不同的含义。

Cyber Marketing 主要指在虚拟的计算机空间上进行的营销活动；Network Marketing 主要指在网络上开展的营销活动，包括 Internet、EDI 和 VAN 等各种网络，可译为网上营销；E-marketing 是目前习惯采用的翻译方法，E 即 electronic，是电子化、信息化、网络化的含义，简洁、直观、明了，而且与电子商务（E-commerce、E-business）、电子虚拟市场（E-market）等翻译相对应；Online Marketing 可直译为在线营销；Web Marketing 强调的是基于网站的营销。

网络是一个虚拟的世界，没有时间和空间的限制，但是许多事物以一种虚拟化的形式存在，企业欲通过网络来开展经营活动，必须改变传统的营销手段和方式。可见，网络营销的核心思想就是"营造网上经营环境"。在网络经营环境中，直接环境由计算机网络、网络运营商和各类上网终端组成；间接环境即企业网络营销所面临的现实的营销环境，包括顾客、网络服务商、合作伙伴、供应商、销售商等。

人们在不同时期从不同的角度对网络营销的认识也不一样，与许多新兴科学一样，网络营销目前还没有一个公认的定义，但国内外学者都有一些关于网络营销的表述，如朱迪·施特劳斯（Judy Strauss）教授认为，网络营销就是以互联网为基础，利用数字化的信息和网络媒体的交互性来辅助营销目标实现的一种新型的市场营销方式。简单地说，网络营销就是以互联网为依托，借助互联网特性来达到一定营销目的的营销手段。郭国庆学者认为网络营销是以互联网络为媒体，结合相关的方式、方法和理念实施营销活动以更有效地促成个人或组织的交易活动的实现。姜旭平认为，网络营销是"企业利用当代网络技术来整合多种媒体，实现营销传播的方法、策略和过程，是传统市场营销活动在网络等电子新媒体环境下的延伸和发展"。荆浩等认为，"网络营销是以现代信息技术为传播手段，通过对市场的互动营销传播，从而达到满足消费者需求和商家诉求（赢利目的）的过程，简单地讲，就是利用先进的电子信息手段进行的营销活动"。从以上学者关于网络营销的定义中，可以看出：

1. 网络营销归根结底还是营销

网络营销离不开传统营销学理论的指导。学习网络营销首先要树立基本的营销思维和掌握基本的营销理论。离开了营销学理论的指导，网络营销就成了无源之水、无本之木。不能仅仅从网络技术层面理解网络营销。

2. 网络营销的目的是实现企业的营销目标

企业营销目标是多元的，这种多元性体现在两个方面：一是利益主体是多元的，不但包含企业本身，还包含企业的利益相关者。二是目标本身是多元的，既有品牌层面的目标，也有产品层次的目标，还有客户层面的目标等；既有过程目标，也有结果目标。在企业营销目标的认识上，国内外学者的认识并不统一，如国外学者施特劳斯等认为企业营销目标包含着企业及其利益相关者的目标，而国内学者普遍只从企业角度界定其营销目标。

3. 互联网对于网络营销的工具性和基础性

在国内外学者关于网络营销的定义中，普遍强调网络营销是以网络工具和网络技术为基础的，这些网络工具和网络技术扮演的是工具性角色——企业传播营销信息的工具。但其他一些学者同时还强调网络工具和网络技术在塑造网络经营环境中的基础性作用。

4. 网络营销不是"单兵作战"

网络营销不是"单兵作战",而是"多兵种联合作战",需要进行整合营销传播,这种整合至少需要在两个层面上展开:一是各种网络营销工具的整合营销传播;二是网络营销手段与传统营销手段的整合。既有线上整合,也有线下整合,更需要线上线下整合,尤其是在今天"互联网+"和"O2O"(online to offline)已经成为大势所趋的环境下,更需要对包括网络在内的一切营销工具的立体式整合。

综上所述,本书将网络营销定义为:网络营销是企业整体营销战略的一个组成部分,是借助互联网来更有效地为顾客创造、传播和传递价值,并管理客户关系,从而更好地满足顾客的需求和欲望,实现企业经营目标的一种手段。

(二)网络营销的具体内容

网络营销涉及的范围较广,所包含的内容也较为丰富。与传统营销相比,网络营销的目标消费者和营销手段均有所不同,因此,开展网络营销活动的内容也有很大的差异。具体来说,网络营销主要包括以下几个方面。

1. 网络市场调查

网络市场调查是开展网络营销活动的前提和基础,也是企业了解市场、准确把握客户需求的重要手段。网络市场调查是指企业通过 Internet 针对特定营销任务而进行的调查活动,主要包括调查设计、资料收集、资料处理与分析等。网络市场调查的重点是充分利用 Internet 的特性,提高调查的效率和调查效果,以求在浩瀚的网络信息资源中快速获取有用的信息。

2. 网络消费者行为分析

网络消费者是伴随着电子商务的蓬勃发展而产生的一个特殊消费群体,这类群体的消费行为有着自身的典型特征。因此,开展网络营销活动必须深入了解网络消费者不同于传统消费者的需求特征、购买动机和购买行为模式。网络消费者行为分析的内容主要包括网络消费者的用户特征、需求特点、购买动机、购买决策等。

3. 网络营销策略制定

为实现网络营销目标,企业必须制定相应的网络营销策略。与传统营销类似,网络营销策略也包括产品策略、价格策略、渠道策略和促销策略,但在具体制定上应充分考虑 Internet 的特性、网络产品的特征和网络消费者的需求特点。例如,企业在制定网络营销的价格策略时,通常可以对体验类产品采取免费或部分免费的定价策略,而这些在传统营销中则很难实现。

4. 网络营销服务策略

服务是企业在销售产品时提供的,消费者通过企业的服务来感知企业或者企业的产品。优质的服务定能为企业带来消费者的重复购买和良好口碑,是企业树立网络品牌的关键之一。

5. 网络营销客户忠诚管理策略

客户忠诚通常表现为重复购买同一品牌产品的行为。在网络环境下,客户不再是各种活动的被动接受者,随着客户能力不断增强,其地位已经由被动转为主动。忠诚客户积极参与企业价值创造和竞争活动,与企业关系更加紧密,成为企业新的竞争力资源。这使得客户忠诚管理成为网络营销的重要内容。

6. 营销流程改进

与传统营销相比,网络营销的流程发生了根本性的变化。利用 Internet 企业不仅可以实现在线销售、在线支付、在线服务等,还可以通过网络收集信息并分析客户的特殊需求,以生产客户需要的个性化产品。例如,著名的美国 Levis 公司,就是利用 Internet 为客户量身定做个性化产品的典范。客户可以通过 Levis 公司的网站直接输入所需服装的尺寸、款式和喜欢的颜色等信息,公司就可为其量身定做,从而使客户的个性化需求得以满足。

7. 网络营销管理

网络营销管理是为了实现企业营销目标,而采取的计划、组织、领导和控制等系列管理活动的统称。传统的营销管理的许多理念和方法虽然也可采用,但网络营销依托于全新的网络平台开展营销活动,难免会遇到新情况和新问题,如网络消费者的隐私保护问题以及信息安全问题等,这些都要求企业做好有别于传统营销的营销管理工作。

三、网络营销的特点

随着互联网技术发展的成熟以及使用成本的降低,互联网就像是"万能胶",将企业团体、组织和个人跨时空联结在一起,使得这些成员之间信息的交换变得"唾手可得"。市场营销中最重要、最根本的是组织和个人之间进行的信息传播与交换。网络营销具有互动性、复制性和被动性三大类特点。

(一)互动性

1. 跨时空

互联网能够打破时间约束和空间限制进行信息交换,这使得脱离时空限制达成交易成为可能,企业能有更多时间和更大的空间进行营销服务。

2. 交互式

企业可以利用互联网和顾客进行双向及时沟通,收集市场情报,进行产品测试与消费者满意调查等。

3. 拟人化

互联网上的促销虽然是一对一的,类似于传统营销中的人员服务,但双方是不见面的,甚至是匿名的,省去了很多的尴尬,具有拟人化的特点。

(二)复制性

1. 成长性

互联网使用者数量快速成长并遍及全球,逐渐成为人们生活的一部分。

2. 整合性

企业可以借助互联网将不同的营销活动进行统一规划和实施,以统一的方式向消费者传达信息,以避免因传播方式不一致而产生的消极影响。

3. 超前性

互联网是一种功能强大的营销工具,它兼具渠道、促销、电子交易、顾客服务和市场信息分析等多种功能。

4. 高效性

网络可储存大量的信息,也可跟踪消费者的行为,其传送的信息数量与精确度远超其他媒体。

5. 经济性

以互联网为基础的信息交换代替了实物交换,可以降低企业成本。

(三)被动性

1. 技术性

网络营销必须具备一定的技术投入和支持,才能具备市场竞争优势。

2. 多媒体

互联网可以传输文字、声音和图像等多种媒体信息,这也需要营销人员主动去适应它的多媒体特性。

四、网络营销对传统营销的影响

网络营销是随着网络的发展而产生的营销方式,具有与传统营销不同的特点和优势,对传统营销产生了一定的冲击;但网络营销并不是简单的营销网络化,并未完全抛开传统营销理论,而是对传统营销的继承、发展与创新。

(一)网络环境下的营销格局

在传统营销理论中,可控因素与不可控因素具有十分清楚的界限,营销管理的本质就是综合运用企业可控因素,以实现与不可控因素或者外部环境的动态协调。在网络环境下,企业的可控因素、不可控因素和外部环境发生了许多重大变革,企业、消费者和宏观环境力量之间的关系与格局也都发生了变化,使得原有的规律发生了许多重大的变革。

1. 企业与消费者的关系

在传统经济运行模式条件下,企业无法了解每一位消费者的需求、欲望和利益,所以绝大部分消费者只能在企业已经生产出来的产品和服务中作出选择。在这种交易模式下,消费者依旧没有处于主动地位,而是被排除在营销主体以外,只是企业的营销对象。在网络经济运行模式条件下,消费者可以与企业进行一对一的沟通和交流,拥有了全球的选择空间和选择机会,消费者的意愿、利益和偏好真正成为企业营销活动的中心。在这种环境下,消费者的地位凸显出来,并成为企业营销活动的参与者,与企业共同构成了市场营销的主客体。

2. 企业间的相互关系

依托网络的帮助,供应链上的所有企业更像是一个紧密结合的整体,供应商、分销商和营销服务机构等均可通过网络协同工作,打破时间和地域的限制,完善各个部门间的融合,提高工作效率,而不纯粹是某种意义上的外部环境。与传统运行模式环境不同,供应商、分销商和营销服务机构等与制造企业共同构成营销活动的主体。

3. 企业与宏观环境力量之间的关系

菲利普·科特勒将政治权力作为营销组合因素对待,实际上已经揭示了这样一个事实,即企业与宏观环境的界限并不是恒定不变的;由于网络信息传输和交换的自由、平等和共享等特点,政治、经济、法律和技术等均被附上了网络特色,这种非恒定状态在网络空间被进一步放大。

总之,网络改变了企业与消费者、企业与企业、企业与所处经营环境的相互关系,使得传统营销模式中企业可控因素与不可控因素的边界趋于模糊。在这种背景下运用可控因素适应不可控因素的规律,已经不再具备坚实的实践基础。只有突破这个局限,通过一个新的视角,才可能找到适合企业的经营模式。

(二)网络营销对传统营销策略的冲击

在网络时代,人员推销、市场调查、广告促销、经销代理等传统营销手法,将与网络结合,并充分运用互联网上的各项资源,形成以最低成本投入,获得最大市场销售量的新型营销模式。网络营销将在以下几个方面给传统营销策略带来冲击。

1. 对标准化产品的冲击

通过互联网,厂商可以迅速获得关于产品概念和广告效果测试的反馈信息,也可以测试顾客的不同认同水平,从而更加容易地对消费者行为方式和偏好进行跟踪。因而,对互联网上累积的大数据开展挖掘,可以针对不同的消费者提供不同的商品。

2. 对品牌全球化管理的冲击

企业开展网络营销也面临采用单一品牌还是多品牌的问题。互联网是面对全球的,如果公司为所有品牌设置统一的品牌形象,显然可以利用知名品牌的信誉,带动相关产品的销售,但也有可能由于某一个区域的失利而导致公司全局受损。因此,是实行具有统一形象的单一品牌策略,还是实行具有本地特色的多种区域品牌策略,以及如何加强对区域品牌的管理,是企业面临的现实问题。

3. 对定价策略的冲击

相对于传统媒体来说,互联网使产品价格成为共享信息,这导致产品国际的价格水平差异很容易遇到质疑,如果商品是自由流动的,国别间的价格差别将缩小。世界各地分销商的定价策略的空间也将进一步被压缩,对于执行差别化定价策略的国际公司来说,这将是一个严重的问题。

4. 对营销渠道的冲击

在网络环境下,生产商可以通过互联网与最终用户直接联系,因此,中间商的重要性将有所降低。制造商通过网络渠道直接与传统零售商展开竞争,线下渠道和线上渠道的价格与服务有差异,产生冲突不可避免。

5. 对传统广告障碍的消除

互联网作为新媒体,可以消除传统广告的时间、空间和形式上的障碍。尽管网络广告无法替代传统广告,但是网络广告与传统广告的冲突不可避免。

(三)网络营销对传统营销的作用

随着网络技术迅速向宽带化、智能化、个人化方向发展,用户可以在更广阔的领域内方便地实现声音、图像、动画和文字一体化的多维信息共享和人机互动功能,"个性化"把"服务到家庭"推向"服务到个人"。正是这种发展将使传统营销方式发生革命性的变化,可能导致大众市场的逐步终结,并逐步体现市场的个性化,最终将会以每一个用户的需求来组织生产和销售。

1. 重新塑造顾客关系

网络营销的企业竞争是一种以顾客为焦点的竞争形态,如争取新的顾客、留住老顾客、扩大顾客群、建立亲密的顾客关系、分析顾客需求、创造顾客需求。因此,在网络环境下,公司与散布在全球各地的顾客群保持紧密的关系,正确掌握顾客的特性,通过对顾客的教育和对本企业形象的塑造,建立顾客对于虚拟企业与网络营销的信任感,这些都是网络营销成功的关键。网络时代的目标市场、顾客形态、产品种类与以前传统的一切都会有很大的差异,要跨越地域、文化和时空的差距,重新营造企业与顾客的关系,必须有许多创新的营销行为。

2. 对营销战略的影响

互联网具有平等性、自由性和开放性等特征,这使得网络时代企业的市场竞争是透明的,人人都能掌握竞争对手的产品信息与营销行为。因此,胜负的关键在于能否适时地获取、分析、运用网络信息,研究并采用具有优势的竞争战略。从这一点来分析,网络营销可以使小企业更易于在全球范围内参与竞争。网络营销将削弱传统营销环境下跨国公司所拥有的规模经济的竞争优势,给中小企业提供了一个与大公司进行公平竞争的平台。在互联网环境下,企业间的战略联盟是主要竞争形态,运用网络来组成企业的合作联盟,并以联盟所形成的资源规模创造竞争优势,将是网络时代企业经营的重要手段。

3. 对跨国经营的影响

在网络时代,企业开展跨国经营是非常必要的。互联网所具有的跨越时空、连贯全球的功能,使得进行全球营销的成本低于地区营销,因此企业将不得不进入跨国经营的时代。处于网络时代的企业,不但要熟悉不同国度的市场顾客的特性,以争取他们的信任,满足他们的需求,还要安排跨国生产、运输与售后服务等工作,并且这些跨国业务大部分都是要经由网络来联系与执行的。任何渴望利用互联网进行跨国经营的公司,都必须为其经营选择一种恰当的商业模式,并要明确这种新型商业模式所传播的信息和进行的交易将会对其现存模式产生什么样的影响。

4. 企业组织的重整

互联网的发展带动了企业内部网的蓬勃发展,使得企业的内外沟通与经营管理均需要依赖网络作为主要的渠道与信息源。便捷的网络沟通导致企业管理幅度增加、层级减少,企业越来越扁平化。这些影响与变化将迫使企业对组织进行再造。

(四)网络营销和传统营销的整合

网络营销与传统营销相比优势明显,对传统营销产生了重大的影响和冲击,但这并不等于说网络营销将完全取代传统营销。对于大多数企业来说,单独的网络营销和传统营销都无法解决企业的营销问题,必须将传统营销与网络营销加以有效整合,原因如下。

第一,网络营销的消费者是网民或者能接触到互联网的人,现实中互联网的渗透率是有限的,世界平均水平低于50%。互联网作为新兴的虚拟市场,它覆盖的群体只是整个市场中某一部分群体,许多群体由于各种原因还不能或者不愿意使用互联网,如一些老人、落后国家和地区的人群,而传统的营销策略和手段则可以覆盖这部分群体。

第二,互联网作为一种有效的营销方式有着购物便捷和直接双向沟通的特点与优势,但对于许多消费者来说,由于个人生活方式的原因,不愿意接受或者使用新的沟通方式和营销渠道,而愿意选择传统方式进行沟通,如习惯在商场一边购物一边休闲等。

第三,网络营销自身也存在一些问题没有解决,如适合网络营销的产品有限,网络营销物流配送需要完善,网络营销的支付存在安全问题,企业网络营销技术、知识不足等。

第四,互联网只是一种工具,营销面对的是有灵性的人,因此这些以人为主的传统营销策略所具有的独特的亲和力是网络营销无法替代的。

因此,企业只有发挥网络营销和传统营销各自的优势,取长补短,统筹考虑,才能使企业的整体营销策略获得成功。

第二节　网络营销的演进历程

一、电子商务和网络营销

(一)电子商务的概念

电子商务是指各种具有商业活动能力的实体(如生产企业、商贸企业、金融机构、政府机构、个人消费者等)利用网络和先进的数字化传媒技术进行的各项商业活动。

(二)网络营销和电子商务的区别与联系

1. 网络营销和电子商务的区别

(1)内涵不同。网络营销是企业整体营销战略的一个组成部分,是促进商业交易的一种手段,无论是传统企业还是互联网企业都需要网络营销。电子商务主要是利用互联网进行的各种商务活动的总和,其强调的是交易行为和方式。

(2)研究的范围不同。网络营销注重研究的是以互联网为主要手段来进行的营销活动,电子商务注重研究的是电子化交易过程和交易环节。发生在电子交易过程中的网上支付和交易之后的商品配送,电子商务体系中所涉及的安全、法律等问题都不包括在网络营销中。

2. 网络营销和电子商务的联系

(1)有相同的技术基础。电子商务与网络营销都是借助互联网来进行经济活动的,都是基于网络信息技术,如文本、图像、声音等进行数据传输,遵循 TCP/IP 协议、信息交换标准,采用相应的安全标准提供安全保密技术。

(2)有相同的商务活动内容。电子商务与网络营销都包括以市场交易为中心的活动,即都包括促成交易实现的各种商务活动(如网上商品展示、网上公关、网上洽谈等活动)和实现交易的电子贸易活动(主要是利用互联网实现交易前的信息沟通、交易中的网上订单传递与支付和交易后的售后服务等)。

(3)电子商务包含网络营销。没有网络营销就没有顾客,没有顾客就不会交易,也就没有了电子商务,所以网络营销是电子商务的重要组成部分。

网络营销既服务于电子商务,也服务于传统商务;网络营销既依赖于电子商务,又独立于电子商务。

在全球范围内,美国的电子商务起步最早,发展最为迅速。这与美国良好的网络状况、大量的高学历网民、完善的法律制度、先进的电子支付手段、成熟的社会信用体系等一系列因素是分不开的。美国 B2B 电子商务的特点是:以大企业为主导,以集成供应链管理为起点,以降低成本为主要目标。其主要表现形式为:大企业利用 ICT(information and communications technology)信息平台(如 ERP、ISC、CRM、IPD 等),在整合企业内部流程和信息资源的基础上,进一步向上游的供应商和下游的顾客拓展,打通与上下游的信息流、资金流和物流,改善沟通效率和质量,大幅降低交易成本、库存成本、生产成本和采购成本,通过全球资源配置优化提高竞争优势。

欧洲 B2B 电子商务在 20 世纪末落后于美国,2003 年以后快速增长,其特点是:企业电子商务基础设施投入增加、应用面扩大,ICT 成为企业改革的关键因素;电子商务呈现明显的部门性(采购、销售和生产)和行业性(汽车、制药和航空工业);大企业和小企业之间发展不平衡,不同国家之间发展不平衡。

亚太地区是发展 B2B 电子商务最有潜力的地区。韩国电子商务的基础设施在国际社会被公认为处于世界级水平,宽带的普及率也是世界上较高的国家之一,电子商务一直高速增长。日本过去 10 年电子商务也在快速增长,应用密度最高的行业是汽车制造业、电子信息业、金属材料业等。

在中国,中小企业 B2B 电子商务较为发达。阿里巴巴公司拥有阿里巴巴国际站和 1688 网站,其中阿里巴巴国际站面向国际批发市场,1688 网站面向国内批发市场。2015 年,1688 网站正式上线全球货源平台,成为集团跨境进口战略的重要环节,以及海外原产地与中国零售商的中间链条。慧聪网是中国领先的内贸 B2B 电子商务企业,利用先进的互联网技术为中小企业提供专业的资讯服务,搭建可靠的供需平台,提供全面的商务解决方案。一呼百应网服务于生产制造型中小企业,致力于打通采购供应链上下游关系。这种模式直击企业采购灰色地带,大力降低企业采购成本,提高企业运作效率,为企业创造了更大的利润。近几年来,B2B 电商企业纷纷布局大数据战略,以提高交易效率,并将交易数据作为未来企业信用的参考标准,为企业与银行、担保等金融机构的交易提供融资信用凭证。阿里巴巴布局"采购直达"平台。在这一平台上,海外买家直接发布详细的采购需求,供应商可主动报价并在线进行订单洽谈。

在全球电子商务零售市场中,通过网络实现的交易量在逐年增加,电子商务在零售营业额所占的比例也是逐年上升,2020 年网络零售额增速普遍高于 15%,需求端的持续扩增,为跨境电商出口创造了良好的增量空间。尤其是全球的大型互联网上市公司的发展将成为电商发展的标志。

近几年,中国 B2C 电子商务的发展速度也很快,根据 CNNIC(中国互联网络信息中心)发布的中国网络购物市场数据,截至 2021 年 6 月,中国电子商务交易网上零售额 61 133 亿元,同比增长 23.2%,仍然维持在较高的增长水平。根据国家统计局 2020 年全年社会消费品零售总额数据,网络零售规模占社会消费品零售总额的 24.9%。阿里巴巴和京东已经成为中国网络零售行业最具代表性的企业。

目前,全球领军互联网企业都已构建以平台为核心的生态体系。亚马逊、阿里巴巴等以电商交易平台为核心,向上下游产业延伸,构建云服务体系。谷歌、百度等以搜索平台为核心,做强互联网广告业务,发展人工智能。脸书、腾讯等以社交平台为核心,推广数字产品,发展在线生活服务。苹果等以智能手机为核心,开拓手机应用软件市场,开展近场支付业务。以平台为核心的生态体系不断完善,将吸引更多用户、积累更多数据,为平台企业跨界融合、不断扩张创造条件。

二、Web 1.0 时代的网络营销

Web 1.0 时代是一个群雄并起、逐鹿网络的时代,是以编辑为特征,网站提供给用户的内容是网站编辑进行编辑处理后提供的,用户阅读网站提供的内容。这个过程是网站到用户的单向行为,Web 1.0 时代的代表站点为新浪、搜狐、网易三大门户。虽然各个网站采用的手段和方法不同,但第一代互联网有诸多共同的特征,具体如下。

(一) Web 1.0 基本采用的是技术创新主导模式

信息技术的变革和使用对网站的新生与发展起到了关键性的作用。新浪最初就是以技术平台起家,搜狐以搜索技术起家,腾讯以即时通信技术起家,盛大以网络游戏起家。在这些网站的创始阶段,技术性的痕迹相当重。

(二) Web 1.0 的盈利都基于一个共通点,即巨大的点击流量

无论是早期融资还是后期获利,依托的都是为数众多的用户和点击率,以点击率为基础上市或开展增值服务,受众的基础决定了盈利的水平和速度,充分地体现了互联网的眼球经济色彩。

(三) Web 1.0 的发展出现了向综合门户合流现象

早期的新浪与搜狐、网易等继续坚持门户网站的道路,而腾讯、MSN、GOOGLE 等网络新贵都纷纷走向门户网络,尤其是对于新闻信息,有着极大的、共同的兴趣。这一情况的出现,在于门户网站本身的盈利空间更加广阔,盈利方式更加多元化,占据网站平台,可以更加有效地实现增值意图,并延伸向主营业务之外的各类服务。

(四) Web 1.0 合流的同时,还形成了主营与兼营结合的明晰产业结构

新浪以"新闻＋广告"为主,网易拓展游戏,搜狐延伸门户矩阵,各家以主营作为突破口,以兼营作为补充点,形成拳头加肉掌的发展方式。

(五) Web 1.0 不以 HTML 为语言

在 Web 1.0 时代,动态网站已经广泛应用,如论坛等。

三、Web 2.0 时代的网络营销

Web 2.0 是相对于 Web 1.0 的新一类互联网应用的简称。Web 2.0 是以 Flickr (www.flickr.com)、博客(www.bokee.com)等网站为代表,以 Blog、SNS、RSS、Wiki4 等应

用为核心,依据六度分隔、AJAX 等新理论和技术实现的互联网新一代模式。Web 2.0 的主要特点如下。

(一)用户参与网站内容制造

发挥用户创作的主观能动性,使其在网站上创造并分享自身感兴趣的内容。创作对于某些用户是自我满足的极佳方式,喜欢看到别人点赞、评论来提升创作的成就感。网站提供分享渠道与互动渠道,并以用户创造的内容吸引更多的受众。

(二)Web 2.0 更加注重交互性

在使用网站、软件、各种服务的时候(实际上是在同它们交互),使用过程中的感觉就是一种交互体验,不仅用户在发布内容过程中实现与之交互,而且也实现了同一网站不同用户之间的交互,以及不同网站之间信息的交互。通过对产品的界面和行为进行交互设计,让产品和它的使用者之间建立一种有机关系,从而可以有效达到使用者。

(三)符合 Web 标准的网站设计

Web 标准,并不是某一个标准,而是一系列标准的集合。这些标准和规范往往彼此相依,直接或间接地影响到网站以及 Web 服务器的发展和管理。网站设计应当考虑到网页或网站的协同工作能力、无障碍性、易用性,实现网站的合理运营和高效运转。

(四)Web 2.0 网站与 Web 1.0 网站没有绝对的界限

Web 2.0 技术可以成为 Web 1.0 网站的工具,一些在 Web 2.0 概念之前诞生的网站本身也具有 Web 2.0 特性,如免费信息发布类网站的内容也来源于用户。Web 2.0 是相对 Web 1.0 而言的,由 Web 1.0 单纯通过网络浏览器浏览网页模式向内容更丰富、联系性更紧密、工具性更强的 Web 2.0 互联网模式的发展,已经成为互联网新的发展趋势。两者之间没有显著的技术隔离和发展边界,是一种延续和发展。两者之间的转变,具体来说,从模式上是从读向写、信息共同创造的一个改变;从基本结构上说,则是由网页向发表/展示工具演变;从工具上,是由互联网浏览器向浏览器、RSS 阅读器等工具的发展。

(五)Web 2.0 的核心不是技术而在于指导思想

Web 2.0 有一些典型的技术,但技术是为了达到某种目的所采取的手段。Web 2.0 技术本身不是 Web 2.0 网站的核心,重要的在于典型的 Web 2.0 技术体现了具有 Web 2.0 特征的应用模式。因此,与其说 Web 2.0 是创新,不如说是互联网应用指导思想的革命。

Web 2.0 具有 Web 1.0 所不具备的明显特征,如分享、贡献、协同、参与等。这种理念已经改变了现在互联网站的建设架构,互联网不再只是一个媒体,而是一个真正让人参与进去的社区。目前,Web 2.0 网络营销模式获得不同层次的发展,如 RSS 营销、网络视频营销、社会网络(SNS)营销、微博营销等各种营销模式层出不穷。

微博是允许用户及时更新简短文本(通常少于 140 字)并可以公开发布的微型博客形式,允许任何人阅读或者只能由用户选择的群组阅读,微博逐渐发展成可以发送链接、图片、音频、视频等多媒体,发布时包括网页、移动终端、短信等,微博是以人为中心,每一个人都是媒体,这种以个体为基本单位的实时交互平台,将成为广告主有效的实时营销平台。

2013 年,Twitter 上市后,推动了微博这种新兴媒体的快速发展。国内的新浪微博等微博媒体发展速度也很快,其营销价值也得到了市场的认可。从功能上来讲,微博集中以下的功能:交友、互动、即时的观点分享、互动的百科问答、专业的信息发布与公众人物面对面的交流等。从商业链及营销价值上来讲,以 Twitter 为代表的微博将会是一个高度开放的平台,未来将会有更多的合作伙伴参与到这个开放的平台中来。诸如 OneRiot、Seesmic 等这些合作者将与 Twitter 紧密地联系在一起。开放的平台将会带来更多的盈利模式,微博的营销大门也就此开启,是单纯地做口碑与消费者展开沟通还是利用各种应用展开全方位的营销,我们会继续关注。

SNS 是指以"实名交友"为基础,基于用户之间共同的兴趣、爱好、活动等,在网络平台上构建的一种社会关系网络服务。与微博相比,70% 以上的 SNS 用户目的是关注朋友,而微博用户最重要的目的是了解新信息。同时,关注名人、讨论热点话题也占比较高。在商品信息源可信度方面,SNS 除较为相信熟人和企业用户之外,更易相信熟人的朋友,而微博用户则更易相信行业专家和体育娱乐明星。

SNS 是一个强关系链的社会网络。因此,基于人际关系的"软"营销将成为未来社区营销的主流。目前社会网络营销仍处于发展的初期,网络营销产品仍以硬广为主,但硬广对网络社区用户体验伤害较大,也未能深度挖掘网络社区用户营销价值。社区媒体与其他媒体最大的不同在于具有相对真实的用户资料及真实的人际关系,因此品牌与用户之间的互动变得更加真实,更加值得信赖,易于形成几何级的形式传播效应。从长期来看,社会网络硬广模式投放比例将不断下降,基于人际关系的"软"营销方式成为未来社区营销的主流。基于人际关系的"软"营销可以利用社区关系以及关系渠道向多维扩展,如基于社区接触点管理的体验营销、病毒营销、数据库营销等。但不同类型的社区媒体植入营销的方式有所不同,BBS 形式社区由于其匿名特征,可进行大规模植入性病毒营销。另外基于在线体验的植入营销也是目前非常主流的一种营销方式,在新品上市营销活动中应用尤多。

四、Web 3.0 时代的网络营销

Web 2.0 虽然只是互联网发展阶段的过渡产物,但正是由于 2.0 的产生,人们可以更多地参与到互联网的创造劳动中,特别是在内容上的创造。在这一点上,Web 2.0 是具有革命性意义的。人们在这个创造劳动中将获得更多的荣誉、认同,包括财富和地位。正是因为更多的人参与到了有价值的创造劳动中,"要求互联网价值的重新分配"才将是一种必然趋势,因而必然促进新一代互联网的产生,这就是 Web 3.0。

Web 3.0 最常见的解释是,网站内的信息可以直接和其他网站相关信息进行交互,能通过第三方信息平台同时对多家网站的信息进行整合使用;用户在互联网上拥有自己的数据,并能在不同网站上使用;完全基于 Web 用浏览器即可实现复杂系统程序才能实现的系统功能。Web 3.0 的特征如下。

(一) 有效聚合

Web 3.0 将精确地对阐明信息内容特征的标签进行整合,提高信息描述的精确度,从而

便于互联网用户的搜索与整理。对于互联网用户的发布权限经过长期的认证,对其发布的信息做不同可信度的分离,可信度高的信息将会被推到互联网信息检索的首项,同时提供信息的互联网用户的可信度也会得到相应的提高。

(二) 普适性

Web 3.0 的网络模式将实现不同终端的兼容,从 PC 互联网到 WAP 手机、PDA、机顶盒、专用终端,不只应用在互联网这一单一终端上。

(三) 个性化搜索引擎

个性化搜索引擎以有效的用户偏好信息处理为基础,以用户进行的各种操作以及用户提出的各种要求为依据,来分析用户的偏好。将偏好系统得出的结论再归类到一起,在某一内容主题(如体育方面)形成一种内容,再进行聚合、推送,以更好地满足用户搜索、观看的需要。个性化搜索引擎的建立是以偏好系统为基础,偏好系统的建立要全面,而且与内容聚合相联系。有了一定的偏好分析,才能建立起完善的个性化引擎。

(四) 数字新技术

Web 3.0 将建立可信的 SNS,可管理的 VoIP 与 IM,可控的 Blog Vlog/Wiki,实现数字通信与信息处理、网络与计算、媒体内容与业务智能、传播与管理、艺术与人文的有序、有效结合和融会贯通。

Web 2.0 模式下的社交网络平台,只是简单地将人与人通过互联网这一平台连接起来。通过互联网注册在 SNS 的平台上结交朋友这一途径,并不能确保注册信息的可靠性和有效性,并不是每一次交际圈的扩展都会带来相应的利益需求,这一过程进行下去的结果将会导致本身信息的外泄和零乱、不可靠信息的泛滥,颠覆人们想利用互联网来扩展人际交往的初衷,这个问题在 Web 3.0 模式下,将通过对用户的真实信息的核查与认证这一方式来解决。高可信度的信息发布源为以后交际面的扩展提供了可靠的保障,与此同时人们在交际的过程中,也可以更迅速地找到自己需要的人才,并且可以完全信任这些可信度高的用户提供的信息,利用这些信息进一步扩展对自己有利的交际圈。

(五) 垂直网站

垂直网站进入 Web 3.0 时代,Web 3.0 时代的特征是个性化、互动性和深入的应用服务;更加彻底地站在用户角度;多渠道阅读、本地化内容;用户间应用体验的分享;应用拉动营销,用户口碑拉动营销。用户的应用体验与分享,对网站流量和产品营销起决定性作用;移动互联网和垂直网络实现有效对接,不是对接内容,而是用户体验和分享层面。同时,垂直网站将与 B2C 实现对接,从而实现产品数据库查询、体验、购买、分享等整个过程的一体化。

社交平台的进一步发展将重新定义通信和商业活动。智能手机的普及使录制、创造消息和分享越来越简单和方便。年轻人认为最佳的联系方式是社交媒体和聊天工具,视觉(视频+图像)的应用快速普及,使人们可以实现实时直播,因此,社交平台上大量充斥着用户生成的信息。社交网络平台已经从简单的社交对话发展到更富有表现力的交流。在社交消息外,持续扩展功能和服务。2020 年 92.7% 的微信用户通过微信从事购物活动,比 2015 年增加超过 6 倍,社交平台上数百万的企业账号为顾客服务和商业提供便利。社交平台中"内容+社区+商务"的模式继续高速增长,基于内容的个性化策划,会提高互动程度和购买的转化率。中国电子商务呈现出日益社交化的发展趋势。

五、网络营销未来发展趋势

(一)多屏互动是必然

今天,我们坐在家里看电视时,可以通过微信"摇一摇"功能实现与电视节目的互动。在不久的将来,当你在乘坐地铁看到地铁视频广告中正在播放的一个电影宣传片时,你的智能手机就会收到一条关于这个电影的电影票促销信息,然后你可以点击直接购买。这些生活场景将越来越普遍。智能手机、掌上电脑等移动设备的普及,加之可穿戴设备和车载设计,以及数字电视和个人电脑的拥有量,多屏互动必将成为移动互联网时代不可或缺的生活场景,而这其中必定蕴藏着巨大的商业机会。

(二)技术推动网络营销革命

网络营销的创新,正是得益于网络技术的迅猛发展。Infoworld 在其网站公布了可能影响未来十年的互联网技术,包括私有云技术、软件定义的网络、高级同步、Apache 的 Hadoop(分布式系统基础架构)、分布式存储分层、JavaScript 的替代品、一个值得信任的芯片、持续构建工具、客户端管理程序、HTML5。另一则报告则披露了"未来五年移动互联网的十大技术",分别是 HTML5、多平台/多架构应用开发工具、可穿戴设备、高精确度移动定位技术、新的 Wi-Fi 标准、高级移动用户体验设计、企业移动管理、智能对象、测量与监视工具、LTE 和 LTE-A(提高频谱效率的蜂窝技术)。

(三)大数据支撑营销决策

大数据已经成为支撑企业网络营销决策的重要基础。所谓的"大数据"是在新的数据处理方式下具有更强的决策力、洞察发现力和流程优化能力的海量、高增长率和多样化的信息资产。其核心就是通过对海量数据直接处理获取有价值的信息。在互联网上,通过特有的数据收集技术和工具,企业可以收集到关于用户行为的海量数据,然后通过对这些海量数据进行分析和挖掘,找到数据背后的用户兴趣和行为,以此对企业的产品和服务进行针对性的调整与优化,从而为用户提供更加个性化的产品或服务。今天的国内外互联网巨头都积极参与布局大数据业务。例如,百度、腾讯、阿里巴巴、京东,以及 EMC、惠普、IBM、微软在内的全球 IT 巨头纷纷通过收购"大数据"相关厂商来实现技术整合。

(四)个性化营销渐成现实

依靠大数据的支撑,为用户提供个性化的服务已经不是难事,个性化营销就是要破除"千人一面","实现千人千面"。例如,国内电商巨头京东积极推进基于大数据的"用户画像"技术,通过设立 300 多个覆盖用户基本属性、购买能力、行为特征、社交特征、心理特征、兴趣偏好等多个方面的标签,定义用户的特征。基于这些用户特征数据,京东采取更加精准化的营销投放策略,提高用户转化率和重购率,提升广告主的广告投放效果。

(五)全网营销成趋势

互联网技术与设备的快速发展,使得人们的触网行为呈现越来越明显的分众趋势,加之人们对个性的追求和企业的迎合与培养,这种分众趋势在未来只会越来越明显。对全网营销至少有两个层次的理解:一是集合传统网络、移动互联网、PC 互联网、电视网络、车载网络等为一体进行营销。二是指将产品规划、产品开发、网站建设、网店运营、品牌推广、产品分销等一系列电子商务内容集成于一体的新型营销模式。

(六)线下线上要融合

在"互联网+"与 O2O 的迅猛发展下,线上线下融合已经成为不可阻挡的趋势,加之如二维码技术、定位服务、移动支付等技术的发展与普及,线上与线下的交易瓶颈已经逐渐被打破。在未来,今天所谓的"互联网公司"将不复存在,所有的传统企业都必须"触网",而现在所谓的"互联网公司"也必须"落地",否则将无法生存。

扫描此码　　　　　　　　　　扫描此码

案例讨论　　　　　　　　　　在线自测

第三章

网络市场与网络消费者

【本章要点】

随着全球电子商务热潮的发展,网络零售这一商业模式逐渐强化了消费者的主体地位。网络零售企业的发展在很大程度上取决于对消费者需求的把握程度和反应情况。同时,满足顾客的需求对于企业保留住自己的顾客并获得竞争优势,也是非常重要的因素。本章主要介绍网络市场的发展历史、网络消费者的需求层次和特征,以及影响网络消费者购买决策的因素等内容。

【学习目标】

1. 了解中国网络市场的发展阶段。
2. 掌握网络消费者的需求特征。
3. 理解网络消费者的购买动机。
4. 掌握网络消费者购买决策的影响因素。
5. 熟悉网络市场的客户资源要素。

第一节 网络市场

一、网络市场的发展

网络营销市场与传统营销的区别在于市场形态不同。市场形态由传统的实体市场转变为以互联网平台为依托的虚拟市场。概括起来,网络市场是以现代信息技术为支撑,以互联网为媒介,以离散的、无中心的、多元网状的立体结构和运作模式为特征,信息瞬间形成、即时传播,实时互动、高度共享的人机界面构成的交易组织形式。网络市场的构成主体包括企业、政府组织和网络消费者。

基于网络交易主体的不同,网络市场可以分为生产者网络市场和消费者网络市场。其中,生产者网络市场指的是 B2B 网络交易市场,即企业使用互联网向供应商订货、签约、接受发票和付款(包括电子资金转移、信用卡、银行托收等)以及处理商贸中其他问题,如索赔、商品发送管理和运输跟踪等；消费者网络市场指的是 B2C、C2C（个人与个人）网络交易市场，即通常所谓的网络购物市场。除了生产者网络市场和消费者网络市场，网络市场还包括以政府组织为主体的 G2B（政府与企业）、G2C（政府与公众）网络交易市场。这里对于网络市场的分析，主要针对的是生产者网络市场和网络购物市场。

（一）网络市场发展的历史

从网络市场交易的方式和范围看，网络市场经历了以下三个发展阶段。

第一阶段是生产者内部的网络市场。20 世纪 60 年代末，西欧和北美的一些大企业用电子方式进行数据、表格等信息的交换，两个贸易伙伴之间依靠计算机直接通信传递具有特定内容的商业文件，这就是所谓的电子数据交换（electronic data interchange，EDI）。后来，一些工业集团开发出采购、运输和财务应用的标准，但这些标准仅限于工业界内的贸易。电子数据交换系统可缩短业务流程时间和降低交易成本。

第二阶段是国内或全球的生产者网络市场和消费者网络市场。基本特征是企业在互联网上建立一个站点，将企业的产品信息发布在网上，供所有顾客浏览，或销售数字化产品，或通过网上产品信息的发布来推动实体化商品的销售；如果从市场交易方式的角度讲，这一阶段也可称为"在线浏览、离线交易"的网络市场阶段。

第三阶段是信息化、数字化、电子化的网络市场。这是网络市场发展的最高阶段，其基本特征是虽然网络市场的范围没有发生实质性的变化，但网络市场交易方式却发生了根本性的变化，即由"在线浏览、离线交易"演变成了"在线浏览、在线交易"，这一阶段的最终到来取决于电子货币及电子货币支付系统的开发、应用、标准化及其安全性、可靠性。

（二）中国网络市场的发展阶段

中国网络虚拟市场的发展主要经历了四个阶段：1997 年之前的探索阶段、1997—2001年的起步阶段、2002—2008 年的成长阶段以及 2008 年以后的深入发展阶段。

1. 探索阶段（1997 年之前）——政府主导的科研网络的建立引发互联网革命

1986—1993 年，电子邮件成为中国最早出现的网络应用服务；1994—1997 年，科研网络成为中国互联网发展的领头羊。但可以说，在很大程度上，早期的网络市场中的营销更多地具有神话色彩，离网络营销的实际应用还有很远一段距离，何况无论学术界还是企业界，大多数人对网络营销的概念都还相当陌生，更不用说将网络营销应用于企业经营了。在网络市场探索阶段，网络营销的基本特征为：概念和方法不明确，是否产生效果主要取决于偶然因素，多数企业对于上网几乎一无所知。因此，网络营销的价值主要在于其对新技术新应用的新闻效应，以及对于了解和体验营销手段变革的超前意识。

2. 起步阶段（1997—2001 年）——互联网进入综合门户时代

根据中国互联网络信息中心（CNNIC）发布的《第一次中国互联网络发展状况调查统计报告（1997 年 10 月）》，1997 年 10 月底，我国上网人数为 62 万，www 站点数约 1 500 个。显然当时无论是上网人数还是网站数量均微不足道。但根据 CNNIC 的调查统计，到 1999 年年底，我国上网用户人数已达 890 万，www 站点数 15 153 个，互联网应用环境初具规模，多种网络营销模式出现，网络营销呈现出快速发展的势头，并且逐步走向实用的趋势。

1997 年以后中国三大传统门户网站网易、搜狐和新浪的相继建立和上市，掀起了中国互联网发展的第一轮投资热潮,标志着中国互联网进入综合门户时代。随后,移动增值产业价值链开始形成,网络广告和网游市场迅速崛起,一些购物网站开始成立,网上银行开始进入网民的生活,网络教育也开始进入网民的视线。2001 年 10 月,百度正式发布 Baidu 搜索引擎服务,成为中国第一个综合搜索网站。

3. 成长阶段(2002—2008 年)——网络服务垂直化趋势不可逆转

随着 2000 年以后互联网泡沫的破裂,在各大门户网站还在力求实现盈亏平衡的时候,一批垂直化网站迅速兴起。移动增值、网络广告和网络游戏成为网络经济最主要的盈利模式,网络媒体正在成为继电视、广播、报纸之后的第四大主流媒体,网络交友开始蓬勃发展,搜索引擎和电子商务成为新的经济热点。

根据中国互联网络信息中心的统计报告,2002 年我国的 www 网站数量为 293 213 个,其中绝大多数为企业网站。企业网站数量在快速增长,这也反映了网站建设已成为企业网络营销的基础。

4. 深入发展阶段(2008 年以后)——网络经济呈多元化盈利发展模式

2008 年以后,移动增值服务进入稳定发展期,3G、4G、5G 的推行给移动增值市场带来更多新的发展机遇;电子商务快速发展,消费者变得成熟;搜索引擎的市场规模在网络经济中所占比重日益扩大;社区、博客、视频、社交等应用形式迅速发展。

二、网络市场的特征

随着互联网络以及万维网的盛行,利用无国界、无区域界线的互联网销售商品或提供服务,成为 21 世纪最有发展潜力的新兴市场。从市场的运作机制看,网络市场具有如下基本特征。

(一)无店铺的经营方式

运作于网络市场上的是虚拟商店,它不需要店面、装潢、摆放的货品和服务人员等,它使用的媒体为互联网络。如 1995 年 10 月"安全第一网络银行"(Security First Network Bank)在美国诞生,这家银行没有建筑物,没有地址,只有网址,营业厅就是首页画面,所有的交易都通过互联网络进行;员工只有 10 人,1996 年存款金额达到 1 400 万美元。

(二)无存货的经营形式

互联网上的商店可以在接到顾客订单后再向制造的厂家订货,而无须将商品陈列出来以供顾客选择,只需在网页上打出订货菜单以供选择。这样一来,店家不会因为存货而增加其成本,其售价比一般的商店要低,有利于增加网络商家和"电子空间市场"的魅力与竞争力。

(三)成本低廉的竞争策略

网络市场上虚拟商店的经常性成本通常比普通商店要低得多,另外还可以省去大部分的库存成本。

网络市场上的虚拟商店,其成本主要涉及自设 Web 站成本、软硬件费用、网络使用费和以后的维持费用。它通常比普通商店的成本要低得多,这是因为普通商店需要昂贵的店面租金、装潢费用、水电费、税负及人事管理费用等。Cisco 在其互联网网站中建立了一套专用的电子商务订货系统,销售商与客户能够通过此次系统直接向 Cisco 公司订货。此套订货系统不仅能够提高订货的准确率,避免多次往返修改订单的麻烦,最重要的是缩短了出货时间,降低了销售成本。据统计,电子商务的成功应用使 Cisco 每年在内部管理上能够节省数亿美元的费用。EDI(电子数据交换)的广泛使用及其标准化使企业与企业之间的交易走向无纸贸易。在无纸贸易的情况下,企业可将购物订单过程的成本缩减 80% 以上。一个中等规模的企业一年要发出或接受订单在 10 万张以上,大企业则在 40 万张左右。因此,对企业,尤其是大企业,采用无纸交易就意味着节省少则数百万元、多则上千万元的成本。

(四)无时间限制的全天候经营

虚拟商店不需要雇用经营服务人员,可摆脱因员工疲倦或缺乏训练而引起顾客反感所带来的麻烦。而一天 24 小时、一年 356 天的持续经营,这对于平时工作繁忙、无暇购物的人来说有很大的吸引力。

(五)无国界、无区域界限的经营范围

只要是有网络的地方,理论上企业就可以直接与用户一对一地进行各种商务活动,彻底消除地理区域对企业营销的限制,突破传统商圈的局限,极大地拓展企业目标市场的地理区域,实现真正的全球市场。

联机网络创造了一个即时全球社区,它消除了同其他国家客户做生意的时间和区域障碍。

(六)精简化的营销环节

在网络市场上购物可以节省消费者的时间、精力等成本,简化消费者的购物环节,十分方便。利用网络营销可以极大地提高企业和消费者的效率。

顾客不必等经理回复电话,可以自行查询信息。客户所需咨询可及时更新,企业和买家可加速交换信息,网上营销使企业在市场中快人一步,迅速传递出信息。今天的顾客需求不断增加,他们对欲购商品非常了解,对产品本身要求有更多的发言权和售后服务。于是,精明的营销人员能够借助联机通信所固有的互动功能,鼓励顾客参与产品更新换代,让他们选择颜色、装运方式,自行下订单。在定制、销售产品过程中,为满足顾客的特殊要求,让他们参与越多,售出产品的机会就越大。总之,网络市场具有传统的实体化市场所不具有的特点,这些特点正是网络市场的优势。

(七)个性化的营销模式

消费者不仅可以通过网络与企业进行实时沟通,表达自己的消费需求,实现消费的个性化定制,还可以根据自己的个性特点和需求在全球范围内的网络商店和购物中心,全天 24 小时内寻求目标商品。

三、网络市场的客户资源

网络市场的客户资源可以分成两类：个人消费者和机构买家。

（一）个人消费者

国际标准化组织（ISO）认为：消费者是以个人消费为目的而购买使用商品和服务的个体社会成员。个人消费者与生产者及销售者不同，必须是产品和服务的最终使用者而不是生产者、经营者。也就是说，购买商品的目的主要是用于个人或家庭需要而不是经营或销售，这是个人消费者最本质的一个特点。作为个人消费者，其消费活动的内容不仅包括为个人和家庭生活需要而购买和使用产品，而且包括为个人和家庭生活需要而接受他人提供的服务。但无论是购买使用商品还是接受服务，其目的都只是满足个人和家庭需要，而不是生产和经营的需要。

个人消费者也可以被分成三类：冲动型消费者，他们购买时行动迅速；耐心型消费者，他们会在进行一些比较后才购买；分析型消费者，他们在经过大量的研究后才作出购买决定。另外，还有一些"橱窗消费者"，他们以浏览为乐。

个人消费者行为对在线 B2C 系统的开发方式有深远影响，它可以表述为两个问题：消费者为什么购买？消费者从在线购物中得到哪些好处？市场调查者将在线购买体验总结为两个维度：第一个是使用目的，即进行购买活动只是达到目标或完成任务；第二个是娱乐目的，即进行购买活动只是因为"它充满乐趣并且我喜欢它"。对使用目的和娱乐目的的理解能帮助我们更深入地了解许多电子商务消费行为，但它们在电子市场的设计和实现过程中经常被忽略。

1. 个人消费者行为的类型

由于参与度和产品品牌存在差异，消费者的购买决策过程也显著不同。同类产品不同品牌之间的差异越大，产品价格越昂贵，消费者越是缺乏产品知识和购买经验，感受到的风险越大，购买决策过程就越复杂。例如，牙膏、火柴与计算机、轿车之间的购买复杂程度显然是不同的。

（1）复杂的购买行为。如果个人消费者属于高度参与，并且了解现有各品牌、品种和规格之间具有显著差异，则会产生复杂的购买行为。复杂的购买行为指消费者完整细致地经历购买决策过程各个阶段这样一种购买行为。个人消费者会在广泛收集信息和全面的产品评估的基础上制定购买决策，认真地进行购后评价。

（2）减少失调感的购买行为。如果个人消费者属于高度参与，但是并不认为各品牌之间有显著差异，则会产生减少失调感的购买行为。减少失调感的购买行为指消费者购买过程简单而迅速，但是在购买之后易于产生失调感并力求降低失调感这样一种购买行为。地毯、房内装饰材料、服装、首饰、家具和某些家用电器等商品的购买大多属于减少失调感的购买行为。此类产品价值高、不常购买，但是消费者看不出或不认为某一价格范围内的不同品牌有什么差别，并未在不同品牌之间精心比较和选择，购买决策过程迅速，可能会受到与产品质量和功能无关的其他因素的影响，如因价格便宜、销售地点近、熟人介绍而决定购买。购买之后，会因使用过程中发现产品的缺陷或听到其他同类产品的优点而产生失调感并力求减少失调感。

（3）多样性购买行为。如果个人消费者属于低度参与并了解现有同类产品各品牌和品种之间具有显著差异，则会产生多样性购买行为。多样性购买行为指个人消费者随意购买和随意转换以试用同类产品多种品牌和品种这样一种购买行为。个人消费者并不深入收集信息和评估比较就决定购买某一品牌，在消费时才加以评估，在下次购买时又转换其他品牌。转换的原因是厌倦原产品或想试试新产品，是寻求产品的多样性而不一定有不满意之处。

（4）习惯性的购买行为。如果个人消费者属于低度参与并认为各品牌之间没有什么显著差异，就会产生习惯性购买行为。习惯性购买行为指个人消费者持续地购买熟悉产品这样一种购买行为。由于个人消费者认为产品并不重要且各品牌之间也没有什么显著差异，因此在购买过程中并不深入收集信息和评估品牌，只是持续购买自己熟悉的品牌，在购买后可能评价也可能不评价产品。

2. 影响个人消费者行为的因素

（1）个人消费者认知。认知是人由表及里、由现象到本质反映客观事物的特性与联系的过程，可以分为感觉、知觉、记忆等阶段。

（2）个人消费者的需要与动机。

需要是个体对内在环境和外部条件较为稳定的要求。西方心理学对需要的解释主要分为两种，一是重视它的动力性意义，把需要看作一种动力或紧张；二是把需要看作个体在某方面的不足或缺失。德国心理学家勒温认为，个人与环境之间有一定的平衡状态，如果这种平衡状态遭到破坏，就会引起一种紧张，产生需要或动机。如果需要得不到满足或受到阻碍，紧张状态就会保持，推动着人们从事消除紧张、恢复平衡、满足需要的活动。需要得到满足后，紧张才会消除。因此，需要是行为的动力。

动机指人们产生某种行为的原因。购买动机指人们产生购买行为的原因。动机的产生必须有内在条件和外在条件。产生动机的内在条件是达到一定强度的需要。需要越强烈，则动机越强烈。产生动机的外在条件是诱因的存在。诱因指驱使有机体产生一定行为的外在刺激，可分为正诱因和负诱因。正诱因指能够满足需要，引起个体趋向和接受的刺激因素。负诱因指有害于需要满足，引起个体逃离和躲避的刺激因素。

（3）生理因素、经济因素与生活方式。

生理因素指年龄、性别、体征（高矮胖瘦）、嗜好（如饮食口味）和健康状况等生理特征的差别。生理因素决定着个人消费者对产品款式、构造和细微功能有不同需求。

经济因素指消费者可支配收入、储蓄、资产和借贷的能力。经济因素是决定购买行为的基本因素，决定着能否发生购买行为以及发生何种规模的购买行为，决定着购买商品的种类和档次。

生活方式指一个人在生活中表现出来的活动、兴趣和看法的模式。不同的生活方式群体对产品和品牌有不同的需求。

（二）机构买家

企业从事生产、销售等业务活动以及政府部门和非营利组织为履行职责而购买产品和服务，它们称为机构买家。机构买家与个人消费者的购买行为既有相似性又有较大差异性，在购买决策、购买决策参与者、购买决策影响因素、交易导向与购买决策过程等方面表现得尤为突出。

1. 机构买家的购买类型

（1）直接重购。直接重购指机构买家的采购部门按照过去的订货目录和基本要求继续向原先的供应商购买产品，这是最简单的购买类型。当库存量低于规定水平时，就要续购。采购部门对以往的所有供应商加以评估，选择满意的作为直接重购的供应商。被列入直接重购名单的供应商应尽力保持产品质量和服务质量，提高采购者的满意程度。他们经常提议采用自动化再订购系统，以减少再订购的时间。未列入名单的供应商会试图提供新产品和满意的服务，以便促使采购者转移或部分转移购买，以少量订单入门，然后逐步争取买方、扩大其采购份额。

（2）修正重购。修正重购指机构买家改变原先所购产品的规格、价格或其他交易条件后再行购买。机构买家会与原先的供应商协商新的供货协议甚至更换供应商。原先选中的供应商感到有一定的压力，会全力以赴地继续保持交易，新的供应商认为这是获得交易的最好机会。这种决策过程较为复杂，买卖双方都有较多的人参与。

（3）新购。新购指机构买家初次购买某种产品或服务，这是最复杂的购买类型。新购产品大多是不常购买的项目，如大型生产设备、建造新的厂房或办公大楼、安装办公设备或计算机系统等，采购者要在一系列问题上作出决策，如产品的规格、购买数量、价格范围、交货条件及时间、服务条件、付款条件、可接受的供应商和可选择的供应商等。购买的成本和风险越大，购买决策的参与者就越多，需要收集的信息就越多，购买过程就越复杂。由于顾客还没有一个现成的"供应商名单"，因而对所有的供应商都是机会，也是挑战。

2. 机构买家购买方式

对于大宗商品的购买，机构买家常常采用系统购买的方式。机构买家通过一次性购买而获得某项目所需全部产品的采购方法称为系统购买。供应商所采用的与系统购买相应的销售方法称为系统销售。系统购买最初产生于政府采购。政府采购重要武器和通信系统时，不是从不同供应商处分别购买各种部件然后汇总，而是从符合条件的供应商中选择最合适的一个，向它购买该项目所需的全部产品，由它负责招标和组装零部件，最后交付可立即投入使用的成品。这种购买方法也称为"交钥匙解决法"，因为购买者只要转动一下钥匙就可以进行工作。系统销售有各种不同的形式。一是供应商销售一组连锁产品。例如，汽车零部件供应商出售汽车中的某个系统，有座椅系统、刹车系统、车门系统等。二是系统承包，即一个单独的供应商给购买者提供维护、修理、操作所需的全部物料。从采购方看，将存货的任务转嫁给销售方，可以降低成本；减少了挑选供应商的时间，可以降低费用；有合同条款的规定，可以降低价格。从销售方看，有固定需求，降低了经营风险；减少了单证工作，使得经营成本降低。在水坝、钢铁厂、水利系统、卫生系统、油气管道、公共设备和新城镇建设中，越来越多的购买者采用系统购买的方式，供应商也意识到这种趋势，把与之相应的系统销售作为一种重要的营销手段，在价格、质量、信誉和其他各方面进行竞争以期中标。

前者引起更多的媒体关注，而后者占了网上购买的大部分。机构买家包括政府、私人公司、转售商和公共组织。机构买家的购买行为不是为了个人消费。其购买的产品或服务一般是用来增加价值，创造其他产品（或服务）；当然也可能只是转售，不经任何改变。

第二节　网络消费者

一、网络消费者的需求层次及需求特征

（一）网络消费者的需求层次

美国著名心理学家马斯洛把人的需求划分为五个层次,即生理的需求、安全的需求、情感和归属的需求、尊重的需求和自我实现的需求,这一划分对网络消费者需求层次的分析具有重要的指导作用。

1. 生理需求

网络消费者也需要维持生理需求,满足自己的衣食住行和玩乐。网络虚拟社会中提供的满足网络消费者衣食住行的网络购物和供消费者玩乐的网络游戏等功能,能够在一定程度上节约人们日益紧缺的时间和金钱,更好地满足人们的生理需求,这是推动网络消费发展的基本需求动机。

2. 心理需求

除在生理上满足网络消费者之外,网络虚拟市场还会在心理上满足网络消费者。网络虚拟市场对网络消费者心理需求的满足,主要体现在以下三个方面。

（1）兴趣需求。人们出于好奇或为了获得成功的满足感而对网络活动产生兴趣。这种兴趣主要来源于两种内在驱动力:一种是人们想要探索各种网络信息和活动的欲望,出于好奇心理,人们会驱动自己沿着网络提供的线索不断深入地查询,希望获得更多的信息;另一种是人们对成功的渴望,当人们通过搜寻获得自己所需要的资料、软件、游戏,会产生一种成功的满足感,这种满足感会不断提高人们对网络的接受程度。

（2）聚集需求。人类是以群体生活为主的动物。在现代社会,由于生活节奏的加快,人们常常没有整块的时间聚集在一起,而网络却能够为世界各地的人们提供聚集的机会。这种聚集不受时间的限制,且能够形成富有意义的人际关系。通过网络而聚集起来的群体是一个极为民主性的群体。在这样一个群体中,所有成员都是平等的,每个成员都有独立发表意见的权利,使得在现实社会中经常处于紧张状态的人们在虚拟社会中寻求到解脱。

（3）交流需求。聚集起来的网民,自然而然地产生交流的需求。随着这种信息交流频率的提高,交流的范围也在不断地扩大,示范效应就会产生,带动在某些种类的产品和服务方面有共同兴趣和利益的成员聚集在一起,形成商品的信息交易网络,即网络商品交易市场。

（二）网络消费者的需求特征

由于互联网商务的出现,消费观念、消费方式和消费者的地位正在发生着重要的变化,使当代消费者心理与以往相比呈现出新的特点和趋势。

1. 个性消费的回归

在过去相当长的一个历史时期内,工商业都是将消费者作为单独个体进行服务的。在

这一时期内,个性消费是主流。只是到了近代,工业化和标准化的生产方式才使消费者的个性被淹没于大量低成本、单一化的产品洪流之中。然而,没有一个消费者的心理是完全一样的,每一个消费者都是一个细分市场。心理上的认同感已成为消费者作出购买品牌和产品决策的先决条件,个性化消费正在也必将再度成为消费的主流。

2. 消费需求的差异性

不仅仅是消费者的个性消费使网络消费需求呈现出差异性,不同的网络消费者因所处的时代、环境不同而产生不同的需求,不同的网络消费者在同一需求层次上的需求也会有所不同。所以,从事网络营销的厂商要想取得成功,必须在整个生产过程中,从产品的构思、设计、制造到产品的包装、运输、销售,认真思考这种差异性,并针对不同消费者的特点,采取有针对性的方法和措施。

3. 消费主动性增强

消费主动性增强来源于现代社会不确定性的增加和人类追求心理稳定与平衡的欲望。网络给消费者提供了一个方便、快捷、全面的信息获取渠道,使消费者能够比较容易地获取自己需要的信息,也逐步激发了消费者在商品购买决策中主动获取信息、分析比较信息、自主判断决策的潜在追求,因此,网络消费者的消费主动性在不断地增强。

这种主动性,不仅表现在对信息的主动获取上,还表现在主动提出自我个性需求、主动对商品提出个性建议等诸多方面,若能被企业获知,并设法满足消费者的需求,将会给企业经营带来极大的成功。

4. 网络消费仍然具有层次性

网络消费本身是一种高级的消费形式,但就其消费内容来说,仍然可以分为由低级到高级的不同层次。在网络消费的开始阶段,消费者侧重于精神产品的消费;到了网络消费的成熟阶段,消费者已完全掌握了网络消费的规律和操作,并且对网络购物有了一定的信任感后,消费者才会从侧重于精神消费品的购买转向日用消费品的购买。

5. 对购买方便性的需求与购物乐趣的追求并存

除了实际的购物需求以外,消费者对购物方便性的需求凸显,对送货的时间、速度等都提出了更多的要求。

6. 网络消费者的需求具有交叉性

在网络消费中,各个层次的消费不是相互排斥的,而是具有紧密的联系,需求之间存在着交叉的现象。

7. 网络消费需求的超前性和可诱导性

初期的网上购物消费者以经济收入较高的中青年为主,这部分消费者比较喜欢超前和新奇的商品,他们的需求具有一定的超前性,也可进行一些诱导。

二、网络消费者的购买动机

动机,是指推动人进行活动的内部原动力(内在的驱动力),即激励人行动的原因。网络消费者的购买动机是指在网络购买活动中,能使网络消费者产生购买行为的某些内在的驱动力。

动机是一种内在的心理状态,不容易被直接观察到或被直接测量出来,但它可根据人们的长期行为表现或自我陈述加以了解和归纳。对于企业促销部门来说,通过了解消费者的动机,就能有依据地说明和预测消费者的行为,采取相应的促销手段。而对于网络促销来说,动机研究更为重要。因为网络促销是一种不见面的销售,网络消费者复杂的、多层次的、交织的和多变的购买行为不能直接观察到,只能够通过文字或语言的交流加以想象和体会。

网络消费者的购买动机基本上可以分为两大类,即需求动机和心理动机。前者是指人们由于各种需求,包括低级的和高级的需求而引起的购买动机,而后者则是由于人们的认识、感情、意志等心理过程而引起的购买动机。

(一)网络消费者的需求动机

研究人们的网络购买行为,首先要研究人们的网络购买需求。马斯洛的需求层次理论可以解释虚拟市场中消费者的许多购买行为,但是,虚拟社会与现实社会毕竟有很大的差别,马斯洛的需求层次理论也面临着不断补充的要求。而虚拟社会中人们联系的基础实质是人们希望满足虚拟环境下三种基本的需要:兴趣、聚集和交流。

1. 兴趣

分析畅游在虚拟社会的网民,可以发现,每个网民之所以热衷于网络漫游,是因为对网络活动抱有极大的兴趣。这种兴趣的产生,主要出自两种内在驱动:一是探索的内在驱动力,人们出于好奇的心理探究秘密,驱动自己沿着网络提供的线索不断地向下查询,希望能够找出符合自己预想的结果,有时甚至到了不能自拔的境地;二是成功的内在驱动力,当人们在网络上找到自己需要的资料、软件、游戏时,自然产生一种成功的满足感。

2. 聚集

虚拟社会提供了具有相似经历的人们聚集的机会,这种聚集不受时间和空间的限制,并形成富有意义的个人关系。通过网络而聚集起来的群体是一个极为民主性的群体。在这样一个群体中,所有成员都是平等的,每个成员都有独立发表自己意见的权利,使得在现实社会中经常处于紧张状态的人们渴望在虚拟社会中寻求解脱。

3. 交流

聚集起来的网民,自然产生一种交流的需求。随着这种信息交流频率的增加,交流的范围也在不断扩大,从而产生示范效应,带动对某些种类的产品和服务有相同兴趣的成员聚集在一起,形成商品信息交易的网络,即网络商品交易市场。这不仅是一个虚拟社会,而且是高一级的虚拟社会。在这个虚拟社会中,参加者大都是有目的的,所谈论的问题集中在商品质量的好坏、价格的高低、库存量的多少、新产品的种类等。他们所交流的是买卖的信息和经验,以便最大限度地占领市场,降低生产成本,提高劳动生产率。对于这方面信息的需求,人们永远是无止境的。这就是电子商务出现之后迅速发展的根本原因。

(二)网络消费者的心理动机

1. 理智动机

理智动机是指建立在人们对于在线商场推销的商品的客观认识基础上的。网络购物者大多是中青年,具有较高的分析判断能力。他们的购买动机是在反复比较各个在线商场的商品之后才产生的,对所要购买的商品的特点、性能和使用方法,早已心中有数。理智购买动机具有客观性、周密性和控制性的特点。在理智购买动机驱使下的网络消费购买动机,首先注意的是商品的先进性、科学性和质量高低,其次才注意商品的经济性。这种购买动机的形成,基本上受控于理智,而较少受到外界气氛的影响。

2. 感情动机

感情动机是由于人的情绪和感情所引起的购买动机。这种购买动机还可以分为两种形态。一种是低级形态的感情购买动机,它是由喜欢、满意、快乐、好奇而引起的。这种购买动机一般具有冲动性、不稳定性的特点。另一种是高级形态的感情购买动机,它是由人们的道德感、美感、群体感所引起的,具有较大的稳定性、深刻性的特点。而且,由于在线商场提供异地买卖送货的业务,大大促进了这类购买动机的形成。

3. 惠顾动机

惠顾动机是基于理智经验和感情之上的,对特定的网站、图标广告、商品产生特殊的信任与偏好而重复地、习惯性地前往访问并购买的一种动机。惠顾动机的形成,经历了人的意志过程。从它的产生来说,或者是由于搜索引擎的便利、图标广告的醒目、站点内容的吸引;或者是由于某一驰名商标具有相当的地位和权威性;或者是因为产品质量在网络消费者心目中树立了可靠的信誉。这样,网络消费者在为自己作出购买决策时,心目中首先确立了购买目标,并在各次购买活动中克服和排除其他的同类水平产品的吸引与干扰,按照事先购买目标行动。具有惠顾动机的网络消费者,往往是某一站点的忠实浏览者。他们不仅自己经常光顾这一站点,而且对众多网民也具有较大的宣传和影响功能,甚至在企业的商品或服务一时出现某种过失的时候,也能予以谅解。

三、网络消费者的消费过程

消费行为是消费者为满足某种需要而发生的消费商品的一切行为活动,是消费者心理的外在表现。网络个人消费者的消费过程,也就是网络个人消费行为形成和实现的过程。与传统的客户消费行为类似,网络个人消费行为早在实际消费之前就已经开始,并且延长到消费后的一段时间,有时甚至是一个较长的时期。网络个人消费者的消费过程与传统消费行为不同之处是多了两个过程,一个是下订单过程;另一个是授权支付过程,如图 3-1 所示。

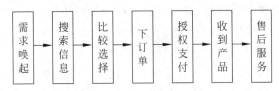

图 3-1　网络消费者的消费过程

(一)需求唤起

网络消费过程的起点是唤起需求。消费者的需求是在内外因素的刺激下产生的。当消费者对市场中出现的某种商品或某种服务发生兴趣后,才可能产生消费欲望。消费者认为缺少此商品或已有的商品不能满足需求时,就会产生购买产品的欲望。需求唤起是消费者购买过程中不可缺少的一步。

激发消费者需求的原因有两个：一方面是内在的，消费者需求的内在原因一般是由生理因素所决定的；另一方面是外在的，消费者需求的外在原因主要取决于企业的营销刺激，企业通过巧妙设计促销手段去吸引消费者，诱导他们的需求欲望。

对于网络营销来说，视觉和听觉文字的表述、图片的设计、声音的配置是诱发需求的直接动因。这要求从事网络营销的企业或中间商注意了解与自己产品有关的实际需求和潜在需求，了解这些需求在不同时间的不同程度，了解这些需求是由哪些刺激因素诱发的，进而巧妙地设计促销手段去吸引更多的消费者浏览网页，诱导他们的需求欲望。

（二）搜索信息

当需求被唤起后，每一个消费者都希望自己的需求能够得到满足。在这个环节，消费者会通过各种途径寻找有关商品的信息，寻找购买目标，为下一步的比较选择奠定基础，避免决策失误或减少购买风险。

消费者在收集信息时会首先在自己的记忆中搜寻可能与所需商品相关的知识和经验；如果没有足够的信息用于决策，则会到外部环境中寻找与此相关的信息。因此，消费者收集信息一般会通过两种途径：一种是消费者自己以往了解、存储、保留的市场信息被重新调用，包括以前购买商品的实际经验、对市场的观察、个人购买活动的记忆等；另一种是从外界收集现有的各种信息，包括通过个人渠道、商业渠道和公共渠道等收集到的信息。与传统购买过程中收集信息不同的是，网络消费者收集信息的外部环境发生了变化，互联网强大的信息传递和沟通能力为网络消费者提供了更便利的信息收集条件；同时，随着网络信息提供者日益提高信息服务质量，网络消费者面对的信息来源越来越多、信息数量越来越大、信息内容更加详细、具体。

与传统消费信息的收集不同，网络消费的信息收集具有较大主动性，在网络消费过程中，商品信息的收集主要是通过互联网进行的。一方面，网络消费者可以根据了解的信息，通过互联网跟踪查询；另一方面，网络消费者通过不断地在网上浏览，寻找新的消费机会。

（三）比较选择

为了使消费需求与自己的消费能力相匹配，比较选择是消费过程中必不可少的环节。消费者对各条渠道汇集而来的资料进行比较、分析、研究，了解各种商品的特点和性能，从中选择最为满意的一种。一般来说，消费者的综合评价主要考虑产品的功能、可靠性、性能、样式、价格和售后服务等。消费者在比较选择时存在以下难点。

首先，通常情况下，网络消费者都会采取比较选择的办法对要购买的商品进行分析。常见的获取信息的渠道有行业门户网站、相关产品或企业网站、网上专卖店、综合性信息网站等。但是，面对大量的网络信息，消费者对其进行整理、分析、比较是一项巨大的工程。曾有消费者抱怨："网络上的信息让我看花了眼睛，怎么办？"

其次，对于专业技术含量比较高的产品，如计算机等，一般消费者收集的资料中有大量的专业性术语和数据，由于消费者缺乏专业技术知识，所以很难根据收集到的信息作出消费决策。

最后，由于网络购物不能直接接触实物，因此，消费者在选购某些产品的时候，需要浏览大量的产品图片和文字描述，即便如此，有些消费者还是不能作出购买决策。

因此，企业在进行网络营销过程中，仅仅把信息放到网上，让消费者查询到是不够的，还要提供信息的比较服务。网络购物不直接接触实物，消费者对网上商品的比较依赖于厂商对商品的描述，包括文字的描述和图片的描述。网络营销商对自己的产品描述不充分，就不能吸引众多的顾客。而如果对产品的描述过分夸张，甚至带有虚假的成分，则可能永久地失去顾客。

（四）下订单

与传统购物相比较，下订单与授权支付是网络消费过程所独有的阶段。在传统购物中，消费者只要作出选择，就会交钱拿到产品，但在网上由于是通过网络媒介，所以网络消费者在完成了对商品的比较选择之后，还要进入下订单阶段。网络消费者在决定消费某种商品时，一般必须具备三个条件：第一，对厂商有信任感；第二，对支付有安全感；第三，对产品有好感。所以，树立企业形象，改进货款支付办法和商品邮寄办法，全面提高产品质量，是每一个参与网络营销的厂商必须重点抓好的三项工作。这三项工作抓好了，才能促使消费者毫不犹豫地作出消费决策。

（五）授权支付

在网上企业与消费者达成交易之后，双方如何进行货款的收付呢？传统的购物是交钱获得产品，而网络要找一个中介机构来完成这一过程。从消费者的角度来说，一种是离线的传统支付方式"网上交易和网下支付"，消费者将支付的权力交给了邮政、银行；另一种是在线的电子支付，如支付宝、财富通、环讯支付、易宝支付、快钱等，将支付的权力交给了网络第三方企业。这两种支付方法各有利弊，由消费者自由选择。

（六）收到产品

与传统购物一手交钱一手交货所不同的是，在网上购物，即使已支付了货款，也不能立刻拿到产品，这中间往往要经历一段产品邮寄时间，产品才能到达买者手中。方便、快捷、便宜的物流消息紧紧连接着厂商和消费者。网络企业要尽量缩短这个时间，并确保产品完好无损，消除消费者的不安感。

（七）售后服务

消费者购买产品后，往往会通过对产品的使用来对自己的购买选择进行检验和反省，重新考虑这种购买是否正确、效果是否理想以及服务是否周到等问题，这种购后评价往往会影响消费者下一次的购买意愿。

为了提高客户满意度，培养忠诚客户，提高企业的竞争力，最大限度地占领市场，企业必须做好售后服务，创造条件让消费者说出他们的不满并加以改进。互联网为网络营销者收取消费者购后评价信息提供了得天独厚的优势。对于消费者的意见和建议，企业应该及时反馈和处理，让消费者有受到重视的感觉，并能感受到企业高效的处理机制。

消费者购买及使用所购产品后，会根据自己的感受进行评价，以验证购买决策的正确与否。购后评价常常作为一种经验反馈到购买活动的初始阶段，对消费者以后的购买行为产生影响，也对其他消费者的购买决策产生影响。因为售后服务是否方便、快速、周到等问题往往决定了消费者今后的消费动向。现在,越来越多的公司将网络服务整合到公司的营销计划之中,使网络营销界渐渐兴起了为顾客服务的浪潮。

消费者的整个购物过程都与企业的产品、价格、渠道、促销、信用相联系,它们当中的任何一个因素都会使潜在顾客作出是否购买的决定。因此,要把消费者的购买过程与网络企业的营销策略紧密联系,促成潜在消费者消费行为的发生。

四、我国网民网络生活分析

网络消费者是网络营销的基础。从宏观意义上看,网民就是网络消费者的基本组成部分,只是有些网民还处于潜在消费者的行列,还不是真正的网络消费者。因此,企业面对广大的网民群体,首先应该对其进行分析,认清哪些是企业网络营销的目标消费者。

(一)网民数量的变化

目前,从我国上网用户的总量来看,已经形成一个具有有效规模的市场。近 10 亿网民构成了全球最大的数字社会。截至 2020 年 12 月,我国的网民总体规模大约已占全球网民的五分之一。网民规模的快速增长以及新媒体平台的发展为中国企业带来了重要的发展机遇。如图 3-2 所示。

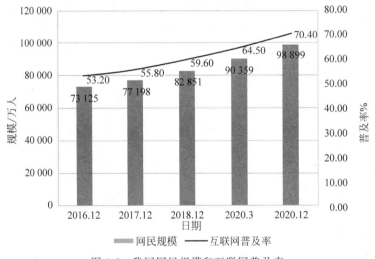

图 3-2　我国网民规模和互联网普及率

上网人数的增多、手机上网比例持续提升,为互联网应用和网络营销提供了一个巨大的市场,企业应针对此变化加强网络营销活动。

(二)网民的受教育程度

中国互联网络信息中心对我国网民的受教育程度进行了统计调查。如图 3-3 所示,截至 2020 年 3 月,我国网民依然以中等学历群体为主,初中、高中/中专/技校学历的网民占比分别为 41.1%、22.2%。受过大学专科及以上教育的网民群体占比为 19.5%。

不同层次消费群体的出现,应引起网络营销企业的注意。在开展网络营销过程中应针对

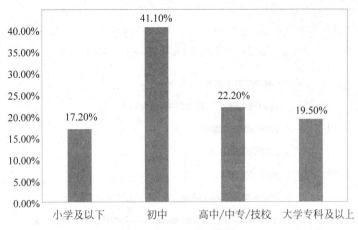

图 3-3　网民学历结构

各个层次的消费者进行调查,分析其不同的需求特点,并针对其特点提供不同的产品和服务。

(三)网民的职业分布

从上网用户的职业比例来看,如图 3-4 所示,学生群体占比仍然最高,为 26.90%;其次为个体户/自由职业者,比例为 22.40%;企业/公司的管理人员和一般职员占比合计达到10.9%。这些人员形成了网络用户的中坚力量,是企业网络营销不可忽视的消费群体。

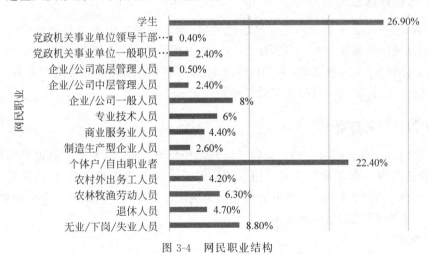

图 3-4　网民职业结构

面对网民的职业分布,企业营销人员应该认识到,现在的学生群体将是未来的潜在消费者,应抓住目前的良好时机对其进行价值观、消费习惯、爱好等消费者教育;专业技术人员在获取网上信息时多考虑技术性和可靠性,同时也关注新技术的发展,愿意尝试和使用新技术,企业网络营销应迎合此特点。

(四)网民收入

网民是潜在的网上消费群体,其收入状况将直接影响网上消费的情况。从中国互联网络信息中心发布的《中国互联网络发展状况统计报告》中可以看到,网民的月收入构成和变化如图 3-5 所示。

　　截至 2020 年,网民中月收入在 3 001～5 000 元和 5 001～8 000 元的群体占比较高,分别为 21.50％和 14.3％。随着社会经济的不断发展,网民的收入水平也逐年增长。

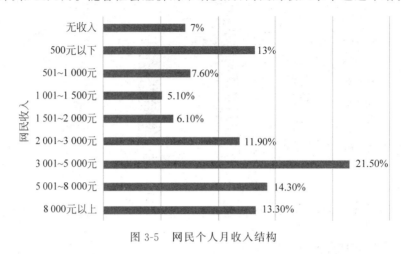

图 3-5　网民个人月收入结构

　　收入与消费有直接的关系,网络营销人员需要辨别网民群体中真正的电子商务和网络营销的目标对象,使营销工作做到有的放矢。

(五) 网民网络应用行为

　　2020 年,我国个人互联网应用保持稳健发展,网上外卖和短视频是增长最快的两个应用,其中短视频用户规模为 8.73 亿,较 2020 年 3 月增长 1.00 亿,占网民整体的 88.3％。网络购物也保持较快增长,较 2020 年 3 月增长 7 215 万,手机端大部分应用均保持快速增长,同时手机网上支付、网络购物的半年增长率均接近 25％。

(六) 网民浏览类型

　　用户在网络信息空间的活动就像随意翻阅一份报纸一样,能大概了解报纸信息包括哪些内容,但是是否会详细地阅读某一消息就依赖于该信息的版面位置、标题设计等其他因素。根据行为目的和网络应用,国外有研究认为网民的浏览行为大致可以分为简单型、冲浪型、接入型、议价型、定期型和运动型。

1. 简单型

　　简单型网民需要的是方便快捷的网上购物。他们每月只花 7 小时上网,但他们进行的网上交易却占了一半。时间对他们来说相当宝贵,上网的目的就是快捷地购物。商家必须为这一类型的消费者提供真正的便利,除了保证必要的购物支付流程的方便、安全外,还需要提供一些有助于消费者购买决策的附加服务,如设置一些提供购买建议的页面、线上及时为消费者解答疑难困惑等。

2. 冲浪型

　　冲浪型网民占网民的 8％,他们在网上花费的时间却占了 32％,并且他们访问的网页数是其他网民的 4 倍。很多冲浪者在网上漫游仅仅是为了寻找乐趣或刺激,对经常更新、具有创新设计特征的网站很感兴趣。互联网包罗万象、无所不有,是一个绝好的"娱乐媒体",在这里,冲浪者可以玩游戏、竞赛,访问很"酷"的站点,看有趣的个人网页,听音乐,看电影,了解占星术、烹饪、健身、美容等。正是因为这类冲浪型消费者的存在,网站才能够投其所好,不断发展壮大。

3.接入型

接入型网民是刚触网的新手,占36%的比例,他们很少购物,而喜欢网上聊天和发送免费问候卡。那些有着著名传统品牌的公司应对这群人保持足够的重视,因为网络新手更愿意相信生活中他们所熟悉的品牌。另外,由于上网经验不足,他们一般对网页中的简介、常见问题解答、名词解释、站点结构图等链接感兴趣。

4.议价型

议价型网民占网民的8%,他们有一种倾向购买便宜商品的本能,eBay网站一半以上的顾客属于这一类型。他们喜欢讨价还价,并强烈地希望自己在交易中获胜。因此,站点上"免费"这类字样犹如现实生活中的"大减价""清仓甩卖"字样一样,对他们具有很强的吸引力。

5.定期型

定期型网络使用者通常都是为网站的内容所吸引,他们常常访问新闻和商务网站。

6.运动型

运动型网民喜欢运动和娱乐网站。对这类网民,务必保证站点包含他们所需要的和感兴趣的信息,否则他们会很快跳过这一网站而转入其他网站。

第三节　影响网络消费者购买决策的因素

一、网络销售产品的选择

(一)网络营销产品

与传统营销一样,网络营销的目标是为顾客提供满意的产品和服务,同时实现企业的利润。产品作为连接企业利益与消费者利益的桥梁,是指能够提供给市场,被人们使用和消费,并能满足人们某种需求的任何东西,包括有形的物品,无形的服务、组织、观念,或它们的组合。

在传统营销中,由于条件限制,消费者无法直接参与产品概念形成、设计和开发环节。在网络营销中,强调营销的产品策略要以顾客为中心,顾客提出需求,企业辅助顾客来设计和开发产品,以满足顾客个性化需求。与传统产品的层次是一样的,网络营销产品的层次关系,如图3-6所示,它只是更加突出顾客期望产品层次和潜在产品层次的重要性,以满足顾客的个性化需求特征。

1.核心利益层次

核心利益层次指产品能够提供的且消费者真正想要购买的基本效用或益处。如消费者购买电脑是为了使用电脑,利用电脑作为上网工具。企业在设计和开发产品核心利益时,既要从消费者的角度出发,来进行产品的设计开发,又要注意网络虚拟性的特点。

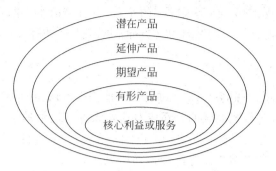

图 3-6　网络营销产品层次

2．有形产品层次

有形产品层次指产品在市场上出现时的具体物质形态，主要表现在品质、特征、式样、商标、包装等方面，是核心利益的物质载体。有形产品层次要注意网络消费者与线下（传统）消费者需求不一致的地方，突出其特殊性。

3．期望产品层次

期望产品层次指顾客在购买产品时期望得到的与产品密切相关的一整套属性和条件。这要求企业必须对设计、生产和供应等环节实行柔性化的生产和管理，以满足网络消费者的个性化需求。

4．延伸产品层次

延伸产品层次指顾客购买有形产品和期望产品时，附带获得的各种利益的总和。对于物质产品来说，在延伸产品层次时要注意提供满意的售后服务、送货、质量保证等。对许多无形产品来说，免费模式无疑是最好的。

5．潜在产品层次

潜在产品层次指由企业提供能满足顾客潜在需求的产品层次，它主要是产品的一种增值服务。在新技术发展日益迅猛的时代，由于许多潜在需求、利益或服务还没有被顾客认识到，企业需要通过引导和支持，更好地满足客户的潜在需求。

（二）产品选择

1．网络消费者购买时受到商品陈列的影响

在网络商店中，商店实体和商品的说明介绍以及其他相关资料是分离的，客户无法像在传统的商店中购物那样，通过与商品实体的直接接触来了解商品的质量和适用性。网络商店对单个商品的介绍只能依赖于文字说明和图片信息，这些资料是否详细将会极大影响网络客户的消费决策，一个文字说明太少而且图片模糊不清的商品是很难激发起客户的消费欲望的。

2．网络消费者购买时受产品的特性影响

由于网上市场不同于传统市场，网上消费者有着区别于传统市场的消费需求特征，因此并不是所有的产品都适合在网上销售和开展网上营销活动。根据网上消费者的特征，网上销售的产品一般要考虑产品的新颖性，即产品是新产品或者是时尚类产品，比较能吸引人的注意。追求商品的时尚和新颖是许多消费者，特别是青年消费者重要的购买动机。

还应考虑产品的购买参与程度,一些产品要求消费者参与程度比较高,消费者一般需要现场购物体验,而且需要很多人提供参考意见,对于这些产品不太适合网上销售。对于消费者需要购买体验的产品,可以采用网络营销推广功能,辅助传统营销活动进行,或者将网络营销与传统营销进行整合。可以通过网络来宣传和展示产品,消费者在充分了解产品的性能后,再到相关商场进行选购。

二、网络销售产品的价格

(一)价格的内涵

狭义上说,价格就是为了获得某种产品或服务所付出的货币数量。广义上说,价格是消费者为了换取拥有和使用某种产品或服务的收益而支付的所有价值的总和,包括货币、时间、精力和心理成本等。尽管近些年来在商业活动中非价格因素对消费者行为的影响变得越来越重要,但是价格仍是决定企业市场份额和盈利水平的最重要因素之一。

企业网络营销定价就是企业为了达到长期或短期的定价目标而在综合考虑企业的总体战略目标、产品定位以及满足消费者心理预期的基础上为产品或产品组合制定价格的过程。企业网络营销的定价应该综合考虑企业总体战略目标、产品定位以及是否能够满足消费者心理预期三者之间的平衡。

(二)价格选择

从消费者的角度说,价格不是决定消费者购买的唯一因素,但却是消费者购买商品时肯定要考虑的因素,而且是一个非常重要的因素。对一般商品来讲,价格与需求量之间经常表现为反比关系,同样的商品,价格越低,销售量越大。网上购物之所以具有生命力,重要的原因之一是网上销售的商品价格普遍低廉。

此外,消费者对于互联网有一个免费的价格心理预期,那就是即使网上商品是要花钱的,那价格也应该比传统渠道的价格要低。这一方面,是因为互联网的起步和发展都依托了免费策略,因此互联网的免费策略深入人心,而且免费策略也得到了成功的商业运作。另一方面,互联网作为新兴市场可以减少传统营销中的中间费用和一些额外的信息费用,可以大大削减产品的成本和销售费用,这也是互联网商业应用的巨大增长潜力所在。

三、网上购物的便捷性

购物便捷性是消费者选择购物的首要考虑因素之一,这里的便捷性是指消费者在购物过程中能够节省更多的时间成本、精力成本和体力成本。一般而言,消费者选择网上购物时考虑的便捷性,一是时间上的便捷性,网上购物商城实时开放,提供365天、每天24小时的服务,消费者可以在任何时间选购商品,而不受时间的限制并节省时间。二是可以足不出户,在很大范围内选择商品。消费者可以通过网络在全球范围内挑选商品,还可以享受网上提供的比较服务。

当前,拥挤的交通、陈列杂乱无序的购物场所,耗费了消费者宝贵的时间和精力;商品的多样化使得消费者眼花缭乱,而层出不穷的假冒伪劣商品又使消费者应接不暇。因此,消费者迫切需要一种全新的、快速而又方便的购物方式,而网上购物恰好适应了消费者的这种需求。网络购物模式下,消费者可以坐在家中与卖家达成交易,足不出户即可获得所需的商品或服务。网上购物顺应了现代社会消费者对便利性的追求,因而为越来越多的消费者所接受。同时,只要消费者办理好相关的网络支付手续,就可以轻松通过网络进行支付。

四、网上购物的安全性

网上购物必须考虑购买的安全性和可靠性问题。由于在网上虚拟空间消费,消费者一般需要先付款后送货,这时过去购物的一手交钱一手交货的现场购买方式发生了变化,网上购物的时空发生了分离,消费者有失去控制的离心感。

因此,为降低网上购物的这种失落感,在网上购物各个环节必须加强安全措施和控制措施,保证消费者购物过程的信息传输安全和保护个人隐私,以及树立消费者对网站的信心。目前,网络营销者通常在业务流程上采取货到付款的方式或采用第三方支付方式来消除消费者对网络购买相关环节存在的顾虑。

网上购物系统本身在实际运行过程中所表现出的经济安全保障,主要体现在为信息的有效传递提供相应的服务支持。这种支持有三个方面的特性。其一,保密性。网上购物的保密性是指信息只能在所授权的时间、所授权的地点暴露给授权的人。除此以外,必须保证其不被非授权第三方窃取到。其二,完整性。完整性是指信息自始至终是完全、原始和没有被更改过的。网上购物应该提供对数据完整性的验证手段,并保证能够发现在数据化存储与传输过程中是否被篡改过。另外,数据传输过程中信息的丢失、重复或次序差异也会破坏信息的完整性。因此,网上购物系统信息的传递应尽可能减少人为干预而使机器自动化地完成大部分工作。其三,不可抵赖性。交易的不可抵赖性是指保证消费者不能否认自己发送了信息,同时网络营销者也不能否认自己接收到信息。因此,在网络购物交易中,交易双方在进行信息交换的过程(接收及阅读信息时)中必须使用具有特点的、他人无法复制的信息来标识自己。

扫描此码

案例讨论

扫描此码

在线自测

第四章

新媒体营销理论基础

【本章要点】

新媒体技术与互联网的大力发展,推动了新媒体营销的产生与应用,很大程度上改变了市场营销的特点,深刻改变了市场的时间和空间范围,影响了当前消费者与生产者供求关系、消费者购买行为,以及企业营销渠道与促销手段等,使得传统营销理论需要进一步丰富和完善。同时,智能手机的大规模普及和5G信息技术的全面商用,加快了移动网络社会的崛起,使得消费者能够不受时间、地点、空间限制,全程参与企业生产制造与营销活动的所有环节,并实现顾客与企业的价值共创,这也从根本上改变了以4P为中心的传统营销理论基础。为此,本章首先介绍了网络社会理论、网络经济理论和数字创新理论,其次以传统营销理论为基础,介绍了网络营销相关理论。

【学习目标】

1. 理解社会化营销和 SNS 社区营销的基本概念。
2. 了解网络社会与网络经济的基本内涵。
3. 了解数字创新理论内涵与类型。
4. 熟悉与网络营销相关的其他理论。

第一节　社会化媒体营销

一、社会化媒体的基本概念

计算机和互联网技术的进步,特别是 Web 2.0 技术和移动互联技术的出现,促进了社会化媒体的蓬勃发展。

社会化媒体是社会化营销的载体,它为用户营造一个即时获得信息并能沟通互动的空间,具备互动性、共享连通性和公开性的特点。在国外,有学者认为社会化媒体是一种基于"熟人的熟人"关系网的联系名单。在社会化平台中,用户聚集现象普遍存在,他们具有共同的思想和精神指引,展现出较为明显的群体特征和群体内传播形态。社会化媒体正是人们创造、分享和交换信息和观点的平台,人们通过交流、游戏、分享、表达等功能广泛及深入地影响了关系网中的用户,这也是社会化媒体营销传播的基础所在。目前,社会化媒体的典型代表有微信、微博、QQ、社区等,同时随着网上支付技术的成熟,诸多社会化媒体逐步开通链接入口,使得社会化媒体的营销转化能力不断增强。

二、社会化媒体的特征

(一)碎片化

社会化媒体自诞生之初便与移动互联网紧密结合,这注定了信息的碎片化和有待提升的整合空间。用户通过移动通信设备参与到社会化媒体之中,利用碎片化的时间完成碎片化新闻的阅读、碎片式的信息收集及分享。

(二)草根化

在社会化媒体中,用户生成内容(user generated content,UGC)是其最关键的基础,而众多用户的差异性也造就了社会化媒体的无门槛、草根化。内容生产、传播、消费和反馈等都对用户没有任何身份门槛限制。

(三)互动性

社会化媒体带来了更大自由度的双向沟通,它可以运用于媒体、广告主、供应商、用户的纵向交流空间之中,也能够在用户群体中形成横向的互动沟通。

(四)分享性

用户在社会化媒体平台中,能够根据兴趣、地区、产品偏好等共同点找到已存在的社区和群体,在群体中,用户不仅可以进行内容的分享讨论,而且可以进行兴趣爱好的扩展延伸,以此形成平台内较为稳固的互动关系。

(五)混沌化

社会化媒体的发展形式多种多样,用户和信息的总规模也呈现出指数增长,在平台内的各种信息高度透明且连通流动。因此,社会化媒体生态整体上处于"混沌"状态。尤其是热点事件的出现与发展通常呈现非周期性和不可预测性,管控难度较大。

三、社会化媒体营销的概念与类型

(一)基本概念比较

起初的社交媒体都是以娱乐工具的形式出现的,如社交网站 Facebook、即时聊天工具 MSN 等;后来,营销者敏锐地认识到,社会化媒体能够极大地提高信息传播的广度和深度,并且成本很低,于是将其运用于营销信息传播,从而形成了社会化媒体营销(social media marketing,SMM)。从概念来看,社会化媒体营销是指运用社会化媒体,来提升企业、品牌、产品、个人或组织的知名度、认可度，以达到直接或间接营销目的的活动，又被称为社会媒体营销、社交媒体营销、社交媒体整合营销。

社会化媒体营销与网络营销（network marketing）在概念上有所不同，后者主要指以互联网为平台，使用数字化技术和网络媒体来实现营销目标的一切过程，不仅包含社会化媒体上的营销活动，而且包含非社会化媒体平台上的营销推广（如电子邮件营销与搜索引擎营销）。可见网络营销所涉及的范围大于社会化媒体营销。

（二）社会化媒体营销的类型

社会化媒体营销的常见类型可归纳为博客营销、论坛营销、社交网站营销和虚拟世界营销。

1. 博客营销

博客营销最大的特点是信息通过圈子传播，用户可以通过关注其他用户来自主选择信息源。博客的传播方式为多点对多点，每个博客用户都可以被视作话语权中心，与关注他的其他用户形成一个传播圈，呈现分散的趋势。博客利用圈子的力量传播营销信息，而且用户可以自主选择圈子的组成，对被选择对象的信赖使得博客营销与购物网站相比可信度更高、速度更快。微博是博客的特殊形式，通常会限定信息的长度。得益于圈子的力量，微博能迅速形成热点，可以用来宣传企业的重要活动或事件。

2. 论坛营销

论坛是社会化媒体的始祖。与其他平台的不同之处是，论坛更注重意见领袖的力量，使信息传播自上而下呈伞形结构。在诸多社会化媒体平台中，论坛可以对信息进行极佳的整合、分类与深入分析，因此成为意见领袖常驻与发挥影响力的最佳场所。意见领袖的力量极其强大，意见领袖通常拥有较为专业的视角和较为广泛的人际关系，可以引导网络舆论的走向，形成网络讨论热点，网络的跨地域性也扩大了意见领袖的影响范围。意见领袖的存在及其在相关领域的专业性，使得论坛拥有更具相关性和完整性的信息，从而成为消费者搜寻信息的首选。企业可以借助意见领袖的力量，使营销信息传播得更为广泛。

3. 社交网站营销

社交网站将现实中的社会关系网络转移到互联网上，其独特之处是以强关系形成关系链，成员的社群意识较为薄弱，但人际关系可以弥补这一缺憾。社交网站没有明确的边界，不靠话题来维系成员之间的关系，而通过类似"朋友"这样的称呼来形成联系。成员之间以一对一的单独交往代替多对多的关系，形成一组组关系链。在社交网站中，只要与关系链上的一个对象保持稳定的联系，就可以维持关系。社交网络关系的稳定性和聚合性使其成为企业营销的新宠，一些企业已经开始利用社交网站来创建品牌社群，进行市场营销调研与获取微观层面的信息。

4. 虚拟世界营销

平台把现实生活复制到虚拟的环境中，用户在虚拟社会中的消费习惯都是他们现实生活的映射。在虚拟世界里，用户以虚拟的身份在虚拟环境中进行互动，行为比在现实中更为自由。一方面，用户在虚拟世界里可以塑造理想化的自我人格，去除现实社会的伪装，通过虚拟形象还原真实的自我；另一方面，用户可以打破现实的制约，以完全不同甚至颠覆性的形象出现。虽然用户的形象是虚拟的，但用户可以在虚拟的自我和他人交互的过程中获得真实的心理感受。虚拟社会的这一特性为企业提供了包括消费者行为研究、虚拟产品销售、广告宣传在内的众多营销机会。

第二节　SNS 社区营销

一、SNS 社区营销的含义

SNS 有三种缩写形式,因此在互联网领域形成三种相关性极高的含义。

一是 social networking services,即社交网络服务,专指旨在帮助人们建立社会性网络的互联网应用服务,也包括目前运作比较成熟的各种信息载体。二是 social network software,即社交网络软件,专指社交服务软件。三是 social network site,即社交网站,简称"社交网",是指专门用来建立社会交往关系的一类社区网站。通常我们关注于基于社交网络服务的营销活动。用户借助网络平台与好友进行互动,人类的交往模式渐渐由线下走上线上。线上的交往互动也有可能转换为线下的现实交往,线上线下实现了交往互动,互联网越来越趋向于真实化。按照加拿大的传播学者麦克卢汉的观点"媒介即人体的延伸",社交网站作为一种交流媒介,延伸了人类的交往能力和交往范围。

因此,SNS 社区营销是指利用社交网站的记录、分享、共享等功能,对产品或品牌的营销活动。社会化媒体营销与 SNS 社区营销的概念非常相似,但 SNS 社区营销指的是通过社交网站联接在线成员来扩大企业的业务量和增加企业的社会关系,其范围相对更小,只包含社会化媒体营销中利用社交媒体平台进行营销活动的部分。

二、SNS 社区营销的理论基础

(一)六度分隔理论

六度分隔理论,也叫六度关系理论、小世界理论,是由美国哈佛大学著名的社会心理学家米尔·格兰姆于 1967 年提出并创建的。该理论的核心内容是,你和世界上任何一个陌生人之间所隔最多不超过 6 个人。六度分割理论是 SNS 社区网站建立并发展的理论基础,SNS 的缔造者依据这种理论,建立起面向全社会的社交网站,旨在通过以"熟人的熟人""朋友的朋友"的联络模式来拓展人类的社交能力和社交范围,逐步建立起功能强大的网络社交网站。这就是最初的社交思维,正是这种源于六度分隔理论的社交思维模式奠定了社区营销的基础。依据这种思维模式,SNS 的网络社区模式借助互联网逐渐建立起来,成就了今天社交网站。

(二)150 法则

150 法则是罗宾·丹巴的研究成果,丹巴是英国牛津大学的人类学专家,他根据猿猴的智力和社交网络推断,在人类智力的允许范围内进行有效社交的人数是 150 人,也就是说人类能够维持有效社交的最多人数是 150 人,这个数字也被誉为"丹巴数字"。

根据《纽约客》杂志的专栏作家马可姆·格兰德威尔在其著作《引爆流行》中的叙述,150法则源于欧洲的"赫特兄弟会",它是一个自给自足的农民自发组织,这个组织有一个不成文的严格规定,每当聚居人数超过 150 人的规模,他们就把它变成两个,再各自发展。因为他们认为"把人数控制在 150 人以下似乎是管理人群的一个最佳和最有效的方式",超过或低于 150 人的群体都不能得到最佳和最有效的管理。这个法则也就流传下来,并应用到社会管理的各个层面。如微软推出的聊天工具 MSN 只能对应 150 个联系人。

三、SNS 社区营销的优势

(一)满足企业不同的营销需求

作为一种不断创新和发展的营销模式,越来越多的企业尝试接受和拥抱 SNS 社区,开展各种各样的线上活动(如悦活品牌的种植大赛、伊利舒化奶的开心牧场等)、产品植入(如地产项目的房子植入、手机作为礼品的植入等)以及市场调研(在目标用户集中的城市开展调查,了解用户对产品和服务的意见)等,企业不同的营销需求都能够通过 SNS 社区实现。

(二)有效降低企业的营销成本

SNS 社区的"多对多"信息传递模式具有更强的互动性,受到更多人的关注。随着网民网络行为的日益成熟,用户更乐意主动获取信息和分享信息,社区用户显示出高度的参与性、分享性与互动性,SNS 社区网络营销传播的主要媒介是用户,主要方式是"众口相传",因此与传统广告形式相比,无须大量的广告投入,相反因为用户具有参与性、分享性与互动性,很容易加深对一个品牌和产品的认知,形成深刻的印象。

(三)实现目标用户的精准营销

SNS 社区中的用户通常都是认识的朋友,用户注册的数据相对来说都是较真实的,企业在开展营销的时候可以很容易对目标受众按照地域、收入状况等进行用户的筛选,来选择哪些是自己的用户,从而有针对性地与这些用户进行宣传和互动。

(四)符合网络用户需求

SNS 社区营销体现了当今网络用户的特点,也符合营销发展的新趋势,没有任何一个媒体能够把人与人之间的关系拉得如此紧密。无论是朋友的一篇日记、推荐的一个视频、参与的一个活动,还是朋友新结识的朋友都会让人们在第一时间及时地了解和关注到身边朋友们的动态,并与他们分享感受。

第三节　网络社会理论

网络社会,即是信息时代的社会,网络社会中以互联网为主的信息网络和现实网络高度整合。"网络社会"一词,由学者狄杰克于 1991 年首次提出,他认为网络社会是由各种不同网络交织所形成的,而网络也决定了社会的走向和目标。

一、网络社会的本质

在社会学视域下,网络社会关系的本质是一种数字化社会关系结构。

(一)网络社会的技术本质是以数字化交互方式实现互联

网络社会数字化特征的形成源于两个方面:一是结成网络社会的物理要件是信息设施、通信设施、计算机设备和数字化信息;二是网络社会结构的形成以信息技术、通信技术和网络技术通过数字化整合与互联实现。

(二)数字化决定网络社会结构具有中观的技术特质

社会学观点认为,社会结构指社会整体的基本组成部分之间较稳定、有序的关系网络,网络社会群体与现实社会群体、网络虚拟组织与现实社会组织之间因数字化互联和虚拟特征使然,存在着较大差异。因而,网络社会中观的技术特质对现实社会微观结构的重组与再造能够产生深远影响。

(三)数字化决定着网络社会关系的虚拟性

由于数字化的技术本质使现实社会不可能的关系变得可能,这不仅改变和突破了现实社会交往与互动在时间、空间和地理上的限制,并使社会关系复杂化,而且使社会角色扮演走向多元、社会关系嬗变速率提高。

二、网络社会主要特征

(一)开放性

网络社会是一个开放的社会,它可以无条件接纳来自世界各地的任何一个上网者,不会受到时空和地域的限制,网民可以随时随地选择多种类型的交往方式与人交流。网络社会欢迎一切提供信息、开发平台、研发软件的人,网络最关键就在于信息的包罗万象,每个上网者都可以在这里搜索到想要查询的内容,观看多种感兴趣的视频,同时也可以来这里分享心情、创意等。当然网络社会并非计算机纯粹想象的事物,并非脱离现实社会虚拟存在,网络信息的存在是以现实中的客观存在为依据的,存在于网络社会的主体是生活在现实社会中的实实在在的人。

(二)虚拟性

网络社会虽未脱离现实社会,但却有着不同于现实社会的最显著特征,即它的虚拟性。在现实生活中,由于地理位置、血缘关系、工作环境等硬性空间的存在,交往主体可以直接和真实的个体进行交流,而在网络社会中,交往面对的却是一台计算机或者可供上网交流的装备,并不是现实中那样面对面的直接交流,无法真实感觉到对方的存在,而是通过人和机器的交往实现着人与人交往。在这个虚拟的网络社会里,作为网络主体的人的形象、身份、行为并不像现实社会中可以被真实感受到,而是被数字化、符号化了,每个人都可以根据自己的兴趣爱好和想法随意虚构一个网络角色,与别人自由交流。网络的虚拟性导致了网络活动的虚拟性,网络活动的虚拟性又导致网络主体在网络活动中形成的网络关系也是虚拟的。

(三)共享性

网络社会的出现为人类提供了一个信息共享的平台,全网中的人都可以分享自己的所见所闻,并且随着上网人数的增加,人类上网得到的先进而有价值的内容也会越来越多,人类学到的知识越多,人类分享的内容就会越丰富,网络信息就像在滚雪球,随着分享内容的不断丰富也迅速扩大。

(四)自由性

网络社会打破了现实社会中那种实实在在的空间地理上的限制,突破了国家与国家之间、地区与地区之间的各种文化和制度上的障碍,极大地拓宽了人们的自由生活空间。但是,网络社会这种自由性只是相比现实社会而展现出来的,人类在网络社会中并不是尤所顾忌的自由,而应该遵守网络中的规则。

三、我国网络社会现状

(一)总体规模

根据第 47 次《中国互联网络发展状况统计报告》,截至 2020 年 12 月,我国网民规模达9.89 亿,互联网普及率达 70.4%,其中手机网民规模达 9.86 亿。农村网民规模达 3.09 亿,占网民整体的 31.3%,城镇网民规模达 6.80 亿,占网民整体的 68.7%。网站域名总数达到4 198 万个。分领域网民规模见表 4-1。

表 4-1　分领域网民规模

网络应用类型	用户规模/亿	占网民整体比重/%	手机用户规模/亿
即时通信	9.81	99.2	9.78
网络新闻	7.43	75.1	7.41
网络购物	7.82	79.1	7.81
网络支付	8.54	86.4	8.53
网络视频(含短视频)	9.27	93.7	未统计
在线教育	3.42	34.6	未统计
在线医疗	2.15	21.7	未统计

(二)趋势特点

1. 网络零售总额连续 8 年全球第一

自 2013 年起,我国已连续 8 年成为全球最大的网络零售市场。2020 年,我国网上零售额达 11.76 万亿元,较 2019 年增长 10.9%。其中,实物商品网上零售额 9.76 万亿元,占社会消费品零售总额的 24.9%。在国内消费循环方面,网络零售激活城乡消费循环,在国际国内双循环方面,跨境电商发挥稳外贸作用。

2. 网络助农成效显著

近年来,网络扶贫行动向纵深发展取得实质性进展,并带动边远贫困地区非网民加速转化。在农村电商方面,电子商务进农村实现对 832 个贫困县全覆盖,支持贫困地区发展"互联网+"新业态新模式,各种形式的网络助农活动对解决农村地区农产品滞销、带动贫困地区经济发展起到重要作用。

3. 网络支付使用率近九成

网络支付通过聚合供应链服务,辅助商户精准推送信息,推动数字经济发展,尤其目前移动支付与普惠金融深度融合,通过普及化应用缩小我国东西部和城乡差距,促使数字红利普惠大众,为网民提供更多数字化生活便利。

4. 短视频用户规模增长超 1 亿

截至 2020 年 12 月,短视频用户规模为 8.73 亿,较 2020 年 3 月增长 1.00 亿,占网民整体的 88.3%。在优质内容的支撑下,视频网站开始尝试优化商业模式,网络直播成为"线上引流+实体消费"的数字经济新模式,直播电商成为广受用户喜爱的购物方式,66.2%的短视频用户购买过直播商品。

5. 互联网巨头集群化发展态势明显

截至 2020 年 12 月,我国互联网上市企业在境内外的总市值达 16.80 万亿元人民币,较 2019 年年底增长 51.2%,再创历史新高。从市值集中度看,排名前十的互联网企业市值占总体比重为 86.9%,互联网企业集群化发展态势初步形成。从城市分布看,北京、上海、广东、浙江等地集中了约八成互联网上市企业和网信独角兽企业。

第四节　网络经济理论

一、网络经济的定义与本质

目前对网络经济的界定有很多观点,具代表性的观点包括以下几种。

第一种观点认为,网络经济是基于网络技术发展的、以多媒体信息为特征而形成的一种新经济潮流和形态,是信息化社会的最集中、最概括的体现,其基础条件是互联网。网络经济的发展是信息技术快速发展的结果,它使世界经济在互联网上以数字形式发生联系后极大地改变了面貌,也称为数字经济。

第二种观点认为,网络经济是人类历史上一次经济革命,是一次影响深远的社会生产方式革命,代表着人类从工业经济社会向信息、数字和知识经济社会转型。

第三种观点认为,从狭义上来讲,网络经济即指现代通信网络、电子计算机网络等各种网络部门及部门内的一切经济活动;从广义上来理解,网络经济是指建立在由现代通信网络、电子计算机网络及各种资源配置网络所形成的综合性全球信息网络基础之上的一国乃至世界范围内的一切经济活动。

第四种观点认为,从经济形态层面上看,网络经济依赖的是以数字化信息网络为依托的全新的生产力，信息成为重要的生产要素，这有别于游牧经济、农业经济和工业经济；从产业发展层面上看，网络经济的主导产业是信息服务业和信息技术业，但任何产业都将信息化、数字化和网络化，因而这不是单一产业概念，而是整体经济范畴。

综合有关网络经济的各种观点，我们发现越来越多的学者认为网络经济实际上不仅仅是一种经济现象或是一种技术现象，而是一种全新的技术——经济范式。因此，首先，在技术维度，网络经济是以信息和互联网技术为支撑的经济形态，与"数字经济""互联网经济"有相似的内涵。其次，在宏观经济发展维度，网络经济是信息技术和全球化迅速发展作用下宏观经济运行出现的新特点。最后，在生产方式变革维度，网络经济是人类历史上又一次经济革命的产物。上述三个层次构成了对网络经济本质的全面认识，最核心的层面是互联网与信息技术大力发展，为网络经济形成奠定了基础；中间层是经济运行层面，即由技术渗透与应用产生的经济形态转变；最外层是技术——经济范式维度，体现了网络经济对整合社会进步与发展形成的巨大推动作用。

二、网络经济的特征

（一）全球化

从空间维度来看，网络经济的市场没有地域或国界限制，更容易形成全球一体化。从资源维度来看，互联网体系因近乎无限的信息存储空间可以便捷地检索和迅速地传输，使不同地域的经济联系更加便利。

（二）智能化

在网络经济发展时期，财富被重新定义为所拥有信息、知识和智力的多少，各种智能工具将日益占社会的主导地位，经济发展水平很大程度取决于智能化水平，各类具备智能功能的产品不断涌现，并且加速了生产、交换、分配等各种经济活动环节的智能化。

（三）高效性

网络经济以接近于实时的速度收集、处理和应用大量的信息，加快了整个经济体系的运转速度，生产者与消费者的界限也愈加模糊，大量中间环节被取消或简化，促使全社会交易成本不断降低，经济效益不断提高。

（四）高渗透性

迅速发展的互联网信息技术，具有极高的渗透性功能，使得信息服务业能够迅速向第一、二产业扩张，加速了三大产业之间的融合，使得产业界限变得模糊。应该看到，信息技术产业已经广泛渗透到传统产业之中，并产生了巨大的融合效应。

三、网络经济发展规律

网络经济之所以能够产生巨大的经济效益和社会价值，其背后受到以下基本规律支配。

（一）梅特卡夫法则

梅特卡夫法则反映了信息网络倍增扩展效应。按此法则，网络的价值等于网络节点数的平方，网络对每个人的价值与网络中其他人的数量成正比。网络效益随着网络用户的增加而呈指数增长。这一法则用经济学的术语描述就是网络外部性，分为直接网络外部性和间接网络外部性。直接网络外部性是通过消费相同产品的用户数量变化所导致的经济收益的变化，即微信、QQ、E-mail 等工具的价值随着产品使用者数量的增加而增加，与此同时，这些产品的互补品数量也将增多。

（二）马太效应

在信息活动中由于人们的心理反应和行为惯性，在一定条件下优势或者劣势一旦出现，就会不断加剧而自行强化，出现滚动的积累效果。马太效应对于网络经济具有重要的意义。在传统经济形态中，产业生产的规模经济超过一定限度，负反馈就会起到主导作用，这源于大组织管理的困难。例如，通用汽车公司从小企业成为大型企业过程中经历了数次变革。但在网络经济下，正反馈通常处于支配地位，它使强者越强、弱者越弱。例如，微软公司在软件市场形成了绝对领导地位。这种情形下，最终结果是出现"赢者通吃"的局面，因此网络经济下，避免数字巨头的垄断成为各国政府关注的重点问题。

第五节　数字创新理论

一、数字创新的定义及特征

（一）数字创新的定义

目前对数字创新的界定尚未形成共识。在数字产品维度，数字创新被认为是组合数字与物理成分以生产新产品的过程。在创新结果维度，数字创新是指通过数字技术的使用创造出新产品、商业流程及商业模式。在创新过程维度，数字创新是指在创新的过程中运用数字技术。从综合维度来看，数字创新即在创新过程中采用信息（information）、计算（computing）、沟通（communication）和连接（connectivity）技术的组合，包括带来新的产品、生产过程改进、组织模式变革以及商业模式的创建和改变等。

这一定义包含三个核心要素：第一，数字技术，如包括大数据、云计算、区块链、物联网、人工智能、虚拟现实技术等。第二，创新产出，包含产品创新、过程创新、组织创新和商业模式创新。第三，创新过程，强调创新过程中对数字技术的应用。

（二）数字创新的特征

要厘清数字创新的特征，需要回到数字技术本身属性上来。数字技术具有数据同质化和可重新编程性。数据同质化是指数字技术把所有声音、图片等信息均操作为二进制数字 0 和 1 进行处理，在这个操作化的过程中，具有二进制特征的数据被同质化处理；而可重新编程性是指数字技术使得对数据进行处理的程序同样作为数据进行存储和处理,这一性质使得对程序的编辑或重新编程变得更加容易。这两个本质属性使得数字技术具有可供性,即不同的组织和个体可以利用同样的数字技术来实现不同的目的。例如企业对用户在手机上使用社交媒体收集的大数据进行分析可以实现降低成本或者个性化定制等不同目的。

由于数字技术的数据同质性、可重新编程性和可供性,现有研究认为数字创新有如下两个特性。第一,数字创新具有收敛性,数字创新使得产业边界、组织边界、部门边界甚至产品边界等变得模糊且重要性降低。如整合了数字技术和传统物理实体产品的智能产品突破了原有产品使用范围,新的数字化产品边界不再明确。第二,数字创新具有自生长性,是指由于数字技术是动态的、可自我参照的、可延展的、可编辑的,数字创新可以持续地不断改进、变化。最典型的例子是诸如 App 等数字产品可以根据用户的反馈及运营过程中出现的各种问题进行实时迭代创新。

二、数字创新的分类

根据创新的类型,可以把数字创新进一步分为数字产品创新、数字过程创新、数字组织创新和数字商业模式创新。

(一)数字产品创新

数字产品创新指对特定市场来说非常新的产品或服务,主要包含纯数字产品(如 App)以及数字技术与物理部件相结合的产品(如智能家居产品)两大类。纯数字产品的创新有如下三个特征:第一,具有虚拟无限产品空间,理论上在虚拟空间里可以进行无限次更新迭代。第二,可以针对不同的消费者需求轻易地进行重新整合和重新使用。第三,极大依赖于数字基础设施(如网络、数字创新平台等)的发展和支持。

而另一类数字创新是通过将物理部件与数字部件相结合进而改变了产品的体系架构,使其具有数字实体特性。例如,智能产品一般包含物理部件(如传统机械部件)、数字部件(如软件应用)和互联部件(如无线连接协议)三个部件。数字部件和物理部件的结合让物理部件自身价值得以强化,互联部件则让产品有可能连接到互联网上所有相关信息和基础设施进而提升智能产品的价值。基于此,智能产品创新有如下三个方面的特征:第一,智能产品的创新需要组织建立一整套全新的技术基础设施,这一基础设施包括产品硬件、软件应用、通信系统以及产品云等。第二,智能产品的创新模糊了不同类别产品的边界。第三,智能产品的创新过程需要拥有不同知识主体的人员共同参与。

(二)数字过程创新

数字过程创新指数字技术的应用改善甚至重构了原有创新的流程框架。在数字经济时代,创意产生、产品开发、产品试制与制造以及物流和销售等环节都可能被数字技术所颠覆。例如,在产品研发阶段,数字仿真以及数字孪生技术的支持使得企业研发成本大大降低。数字过程创新总体上有如下三个方面的特征:第一,数字过程创新的时间边界和空间边界变得模糊。第二,数字技术让过程创新和产品创新之间的边界变得模糊。第三,数字技术的可重新编程性使得在数字过程创新中出现许多衍生创新。

（三）数字组织创新

数字组织创新指数字技术改变了组织的形式或者治理结构。实际上,数字技术能够影响诸如交易处理、决策制定、办公工作等企业治理的方式甚至改变企业的形态,如阿里巴巴在 2015 年为适应数字经济而启动了中台战略,重构了组织模式和运行机制。此外,组织流程、组织文化、组织变革等均受到数字技术的显著影响。

（四）数字商业模式创新

数字商业模式创新指数字技术的嵌入改变了商业模式。商业模式指描述价值主张、价值创造和价值获取等活动连接的架构,数字技术的嵌入可以通过改变企业价值创造以及价值获取的方式进而改变企业的商业模式。通过自动化和数字增强、数字化扩展以及数字转型能够实现数字商业模式创新。其中,自动化和数字增强指使用数字技术增强现有商业模式,数字化扩展指企业使用数字技术支持新的业务流程进而改变原有商业模式,这些新的业务流程补充了现有的活动和流程,数字转型指企业利用数字技术开发出新的商业模式以替代传统的商业模式。

第六节　网络营销相关理论

一、4P 营销组合理论

市场营销组合的概念是指营销人员在综合应用多种可控因素的情况下,优化营销组合以实现其营销目标活动的总称。美国营销学者麦肯锡教授把这些可控因素分为四类,即产品、价格、渠道及促销,他认为实现一次完整和成功的市场营销活动,就是把适合的产品或服务,用适当的价格,通过合适的渠道,使用正确的促销手段,投放到特定的市场中。该理论提出的背景是当时美国整体产品生产旺盛,但行业的市场竞争相对较弱,正处于卖方市场向买方市场转变之际,企业并没有结合消费者的利益来开展营销活动。因此,4P 理论看重的是产品导向而不是消费者导向,一般采用规模营销方式。

二、4C 营销组合理论

4C 理论是由美国营销专家劳特朋教授于 1990 年提出的,该理论框架包括消费者、成本、便利和沟通的组合。4C 理论强调的是以消费者的需求为导向,与 4P 理论的主要差别在于,企业在营销过程中要根据消费者需求考虑生产与市场营销活动,产品策略需要向消费者价值转变,价格策略需要转向消费者成本,渠道策略要优先考虑消费者便利性,促销策略需要转向与消费者互动交流。这种营销策略组合能减少市场不确定性,让生产者有更好的方法和途径来掌握市场对产品的实际需求。因此 4C 理论的出现实际上是社会进步与消费升级对企业营销策略的必然要求。

三、4R 营销组合理论

在 4C 理论的基础上,以建立企业与消费者良好的关系为核心,美国学者唐·舒尔茨提出 4R 理论架构,包括关联、反应、关系及报酬。该理论着重于顾客忠诚度的建立,其中关联不仅是指企业与消费者之间产生的关联,还应该包括企业与竞争者、供应商、政府部门以及社会团体之间的关联;反应是指企业对消费者需求的反应程度;关系是指企业与消费者之间长期而稳固的关系;报酬是企业通过增加顾客购买商品或服务的总价值和降低其购买成本,提高顾客的让渡价值实现。

四、三种营销组合理论的比较

经过比较发现,在营销环境极其复杂的互联网时代,以产品为导向的 4P 营销组合难以解决很多实践中遇到的营销问题,如 4P 组合对互联网企业的营销活动解释力有限。而 4C 营销组合的出现顺应了时代的潮流与发展趋势,符合消费观念与意识升级的客观需求,一定程度上推动了现代营销理论的发展。同时,4R 理论围绕着消费者忠诚度提出了更加宽广的理论框架。因此,从理论着眼点来看,4R 营销组合体现了企业营销活动战略层面的目标,4C 营销组合提供了战术层面的方向,而 4P 营销组合注重具体策略层面的应用。对于企业网络营销活动而言,要立足 4R 战略思维,做到 4C 和 4P 的灵活应用。

五、体验营销理论

(一)体验营销的定义

美国哥伦比亚大学伯德施密特教授在著作《体验营销》一书中提出,体验营销是站在消费者的感官、情感、思考、行动、联想五个方面,重新定义、设计的一种思维方式的营销途径。这种思维方式已经超越了"理性消费"的传统意义,认为在消费过程中,体验才是营销的关键。因此体验营销也可以理解为,以满足消费者的多层级需求为目的,同时营造多重感官和情感体验,以产品为载体,通过对一系列事件的设计或氛围的营造,使消费者能够在参与和互动中产生深刻且难忘的消费经历,其核心是让消费者能够真正地感受到自我实现的崇高境界。

(二)体验营销的特征

提供令人满意的服务与产品是商品必备的基本条件,在体验经济时代中,需要创造一种消费者和产品相互作用的体验方式,从而让消费者参与其中并享受着愉悦的过程,体验营销的主要特征如下。

1. 重视消费过程的感性特征

在传统的营销模式中,将消费者看作"理性的人",并且将消费者的购买过程看作一个非常冷静与理智的决策过程,认为产品的质量、外观以及价格等要素是决定购买与否的关键因素,这就忽略了消费者的感性特征。而体验营销,不仅承认消费者购买的理性因素,更看重购买的情感因素,只有在重视消费者感性特征的前提下才能够创造体验产品,进行体验营销。

2. 强调互动性

体验营销中的互动性是其主要特征之一,它改变了传统营销中消费者被动接受产品的方式,在产品的生产与创造过程中,消费者不再置身事外,他们能够参与产品的研发设计,成为产品价值的共创者。

3. 强调主观性

体验营销具有一定的主观性,这主要是由于受制于消费者年龄段、价值观和受教育水平差异,不同消费者对于产品的外在因素和体验感受不尽相同。在传统营销方式中,企业通过价格策略或产品优化的方式加强了消费者对产品的认同感,忽略了消费者的差异性与主观性。而体验营销能够创造个性化需求。

4. 强调持续性

体验营销是贯穿在消费者整个消费活动当中的,包括购买前、购买过程以及完成购买后的时间段。在购买行为前,消费者可以通过多种数字化、信息化的方式对产品形成初步的印象体验,通过印象在其购买过程中直接体验,在完成购买行为后,体验的感受也不会马上消失,会在消费者的记忆中保留一段时间,甚至消费者还会对这种印象重新回忆、重新评价。因此,在体验营销中体验的创造并不是短暂的。

扫描此码

在线自测

第二篇

网络营销工具

第五章

网络营销导向的企业网站建设

【本章要点】

网站作为企业在互联网上进行展示和营销的载体,相当于企业的网络名片,是企业网络营销的核心资源,不仅对企业形象起到良好的展示作用,而且能够帮助企业提升产品销售。无论从事制造加工的传统企业,还是从事互联网业务的新兴企业,无论大型企业,还是中小型企业,建设以网络营销为导向的企业网站,成为企业开展网络营销的基础性工作。为此,本章从企业网站建设的一般要素、网站建设对网络营销的影响、网络营销导向的企业网站建设一般原则等方面,详细介绍了网站营销导向的企业网站建设与管理的思路及方法。

【学习目标】

1. 掌握企业网站建设的一般要素。
2. 了解企业网站建设对网络营销活动的影响。
3. 了解网络营销导向企业网站的典型问题。
4. 掌握网络营销导向企业网站建设的一般原则。
5. 网站评价和网络诊断的基本步骤。

第一节　企业网站建设的一般要素

从目前企业网站建设实践来看,优质的企业网站都包含了某些共性的基本要素,一个完整的企业网站应该包括网站结构、网站内容、网站功能和网站服务四方面要素。

一、网站结构

网站结构是网站设计的重要组成部分,是为了向用户表达企业信息所采用的网站栏目设置、网页布局、网站导航、网址层次结构等信息的表现形式,包括网站栏目结构、网页结构定位、网站菜单、导航位置、网页信息排行位置等。

网站结构设计分为前台结构设计和后台结构设计,前台结构设计解决如何将内容划分为清晰合理的层次体系并通过网页呈现出来的问题,如相关栏目的划分、网页的层次、链接的路径设置、功能在网页上的分配等,而前台结构设计的实现需要强大的后台物理结构支撑。后台物理结构就是指网站的实际目录结构,分为网站扁平结构和网站树形结构。扁平结构的网站是指所有的网页都在根目录下,多用于建设一些中小型企业网站,优点是有利于搜索引擎抓取,缺点是内容杂乱,用户体验不好。而树形结构的网站是网站根目录下有多个分类,就是给网站设立栏目或者频道,树形结构的网站一般适合类别多、内容量大的网站,优点是分类详细、用户体验好,缺点是分类越深,越不利于搜索引擎抓取内容。

二、网站内容

网站内容包括所有可以在网站呈现的能够被用户感知的信息,包括文字信息、视频、图片等。由于企业规模、行业特色、产品类型等诸多不同,企业网站内容并没有一致的规范。按照企业网站信息的作用,网站内容一般包括以下方面。

(一)企业基本信息

企业基本信息是为了让网站访问者对企业状况有初步的了解,企业是否可以获得用户的信任,在很大程度上取决于这些基本信息。在企业信息中,如果内容比较丰富,可以进一步分解为若干子栏目,如企业概况、发展历程、领导介绍、媒体报道、联系方式等。

(二)产品信息

企业网站上的产品信息应全面反映企业所有型号的产品,并使用文字、图片、视频文件等,详细介绍产品性能。消费者购买决策是一个复杂的过程,可能在产品浏览过程中受到某个因素的影响后就会产生购买,因此企业对产品信息的展示在注重产品自身信息的同时还要善于展示其他有助于用户产生信任和购买决策的信息,如专家产品推荐、鉴定证明、用户评价等。产品信息通常可以按照产品类别分为不同子栏目。如果企业产品种类比较多,无法在简单的目录中全部列出,为了让用户能够方便地找到所需要的产品,除了设计详细的分级目录之外,还有必要增加产品的搜索功能。例如华为、联想、海尔等大型企业官网都具备产品信息检索功能。

其中,产品价格信息是消费者最为关心的信息,对于那些价格透明且相对稳定的产品,可以提供产品价格信息,如果由于保密或者非标准定价等问题,有些产品的价格信息无法在网上公开,则通常可以提供价格咨询方式,以方便用户进一步了解。

(三)用户服务信息

用户对不同企业、不同产品所期望获得的服务有很大差别。有些网站产品使用比较复杂、产品规格型号繁多,往往需要提供较多的服务信息才能满足用户的需要,而一些标准化产品或者日常生活用品则相对简单一些。网站常见的服务信息包括产品选择和使用常识、产品说明书、在线问答等。

（四）促销信息

企业网站能够被用于网络促销,企业通过在自己的网站发布网络广告、促销活动、优惠券等信息,吸引消费者参与促销,从而形成购买。应该看到,在线上线下融合的大趋势下,线上促销活动通常需要与线下促销结合进行,网站可以作为一种有效的补充,供用户了解促销活动细则、参与报名等。

（五）销售信息

当消费者对于企业和产品有一定程度了解,并且产生购买动机之后,企业应该在网站提供能够满足消费者购买需求的信息和技术支持,以实现线上销售或线下销售。一般情况下,很多企业网站都提供了直接进行购买的相关功能,或者展示了最方便的线下销售地点、订购方式、售后服务措施等信息。

（六）公众信息

公众信息是指并非作为消费者身份(如投资者、媒体记者、研究人员等)对于公司进行了解的信息。这些人员访问网站虽然并不是以了解和购买产品为目的,但对企业的公关形象等具有不可低估的影响。因此,对于公开上市的公司或者知名企业,对网站上的公众信息应给予足够的重视。公众信息包括股权结构、投资信息、企业财务报告、企业文化、公关活动等。

三、网站功能

网站功能包括技术功能和营销功能两个方面,其中技术功能是网站正常运行的基础,而营销功能则是从网络营销策略的角度来分析一个企业网站具有哪些可以发挥网络营销作用的功能。所以,网站的技术功能为网站的营销功能提供支持,网站的营销功能是技术功能的体现。

（一）企业网站的营销功能

一个网站不论规模大小,不论具有哪些技术功能,其网站的营销功能主要表现在六个方面:形象展示、产品/服务展示、信息发布、顾客服务、顾客调查、网上销售。

1. 形象展示

网站实际上就是公司在网络上的一个品牌,网站建设是否专业,将直接影响企业形象。因为用户在网上是通过网站了解一个企业的,看企业是否正规,只要打开网站就了解得差不多,有很多大企业由于没有重视这一点,在网上失去了很多销售的机会,反而一些小企业做到了"小企业大品牌",在一两年的时间内成为同行知名企业。

2. 产品/服务展示

消费者访问网站的主要目的是寻找他需要的产品或服务信息,企业网站的主要价值应该体现在灵活方便地向顾客展示产品或服务信息,包括文字、图片、音频或者视频等多媒体信息等,丰富实用的内容是一个网站黏住顾客的主要原因。

3．信息发布

网站是一个信息平台,只要是有利于企业形象、有利于产品销售的信息都可以发布,这些信息包括企业新闻、行业新闻、最新产品信息、人才招聘、促销信息等。

4．顾客服务

互联网提供了更加方便的在线顾客服务手段,从形式最简单的常见问题解答,到电子邮件、邮件列表,以及在线论坛和各种即时信息服务等。在线顾客服务具有成本低、效率高的优点,在提高顾客服务水平、降低顾客服务费用方面具有显著作用,同时也直接影响网络营销的效果。因此,在线顾客服务成为网络营销的基本组成内容。

5．顾客调查

顾客通过企业官网能够全面掌握和了解企业品牌、产品、服务信息等,企业可以在官方网站的醒目位置设置问卷调查与意见反馈专区,对顾客消费意愿、产品满意度、企业管理意见等问题进行直接调查。

6．网上销售

一个功能完善的网站本身就可以完成订单确认、网上支付等电子商务功能,即企业网站本身就是重要的线上销售渠道,同时也是新产品宣传与推广的重要阵地。

总之,企业网站的营销功能并不是一成不变的。一方面,每个企业所处行业不同、规模大小不同、经营状况不同,对企业网站的功能需求也不一样;另一方面,企业网络营销的不同阶段,对网站功能的需求不同,网站功能也应该有一定的差异。

(二)企业网站的技术功能

一个企业网站的技术功能可分为前台和后台两个部分。前台是指消费者可以通过浏览器看到和操作的内容,后台是指通过网站运营人员的操作才能在前台实现的相应功能。后台的功能是为实现前台的功能而设计的,前台的功能是后台功能的对外表现,通过后台来实现对前台信息和功能的管理。例如,在网站上看到的企业新闻、产品介绍等就是网站运营人员通过后台的信息发布功能来实现的,在前台,消费者看到的只是信息本身,看不到信息的发布过程。

一个企业网站需要哪些功能主要取决于其网络营销策略、财务预算、网站维护管理能力等因素,部分常用的功能包括广告展示、产品管理、会员管理、在线帮助、站内检索、联系方式等。

四、网站服务

网站服务是通过网站信息服务以满足消费者某方面需求的活动,如问题解答、优惠信息获取、资料下载等。网站服务是通过网站功能和内容实现的,一些服务已经包含在网站的基本内容之中,还有一些服务则需要与产品相结合才能发挥作用。网站服务的内容和形式很多,常见网站服务内容有以下五个方面。

(一)产品选购和保养知识

相对于生产商和销售商而言,消费者的产品知识总是比较欠缺的,利用企业网站为消费者提供尽可能多的产品知识是培养潜在消费者的有效方法之一。如奢侈品销售企业、珠宝钻石销售企业等会在官网提供许多关于产品保养的小知识,以满足消费者相关知识学习的需要。

(二)产品说明书

除了随产品附送说明书之外,在网上发布详细的产品说明对于消费者了解产品具有积极意义。对产品的介绍要详略得当,注重文字、图片、视频等多种形式的结合,尤其要突出产品特色与核心卖点的介绍。

(三)常见问题列表

常见问题列表基本涵盖了消费者在日常产品选购、使用、售后维修等方面的常见问题解决方法,不仅方便了消费者,而且也节省了企业的顾客服务成本,提高了服务效率。常见问题列表作为网站服务内容的重要组成部分,需要根据消费者提出的新问题不断增加和完善,一个优秀的常见问题列表可以完成 80% 的在线服务任务,如大部分航空公司在官方网站中提供了关于退票流程、行李限额、运输管理规定等常见问题列表,大幅提高了服务效率。

(四)在线问题咨询

如果消费者的问题比较特殊,需要专门给予回答,提供这种问题的解答服务是很有必要的,这样不仅解决了顾客的咨询,而且也可以从中了解一些顾客对产品的看法。当然,由于人工智能、语音识别等技术的飞速发展,很多企业网站取消了在线问题咨询服务或改为智能机器人服务,能够提供更加高效和实时的服务。

(五)驱动程序下载

对于计算机、游戏机等特殊产品,在企业官网提供驱动程序下载能够解决经常困扰消费者使用的问题,当然并不是所有类型的企业都需要提供这些服务。

第二节　企业网站建设对网络营销的影响

在整个网络营销的体系中,企业网站是开展网络营销的综合性工具,专业性的企业网站是网络营销效果得以保证的基础。具体来说,企业网站对企业营销、消费者和网络营销方法产生了影响。

一、对企业营销活动的影响

(一)传递企业信息

企业网站的首要功能是强化了企业与外界(如消费者、潜在客户)的沟通,加深了消费者对企业产品、品牌及服务内容的了解,有效传递了与企业相关的信息。

（二）加深用户对企业和品牌的印象

企业设立网站的初衷往往就是宣传自己。通过网站传递企业及其品牌的形象和内涵，让更多的潜在消费者得以了解。企业网站也常被纳入企业识别系统（CIS）中，作为重要的有机组成部分。

（三）介绍和推荐相关产品、服务和内容

基本所有的企业官方网站都会介绍和推荐自己的相关产品、服务和内容，这同时也是多数国内企业网站所擅长的功能。网站因内容的丰富性和深入性，成为企业传播产品、服务信息的重要途径。

（四）与消费者进行在线交流

无论是厂商还是用户都渴望与对方进行沟通、交流，以期自己获得的利益最大化。通过企业网站中设计的电子公告板、论坛、博客、电子邮件等模块能够实现与消费者在线交流，也降低了企业客户关系管理成本。

（五）完成市场调研

市场调研是企业营销活动最为重要的环节，通过市场调研，可以发现消费者需求动向和行为变化，是制定营销组合的重要依据。企业网站为企业开展市场调研提供了便利场所，这种网络调研不但高效、低成本，同时还能起到扩大企业及其网站知名度的作用。

（六）实现网上销售

电子支付环境的发展与完善，为线上销售创造了条件，同时，由于消费习惯的改变，越来越多的年轻消费群体倾向于线上消费，通过企业官方网站既能够实现信任背书，又能够降低交易成本，实现销售促进。

二、对消费者产生的影响

网站建设对用户产生的影响直接关系到网络营销的最终效果，网站建设对用户的作用最为直接，因为网站的内容和服务是网络营销能否取得成效的基本条件，所以企业网站应重视基础建设工作。一个能够获得用户欢迎和信任的网站至少需要在信息有效性、网页下载速度、网站使用便捷性、保护个人信息等方面受到消费者欢迎。

三、对网络营销方法产生的影响

这种影响是通过网络营销的中间效果表现出来的，如对搜索引擎的影响、对销售促进功能的影响等。借助搜索引擎检索是网站推广最常用的方法之一，因此网站设计应适应搜索引擎的检索方式，并在检索结果中容易被用户发现。一般而言，提升企业网站可信度的因素包括信任网站信息、网站导航方便、信息来源明确、内容经常更新、网站介绍详细、网站所有

者信息完整真实等。

第三节 网络营销导向企业网站典型问题

网络营销导向企业网站典型问题可以归纳为以下几个方面。

一、网站规划问题

企业网站总体策划目的不明确,缺乏网络营销思想指导。其主要表现在:企业网络营销导向不明确,网站的网络营销系统功能比较欠缺,整体规划不合理,主辅菜单不清晰,栏目过多或者过少,各栏目缺乏统一规划,整个网站比较杂乱,网站的促销功能没有得到明显体现。

二、栏目结构设置问题

菜单采用图片形式,图标标识不明确,无文字说明,有效信息层次太深,需要多次点击才能找到有效信息,使得用户难以发现需要的信息,同时栏目名称意义不明确,容易造成混淆。

三、网站首页设计和内容问题

首页设计方面,使用的技术架构不合理,过大的 Flash 严重影响首页下载速度,还可能出现首页有效信息量小、首页无标题等情况。

首页内容方面,展示了与企业形象、产品、促销等方面无关的信息,重要信息不完整,如联系方式和产品介绍等,产品详细介绍内容过少,部分内容陈旧,缺乏时效性,甚至部分栏目无任何内容。

四、网页字体和美工问题

过分注重美术效果,大量采用图片、视频影响网页下载速度,部分网站文字太小、文字颜色暗淡、采用深色页面背景等,影响正常视觉效果。还有一些网页设计过于花哨,甚至接近于游戏网站,消费者体验不佳。

第四节 网络营销导向企业网站建设的一般原则

企业网站建设需要遵循必要的原则,从而保证网络营销导向企业网络建设的合理、科学和高效。

一、层次清晰

网站内容与网站结构之间的层次性是网站设计需要注意的首要原则,清晰的内容层次能够很好地展示不同网站内容之间的逻辑关系,从而产生良好的用户体验。网站结构的层次性一方面有助于提高被搜索引擎检索的概率,另一方面友好的界面结构能够显著提升用户体验。

二、方便用户使用

企业在网站设计过程中,不应该纠结于文字、图片大小等具体的设计细节,而应该把精力集中于考虑目标用户的习惯和使用环境。例如,价格对购买决策具有重要影响,超市能够用最显眼的标签把价格展示出来,从而轻松地分流购买人群,而都市写字楼中狭窄的过道里不可能获得足够的距离,在这种空间里,需要给用户提供一目十行的阅读体验。由此可见,企业网站文字的大小和排版方式是由用户所处环境决定的。

三、注重特色

营销导向的企业网站呈现了大量营销信息,只有特色突出的企业网络设计,才可能加深用户印象,提高用户购买意愿,从而为有效占领用户心智提供帮助。

四、技术性能好

网站响应时间、并发数、吞吐量以及性能计数器等都是体现网站性能的指标,优越的网站性能能够显著提升用户使用体验,并且良好的性能可扩展性满足了网站升级优化的需求。

五、面向搜索引擎优化

网站建设之初就应该积极面向搜索引擎优化规则,设计符合规则的网站结构、内容和功能,努力提高网站在自然检索排名结果中的曝光度。

第五节　企业网站建设与推广

一、企业网站建设

网站建设是指使用标识语言(markup language),通过一系列设计、建模和执行的过程将电子格式的信息通过互联网传输,最终以图形用户界面的形式被用户所浏览。企业网站的建设是一项系统工程,其完整过程包括网站规划、网站建设的具体步骤、网站的测试以及网站的维护管理。

(一) 网站规划

网站规划是建设者在网站建设之前对企业及市场进行分析,确定网站建设的目的和主要功能,并对网站建设的技术、内容、费用、管理等方面作出规划,提出合理的建设方案。网站规划对网站建设起到指导的作用,对网站的内容和维护起到定位的作用。网站规划需要在以下几个方面进行重点考虑。

1. 树立"以消费者为中心"的思想

网站的设计思想直接关系网站建设的品牌,只有在先进的思想指导下,才能让企业网站真正为企业创造价值。树立"以消费者为中心"的理念,围绕提升消费者使用体验进行网站策划、设计、运营和管理。对于一个企业,获取有价值的访问量才是网站建设的终极目标,以消费者为中心,提高消费者的转化率,最终将消费者转化为公司客户。企业网站是企业的门户,是企业与服务对象之间的交互界面,企业网站的整体形象也是企业形象的体现。同时,企业网站作为高效的信息平台,可以整合互联网的优势资源,增加企业的宣传途径,降低运营成本,提供优质服务,促进创新,从而提升企业的核心竞争力,为企业带来经济效益。

2. 注重网站总体设计

在建设网站之前,首先要对相关资源进行全面分析,为企业网站作出合理定位,根据需要制订网站建设方案,主要对内外部环境、网站功能、可行性、运行环境、页面设计、成本效益、可扩展性等进行总体规划。

(1) 内外部环境。企业的内部环境决定企业建设网站的优势和劣势,包括企业条件、公司概况、网站建设能力等,企业的外部环境主要包括相关行业的市场状况、是否能够并适合在互联网上开展业务、外部用户的特征以及主要竞争对手网站建设情况等。

(2) 网站功能。不同形式的网站,其网站的内容、经营的方式、实现的功能、建站方式以及投资规模等都各不相同,企业网站的功能应根据公司的需要和计划确定,如主攻产品宣传、网上营销、客户服务、电子商务等,或者建立具备多种功能的综合型网站。

(3) 可行性分析。可行性分析指企业经过调查分析决定是否正式进行网站建设,主要分为技术可行性分析、经济可行性分析和管理可行性分析。在技术可行性方面,企业需要分析是否具备建设和维护企业网站所必需的软硬件条件和技术,根据实际情况,决定是采取外包还是自己开发的形式进行;在经济可行性方面,企业需要衡量投入产出效益;在管理可行性方面,企业需要分析研判所需的人力资源、管理机构、运营形式等问题。

(4) 运行环境分析。运行环境分析指企业网站运行所依托的软硬件环境。硬件环境有多种搭建方式,其中自建服务器是企业设置独立的 Web 服务器并放置企业网站,对企业财力和人力方面的要求较高。服务器托管是用户自行采购主机服务器,并安装相应的系统软件和应用软件,以实现用户拥有独享的服务器。虚拟主机是用特殊的软硬件技术把一台运行在互联网上的物理服务器主机分解成多台虚拟的主机,各台虚拟主机之间完全独立,用户可自行管理。软件平台的规划包括运行平台和应用开发平台两部分,其中运行平台包括网络操作系统和服务器软件,应用开发平台包括数据库系统、网站的开发工具等。

（5）页面设计。网页设计的表现形式应与企业整体形象一致，因此页面设计应符合企业形象规范，页面的色彩、图片及版面的结构应达成统一。

（6）成本效益分析。企业网站的建设是一个长期的发展计划，所以要考虑持续发展的问题。首先要分析基本的站点成本，主要包括硬件成本，如服务器、连接硬件设备和支撑软件等，还要考虑服务成本，如创意设计、软件设计、日常管理维护、内容版权等，以及网站宣传成本，同时还应加强分析企业实施网站建设后的效益，分析可能存在的问题或下一步发展目标。

（7）可扩展性。网站建设初期，可以采用托管空间、虚拟机、托管服务器等方式节约成本，但在设计之初就应当考虑到访问量上升所带来的软、硬件能力需求，要能够方便扩展、升级，且网站的安全从始至终都应当放在首位。网站代码、数据库的安全，网站可靠平稳的运行也十分重要，同时要建立完备的风险预案。

3. 栏目规划

栏目规划的主要任务是确定网站的主要内容，并将它们组织成合理的链接结构。就好比一本书的目录，在设置栏目时需要突出重点，坚持易用性原则，提供清晰简便的访问结构。不要把所有文件都存放在根目录下，应根据栏目内容建立相应的子目录，应用程序应放在特定目录下，为每个主栏目建立图片目录，目录层次不宜太深，网站文件和目录名的命名要规范。

（1）确定必需的栏目。一般网站栏目的信息包括公司概况、产品信息、公司动态、网站搜索、会员登录、售后服务、技术支持、联系信息等。

（2）确定重点栏目。从一般栏目中挑选出最为重要的栏目，对其进行更为详细的规划。

（3）建立层次结构。即为网站的所有栏目及其子栏目建立层次结构。

（4）每一个栏目的详细规划。层次结构只是网站栏目的总体规划，每一个栏目的详细规划包括栏目的描述、栏目的实现方法以及此栏目与其他栏目之间的关系。

（二）网站建设的具体步骤

由于目前云技术的飞速发展，腾讯云、阿里云等企业纷纷推出了一站式网站建设服务，没有任何代码经验或者建站基础也可以很容易地使用这些企业提供的服务建立一个属于自己的网站，这些一站式网站建设服务基本能够满足各类中小企业轻量级网站建设需求。无论采用哪种形式建设企业网站，一般都包括以下步骤。

1. 域名申请

域名是网站的"商标"，是企业网上信息、业务往来的基础，同时，域名也是人们利用搜索引擎在互联网上查找企业信息的依据之一，好的域名应遵循简短、切题、易记的原则，并与公司密切相关。

申请域名的步骤十分简单，只需要到域名服务商网站直接申请。企业或个人用户要注册域名，可以向中国互联网络信息中心授权的注册服务机构申请，阿里云、腾讯云等平台能够直接提供域名注册服务，国际域名申请可以通过互联网名称与数字地址分配机构（ICANN）认证的域名注册服务商或全球第一的域名注册服务商 Network Solutions 公司代理注册。需要注意的是，根据我国法律规定，申请.CN 域名需要先完成实名认证，若服务器接入中国内地，所有域名都需要完成实名认证，并通过域名服务商完成 ICP 备案，若网站有在线销售、BBS 等,还需要完成 ICP 附加备案流程。

2. 建设网站的软硬件环境

企业自建网站和一站式轻量级网站需要的软硬件环境基本相同,不同之处在于轻量级网站利用了云服务器和数据库完成了网站建设和运营管理。自建企业网站至少包括网络接入设备、操作系统、网络数据库、一般应用软件及 Web 服务器,它们是构成网站的基本配置。网络接入设备主要指互联网的边缘接入设备,包括路由器、调制解调器、防火墙等。

操作系统的选择是根据企业网站所需的应用程序、客户机、服务器的共同要求确定的。常见的操作系统包括 Windows 操作系统、Unix 操作系统、Linux 操作系统。选择网络操作系统的基本要求是安全性、可靠性、可使用性、可集成性和可扩展性以及应用与开发的支持。

在企业网站建设中,数据库存储系统是必不可少的组件之一,而且对数据存取设备的容量、性能、安全性以及灾难恢复能力要求很高。目前,小型数据库系统有 Access,大型数据库系统有 Oracle、DB2、SQLServer、MySQL、Informix 等。

网页制作工具主要有 FrontPage、Dreamweaver 等,常见的编程语言有 HTML、DHTML、XML、JavaScript、VBScript 等,一些辅助工具主要有 Flash 和 Photoshop 等图像处理工具。

Web 服务器是计算机网络中的核心设备之一,它既是网络服务的提供者,又是数据的集散地。在选择 Web 服务器时一般应考虑可管理性、可用性、安全性、高性能、可扩展性、响应能力、与后台服务器的集成能力等。目前常用的 Web 服务器软件有微软 Web 服务器、Apache、Nginx 等多种类型。

除此之外,为了使用 HTTPS,还需要申请独立 IP 地址、SSL 证书以及其他必要的第三方认证,为了整合 E-mail 系统,还需要准备 E-mail 服务器等,如若企业所经营的业务经网站高度整合,或是预计访问量巨大,在此种情况下,还应提前做好架构设计。

当然,使用一站式建站工具的流程相对简单,在完成域名注册后,可以在阿里云或其他平台直接购买服务器,用以存放网站程序与数据库,包括文字、图片、代码等。在云平台当中,还提供了虚拟空间,这种虚拟空间还会赠送数据库,但是如果网站访问量比较大,可以买虚拟专用服务器(VPS)或者独立服务器。接下来,就要进行数据库购买,最常见的数据库是 MySQL。之后,选择可以满足自己所需的建站程序下载就可以了。

3. 收集整理资料

根据网站规划阶段确定的信息需求和网站功能,收集与网站主题相关的关键信息,用逻辑结构将这些信息有序地组织起来。一方面,这些资料常常来自本企业的宣传手册及各种报告及技术资料等;另一方面,收集用户访问、使用习惯信息也非常重要。这将决定网站采用什么样的业务流程,什么样的支付流程,提供什么样的浏览方式、订单方式等。

4. 网页制作

网页制作需要不同知识的专业人员参加。美工及设计人员负责设计网站的整体色彩色调、企业标志和形象、网页、图形图像和动画,内容编辑人员负责网页内容编写。网络编程人员、数据库设计人员负责数据库设计和开发、网络编程、网络接口设计。项目管理人员则协调各方面工作。

5. 网站整合

将各部分网页通过导航系统链接在一起,做好与数据库的接口连接,并与对应的支付接口、订单跟踪系统、服务跟踪系统对接。

（三）网站的测试

网站的测试包括制作者测试、全面测试和发布测试。在具体测试内容方面，第一是功能测试。即测试所有链接是否按指示的那样确实链接到了该链接的页面、测试所链接的页面是否存在、测试链接的正确性，还要进行表单测试、Cookies测试、设计语言测试以及数据库测试。第二是性能测试，对网站进行链接速度测试、负荷测试和压力测试。第三是进行接口测试，包括服务器接口、外部接口和错误处理。第四是进行可用性测试，包括导航测试、图形测试、内容测试、整体界面测试。第五是进行兼容性测试，包括平台测试、浏览器测试、视频测试、打印机测试等。第六是进行安全测试和代码合法性测试。

（四）网站的维护管理

企业网站的维护是指对网站的各种软硬件资源和信息流的管理与监控，目的是保证企业网站的功能正常，并确保网站内容的完整性和一致性。一般来说，企业网站的维护工作主要包括网站系统维护和网站内容维护两方面。

1. 网站系统维护

如果是自己建设的企业网站，网站系统维护主要是保证网站系统运行平台的软硬件设施、设备正常可靠地运转，以及数据资料的可靠、备份等工作。硬件维护主要包括服务器、网络连接设备及其他硬件的维护，软件维护主要包括操作系统及各类软件的安全维护，数据库维护主要包括系统文件的组织、系统数据备份、系统数据恢复和系统垃圾文件处理等。安全维护主要包括网站安全管理、监测、数据备份、防止病毒攻击和恶意访问等。如果是通过一站式网站建设服务完成的企业网站搭建，则无须进行系统维护，因为网站软硬件系统由云平台进行统一维护和管理。

2. 网站内容维护

网站内容维护是指基本业务的维护，它是网站维护的核心内容，是保证企业网站有序和有效运作的基本手段，包括信息发布管理、客户信息管理、网站测试与评估等内容。在信息发布管理方面，要经常更新网站页面、内容，及时发布企业最新的产品、价格和服务等信息。在客户信息管理方面，要关注客户基本注册信息管理、客户分析、客户反馈等内容，在网站测试与评估方面，要关注网站受关注程度、经营情况、网民变化、网站设计的评价、网站的操作分析、技术应用分析、服务质量分析、安全性分析等信息。

二、企业网站推广

随着企业网站数量的快速上升，是否能够在同类网站中脱颖而出，成为影响企业网络营销效果的关键。很多企业在网站建成之后不注重管理和维护，结果企业网站并没有发挥其应有的营销价值，而被淹没在浩瀚的网络世界当中。因此，企业网站无论是在建设中还是建好后，都必须考虑有效推广的问题。目前常用的推广方法有以下几种。

（一）利用搜索引擎推广

搜索引擎作为用户进入互联网的第一道关口,被搜索引擎检索是实现企业网站推广的重要方式。因此,企业网站建设后,应该提交搜索引擎进行收录,通过如雅虎、搜狐、网易、新浪、百度等搜索引擎把网站收录进去,并设置网站关键字、固定排名,让消费者更方便地查找网站内容。

（二）利用电子邮件推广

电子邮件的推广方式就是通过建立企业的邮件列表,将企业的最新信息、产品动态、行业动态、调查问卷以及企业举办的活动信息定期向邮件列表用户发送,实现与消费者之间的紧密联系,并逐渐发展品牌、建立信任及长期关系。同时,也可以借助第三方邮件服务提供商,获取愿意接收企业信息相关用户的邮件地址,然后向其传播企业信息,以扩大企业部件的受众群体。

（三）利用网络广告推广

网络广告的常见形式包括横幅广告、关键词广告、分类广告、E-mail 广告、赞助式广告、多媒体广告等。网络广告本身并不能独立存在,而是存在于各种网络营销工具中,需要与各种网络营销方法相结合才能实现信息传递的功能。另外,网络广告表现形式也是多种多样的。

（四）利用资源合作推广

互联网资源合作推广可以通过交换广告、交换链接、交换内容等方式进行,实现互相推广的目的,其中最常见的合作方式是网站链接交换策略。如建立友情链接,在站点上相互交换链接,在行业站点上申请链接,因为这些行业站点具有较高的权威性和全面性,在行业内访问量比较高,有较高的点击率。

第六节　网站评价与网站诊断

一、网站评价

网站评价是评价主体根据既定的评价目标,依据科学的评价原理,运用有效的评价方法,在完善的评价制度保障下制定合理的评价标准,构建切实可行的评价指标体系,对网站进行选择和评估,以确定其特征、质量和价值,主要包括网站可信度评价、网站易访问性评价、网站效用评价和网站可用性评价。

（一）网站可信度评价

网站可信度评价是指以评价网站信用为目的的研究,属于对网站内容的评价。具体评价内容包括域名备案信息、网站所有者信息、服务器所在地、网站公示的内容信息、第三方网站安全监测、第三方网站认证信息、第三方网站处罚举报信息等。

(二)网站易访问性评价

网站易访问性评价的目的是评估网站界面的友好程度,即方便用户访问的程度,是一种对网站形式方面的评价。研究表明,利用不同方法评价的网站排名不同,独立使用任何一种方法都有缺陷,必须综合几种方法才能得到可靠的易访问性评价结果。

(三)网站效用评价

网站效用评价反映网站被所有者有效利用的情况。一般情况下,规模越大的企业对其网站的利用情况越好,因为这些企业会更加重视企业网站建设、运用与维护。

(四)网站可用性评价

可用性是指一个产品为特殊用户使用,在特殊的用户群中达到有效性、效率和满意度等特殊目标的程度。网站可用性评价一般用来反映用户对网站信息内容、界面、技术等方面的满意程度,是一种综合评价。

二、网站诊断

网站诊断是针对网站是否利于搜索引擎搜索、是否利于浏览和给浏览者的交互体验以及是否利于网络营销的一种综合判断行为,主要看打开速度和用户体验。网站诊断对企业营销至关重要,具有积极的影响。

(一)网站诊断对企业营销的影响

网站诊断有利于及时地了解网站的问题,并及时改正,减少不必要的损失。专业性的网站诊断可以为企业制定有效的网站推广提供决策依据,从而使网站推广策略更加客观、更加有效。另外,专业的分析及建议,对有效开展网络营销工作是具有指导意义的。

(二)网站诊断的步骤

1. 网站规划与网站栏目结构诊断

判断网站的目标是否明确、网站的栏目导航是否清晰明了、链接是否可用、网站的栏目是否设计合理,层次是否过深或过浅等。

2. 网站内容及网站可信度诊断

判断网站内容是否完整,是否有有效的联系方式和企业及产品的具体信息,网站的内容是否是企业真正要传达给用户的,能否取得用户的信任,代码设计是否合理等。

3. 网站功能和服务诊断

判断网站是否能稳定运行(运行的速度、图片的显示等),用户是否能够快速找到自己所需的信息,网站提供了什么样的服务及产品展示,用户服务做得是否到位等。

4. 网站优化及运营

判断网站网页的多少,被搜索引擎收录数量,正向链接与反向链接的数量,一段时间内的访问数量,对搜索引擎的友好度如何,META 标签关键词是否滥用,与竞争者网站的专业水平差距如何等。

案例分享:长虹集团官方网站的演变

　　四川长虹电子控股集团有限公司(以下简称"长虹集团")创始于 1958 年。2019 年 9月,2019 中国战略性新兴产业领军企业 100 强榜单在济南发布,长虹集团排名第 21 位。2019 中国制造业企业 500 强榜单发布,长虹集团排名第 58 位。2019 年 12 月 25 日,获得2019 年度人民匠心品牌奖。

　　长虹集团从军工立业、彩电兴业,到信息电子的多元拓展,已成为集军工、消费电子、核心器件研发与制造为一体的综合型跨国企业集团,并正向具有全球竞争力的信息家电内容与服务提供商挺进。这样一家具备全球竞争力的制造企业,在很早就开始了企业网站建设和营销,其网站在不同时期内容和表现形式有所不同,根据可以收集到的资料,表 5-1 列出了2000—2021 年期间不同时期网站的主要内容。图 5-1 为长虹集团官方网站。

表 5-1　不同时期的长虹企业网站主要内容

日　期	网站结构和一级栏目	首页主要信息
2000 年 10 月	网站栏目:公司简介、长虹新闻、企业文化、长虹产品、服务支持、商务信息、加盟长虹、股东信息	企业新闻列表、最新产品列表、在线调查、网站 Logo 链接
2004 年 3 月	网站栏目:了解长虹、新闻中心、产品中心、客户服务、渠道服务、采购中心、人才中心、长虹俱乐部、合作中心	产品分类导航、站内检索、企业新闻、股东公告、在线服务、网上订购、会员(普通用户和供应商)注册和登录等
2006 年 11 月	产品与服务(产品索引、如何购买、客户服务)、商务合作(供应商、代理商、其他合作伙伴)、关于长虹	最新产品列表、客户服务、企业新闻、媒体报道等
2012 年 12 月	主栏目:关于长虹、新闻中心、子公司网站、产品中心、服务专区、我的长虹	产品展厅、媒体动态、主题信息等
2016 年 6 月	主栏目:关于长虹、新闻资讯、子公司网站、产品中心、服务专区、长虹社区	产品展厅(电视、冰箱、手机、空调、电池)、媒体动态、主题信息
2021 年 6 月	主栏目:关于长虹、公告、投资者关系、商务合作	产品展示(电视、冰箱、洗衣机、空调、生活家电、智慧家庭、功能箱包)、虹创有品二维码、购物车

　　可以看出,经过 20 余年的发展,长虹集团网站的结构与内容发生了巨大的变化,一方面得益于网站架构技术的进步;另一方面,长虹集团网络营销思维方式的变化起到了很大的作用。在早期,长虹集团网站主要起到产品展示的作用,首页信息相对单一,随着信息技术和产品系列的完善,逐步增加了在线调查、网站链接、在线招聘等信息,从 2004 年开始,长虹集团网站出现了网上订购服务,但由于支付工具、支付安全等方面的限制,消费者无法完成线上购物。在支付宝、微信支付、财付通等各类支付工具发展完善之后,消费者已经可以在长虹集团网站直接完成下单购买。

图 5-1　长虹集团官方网站

　　总结发现,目前众多企业已经全面建成网络营销导向的企业官方网站,而且以华为、长虹等为代表的制造业企业官方网站具有高度的模块一致性,网站基本结构、网站内容、网站服务等要素共同驱动,并且都能够实现线上直接购买。可见,即使在移动互联网高度发达的今天,营销导向的企业网站建设、维护与管理依然十分必要。

扫描此码

案例讨论

扫描此码

在线自测

第六章

许可电子邮件营销

【本章要点】

电子邮件作为商务交流活动中非常重要的工具,在企业营销活动中发挥着十分重要的作用。对一些消费群体而言,每天阅览电子邮件已经成为一种习惯;对于企业而言,许可电子邮件营销以其低成本、高转化、实时性等诸多优点,成为十分受企业欢迎的一种新媒体营销工具。随着移动电子信箱的发展,许可电子邮件也呈现出一些新的规律和特点,焕发出了新的活力,尤其以网易严选为代表的企业从电子邮件营销中得到了巨大的收益。为此,本章从许可电子邮件营销的基本原理出发,对电子邮件营销的类型和一般过程、开展电子邮件营销的基本条件、内部和外部列表电子邮件营销策略等内容进行详细阐述。

【学习目标】

1. 理解许可电子邮件营销的基本原理。

2. 掌握电子邮件营销的类型和一般过程。

3. 了解开展电子邮件营销的基础条件。

4. 了解内部和外部列表电子邮件营销具体策略。

5. 掌握电子邮件营销效果评价基本指标。

第一节　许可电子邮件营销的基本原理

一、电子邮件营销的类型

(一)许可电子邮件营销和非许可电子邮件营销

"许可营销"理论是许可电子邮件(E-mail)营销的基础理论,正如雅虎的营销专家赛斯·高汀在《许可营销》(*Permission Marketing*)一书中所描述的观点,"许可营销是通过与自愿参与者的相互交流,确保消费者对此类营销信息投入更多关注"。结合有关 E-mail 营销实践和许可营销的研究,E-mail 营销的实质就是许可 E-mail 营销,因为 E-mail 营销就是在事先征得用户许可的情况下,通过电子邮件的方式向目标用户传递有价值信息的一种网络营销方法。因此,用户的事先许可、通过电子邮件的方式传递信息、信息对用户具有价值是 E-mail 营销必不可少的条件。邮件营销生态链由企业主、邮箱机构、邮件营销服务商、收件人四部分组成,其中邮件营销服务商主导商业模式、服务、产品、技术的创新,邮箱机构提供收件人阅读环境,加强产品体验和反垃圾技术,企业主希望通过邮件营销提高自己产品或服务的销售额,收件人希望收到对自己有价值的商业信息。

非许可的电子邮件,一般称为垃圾邮件。凡是未经用户许可就强行发送到用户的邮箱中的任何电子邮件就称为垃圾邮件。

(二)不定期的邮件营销与长期的邮件营销

按企业的营销计划,不定期的邮件营销包括不定期的产品促销、市场调查、节假日问候、新产品通知等。长期的邮件营销通常以企业内部注册会员为基础,主要表现为新闻邮件、电子杂志、客户服务等各种形式的邮件列表,主要用于顾客关系、顾客服务、企业品牌等方面。

(三)其他类型

按邮件营销的功能,电子邮件营销可分为客户服务类营销、品牌宣传类营销、优惠促销类营销、在线调查类营销、事务类营销等。

二、我国电子邮件营销的发展历程

我国电子邮件营销的市场发展过程基本和美国类似,但是总体时间上要晚 3～5 年,且行业规模和企业之间发展差异很大。

1997 年,国内出现了专业做电子邮件营销服务的公司,但由于网络环境不成熟,实际上没有太大市场规模。

2000—2005 年,用户数量和电子邮箱数量都获得了很大的发展,但由于企业对邮件营销的认识还不够深,邮件营销依然是国内互联网营销中比较小众的一种营销方式。2000 年开始,垃圾邮件在中国开始变得非常严重,扰乱行业秩序。2003 年,中国互联网协会推出反垃圾邮件法案,明确许可式邮件营销的定义和法律标准。

2005—2006 年,许可式邮件营销模式开始萌芽,企业开始注重邮件营销的投递策略和内容创意,并正式将电子邮件营销纳入企业营销预算之中。之后几年电商团购行业高度运用邮件营销这一营销方式,带动了邮件营销行业的繁荣。

2011—2012 年,邮件营销基本形成行业格局。社交营销开始流行,邮件营销开始与其他营销模式进行结合。

2013 年至今,邮件营销在国内的市场基本稳定。企业希望邮件营销变得更有个性,更加自动化,邮件更多在移动端被阅读,邮件营销的产品模式也在发生变化。

三、电子邮件营销的技术演变

互联网技术经过多年的发展,邮件营销的技术体系上发生了很大变化。从单纯的群发技术,到跟踪统计技术、触发投递技术、云平台、数据挖掘等各种创新技术模式开始在邮件营销产品中出现。

(一)第一代邮件群发平台

基于 POP3/SMTP 发送协议,简单导入数据进行发送,需要人工的接入,发送效果低,投递失败率高,数据无任何安全可言,没有任何退订机制。

(二)第二代网络托管平台

产品开始基于 B/S 架构,以第三方服务为主,网络基础服务公司为主导力量。其缺点为平台体验非常差、缺乏个性化服务、依然依靠人工介入。

(三)第三代自动化营销平台

基于 B/S 多层架构,拥有基础的数据管理和邮件统计追踪功能,可以和其他系统进行整合。缺点主要是功能比较薄弱,无法帮助企业完成强大的数据营销管理和分析能力。

(四)第四代整合数据营销平台

优化投递能力,支持海量数据上传和并发功能,拥有强大的数据营销应用,开放产品接口,实现场景营销,可以和多渠道营销方式结合实现邮件再营销。邮件营销行业发展日趋成熟和理性,企业对邮件营销市场认可度和自身品牌意识在不断提升。在邮件营销应用中,企业客户已经慢慢学会运用一些简单且有效的技术手段对邮件营销活动进行优化;精确数据管理、个性化邮件内容、触发式邮件、发送频率管理、通道切换等邮件营销策略进一步提升了用户体验,反映出了企业希望发送有价值的邮件给用户;App 应用、短信、社交媒体、二维码、线下活动的整体性加入,更是让邮件营销在数据营销互动中展现了更大价值。目前国内邮件营销市场上,许可邮件营销企业级应用产品正在从第三代平台向第四代平台进行过渡。

第二节　电子邮件营销的类型和一般过程

一、电子邮件营销的类型

根据不同的分类标准,电子邮件营销可以分为不同的类型。按照 E-mail 地址资源所有权的划分,许可 E-mail 营销常用的形式有内部列表和外部列表两种。内部列表就是平时所说的邮件列表,包括企业通过各种渠道拥有的各类用户的 E-mail 地址资源,内部列表许可 E-mail 营销就是在用户许可的前提下,营销者利用注册用户的资料开展的 E-mail 营销。一般而言,对 E-mail 营销比较重视的企业通常会拥有自己的内部列表。外部列表是指专业服务商或者其他可以提供专业服务的机构提供的 E-mail 地址资源,例如专业的 E-mail 营销服务商、相同定位的网站会员资料、免费邮件服务商等。外部列表许可 E-mail 营销就是在用户许可的前提下,营销者利用专业服务商提供的 E-mail 地址资源开展的 E-mail 营销。虽然内外部列表在表面看起来就是获取 E-mail 地址资源的方式不同,但这种差异却导致在开展 E-mail 营销的内容和方法上两者有很大的区别。

二、电子邮件营销的基本形式

　　根据不同的营销目的,常见的电子邮件营销包括电子刊物、新闻邮件、注册会员、新产品通知、顾客关系、定制信息等形式。这些不同形式的邮件列表总体上是类似的,但在具体的操作模式上有一定的区别,如加入邮件列表的方法、邮件内容设计、邮件发送周期等。尤其在数字技术冲击下,出版行业的许多企业全面采用电子刊物替代传统纸质刊物,并且已经成为主流营销形式。而传统制造企业更多地使用电子邮件进行新产品通知、会员管理、顾客关系维护等活动。

三、许可电子邮件营销的一般过程

　　开展许可 E-mail 营销的过程,就是在营销目标的指导下,将有关营销信息通过电子邮件传递到目标用户的电子邮箱中,通过营销信息的渗透达到营销的目的。一般过程如图 6-1 所示。

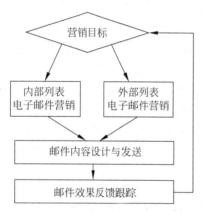

图 6-1　电子邮件营销的一般过程

（一）制定营销目标

　　一般而言,根据不同的营销目标,电子邮件营销又可以进一步细分为品牌形象推广电子邮件营销、产品促销电子邮件营销、社会调查电子邮件营销、用户服务电子邮件营销、网站推广电子邮件营销等。因此,企业应该结合当前的状况,根据不同的许可 E-mail 营销计划,确定在推广企业形象和产品、提高市场销售等不同方面的营销目标。

（二）合理选择营销途径

　　根据企业要达到的营销目标、企业的资金状况以及企业拥有的 E-mail 地址资源,确定有效的邮件列表以及外部列表,选择合适的外部列表服务商。企业、邮件列表以及外部列表服务商是这一阶段要考虑的三个重要因素。邮件列表的建立并不是一个人或者一个部门可以独立完成的事情,它涉及技术编程、网页设计等内容,如果是外包服务,还需要与专业服务商进行功能沟通,一般而言,专业的外包服务列表商拥有大量的用户资源,有专业的发送和跟踪技术。因此,为达到营销目标,要在企业资源、邮件列表和外部列表服务商之间达到一种均衡。

（三）合理设计邮件内容

　　针对内部和外部邮件列表,由企业自己或者与外部列表服务商合作设计邮件内容。在 E-mail 营销中,邮件内容设计的范围最广,灵活性也更大,对 E-mail 营销的最终结果影响更直接、更显著。因为没有合适的邮件内容,再好的邮件列表技术平台、再多的邮件列表用户也无法实现营销目的。同时,由于内部和外部邮件列表本身的不同,企业有必要针对这两种邮件列表在不同阶段设计不同的内容。

（四）按时发送邮件

根据营销计划向潜在用户发送电子邮件。在向潜在用户发送邮件之前,应该根据营销计划确定邮件发送周期,并且履行自己的诺言。然后,利用企业的邮件发送系统或者选定的第三方发信系统,根据设定的邮件列表发送周期按时发送。要注意邮件发送周期不能过于频繁,否则不但达不到邮件营销的目的,还会给用户造成不好的印象,甚至被列入"黑名单"。

（五）及时跟踪反馈

及时跟踪许可 E-mail 营销活动的效果,并且适时调整自己的营销策略,营销活动结束后,对营销效果进行分析总结。营销计划制订后不是一成不变的,应及时跟踪,并且根据跟踪结果或者服务商提供的专业分析报告及时调整策略行动,这样才能够了解顾客、服务顾客,达到企业的营销目的。

第三节　开展电子邮件营销的基础条件和局限性

一、开展电子邮件营销的基础条件

开展 E-mail 营销需要一定的基础条件,尤其内部列表 E-mail 营销是网络营销的一项长期任务,更有必要对内部列表的基础及形式等相关问题进行深入分析。从技术条件、用户基础和内容设计三方面分析开展电子邮件营销需要的基础条件。

（一）技术条件

邮件列表技术是 E-mail 邮件发送的技术保证,也是 E-mail 营销的技术基础。通过自建或者选择其他电子邮件系统,从技术上保证用户自由、便利地加入和退出邮件列表,从功能上保证实现对用户资料的管理,以及邮件发送和效果跟踪反馈,一般将具有这些功能的系统称为"邮件列表发行平台",邮件列表发行平台是 E-mail 营销的技术基础。经营邮件列表,可以自己建立邮件列表发行系统,也可以根据需要选择专业用户服务商提供的邮件列表发行平台服务,实际情况中具体采用哪种形式,取决于企业的资源和邮件经营者的个人偏好等因素。

第一,邮件列表的建立通常要与网站的其他功能相结合,这并不是一个人或者一个部门可以独立完成的工作,将涉及技术开发、网页设计、内容编辑等内容,也可能涉及市场、销售、技术等部门的职责,如果是外包服务,还需要与专业服务商进行功能需求沟通。

第二,邮件列表必须是用户自愿加入的,是否能获得用户的认可,本身就是很复杂的事情,要能够长期保持用户的稳定增加,邮件列表的内容必须对用户有价值,邮件内容也需要专业制作。

第三,邮件列表的用户数量需要较长时期的积累,为了获得更多的用户,还需要对邮件列表本身进行必要的推广,这些同样需要投入相当的营销资源。

(二)用户基础

在用户许可的情况下,引导更多的用户自愿加入邮件列表,从而获得尽可能多的用户 E-mail 地址资源,是 E-mail 营销发挥作用的必要条件。获取用户资源是 E-mail 营销中最为基础、最重要的一项长期工作,但在实际工作中往往被忽视。有些邮件列表建立之后,缺少持续的有效管理,所以加入邮件列表的用户数量较少,E-mail 营销的优势难以发挥。同时在获取用户 E-mail 地址的过程中,应该对邮件列表进行相应的推广,及时更新、完善订阅流程,并注意对用户隐私的保护,从而提高用户加入的成功率,增强邮件列表的总体有效性。

(三)内容设计

有效的内容设计是 E-mail 营销发挥作用的重要前提和基本保障,在 E-mail 营销中,营销信息是通过电子邮件向用户发送的,邮件的内容能否引起用户的关注、对用户是否有价值,直接影响 E-mail 营销的最终结果。没有合适的内容,拥有再好的 E-mail 营销技术基础、再多的 E-mail 营销资源基础,也无法向用户传递有效的营销信息。

二、列表电子邮件营销局限性

(一)加入列表用户预期数量少

只有当用户数量达到一定程度时邮件列表的价值才能表现出来,但一些小型企业用户数量比较少,获得足够的用户数量需要较长的时间,并且由于产品或服务等方面的影响,可能很难获得大量的用户加入邮件列表,邮件列表的优势也难以发挥出来。

(二)邮件列表内容来源无法保证

用户最关注的是邮件内容是否有价值,对于已经加入列表的用户来说,邮件列表是否对他产生影响是从接收邮件开始的,用户并不需要了解邮件列表采用什么技术平台,也不关心列表中有多少数量的用户。如果内容和自己无关,即使加入邮件列表,迟早也会退出,或者根本不会阅读邮件的内容。因此,优质的内容依然是开展电子邮件营销的关键。

(三)网站功能与经营资源限制

邮件列表管理系统的管理需要一定的资源投入,如果在短期内这种投入无法带来收益,那么企业通常不会为远期的功能需求投入资金。现在大量的小型企业网站都还处于简单的企业和产品信息发布层次,邮件列表的功能并不是最重要的。

第四节　内部列表电子邮件营销策略

利用内部列表开展 E-mail 营销是 E-mail 营销的主流方式,一个高质量的邮件列表对于企业网络营销的重要性,已经得到众多企业实践的证实,并且成为企业增强竞争优势的重要手段之一。因此,建立一个属于自己的邮件列表是非常必要的。

一、建立自己的邮件列表平台

从部分提供邮件列表服务的网站来看,加入/退出邮件列表的界面无须太复杂,只要有一个订阅框和提交按钮,用户输入 E-mail 地址并提交即可完成订阅/退出功能。作为一个用户,加入邮件列表之后,就可以等待接收自己所订阅的邮件内容了。对于企业来讲,一个完善的邮件列表平台系统还包含邮件地址的管理(增减)、不同格式邮件的选择、地址列表备份、发送邮件内容前的预览、用户加入退出时的自动回复邮件、已发送邮件记录、退信管理等,这些都需要后台技术的支持。

二、选择专业服务商的邮件列表平台

(一)选择邮件列表服务商的发行平台

邮件列表专业服务商的发行平台无论从功能上还是从技术保证上都会优于企业自行开发的邮件列表程序,并且可以很快投入应用,大大减少了自行开发所需要的时间。因此,与邮件列表专业服务商合作,采用专业的邮件列表发行服务是常用的手段。目前,阿里巴巴、百度、腾讯等众多互联网巨头都提供了企业级电子邮件服务,使用这些专业服务商提供的完善的服务内容,能够非常便捷地完成邮件列表的使用与管理。

(二)选择专业发行平台需要考虑的问题

邮件列表专业发行平台是一种通用的邮件列表发行和管理程序,同一个平台可能有上千个邮件列表用户。选择专业发行平台要了解是否可以无缝移植用户资料,还要考察服务商的信用和实力,以确保不会泄露自己的邮件列表用户资料,并能保证提供相对稳定的服务。对其基本界面要关注用户地址管理、注册用户资料备份、邮件内容预览、退回邮件管理、邮件格式选择等功能是否完善。

(三)合理利用免费邮件列表发行平台

当对邮件列表规模要求不高时,免费邮件列表资源也可以作为一种选择,主要用于个人学习和研究,或者作为小型企业建立邮件列表初期的一种过渡方式。不过,随着免费网络服务的减少,可用的免费邮件列表资源也越来越少,并且免费服务总是有各种各样的功能限制,或者会在邮件列表中插入服务商的广告内容。

三、电子邮件地址获取

获取消费者电子邮件地址是内部列表 E-mail 营销的重要环节之一,为了达到更好的营销效果,应该尽可能多地引导用户加入邮件列表。通常情况下,用户加入邮件列表的主要渠道是通过网站上的订阅框自愿加入,或者通过填写问卷、朋友推荐等方式自愿加入。电子邮件地址获取常用的方法包括以下方面。

(一)充分利用官方网站的推广功能

网站本身就是很好的宣传阵地,可以利用自己的网站对邮件列表进行推广,除了在首页设置订阅框之外,还有必要在网站主要页面设置邮件列表订阅框,同时给出必要的订阅说明,最好再设置一个专门的邮件列表页面,其中包含样刊或者已发送的内容链接、法律条款、服务承诺等,让用户不仅对邮件感兴趣,而且有信心加入。

(二)建立奖励机制

利用自媒体、官方主页、线上调查等方式,向消费者征集邮件地址,并发放在线优惠券或者提供折扣券,以提高用户加入邮件列表的积极性。

(三)使用朋友推荐功能

社交网络时代,运用好朋友圈是成功实现信息共享的关键,如果对邮件列表内容有足够的信心,可以邀请朋友和同行加入,以获得业内人士的认可。

四、内部列表电子邮件营销的基本原则

(一)目标一致性

邮件列表内容的目标一致性是指邮件列表的目标、内容应与企业总体营销战略相一致,如果把邮件列表定位于单一的广告宣传目标,可能会偏离服务顾客价值的目的,从而产生大量的退订。

(二)内容系统性

电子邮件的内容必须围绕企业、产品与品牌定位来展开,如果整合一定时期内的邮件内容发现,其前后内容差距过大,并且内容零散而不相关,则这样的邮件列表其营销效果会大打折扣,很难培养起用户的忠诚度,因而会削弱 E-mail 营销对于品牌形象提升的功能,并且影响 E-mail 营销的整体效果。

(三)内容来源稳定性

内部列表营销是一项长期的任务,必须有稳定的内容来源,并且形成相对固定的发送周期。而在企业现实邮件列表营销活动中,由于内容来源不稳定从而导致退订的现象比比皆是,甚至很多大企业,也忽视了邮件列表内容的稳定性。

(四)内容的精简性

由于用户邮箱空间有限,字节数太大的邮件会成为用户删除的首选对象,同时由于网络速度的原因,打开较大邮件耗费的时间太多。另外,过于冗余的邮件内容让读者很难一下子

接受,反而降低了 E-mail 营销的有效性。

（五）最佳邮件格式

邮件内容需要设计成一定的格式来发行,常用的邮件格式包括纯文本格式、HTML 格式和富媒体格式,或者是这些格式的组合,如纯文本与 HTML 混合格式。尽管 HTML 格式和富媒体格式的电子邮件比纯文本格式具有更好的视觉效果,但受限于空间大小、显示效果、内容特点等因素,哪种邮件格式更好,目前并没有绝对的结论。如果可能,最好给用户提供不同内容格式,以供选择。

五、内部列表电子邮件的一般要素

尽管每封邮件的内容结构各不相同,但邮件列表的内容有一定的规律可循,设计完善的邮件内容一般具有下列基本要素。

（一）主题与名称

邮件最重要的内容是邮件主题,而名称是具体的命名,或者邮件主题会被表示为通用的邮件列表名称加上发行的期号。一般而言,主题和名称会高度一致,因为名称的命名方式体现了邮件想要表达的主题。

（二）邮件正文

邮件正文代表了邮件列表的核心内容,一般安排在邮件的中心位置。邮件正文的表达方式是多种多样的,可以包括图片、文字、视频等,正文的排版、布局与整合方式等都将影响消费者的使用体验。

（三）邮件退订方式

这是正规邮件列表内容中必不可少的内容,退出列表的方式应该出现在每封邮件的内容中。用户可以通过退订框,转入相应的退订界面,直接输入邮件地址即可进行退订。

（四）其他信息和声明

在邮件尾处一般会安排与版权、广告、联系信息等相关的说明和声明信息,这些信息是避免不必要的法律纠纷及风险的关键证据。

第五节　外部列表电子邮件营销策略

内部列表和外部列表各有自己的优势,对网络营销比较重视的企业通常都拥有自己的内部列表,但内部列表与外部列表也并不矛盾,如果必要,两种方式可以同时进行。内部列表包括企业自己拥有的各类用户的注册资料,如免费服务用户、电子刊物用户、现有客户资料等。外部列表包括各种可以利用的 E-mail 营销资源,常见的形式是专业服务商,如专业

E-mail 营销服务商、免费邮件服务商、专业网站的会员资料等。

外部列表和内部列表由于在是否拥有用户资源方面有根本的区别，因此开展 E-mail 营销的内容和方法也有很大差别。由表 6-1 可以看出，自行经营的内部列表不仅需要自行建立或者选用第三方的邮件列表发行系统，还需要对邮件列表进行维护管理，如用户资料管理、退信管理、用户反馈跟踪等，对营销人员的要求比较高，在初期用户资料比较少的情况下，费用相对较高，随着用户数量的增加，内部列表营销的边际成本在降低，其优势才能逐渐表现出来。这两种 E-mail 营销方式属于资源的不同应用和转化方式，内部列表以少量、连续的资源投入获得长期、稳定的营销资源，外部列表则是用资金换取临时性的营销资源（这两种方式与搜索引擎优化/搜索引擎广告的资源投入模式有一定的类比性）。内部列表在顾客关系和顾客服务方面的功能比较显著，外部列表由于比较灵活，可以根据需要选择投放不同类型的潜在用户，因而在短期内即可获得明显的效果。

表 6-1　内部列表电子邮件营销与外部列表电子邮件营销的比较

主要功能和特点	内部列表 E-mail 营销	外部列表 E-mail 营销
主要功能	顾客关系、顾客服务、品牌形象、产品推广、在线调查、资源合作	品牌形象、产品推广、在线调查
投入费用	相对固定，取决于日常经营和维护费用，与邮件发送数量无关，用户数量越多，平均费用越低	没有日常维护费用，营销费用由邮件发送数量、定位程度等决定，发送数量越多费用越高
用户信任程度	用户主动加入，对邮件内容信任程度高	邮件为第三方发送，用户对邮件的信任程度取决于服务商的信用、企业自身的品牌、邮件内容等因素
用户定位程度	高	取决于服务商邮件列表的质量
获得新用户的能力	用户相对固定，对获得新用户效果不显著	可针对新领域的用户进行推广，吸引新用户能力强
用户资源规模	需要逐步积累，一般内部列表用户数量比较少，无法在很短时间内向大量用户发送信息	在预算许可的情况下，可同时向大量用户发送邮件，信息传播覆盖面广
邮件列表维护和内容设计	需要专业人员操作，无法获得专业人士的建议	服务商专业人员负责，可对邮件发送、内容设计等提供相应的建议
E-mail 营销效果分析	由于是长期活动，较难准确评价每次邮件发送的效果，需要长期跟踪分析	由服务商提供专业分析报告，可快速了解每次活动的效果，如送达率、打开率、回应率等

资料来源：冯英健. E-mail 营销[M].北京：机械工业出版社，2003.

第六节　电子邮件营销效果评价

E-mail 营销效果评价是 E-mail 营销活动的重要任务之一。无论是采用内部列表开展的 E-mail 营销，还是选择专业 E-mail 营销服务商的服务；无论是作为企业网络营销策略的一个组成部分，还是作为单独的一项网络营销方案来进行，都需要用一定的指标来评价其效果。

一、电子邮件营销效果评价指标

与 E-mail 营销相关的评价指标很多,如送达率、开信率、回应率、转化率等,但目前在实际中并没有完善的 E-mail 营销评价体系,也没有公认的测量方法。按照 E-mail 营销阶段将这些指标分为四类,如表 6-2 所示。

表 6-2　E-mail 营销效果评价指标

E-mail 营销阶段	指　　标
获取用户资源阶段的评价指标	有效用户总数、用户增长率、用户退出率
获取资源阶段的评价指标	送达率、退信率
用户对信息接收过程的指标	开信率、阅读率、删除率
用户回应评价指标	直接带来的收益、点击率、转化率、转信率

需要说明的是,尽管可以列出与 E-mail 营销相关的评价指标,但在实际中对网络营销 E-mail 营销进行准确的评价仍然有困难。例如电子回应率是常用的一项评价标准,许多广告商对 E-mail 营销也希望用这一指标,但是回应率并不能完全反映出电子邮件营销的实际效果,因为很多时候用户会出现被迫回应。同时,顾客没有点击 E-mail 并不意味着不会增加将来购买的可能性,同时也有可能增加品牌忠诚度。因此,对 E-mail 营销效果的评价最好采用综合的方法。

二、电子邮件营销有效性的主要表现

内部列表 E-mail 营销的有效性主要表现在:稳定的后台技术保证,获得尽可能多的用户加入列表,保持 E-mail 营销资源稳定增加,信息送达率高,尽可能减少退信,邮件内容获得认可,有较高的阅读率,邮件格式获得用户认可,获得用户信任并产生高的回应率等多个方面。

外部列表 E-mail 营销的有效性主要表现在:邮件可以送到尽可能多的用户电子邮箱,反应率指标不低于行业平均水平,获得的直接收益大于投入的费用,或者达到期望目标等方面。

案例分享:微软公司的电子邮件营销服务

电子邮件可以成为企业的营销机会。与网站一样,电子邮件可以向企业客户直接推送他们需要的产品和信息。通过电子邮件,企业可以控制客户何时收到企业想要共享的信息。尽管企业网站必须吸引来自多种来源(广告、搜索、来自其他客户的推荐)的客户,但电子邮件营销活动可以专注于特定主题并可以针对特定客户群的需求。电子邮件营销还有其他好处:电子邮件通信比纸质通信便宜得多,而且对环境要友好得多。

Microsoft Office Live Small Business 针对中小企业提供电子邮件营销服务,带有 Microsoft Office Outlook 和 Microsoft Office Accounting Express 两个企业级的优秀组件。企业可以利用 Outlook 的强大功能,创建各类营销活动,控制哪些联系人接收它们,重复使用活动并跟踪活动的成功。

（一）计划活动

选择企业顾客，明确企业是需要增加流量、销售产品，还是通过参加人数众多的活动达到曝光的目的。专注于满足特定顾客需求的电子邮件营销活动最有可能产生购买。例如，许多企业发现，告诉客户销售情况可以让这些客户有理由立即购买而不是稍后购买。引人入胜的活动主题是成功的一半，选择一个简短、清晰的主题，并设计吸引人的内容是成功的关键，而这些都能够通过 Microsoft Office Outlook 的特定模板实现。

（二）管理邮件列表

没有人喜欢接收垃圾邮件，在 Microsoft Office Outlook 中，可以使用联系人管理器来创建希望接收的时事通讯、通知或其他通信的客户组。为了避免垃圾邮件，只能向联系人中的组发送电子邮件。如果联系人想要接收时事通讯，但不在组中，则必须在发送营销活动之前将该人添加到组中。

（三）设计营销内容

Microsoft Office Outlook 提供了专业的内容设计模块，通过营销活动模板，可以在其中撰写和格式化消息、更改字体样式和颜色以及添加链接、图片、视频、地图等，并且通过预览消息，查看设计效果。

（四）发送营销内容

创建电子邮件活动消息后，可以在正式发送前进行测试。在测试活动和状态下，电子邮件将被发送到指定的邮件地址。如果测试没有问题，可以选择"立即发送"或者"安排投放时间"，在下拉列表中选择日期和时间，进行发送。

（五）营销效果

通过电子邮件链接的点击跟踪，企业可以轻松地追踪电子邮件营销的效果。Outlook 提供了专业的报告，会自动创建有关将客户引荐到链接网站的来源的报告，可以跟踪产生点击次数和页面浏览量方面的效果。

资料来源：https://www.entrepreneur.com/article/192166，2021-06-19.

扫描此码

案例讨论

扫描此码

在线自测

第七章

搜索引擎营销

【本章要点】

　　互联网信息的爆炸式增长,为用户搜索高价值信息带来了挑战,搜索引擎技术的不断发展和优化有效解决了用户信息获取问题,以谷歌、百度等为代表的一批依靠出色的搜索引擎技术成长起来的企业,已经成为互联网巨头。作为用户进行信息搜索的第一入口,搜索引擎在网络营销活动中占据重要位置,企业如何利用搜索引擎提高产品、品牌的曝光度成为影响营销价值实现的关键问题。为此,搜索引擎营销就是利用用户检索信息的机会将各类营销信息有效传递给目标用户的活动。本章对搜索引擎对网络营销的价值、搜索引擎营销的基本原理、搜索引擎营销的主要模式等内容进行介绍。

【学习目标】

1. 理解搜索引擎的营销价值。
2. 了解搜索引擎工作的基本原理。
3. 了解搜索引擎营销的主要模式。
4. 掌握搜索引擎广告策略。
5. 理解搜索引擎中的用户行为分析方法。

第一节　搜索引擎对网络营销的价值

一、搜索引擎营销的特点

　　搜索引擎营销是利用人们对搜索引擎的使用习惯将营销信息传递给目标消费者,以达到满足用户价值的目的,其表现出以下四方面特点。

(一)目标用户精准

　　基于搜索引擎先进的算法推荐,搜索引擎营销能够实现最大限度的精准推送。由于搜索引擎营销是用户主动搜索相关的信息,比传统营销中的用户更有可能转化为消费者,这种关注正是搜索引擎营销价值所在,也是搜索引擎营销存在和成长的关键。

(二)方便快捷

搜索引擎营销将事先设计好的广告内容和关键词,通过竞价机制,购买检索结果排名,企业只需要向搜索引擎提交竞价广告时填写一些必要的信息即可发布。广告及促销信息的发布非常方便,只需要添加一个全新的页面,然后在人气和流量较高的页面中添加指向该页面的链接即可。

(三)投资回报率高

投资回报率始终是衡量营销效果的关键指标,以最小的投入产生最大的营销效果是营销决策追求的目标。按照搜索引擎竞价机制,搜索引擎营销的主要费用是在用户产生兴趣,并且实际发生点击行为之后发生的费用,这种情况下,用户产生购买的可能性远远高于其余的网络营销方式。

(四)可控性较高

搜索引擎营销的可控性体现在内容、时间和成本三个方面。第一,广告内容是由搜索引擎广告商自己控制的,广告商有自己修改和优化广告内容的权限;第二,营销时间由广告商自行决定,选择最合适的时间投放;第三,主流搜索引擎的费用公开透明,对营销成本的控制主要采取基于每次点击付费等方式,企业可以结合自身实际情况,酌情选择。

二、搜索引擎营销的价值

作为获取用户和传播营销信息最主要的渠道之一,搜索引擎具备市场营销管理和市场营销竞争两大功能,在市场营销管理方面,主要具备产品促销、网站推广、品牌传播和市场调研四方面价值。在市场营销竞争功能方面,主要有建立推广壁垒和提高市场曝光度两大价值。图 7-1 所示为搜索引擎营销价值示意图。

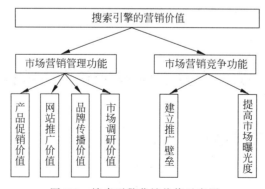

图 7-1　搜索引擎营销价值示意图

(一)搜索引擎对产品促销的价值

产品促销信息需要通过各种渠道传递给消费者,通常情况下,用户会使用"产品名称"

"品牌名称""品牌名称＋产品名称"等多种形式的关键词在搜索引擎中进行信息搜索,说明用户已经产生了潜在购买需求,使用搜索引擎营销占据检索结果的有利位置将对产品促销信息的传播产生积极效果。

(二)搜索引擎对网站推广的价值

网站是承载企业产品、价格等营销信息的关键载体,网站推广的目的是让用户发现更多网站信息并产生购买,而搜索引擎正是通过搜索结果中有限的摘要信息将用户引导到信息源网站。一般情况下,设计规范的网站,通过搜索引擎自然检索获得的访问量占总访问量的60％是很正常的现象,还有一些网站采用自然检索与付费的搜索引擎关键词广告相结合的方式,大幅提高了网站推广效果。

(三)搜索引擎对品牌传播的价值

品牌信息被用户发现是品牌传播的前提,知名产品或品牌信息应该可以通过搜索引擎被用户自然地检索到,否则表明该品牌传播存在缺陷。但对于众多中小企业或品牌而言,借助搜索引擎提高品牌可见度是品牌传播的重要环节,而搜索引擎营销能够很好地解决品牌在搜索引擎中的传播问题。

(四)搜索引擎对市场调研的价值

随着消费者购买习惯和消费环境的快速变化,利用搜索引擎中用户检索数据的痕迹来描绘消费行为,并为营销决策提供支持,已经成为市场调研的重要方式。结合搜索引擎数据分析功能以及先进的大数据处理技术,通过搜索引擎实现用户画像成为可能。

(五)建立市场壁垒

对于任何一个搜索引擎而言,同一关键词检索结果中的信息数量都是十分有限的,从用户角度来看,他们主要关心搜索结果中靠前并且最相关的信息内容,这就意味着,同样的检索关键词,被用户发现的机会是有限的。利用搜索关键词占据相对有利的显示位置,就可能形成该行业的市场壁垒。

(六)提高市场曝光度

搜索引擎营销的关键是让用户在众多繁杂的信息中发现具有价值的信息,企业通过规范的网站设计、搜索引擎关键词优化或者分类目录检索,能够显著提高被用户检索的可能性。与其他网络营销工具相比,由于使用搜索引擎的用户具备潜在购买意愿,因此搜索引擎营销能够显著提高曝光度。

第二节 搜索引擎营销的基本原理

一、认识搜索引擎

搜索引擎(search engine)是根据用户需求,运用一套计算机程序收集互联网上的信息,并进行组织加工后反馈给用户的一种检索技术。通常情况下,搜索引擎会同时使用网络爬虫、信息排序、自然语言处理等多种信息技术。从搜索引擎技术诞生至今,大致经历了四代发展历程。

(一)第一代搜索引擎

1994年第一代真正基于互联网的搜索引擎Lycos诞生,它以人工分类目录为主,代表厂商是雅虎,特点是通过人工分类将网站信息存放在各种目录中,用户通过在已经制作好的分类目录中寻找需要的信息,这种分类目录检索形式是中国第一代门户网站的主流形式,目前依然存在。

(二)第二代搜索引擎

随着网络应用技术的发展,用户希望能够有更加简便的方式查找到需要的信息,于是出现了第二代搜索引擎,也就是利用关键字来搜索信息。其中最成功的是谷歌搜索以及百度搜索,它们建立在网页链接分析技术的基础上,使用关键字对网页进行搜索,能够覆盖互联网的大量网页内容。该技术能够分析网页的重要性,并将重要的结果呈现给用户。

(三)第三代搜索引擎

随着网络信息的迅速膨胀,用户希望能够快速并且准确地查找到自己所需要的信息,因此出现了第三代搜索引擎。与前两代搜索引擎相比,第三代搜索引擎更加注重个性化、专业化、智能化,使用自动聚类、信息分类、自然语言处理等人工智能技术,采用区域智能识别及内容分析技术,实现了技术和人工的结合,增强了搜索引擎的查询能力。第三代搜索引擎技术是在第二代技术上的全面升级,谷歌搜索和百度搜索依然是最为成功的搜索引擎,它们以宽广的信息覆盖率和优秀的搜索性能成为该领域的领军企业。

(四)第四代搜索引擎

随着人工智能、语音识别、大数据分析等技术的发展,用户在信息全面及时性、可信度、人机交互等方面有了新的需求,采用特征提取和文本智能化等策略的第四代搜索引擎应运而生。相比前三代搜索引擎,第四代搜索引擎技术拥有更加优越的交互性、准确性和动态性。

二、搜索引擎体系结构

在了解搜索引擎工作原理之前,需要知道搜索引擎的基本结构。从功能模块来看,搜索引擎包括搜索器、索引器、检索器、用户接口四个模块。

(一)搜索器

搜索器也叫网络蜘蛛(spider)或机器人(robot),是搜索引擎用来爬行和抓取网页的一个自动程序,在系统后台不停歇地在互联网各个节点爬行,爬行过程中尽可能快地发现和抓取网页。

（二）索引器

索引器的主要功能是理解搜索器所采集的网页信息,并从中抽取索引项。

（三）检索器

检索器的功能是快速查找文档,进行文档与查询的相关度评价,对要输出的结果进行排序。

（四）用户接口

用户接口为用户提供可视化的查询输入和结果输出的界面。

搜索引擎的基本结构保证了用户接口能够对互联网中的海量信息进行检索与分析。用户在搜索引擎界面输入关键词,单击"搜索"按钮之后,搜索引擎程序开始对搜索词进行以下处理:分词处理、根据情况对整合搜索是否需要启动进行判断、找出错别字和拼写中出现的错误、把停止词去掉。接着搜索引擎程序便把包含搜索词的相关网页从索引数据库中找出,而且对网页进行排序,最后按照一定格式返回到"搜索"页面。

三、搜索引擎工作原理

搜索引擎工作原理如图 7-2 所示。

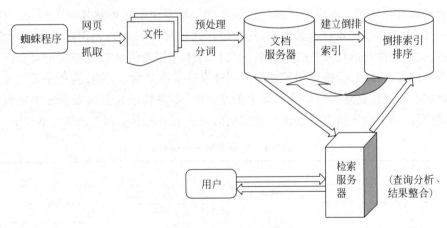

图 7-2　搜索引擎工作原理

（一）网页抓取

搜索引擎派出蜘蛛程序,从数据库中已知的网页开始出发,就像正常用户的浏览器一样访问这些网页并抓取文件。

蜘蛛程序会跟踪网页上的链接,访问更多网页,这个过程就叫爬行(crawl)。当通过链接发现有新的网址时,蜘蛛将把新网址记录在数据库等待抓取。一般情况下,优秀的搜索引擎为了提高爬行和抓取速度,会同时使用多个蜘蛛进行并发分布爬行。

搜索引擎蜘蛛程序发现新网页的基本方法是跟踪网页链接,所以反向链接成为搜索引擎优化的最基本原理之一。搜索引擎优化人员的工作是尽量吸收蜘蛛程序抓取的网站信息,衡量网络页面重要程度的维度也包括多个方面。

1. 网站和页面权重

建立时间长、资格老的网站被认为权重比较高,这种网站上的页面被爬行的深度也会比较深,所以会有更多网页被收录。

2. 页面更新度

蜘蛛程序会把每次爬行到的页面数据存储起来,如果第二次爬行发现页面与第一次收录的不同,说明页面已经更新,蜘蛛程序就会更加频繁地访问这种页面,页面上出现的新链接也自然会被蜘蛛更快地跟踪和抓取。

3. 导入链接质量

无论是外部链接,还是同一个网站的内部链接,要被蜘蛛程序抓取,就必须有导入链接进入页面,否则蜘蛛程序根本没有机会知道页面的存在。高质量的导入链接也经常使页面上的导出链接被爬行,深度增加。

4. 与首页点击距离

一般来说,网站上权重最高的是首页,大部分外部链接是指向首页的,蜘蛛程序访问最频繁的也是首页。离首页点击距离越近的网页,权重越高,被蜘蛛程序爬行的机会也越大。

(二)建立索引

为了便于用户在数万亿级别以上的原始网页数据库中快速便捷地找到搜索结果,搜索引擎必须对蜘蛛程序建立的原始页面进行预处理。搜索引擎把蜘蛛抓取的网页文件分解、分析,并以巨大表格的形式存入数据库,这个过程就是索引(index)。在索引数据库中,网页文字内容、关键词出现的位置、字体、颜色、加粗、斜体等相关信息都有相应记录。由于目前互联网当中的数据量极大,搜索引擎索引数据库存储了巨量数据,主流搜索引擎通常都存有几十亿级别的网页。这样当用户搜索某个关键词时,排序程序在索引数据库中定位到这个关键词,就可以马上找出所有包含这个关键词的网页。简单索引词表结构见表7-1。

表7-1 简单索引词表结构

关键词	网 页
关键词1	网页1,网页2,网页15,……
关键词2	网页1,网页3,网页6,……
关键词3	网页5,网页700,网页805,……
……	……
关键词n	网页1,网页2,网页6,网页100,……,网页x

(三)搜索词处理

用户在搜索引擎界面输入搜索词,搜索引擎程序需要对输入的搜索词进行处理,包括以下环节。

1. 中文分词

分词是中文搜索引擎特有的步骤,搜索引擎存储和处理页面及用户捷索都是以词为基础的。英文等语言单词与单词之间有空格分隔，搜索引擎索引程序可以直接把句子划分为单词的集合，而中文词与词之间没有任何分隔符，一个句子中的所有字和词都是连在一起的，搜索引擎必须首先分辨哪几个字组成一个词，哪些字本身就是一个词。例如"女排精神"将被分词为"女排"和"精神"两个词。

中文分词的准确性往往影响搜索引擎排名的相关性。由于对语言处理规则的区别，不同搜索引擎对中文分词的理解不同，如在百度搜索和谷歌搜索对同样的中文短语，会呈现不同的分词结果。中文分词使用的方法包括基于词典匹配的分词方法和基于统计的分词方法。

基于词典匹配的方法是指将待分析的一段汉字与一个事先造好的词典中的词条进行匹配，在待分析汉字串中扫描到词典中已有的词条则匹配成功，或者说切分出一个单词。词典匹配方法的准确性取决于词典的完整性和更新情况。基于统计的分词方法是指分析大量文字样本，计算出字与字相邻出现的统计概率，几个字相邻出现越多，就越可能形成一个单词。这种方法对新出现的词反应更快速，也有利于消除歧义。

2. 去除停止词

停止词是指对语义没有任何影响的字或词，例如中文中的"的""地""得"之类的助词，"啊""哈""呀"之类的感叹词，"从而""以""却"之类的副词或介词等，英文中的常见停止词有the、a、an 等。搜索引擎在建立索引页面之前会去掉这些停止词，使索引数据的主题更为突出，减少不必要的计算量。

3. 去重

相同的内容可能出现在不同的网站中，为了提高信息的准确率，搜索引擎会在建立索引数据库之前识别和删除重复内容，这个过程就称为"去重"。

四、结果排名

查询服务最核心的部分是搜索结果排序，其决定了搜索引擎的好坏及用户满意度。影响搜索结果排序的因子有很多，但最主要的因素之一是网页内容的相关度。影响相关度的主要因素包括如下四个方面。

（一）关键词常用程度

经过分词后的多个关键词，越常用的词对搜索词的意义贡献越小，越不常用的词对搜索词的意义贡献越大。假设用户输入的搜索词是"我们冥王星"。"我们"这个词常用程度非常高，它对"我们冥王星"这个搜索词的辨识程度和意义相关度贡献就很小。找出那些包含"我们"这个词的页面，对搜索排名相关性几乎没有什么影响，有太多页面包含"我们"这个词。

（二）词频及密度

一般认为，在没有关键词堆积的情况下，搜索词在页面中出现的次数越多、密度越高，说明页面与搜索词越相关。

（三）关键词的位置及形式

页面关键词出现的格式和位置都被记录在索引库中。关键词出现在越重要的位置或格式越明显，如标题标签、黑体等，说明页面与关键词越相关。

（四）关键词距离

切分后的关键词完整匹配地出现，说明页面与搜索词最相关。比如搜索"学习方法"时，连续完整出现"学习方法"四个字的页面是最相关的。如果"学习"和"方法"两个词没有连续匹配出现，出现的距离近一些，也被搜索引擎认为页面的相关性稍微大一些。

第三节　搜索引擎营销的主要模式

由于搜索引擎营销的变现模式始终不成熟，因此，以搜索起家的雅虎与搜狐等都转向做门户网站。直至 1998 年 Overture 推出"竞价排名"服务，为搜索引擎公司带来了丰厚的收入，其他搜索引擎竞相模仿。以此为契机，互联网经济也完成了"注意力经济"向"搜索力经济"的转变。目前，搜索引擎营销主要有以下几种模式。

一、搜索引擎优化

搜索引擎优化(search engine optimization，SEO)是指按照规范的方式，通过对网站栏目结构、网站内容、网站功能和服务、网页布局等基本要素的合理设计，提高网站对搜索引擎的友好性，使得网站中尽可能多的网页被搜索引擎收录，并且在搜索引擎中获得好的排名，从而通过搜索引擎的自然搜索获得尽可能多的潜在用户。

搜索引擎优化的着眼点并非只考虑搜索引擎的排名规则，更重要的是在为用户获取信息和服务提供方便的同时，还应与传统的营销理论相结合，分析目标消费群体结构，研究不同消费阶层的心理，分析他们对关键词的界定，进而可以使企业在关键词的选择上有的放矢。有必要指出的是，在实施搜索引擎优化方案时，如果采用不合理的方式而被搜索引擎视为作弊的手段，则有可能造成网站被搜索引擎惩罚，轻者被视为低质量网页在用户检索时发挥不了优势，重则被搜索引擎彻底清除。如果网站出现这种结果将严重影响企业的品牌形象，对整个网络营销策略也是严重的打击。例如，谷歌公司曾表示，如果企业使用搜索引擎优化工具来创建误导性内容，则这些企业网站有可能会被从谷歌索引中完整删除。2006 年年初，德国宝马公司的网址就因为这个原因被谷歌搜索除名。因此，搜索引擎优化要始终坚守用户导向的规范的网站优化原则，为网站增加与关键词有关的丰富内容。

二、固定排名模式

固定排名也称为付费排名，是指企业与搜索引擎公司商定以一定价格将公司网站放置在搜索结果固定位置的一种方式。例如使所付费的关键词网页每次都在搜索结果的第1~10位出现,付费越高,在检索结果中排名就越靠前。固定排名的缺点是收费比较高,吸引的是一些大客户,由于排名靠前,广告效果也比较好。调查显示,85%的访问者会在搜索引擎的第一页选择自己所需要的网站。由于固定排名的位置有限,为了增加更多的广告位,有的搜索引擎甚至在搜索结果首页设20条、30条或更多。企业的网站出现在搜索结果第三页之后,被访问的机会不超过4%。这就是很多企业虽然建立了网站并且在各大搜索引擎登录,而依然没有获得收益的根本原因。

第四节　分类目录型搜索引擎营销

从搜索引擎的工作原理来区分,搜索引擎有两种基本类型:一类是纯技术型的全文检索搜索引擎;另一类称为分类目录型搜索引擎,简称分类目录。分类目录是一套人工编辑的多个层次的分类,站长可以在不同分类里提交网站,目录编辑在后台审核所提交的网站,将网站放置于相应的分类页面,有的时候编辑也主动收录网站,典型的网站目录包括雅虎目录、hao123等。限于人力,目录能收录的通常只是网站首页,而且规模十分有限,不过收录的网站通常质量比较高。目录收录网站时存储的页面标题、说明文字都是人工编辑的,比较准确。

从搜索引擎发展历程来看,在基于算法的搜索引擎出现之前,早期的很多互联网公司都是做分类目录起家,例如阿里巴巴集团创始人马云最早做"中国黄页"起家,这是一个关于中国企业的分类目录网站。随着计算机算法、通信技术、网络技术的发展,分类目录搜索引擎基本已经从人工分类转向算法分类。所以,目前360导航、hao123等国内众多的分类目录型搜索引擎也已经发展成为基于算法的分类方法,而且hao123是一个及时收录包括音乐、视频、小说、娱乐交流、游戏等热门分类的网站,与搜索引擎完美结合,为互联网用户提供最简单便捷的网上导航服务,如图7-3、图7-4所示。

图 7-3　360 导航目录

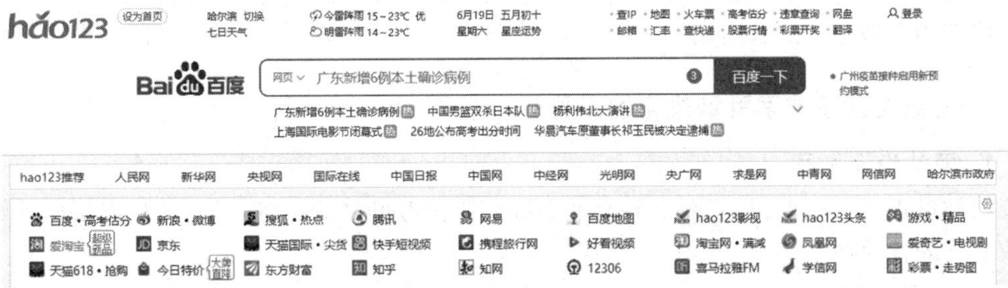

图 7-4　hao123 导航目录

第五节　基于搜索引擎自然检索的搜索引擎优化营销

作为一种基于搜索引擎自然检索算法的搜索引擎营销模式,搜索引擎优化在国内外具有较长的研究和实践发展历程。

一、搜索引擎优化发展现状

搜索引擎优化的研究和实践发源于国外,它伴随搜索引擎技术的发展而同步发展。万维网的出现将各类信息电子化、网络化,用户在迅速扩张的网络信息中,寻找自己需要的信息,由此首先诞生了分类目录搜索式网站雅虎。在分类目录页面越靠前的网站被用户访问的概率越高,于是人们开始研究排名规则,通过相应的调整提高网站的排名。随着谷歌的出现,搜索引擎算法变得复杂,出现了真正意义上的搜索引擎优化,同时出现专门的公司和人员进行搜索引擎优化研究工作,为广大网站提供了全方位的搜索引擎优化服务。

国内到 2003 年才真正涉足搜索引擎优化领域。伴随着百度、谷歌、搜狗、好搜、有道等搜索引擎不断发展,国内已经形成了一批专门从事搜索引擎优化研究的专业机构和技术人员,但总体规模偏小,专业性差。同时,搜索引擎优化行业还存在着诸多问题。

一方面,企业网站管理者缺乏对搜索引擎优化的意识或重视不够。大量企业建立起了自己的网站,加强了网络营销工作,但忽视了网站的优化推广,很多企业想借助搜索引擎优化让潜在消费者或目标消费者找到自己的网站,但却不知道怎么做,于是出现照搬优化理论,滥用优化理论的做法,这些做法不仅对网站长期发展不利,还危害了整个搜索引擎行业的发展。

另一方面,国内一部分搜索引擎优化从业者存在违规操作问题。搜索引擎优化应该是自然的,避免优化过度,但是有些从业者使用大量的作弊手法,如关键词堆砌、隐藏链接、隐藏文字等。这些行为严重影响了搜索引擎优化行业的整体声誉,同时他们的网站也受到百度、360 等搜索引擎的惩罚,如降低权重或列入黑名单。

二、正确认识搜索引擎优化

首先,搜索引擎优化活动能够由很多参与者完成,这意味着在企业网站建立之初,就应该树立搜索引擎优化意识;其次,搜索引擎优化与其他搜索引擎营销模式并不冲突,要注重在网络营销实践中的综合运用。

(一)适合从事搜索引擎优化的人员

1. 网站设计人员

网站设计人员掌握网站的代码,有能力和权限修改网站的结构,可以从代码层面开始构建或者优先优化网站。

2．网站管理人员

网站管理人员可以使用搜索引擎优化，使网站获得看得见的效果。

3．内容编辑人员

搜索引擎优化不只是技术及设计人员的任务，在搜索引擎越来越强调内容后，内容就成为提高搜索引擎权重、改善和促进用户转化率的关键因素。网站的内容编辑人员目前在搜索引擎优化方面的重要作用不可忽视。网站的内容包括许多方面，如新闻资讯、产品信息、公司简介、联系方式、促销信息等，网站编辑从内容组织、段落结构、标题设置、关键词分布、内容隐藏链接和相关链接等方面来优化文章，使普通的文字稿变成一篇生动的符合搜索引擎营销优化规则的软文，这一点是至关重要的。

（二）搜索引擎优化与付费排名模式的关系

投放搜索引擎的付费广告有一个前提，即必须事先规划好关键词。网页中绝大多数文字内容都能被搜索引擎索引到，这就意味着网站的任何文字都有可能成为目标关键词。当用户搜索某个关键词时，网站可能在搜索结果中出现，通过搜索引擎优化有目的地对这个关键词进行优化，也可能使其在搜索结果中的排名提升，但是可能排在数十页之后，这样网站被用户点击的可能性几乎为零。如果有一些关键词通过分析和实践，确实能带来有效的访问者和潜在消费者，而网站在这个关键词的搜索结果中的排名又不是非常理想，同行的竞争也比较激烈的话，就有必要购买相关关键词的付费广告了。

网站实施搜索引擎优化确实会减少某些关键词的广告投放量，但因为通过搜索引擎优化，使网站本身各方面都得到改善，就可能加大企业在其他关键词上的广告投放量，而且通过搜索引擎优化工作，能够分析出更多的相关关键词，从而使企业在更多关键词上投放广告。

因此，搜索引擎优化和付费排名并不矛盾，前者利用搜索引擎自然算法开展营销并提升网站排名，后者通过向搜索引擎公司支付一定的营销成本，以提高网站排名。进行搜索引擎营销必须把二者有机地结合起来，以期从搜索引擎中带来尽可能多的目标消费者，使搜索引擎带来的价值最大化。

第六节　搜索引擎广告策略

搜索引擎关键词广告是一种重要的搜索引擎营销模式，2016 年 4 月发生的"魏则西事件"，推动了政策层面对信息搜索服务的监管力度。2016 年 5 月，国家网信办要求百度修改竞价权重过高的问题，并对搜索结果中商业推广标识不清的问题进行优化，原来模糊不清的"推广"两个字，修改成了"商业推广""广告"，以此来确保搜索结果更加公正、客观，避免误导广大用户。2016 年 6 月，国家网信办发布《互联网信息搜索服务管理规定》，要求信息搜索服务提供商明确付费搜索信息页面比例上限，醒目区分自然搜索结果与付费搜索信息，并对付费搜索信息逐条加注显著标识。2016 年 9 月 1 日起施行的《互联网广告管理暂行办法》首次将付费搜索认定为广告。这意味着付费搜索业务将受到更加严格的监管。

目前在国内影响力较大的各大搜索引擎都有各自的关键词广告服务，在表现形式上也有较多的相似之处，只是在具体的广告投放模式、广告管理方式、每次点击的价格等方面有一定的差异，以下以国内最大的搜索引擎公司百度为例进行介绍。

一、搜索引擎关键词广告表现形式

关键词广告是指在搜索引擎检索结果中，依据付费的多少来决定广告的排名位置，付费高的网站信息将出现在搜索结果靠前的位置。由于这种纯粹按照付费多少来决定排名的方式可能出现广告与搜索结果的相关性不高或者容易引起误导的情形，因此逐步演变为考虑了更多因素形成的综合排名模式。

二、搜索引擎关键词广告特点

（一）网络推广效果显著

搜索引擎已经成为目前用户获取信息的主要渠道，只要投放了关键广告，当用户搜索时，企业的推广信息会立刻出现在搜索结果页面，广告显效快，远比搜索引擎优化效果更为直接。对于竞争性激烈的行业，关键词广告的优势更为显著。

（二）广告灵活性强

目前，各主流搜索引擎关键词广告的管理系统功能十分强大，广告用户可以实现灵活自主的广告投放，包括对广告投放时间段选择、区域选择、费用控制等都能够进行灵活控制。

（三）推广费用相对较低

随着搜索引擎技术的发展，出现了"混合竞价排名"模式，即除了价格之外，推广费用还要看网站点击率的高低，以点击次数为收费依据，这样有效避免了企业打价格战的恶性循环。按点击付费(cost per click，CPC)是搜索引擎关键词广告模式的主要特点之一，对于用户浏览而没有点击的信息，将不必为此支付费用，相对于传统展示类网络广告采用的按照千人成本(cost per miles，CPM)收费模式，CPC模式更加符合广告用户的利益，使得网络推广费用相对较低。

（四）形式简单

关键词广告的形式比较简单，通常是文字内容，包括标题、摘要信息和网址等要素，关键词不需要复杂的广告设计，因此降低了广告设计制作成本，使得小企业、小网站，甚至个人网站、网上店铺等都可以方便地利用关键词竞价方式进行推广。

（五）投放及管理效率较高

关键词广告推广信息投放过程非常快捷，依托搜索引擎提供的强大的数据管理工具，大大提高了投放广告的效率，与其他广告模式相比，搜索引擎关键词广告管理更为高效。

（六）引导用户到达页面的针对性更强

关键词广告所链接的页面,通常被称为着陆页,即广告用户到达的第一个页面。关键词广告所链接的 URL 由广告主自行设定,可以引导用户来到任何一个期望的网页。当然更加理想的方式是广告主设置一个专门的着陆页。在自然检索结果中,搜索引擎收录的网页信息是网站运营人员无法自行确定的,出现哪个网页无法自行选择,因而这也是关键词广告针对性更强的一个原因。

（七）建立网络推广壁垒

搜索引擎营销的竞争是对搜索引擎可见度资源的竞争,利用关键词广告及搜索引擎优化的搜索引擎营销组合策略能够占据有限的搜索结果推广空间,也是一种合理的网络营销竞争方式。因此,策略性关键词广告投放也是企业竞争的需要。

三、搜索引擎关键词广告算法规则

在搜索引擎关键词推广规则中,对排名最重要且最常见的影响因素包括关键词质量度、创意撰写质量、目标网页体验、单次点击费用、搜索排名等。

（一）关键词质量度

关键词质量度是搜索推广中衡量用户、搜索词与推广结果之间相关性的综合指标,在百度推广算法规则中以 10 分制的形式呈现,分值越高则相关性越好,越能得到网民的关注与认可,展现概率越大。质量度是根据关键词与创意相关性、关键词与目标网页的相关性、关键词点击率、用户推广账户表现(账户生效时间、其他关键词点击率)等因素计算的综合指标。

（二）创意撰写质量

它反映了广告展示以后对用户的吸引力,创意撰写越好,越有可能给网站带来流量。

（三）目标网页体验

它反映了用户点击广告以后对其需求的满足程度,网页体验越好,越有可能发生转化。

（四）单次点击费用

单次点击费用是广告商设定的关键字的单次点击价格,也就是针对一个关键词愿意出的竞价价格。

（五）搜索排名

搜索排名是关键词的平均排名。在每次展现时,系统会按照质量度和出价计算得到推广结果的综合竞争力,并按照该综合竞争力自动得到推广结果的排名,关键词的平均排名就是推广结果排名的一个平均表现。从整体上来说,平均排名越高,说明推广结果在展现时获得的排名位置越优,网站获得消费者访问的次数也可能越多。值得注意的是,平均排名只是反映当前关键词的整体表现,推广结果的展现位置以实际线上表现为准。

第七节　搜索引擎中的用户行为分析

通过用户行为分析来改善搜索引擎的性能的研究已有很多年的历史。用户在使用搜索引擎时的行为习惯可以为搜索引擎改进提供方向。

一、用户行为分析与搜索引擎评估

用户行为分析是在获得网站访问量基本数据的情况下,对有关数据进行统计、分析,从中发现用户访问网站的规律,并将这些规律与网络营销策略等相结合,从而发现目前网络营销活动中可能存在的问题,并为进一步修正或重新制定网络营销策略提供依据。

用户在搜索引擎性能评估中起着至关重要的作用。搜索引擎最终是为用户服务的,所以搜索引擎的任何改进都是为了更好地满足用户。把用户满意的搜索结果呈现给用户是搜索引擎的发展趋势之一。另外,用户的需求特点决定了搜索引擎检索结果在评价指标中的重要地位。评估搜索引擎的检索结果不但有利于用户提高检索效率,还有利于搜索引擎有针对性地优化检索性能。

二、面向搜索引擎的用户行为分析方法

在搜索引擎评估研究中,用户行为的相关数据的获取一般来说有两种方式,一是通过分析搜索引擎网络日志,从中提取一些有用信息,如用户在某个页面上停留了多长时间,对于一个查询词,用户点击了多少个页面,是否收藏了这个网页,是否在网页中进行了复制操作等。二是通过调查问卷,调研用户在使用搜索引擎时的行为习惯,为搜索引擎的改进提供指导。

(一)基于网络检索日志的用户行为分析方法

当前的搜索引擎都会在用户访问日志中记录一些用户的访问信息,如搜狗搜索引擎的网络日志内容包括由系统自动分配的用户标识号(ID)、用户提交的查询(query)、用户点击的结果地址(URL)、用户点击发生时的时间(time)、该 URL 在返回结果中的排名(rank)、用户点击的顺序号(order,即这是用户点击的第几个页面)和浏览器信息。这些信息也都在一定程度上反映出了用户点击的页面与查询词的相关度,如一个用户在一个页面上停留的时间越长,那么一般来说,这个页面与查询词的相关度就越大。另外,其他的一些用户行为,如将网页添加到收藏夹、保存、复制和打印等,都说明这个网页对用户是有用的。

网络检索日志中记录下来的是用户在真实场景下的行为,因此从中获取的信息在一定程度上可以最直接地反映结果网页与查询词的相关度。

（二）基于调查问卷的用户行为分析方法

这种方法广泛应用于用户行为分析中,可以通过科学的问卷设计,在搜索引擎中进行发放,并设计一定的奖励机制,获得用户对搜索引擎营销效果的反馈,并通过数据整理与分析,得出有关结论,同时对搜索引擎优化与营销效果改善提出针对性建议。这种方法的优点在于数据能够直接反映用户的真实感受,但缺点是成本过高,并且结论的有效性受到调查样本数量影响较大。

三、基于用户体验的搜索引擎改进建议

（一）明确用户习惯

结合用户的搜索习惯,将更有可能符合用户期望的结果优先显示。应该注意到,用户的需求是离散的,同样的查询词对不同的用户来说需求可能不相同,因此搜索引擎应该能够记录用户的一些习惯,了解哪方面的信息是用户需要的,在用户输入查询词后,给出符合该用户需求的个性化结果。

（二）提高信息精度

用户对检索结果的准确度要求很高,因此应使不含有用信息的广告和垃圾自动靠后,这就要求搜索引擎设置自动遴选广告信息和垃圾信息的功能。

（三）提高对语义的理解

搜索引擎应该能够理解用户的意思,按语义搜索,而不是字面意思搜索。由于人工智能技术的发展,现在的搜索引擎都具备了基本的语义理解功能,但由于语言使用习惯存在巨大差异,相关功能还需进一步完善。

第八节   搜索引擎营销效果分析

一、搜索引擎营销效果影响因素

搜索引擎营销效果取决于多种综合因素的影响,例如搜索引擎优化取决于网站结构、网站内容、网页格式和布局、网站链接等多种因素,可以从企业网站设计的专业性、网站被搜索引擎收录和检索到的机会、搜索结果对用户的吸引力三方面来反映。

（一）网站设计的专业性

企业网站是开展搜索引擎营销的基础,网站上的信息是用户检索获取信息的最终来源,网站设计的专业性,尤其是对搜索引擎的友好性和对用户的友好性会对搜索引擎营销的最终效果产生直接的影响。

（二）网站被搜索引擎收录和检索到的机会

如果在任何一个搜索引擎上都搜不到,这样的网站将不可能从搜索引擎获得新的用户。网站被搜索引擎收录不是自然而然发生的,需要用各种有效的方法才能实现这个目的。搜索引擎营销不是针对某一个搜索引擎,而是针对所有主要的搜索引擎,需要对常用的搜索引擎设计针对性的搜索引擎策略,因为增加网站被搜索引擎搜录的机会是增加被用户发现的概率的基础。

（三）搜索结果对用户的吸引力

搜索引擎返回的结果有时数以千计,绝大多数检索结果都被用户忽略。即使排名靠前的结果也不一定能获得被点击的机会,关键还要看搜索结果的索引信息是否能够获得用户的信任和兴趣,因此搜索引擎营销不仅要关注搜索引擎本身,同时也要对用户使用搜索引擎的行为进行研究。

二、搜索引擎营销效果评估

在搜索引擎营销实施过程中,必须进行阶段性的效果评估。根据效果评估的结果,对搜索引擎营销的实施作出适当的调整或者完善。根据搜索引擎营销的目标,从网站流量和营销效果两个方面对搜索引擎营销的效果进行评估。

（一）基于网站流量的评估

企业所做的搜索引擎营销,给网站带来了多少访问量,通过网站的流量统计报告可以得到这一数据。基于网站流量的评估方法评估因素比较单一,就是企业网站的流量。这种评估方法比较简单,对于企业来说易于实现,缺点是评估指标不够具体,不能确定这些流量的有效性和来源类型,如这些流量中有效流量有多少、分别来自什么渠道、多少流量导致了交易等。

（二）基于营销效果的评估

搜索引擎营销的效果分为有形的效果和无形的效果。有形的效果包括网站流量的增加,在线咨询的增加。无形的效果包括品牌形象的提高,用户忠诚度提高。可以说营销效果评估模式是基于网站流量评估模式的提高和升华,营销效果评估更加注重搜索推广的综合效果,但是无形的营销效果很难测量评估。

案例分享：深圳航空的搜索引擎营销

深圳航空有限责任公司(以下简称"深圳航空"或"深航")成立于 1992 年 10 月,是由广东广控集团有限公司、中国国际航空公司等 5 家公司共同投资的航空公司,1993 年 9 月 17 日正式开航,是一家位于广东深圳的航空公司,深圳航空与海南航空成立时间接近,但互联网排名却相差 500 多名。

由 Alexa 排名可知,深航网站响应时间比 70% 的网站要慢,深航 22.46% 的网站流量来自百度。由百度指数可知,用户群体特征主要为20~39岁,且主要集中于广东经济发达地区,经济基础较好,其中本科以上学历的用户占到近2/3。作为中国第五大航空公司,深航没有在搜索引擎上建立自己的品牌专区,网上宣传投入不足。但是随着航空业竞争的加剧,深圳航空逐步完善了搜索引擎营销策略。

1. 前期准备

深航以核心品牌关键词为重点,购买了百度品牌专区及关键词广告,以品牌产品直接相关关键词及通用核心词为辅,吸引目标受众,保证同等投放规模下,关键词覆盖率最大化。通过及时更新公司产品信息,分析地域性差异、季节性差异、优惠活动等关键影响因素,调整了关键词投放策略(时段、预算),在确保关键词最大覆盖率的情况下,实现投放的精准性、定向性、时效性。同时,深圳航空重视广告创意设计,突出深航特色,强调符合潜在会员群体消费特征的服务特色和活动特色,促进了"浏览→注册→订票→会员回访→再次消费"等一系列销售行为的转化率。通过百度品牌专区确保品牌词、产品词24小时广告在线,确保排名首位。

2. 搜索引擎关键词的选择和匹配

查看Alexa.com可知,深航、深圳航空、shenzhen等10个关键词为企业网站带来的流量超过总流量的50%(字词组合和词组、拼音),还能描述公司的主要业务类别,展示公司的品牌形象。因此,深圳航空进一步收集这些顶级搜索关键词,扩展相关关键词列表,并将其划分到品牌类词组。通过批量处理搜索引擎的相关搜索建议,大规模拓展品牌类关键词,如深航会员、深航尊鹏会员等。搜索频率较高的关键词有:深航尊鹏俱乐部、深航机票查询、深航国旅、深航电话、深航旅游、深航网上值机、深航官网、深航官网网站、深圳航空、深航网站、深航特价机票、深航广州、深航如何、深航支付、确定出深航等,如图7-5所示。

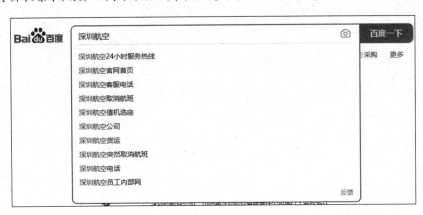

图7-5　深圳航空的搜索关键词

深圳航空进一步调整百度账户结构,包括现有关键词重新分组,根据新组设定每日预算、投放时间、文字创意、最高出价等。

3. 关键词广告创意优化

创意的优化不宜过于频繁,以每月一次大型测试和调整为上限;标题必须包含关键词,必须以简单扼要的语言体现自身区别于竞争对手的特点(用户判断是否点击只有8秒钟左右)。根据深圳航空主推的内容和具体活动,进一步优化了广告创意,提高了用户对搜索广告的关注度，同时，相关关键词放在一个推广小组进行反映，每个广告的标题反映相应广告组中的关键词，如"订票"广告组在所有关键词和广告标题中都使用"深航"这个词。通过这种整理方式，搜索"机票"的用户将在广告中看到相同的语言并发现与其搜索查询相关的深航机票的信息。

相对于传统媒体高昂的广告费，搜索引擎营销带来的是低投入、高回报，并可以有深度、有广度地为企业进行品牌宣传和推广。深圳航空搜索引擎营销策略为航空公司的搜索引擎营销提供了一些建议，对其他行业也有一定的借鉴意义。

扫描此码

案例讨论

扫描此码

在线自测

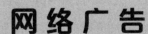

【本章要点】

互联网给传统网络行业带来了前所未有的冲击,广告行业既面临机遇,又面临挑战。从近几年的发展趋势来看,由于互联网对消费者行为的改变,以"90后""00后"为主的新生代消费群体将更多的时间和精力花费在网络上,这也促使传统广告行业加速转型。应该看到,网络广告已经成为最为主流的广告形式,具有先天的优势。为此,本章着重介绍网络广告及其主要形式、网络广告本质特征、网络广告策略、网络广告效果评价方法等内容。

【学习目标】

1. 掌握网络广告内涵及其主要形式。
2. 理解网络广告与传统广告的区别。
3. 理解网络广告的本质特征。
4. 熟悉网络广告营销策略。

第一节　网络广告及其主要形式

一、网络广告的含义

网络广告是一种新兴的广告形式,是广告商运用互联网媒体对公众进行劝说的一种信息传播活动。网络广告建立在计算机、通信等多种网络技术和多媒体技术之上,具有多种形式,包括在热门站点上做横幅广告,在知名 BBS 上发布广告信息,或开设专门论坛,通过电子邮件给目标消费者发送信息等,其目的在于影响人们对所广告的商品或服务的态度,进而诱发其购买行为。

二、网络广告的形式

(一)企业网站广告

网站自身就是网络广告的一种形式。很多企业建立网络营销导向网站的直接目的就是宣传企业及其产品或者告知能够提供哪些服务,在企业官网中进行广告宣传一方面降低了营销费用,另一方面创造了完整的购买环境,并具有较高的信用背书,能够直接转化为购买行为。

(二)官方 App 广告

随着智能手机的普及,人们在沟通、社交、娱乐等活动中越来越依赖于手机 App 软件(Application 的简称,即应用软件,通常是指 iPhone、安卓等手机应用软件),传统桌面端的使用频率降低,更多的消费者习惯于使用智能手机、iPad 等移动终端访问互联网。因此,通过官方 App 进行广告宣传是网络广告的重要补充。

(三)万维网广告

万维网是绝大多数用户通用的信息数据平台,具有图像传输、视频传输、音频传输、大容量信息的按时传送、24 小时在线以及在广告主和受众之间互动等功能。网络广告大部分还是在万维网上。

三、网络广告与传统广告的比较

(一)信息容量

对于传统广告而言,寸秒寸金,所以其内容只能删繁就简。而在网络上,网络广告可以借助层层点击或直接链接进入另一网站的方式,使网络用户获得更多的信息,突破了传统广告的局限和翻阅的呈现方式。网络上一个小小的广告条后面,广告代理商可以把所代理的公司以及公司的所有产品和服务详尽的信息制作成网页放在自己的网站中,能够不加限制地增加广告信息。

(二)沟通模式

传统广告的主要传播形式是通过广播、电视、报纸将广告大面积播出,不是直接将信息送到细分的目标市场,信息传送和反馈是单向的。而网络广告使受众成为主动的信息寻求者,企业成为被动地寻找目标的信息源。一旦受众确定了某个企业成为他的信息源,会马上与企业进行即时互动,这时企业活跃起来,使出浑身解数使受众成为购买者。

(三)覆盖范围

传统广告媒介中电视、广播、报纸及杂志只是地区性和专业性的,传播范围相对有限。而报告显示,截至 2021 年 1 月,全球手机用户数量为 52.2 亿,互联网用户数量为 46.6 亿,覆盖全球 186 个国家和地区,而这个数字还在以几何级数快速增长,因此,通过互联网络发布广告信息范围广,不受时间和地域的限制,即使是一家小企业,都有可能一夜成为国际性公司,通过网络广告,可以用最快的速度把产品介绍给全球的消费者。

(四)互动性

网络广告不同于传统广告信息的单向传播,而是信息互动传播。访问者可以阅读有关企业和其他产品的资料,借助于电子邮件方便地在线提交申请表单,向厂商请求咨询或服务。可以随时通过文字、图像、声音等方式向厂商提出自己的意见和要求。厂商也能够在很短的时间里收到信息,并根据消费者的要求和建议及时作出积极反馈。网络广告提供的这种交互功能,可以非常方便地满足消费者边浏览广告、边在线订货、购物的需求,这就顺应了人们快节奏工作和生活的需要,从而吸引更多的消费者。

（五）对象

广告对象是依据消费者的需求偏好,购买行为和购买习惯的差异性,按照一定的细分标准,把整个市场划分为若干个需求与愿望各个不相同的消费者群体。网络广告由于其对操作者物资设备的要求、对操作者文化水平的要求、对操作者经济收入的要求,自然地对广大消费者中做了第一层次的市场细分,从全体消费者中分离出了网民这一具有某些共同特质的消费者群体。而电视、广播、报纸等传统媒体,其某一栏目可能是针对特定消费者的,但就整个媒体而言,其对象几乎是全民性的,包括各个年龄段、各个文化水平、各个收入标准、各个生活层次的消费者,针对性不强。

（六）视听效果

网络是伴随着新科技发展起来的,实现了文字、声音、画面、音乐、动画、三维空间、虚拟视觉等方面功能的完美统一。网络广告在传播信息时,可以在视觉、听觉,甚至触觉方面给消费者以全面的震撼。相比之下,传统的媒体杂志、报纸仅提供静态的图文信息,而广播只提供声音信息,具有较大的局限性。

第二节　网络广告的本质特征

网络广告是互联网问世以来广告业务在计算机领域新的拓展,随着互联网络的迅猛发展,网络广告已成为企业不可或缺的重要广告形式。它兼具传统广告的优点,又有传统媒体无法比拟的优势,具有以下特征。

一、需要依附于有价值的信息和服务载体

用户是为了获取对自己有价值的信息来浏览网页、阅读电子邮件,或者使用其他有价值的网络服务如搜索引擎、即时信息等,网络广告是与这些有价值的信息和服务相依赖才能存在的,离开了这些对用户有价值的载体,网络广告便无法实现网络营销的目的。因此在谈论网络广告的定向投放等特点时,应该正确认识这个关系,即并非网络广告本身具有目标针对性,而是用户获取信息的行为特点要求网络广告具有针对性,否则网络广告便失去了存在的价值。网络广告这一基本特征表明,网络广告的效果并不是单纯取决于网络广告自身,还与其所存在的环境和依附的载体有密切关系,这也说明了为什么有些形式的网络广告可以获得较高的点击率,如搜索引擎关键词广告和电子邮件广告等,而网页上的一般 Banner 和 Button 广告点击率却在持续下降的事实。

二、引起用户关注和点击

由于网络广告承载信息有限的缺点,因此难以承担直接销售产品的职责,网络广告的直接效果主要表现在浏览和点击,网络广告策略的核心思想在于引起用户关注和点击。这与搜索引擎营销传递的信息只发挥向导作用是类似的,即网络广告本身所传递的信息不是营销信息的全部,而是为吸引用户关注而专门创造并放置于容易被发现之处的信息导引。这些可以测量的指标与最终的收益之间有相关关系,但并不是一一对应的关系,浏览网络广告者并不一定点击,浏览者也可以在一定程度上形成转化。这也为网络广告效果的准确测量带来了难度,而且某些网络广告形式如纯文本的电子邮件广告等本身也难以准确测量其效果。网络广告这个特征也决定了其效果在品牌推广和产品推广方面更具优势,而其表现形式新、大、奇等则更能引起注意。

三、具有强制性和用户主导性的双重属性

网络广告的表现手段很丰富,是否对用户具有强制性关键取决于广告经营者而不是网络广告本身。早期的网络广告对于用户的无滋扰性也使其成为适应互联网营销环境营销手段的一个优点,但随着广告商对于用户注意力要求的扩张,网络广告逐渐发展为具有强制性和用户主导性的双重属性。虽然从理论上讲用户是否浏览和点击广告具有自主性,但越来越多的广告商采用强制性的手段迫使用户不得不浏览和点击,如弹出广告、全屏广告、插播式广告、漂浮广告等,虽然这些广告引起用户的强烈不满,但从客观效果上达到了增加浏览和点击的目的,因此为许多单纯追求短期可监测效果的广告客户所青睐,这也使得网络广告与传统广告一样具有强制性,而且表现手段越来越多,强制性越来越严重。

四、体现用户、广告主和媒介三者之间的互动关系

网络广告具有交互性,因此有时也称交互式广告。在谈论网络广告的交互性时,通常是从用户对于网络广告的行为来考虑,如一些富媒体广告中用户可以根据广告中设定的一些情境作出选择,在即时信息广告中甚至可以实时地和工作人员进行交谈,这种交互其实并没有反映网络广告交互的完整含义,事实上这种交互性也很少得到有效的体现,大部分的网络广告只是被动地等待用户的点击。网络广告交互性的真正意义在于体现了用户、广告主和媒介三者之间的互动关系,也就是说,媒介提供高效的网络环境和资源,广告主则可以自主地进行广告投放、更换、效果监测和管理,而用户可以根据自己的需要选择自己感兴趣的广告信息及其表现形式。只有建立了三者之间良好的互动关系,才能实现网络广告最和谐的环境,才可以让网络广告真正成为大多数企业都可以采用的营销策略,网络广告的价值也才能最大限度地发挥出来。

第三节 网络广告策略

一、网络广告创意

（一）广告创意的基础

广告创意必须建立在对产品本身的特点、目标市场、消费群体需求与兴趣等因素的调查与研究的基础上，才能获得成功。简言之，广告创意的基础是人的实际需求。好的创意应该直指人心，让消费者为之心动，无论采用幽默的、夸张的、煽情的或是其他形式。

（二）广告创意的前提

"产品定位"是广告的诉求基点，确定了该产品在市场上的位置。没有产品定位，就不能决定营销计划的广告目标，只有把产品放在恰当的位置上，才能树立与强化一个与众不同的品牌形象，突出产品的特性，有效地引起消费者的注意，唤起共鸣。从消费心理来说，只有个性突出、不同一般的东西，才能打动人心。只有突出差异性，树立一个与竞争者不同的品牌形象，才有利于消费者识别、比较、接受。

（三）广告创意通则

网络广告创意应该遵循广告创意的一般原则和要求。广告中信息的成功传递，往往首先作用于消费者的视觉、听觉，继而引发其心理感应，促进其一系列的心理活动，最终形成消费行动，达到广告的效果。所以，成功的广告应该首先是引起消费者的注意，刺激消费者的视觉或听觉等，才能起到广告作用，否则，广告作用就无从产生。那么，怎样的广告创意才能刺激消费者的感官，达到广告效果？创意的一般原则为我们提供了方向，找到了答案。

1. 传承性

对于一个品牌而言，在没有形成品牌之前，一般都带有创始人的情感色彩或是创立理念。虽然这些东西没有传播出去，但这是他们想把品牌做大的初衷。因而，当广告公司服务他们时，在广告创意过程中，就应该把品牌的传承性考虑进去。了解创始人的想法，即内在的东西，在传承的基础上，打造更精准的创意，才能满足消费者的需求。

2. 原创性

无论是影视广告还是平面广告，甚至比较流行的短视频广告，细心的消费者会发现，很多广告创意都是模仿加调整，复制加改变，手段和形式同质化非常严重。从这个现象中可以看出，在广告行业中，创意的受欢迎度依然很高。一方面相关法律法规明确规定，很多基本点是不能重复，比如产品名、广告语等；另一方面对于品牌而言，要建立自身的独特核心竞争力，自然各方面创意都要尽量保证独特，否则跟竞品或是他人的相同，非但难以起到传播自身的良好效果，而且很多时候都是帮他人作嫁衣。所以，在广告创意过程中，原创性是保证品牌独特性的基本，坚持独特的创意就是根本原则。

3. 共鸣性

广告创意来源于广告创作者对品牌相关信息的理解而产生的思想，能够跟创作人的情感产生强大的关联性,其目的是要让消费者产生认同感。一个广告创意的好与坏的界定,从消费者角度出发,情感因素就是一个基本评判标准。所以产品命名、品牌核心卖点提炼、广告语等多个方面就是广告创意需要考虑的因素。当我们得到上百条广告创意时,怎么去评判哪个创意是我们想要的呢? 这时候就需要所有参与人员进行评判,用心去直观感受,一个创意能够让大部分产生情感共鸣,必定是所需要的创意。广告创作者是创意的构想者,但也是大众消费者,自身的情感感知,也代表着消费者的情感。对于创作者而言,一个创意首先要过的就是自己这关,然后才是其他人。所以,在广告创意过程中,情感的共鸣性也是创作的基本原则之一,是不可违背的。

4. 操作性

在广告创意构思过程中,往往很多想法都是天花乱坠、天马行空,但是无法真正落实。创意不是说想出来就可以了,它更需要的是实际的可操作性,不能落地,有创意也就等于没有创意。可操作性最基本的两个方面:一是视觉表现,二是落地执行。首先,广告是否有创意,归根到底,要符合设计基本原则。其次,一些公关、营销等策略,很多时候,创作者想得很好,但是最后发现根本就难以执行。最后,即便是创意能够执行出来,但是一些落地的细节是否能够做好,各方面能否做到流畅地配合也是关键点。

二、网络广告制作

所谓网络广告制作,就是通过多种技术和手段,如文字、图形、图像、声音、动画等,将广告构思和创意所要表现与传达的信息和内容形象化、具体化。一个完整的网络广告制作过程可以细分为整体规划、图像制作、文案设计、技术开发、动画效果、声音特效等多个环节。

(一)广告中的色彩原理

1. 色彩基本概念

自然界中的颜色可以分为非彩色和彩色两大类。非彩色指黑色、白色和各种深浅不一的灰色,而其他所有颜色均属于彩色。任何一种彩色具有色相、饱和度、透明度三个属性。电脑屏幕的色彩是由 RGB(红、绿、蓝)三种色光所合成的,而我们通过这三个基色就可以调校出其他的颜色。

2. 色彩所具有的心理功能

(1)冷暖感。红色、黄色、橙色等为暖色,使人看后感到温暖,青色、蓝色、绿色为冷色,使人感觉清凉,甚至寒冷。

(2)兴奋沉静感。红色、橙色、黄橙色可以使人产生兴奋的感觉,而绿色、青绿色、绿青色等可以令人沉静,黄色、青色的背景给人以安定、平稳的感觉。

(3)膨胀收缩感。明亮度不同的色彩,可影响人们的面积感觉,凡明亮度高的色彩,看起来都有膨胀感,使人感觉面积大,而明亮度低的色彩看起来都有收缩感,使人感觉面积小。

(4)前进后退感。色彩的明亮度和冷暖色,可使人产生色彩位置的前后变化,暖色和明亮度高的色彩具有前进的感觉,而冷色和明亮度低的色彩则具有后退的感觉。

(5)轻重软硬感。明亮度高、色相冷的色彩给人轻飘的感觉,明亮度低、表面粗糙的颜色看起来厚重,中等纯度和中等明亮度的色彩感觉较软,单色和灰暗色感觉较硬。

3. 色彩所具有的生理功能

不同色彩对人视觉冲击有明显的区别,况且同一种色彩不同的色相、饱和度和透明度,也可能让人产生不同的感受。常见色彩的生理功能表现如表 8-1 所示。

表 8-1　常见色彩的生理功能表现

色彩	生理功能
红色	引起注意、兴奋、激动、紧张等感觉
黄色	产生光明、希望、灿烂、辉煌、庄重、高贵以及柔和与纯净等感觉
橙色	产生温暖、明亮、健康、向上、华美、不安的感觉
绿色	表现和平、生命、希望、青春、活力、健康、兴旺等感情
紫色	产生忧郁、痛苦和不安,明亮度高使人产生神圣、高贵和温厚等感情
蓝色	表现深远、崇高、沉着、冷静、神圣、纯洁以及阴郁、冷漠等情感
黑色	表现神秘、恐怖、阴森、忧伤、悲哀、肃穆、复古等情感
灰色	产生柔和、安静、素雅、大方、谦虚、凄凉、失望、沉闷、寂寞等感情

(二)网络广告文字设计要求

1. 美术字体设计要点

(1)字体造型精练单纯,易读耐看,可认性强,能准确地表达内容。

(2)字体造型必须与广告的宣传内容相吻合。

(3)字体要有个性色彩,造型新颖、独特、易记,能给人以独特的审美感受和留下深刻印象。

(4)必须有时尚气息和富于审美情趣,美观大方,格调高雅,令人看后感到舒服和愉快。

2. 商标文字设计要点

商标文字也称合成文字设计,它是指组合两个以上的文字,用以构成商标或标志符号,或把文字变成一种装饰图形。

(1)字体造型有个性,新颖别致,给人印象深刻。

(2)字体适应性强,能适用于不同的场合和不同的广告媒体,并发挥最佳诉求效果。

(3)字体造型高雅优美,具有鲜明的形式美,能受到消费者的欢迎。

3. 标题文字设计要点

标题文字是广告主题表达的重点,它在文字设计中占有重要地位。

(1)文字的字形选择必须根据广告标题的含义和广告产品的特征,选择格调相似的字体,使形式与内容能协调统一。

(2)标题文字在广告版面上必须占有突出的地位,但字体的大小与版面的比例必须在视觉上协调,不能过大或过小,保证发挥良好的诉求效果。

(3)有力、简洁、大方,具有较强的视觉冲击力。

(三)网络广告制作工具与原则

常用工具包括 Netscape 编辑器、Adobe Pagemill 3.0、表单和 Image Map 图像的网页、Dreamweaver、HotDog Professional 5.0、HomeSite 3.0 等。无论使用哪种制作工具,都应该遵守一定的基本制作原则。

1. 主页制作明晰快速

尽管许多企业的网页制作精美、图文并茂,但受到一系列客观条件的制约,用户仍表现出没有足够的耐心去等待,常常会因为主页上不能及时出现他们想要得到的信息而立即转到其他的站点。这就要求页面制作时尽量明了主页的内容,提高主页的速度。

2. 新颖多样的风格

传统广告非常重视广告的创意风格,网络广告也不例外。新颖的网页创意、布局、色彩依然是吸引消费者的重要手段。优美的网页可以让网络访问者更多地停留在广告上,使他们对商品产生更大的兴趣。特别是网络广告的内容要针对不同类型的消费者,网页的设计更应该考虑到目标顾客的偏好。同一商品的广告网页,按照消费者的需求侧重点不同,可以制作成不同的创意风格,以期满足各类消费者的需要。

3. 充分的信息量

网上消费者一般都会理智和冷静地选择商品,因此,页面上的商品介绍(包括售后服务和质量承诺)越丰富,特点、性能、功能、规格、技术指标和价格介绍越翔实,就越能吸引消费者,信息量越大就越能增进消费者对商品的了解,越能减少消费者的疑虑,但信息量大带来的不良后果是速度慢,信息布置不合理等。所以在页面设计时要保证信息量,同时还要注意信息的合理布局。

三、网络广告发布

目前的网络广告完全使用定向广告发布的方法,根据不同类型企业的不同需求,准确地收集并判断受众的行为特征,选择最合适的网民投放相关广告,从而最大限度地提高广告的到达率与点击率。

(一)定向广告的原理

第一,定向广告利用消费者的资料和网络的交互性,通过实时精准营销驱动消费者访问目标网站。

第二,定向广告借助于软件解决方案,在一系列选定网站组中,监测点击广告的人、点击的频率,以及是否达成销售。

第三,定向广告建立目标对象的数据库,此数据库包括统计层面的和网络行为层面的数据,采用 Cookies 的技术,使一对一的信息传递成为可能。

(二)定向广告的方法

目前,在国内比较常用的定向方法包括以下几种。

内容定向(content targeting)。定位不同偏好的受众。

时间定向(time/Date targeting)。按照时间段和特殊日期进行广告促销。

地域定向(location targeting)。针对某一地区进行广告渗透。

频率定向(frequency targeting)。减少同一广告对同一访客的曝光次数,减少广告投放的浪费。

强度定向(intensity targeting)。轰炸式广告投放,是完成短期促销的有效手段。

次数定向(numeral targeting)。规定印象次数或点击次数的投放。

百分比定向(percent targeting)。规定广告投放数量分配比例。

其他定向(other targeting)。如域名定向等。

第四节　网络广告效果的评价方法

一、网络广告效果评价内容和指标

与传统广告关注点不同,根据网络广告目的,网络广告效果评价的内容包括了广告曝光数、广告点击次数、广告转化率等,在具体的评价指标选择方面,鉴于单一的指标很难反映网络广告效果的真实情况,为此从网络广告的经济效果、网络广告的心理效果和网络广告的社会效果三方面选择评价指标。具体而言,网络广告的经济效果是广告对企业产品销售、市场占有率提升等产生的经济影响,网络广告的心理效果是测评广告经过特定的媒体传播之后对消费者心理活动的影响程度,网络广告的社会效果测评反映广告在一定的社会意识形态下受政治观点、法律规范、伦理道德以及文化艺术标准的约束状况。网络广告效果评价指标如表 8-2 所示。

表 8-2　网络广告效果评价指标

一级指标	二级指标
网络广告的经济效果	广告费用指标、广告效果指标、广告效益指标、市场占有率指标、广告效果系数指标
网络广告的心理效果	感知程度的测评指标、记忆效率的测评指标、思维状态的测评指标、态度倾向的测评指标
网络广告的社会效果	法律规范标准、伦理道德标准、文化艺术标准

二、网络广告效果评价时间和方式

网络广告效果评价时间可以按照网络广告发布时间来划分,包括网络广告发布前的测量、网络广告实施中的测量和网络广告发布后的测量。

在具体的网络广告效果评价方式方面,可以通过服务器端的访问统计软件随时进行监测、查看消费者反馈情况或者由广告测评机构测评。当前,网络广告效果评价虽然比传统媒体测评更易操作,但其公正性却一直受到质疑。尤其当一个机构不具备可测评性的时候,总会受到各种质疑。国内专业第三方评价机构的缺失,无疑制约了网络广告的发展。

三、网络广告效果评价具体方法

(一)比较法

企业在执行网络广告计划后,可以使用比较法对比网络广告前后的各种指标,以此来判断网络广告的效果。如对比发布网络广告前后企业收到的电子邮件数量,对比发布网络广告前后企业收到的咨询产品或服务的信函数量,对比网络广告发布前后企业的销售额和利润等。

(二)加权计算法

加权计算法就是在投放网络广告后的一定时间内,对网络广告产生效果的不同层面赋予权重,以判别不同广告所产生效果之间的差异。这种方法实际上是对不同广告形式、不同投放媒体或者不同投放周期等情况下的网络广告效果的比较,而不仅仅反映某次广告投放所产生的效果。假设企业产品销售量为 X,点击次数为 Y,实际购买的权重为 M,每次点击的权重为 N,那么企业获得的总价值 $S=X\cdot M+Y\cdot N$。其中权重的设定对加权计算法的计算结果影响较大,权重的设定需要在大量统计资料分析的前提下,对用户浏览数量与实际购买之间的比例有一个相对准确的统计结果。

(三)效果成本方法

效果成本方法体现了网络广告转化为购买的概率,互联网是一个双向互动的媒体,这种传播特征使互联网的推广不仅停留在广告印象或者广告点击上,而且可以渗透到企业的营销全过程。企业通过调查消费者的分布、消费者习惯、消费者偏好等,从而了解在整个营销过程中消费者反应特征,了解用户点击网络广告后行为,这些信息可以帮助企业不断完善营销体系。如网络广告监测系统可以详细记录用户点击网络广告后的一系列网络行为,可以方便地了解目标消费群的主要网络媒体浏览习惯,转化成顾客的概率。

第五节　网络广告效果的影响因素

网络广告已经成为当前主流的广告形式,与传统广告相比,越来越多的企业将网络广告作为首要选择,对网络广告效果影响因素的关注有利于提高企业网络广告实际效果,从而增加企业销售收入。以下从用户、广告形式、广告内容和广告维护四个方面进行影响因素分析。

一、用户

用户的上网习惯以及上网操作氛围,会对网络广告的效果形成影响。通常的家庭用户和企业用户所要收集的信息是不一样的,并且每个用户上网的做法和习惯等要素都影响网络广告的阅读和点击效果。网络广告的制造者需要针对不同的客户群体,精准策划网络广告才能来招引网络用户的阅读和点击。

二、广告形式

网络广告的表现形式、尺度、详细程度等,也会影响网络广告的效果。短视频、音频、帖子等各类不同的广告形式都深刻地影响着网络用户的阅读和点击。用户对不一样的广告方式的喜爱和接纳程度不一样,网络广告的营销效果会呈现出区别。

三、广告内容

网络广告的内容规划,也会直接影响网络广告的效果。吸引网络用户点击的网络广告往往设计新颖,主题清晰,内容精练丰富。

四、广告维护

网络广告投放完成以后,跟踪维护情况也会对网络广告的效果产生影响,尽管广告在网络上投放,但用户不知道是真是假,因此需要一定的维护和用户问题的解决。另外要实时更新不同网站上的广告内容,同一则广告,假如放在一个网站久了,用户看多了也就没兴趣再点击,自然而然地选择忽略,这样也就没有效果。

第六节　Web 2.0 与网络广告的新动向

Web 2.0 技术使网络广告可以借助微博、微信、论坛等多种网络平台实现与消费者的双向互动,从而延伸了广告的功能。在大数据时代,数据挖掘技术能够跟踪记录每一个 Cookies 的跨网站浏览行为,也能从网络合作伙伴那里获得用户所注册的年龄、性别、家庭状况、文化程度和收入水平等个体基本信息,从而实现广告的精准投放,在 Web 2.0 技术的驱使下,网络广告正显示一些新动向。

一、传播内容的新动向

网络广告信息的内容形式有文字、图形、动画、影像、声音等,这些广告信息通过独特的网络存储结构方式而相互关联,成为有机统一的整体。而且,网络广告信息还以其特有的超文本、超链接方式,让感兴趣的消费者能够在接触某一个广告时,继续通过广告链接查阅广告背后整个网站的内容,也可以链接或搜索到许多其他网站的相关信息。

互联网互动化和社区化的特点与网络广告丰富的表现方式和有趣的广告创意相结合,可以使网络广告内容呈现出强烈的娱乐性、趣味性。尤其是一些"萌萌哒"广告很容易吸引消费者主动点击,产生"明知是广告也会主动点击"的展露效果,使受众在娱乐或互动游戏中潜移默化地接收广告信息。

二、传播媒介的新动向

网络广告不仅可以提供搜索引擎和超链接,还可以定向投送、即时沟通,为具有相关商品需求的消费者提供了极大的便利,因而其媒介特征兼具传播媒介和营销渠道媒介特征,在播放广告的同时可以进行即时的销售活动。显然,在淘宝商城、京东商城等各种 C2C、B2C 网页上,既可以宣传介绍商品,同时也可以进行适时销售活动。有时社交网络广告、互动游戏广告让网络与现实更加紧密地结合,使得广告的单向传递更好地转换为受众的互动。

三、传播方式新动向

传统广告的传播方式是单向的,广告主很难选择目标受众,很难得到直接的、精确的反馈,也不知道究竟有多少目标消费者接收了信息。同时,受众是被动的,他们可以选择看与不看,但没有改变内容、参与讨论的权利。而网络广告是双向互动的,可以形成实时、直接的双向沟通,使其具有一对一、多对一的人际传播特征。同时,受众可以在网络上主动搜索想要的信息,如使用搜索引擎对关键词进行查询以获得相关信息,接收方式也从选择不同媒体来获取信息,变成通过网络直接选择相关信息。另外受众的身份不再固定不变,在成为广告受众的同时,又是反馈者或传播者。受众对信息的看法可以通过 UGC 的形式反映出来,而且,受众接收信息的行为本身也会反过来告诉广告主消费者的需要或兴趣是什么。例如,如某消费者多少次点击或搜索汽车广告,网站就可以知道其对购买汽车可能有着强烈的愿望。另外,网络的特点也决定了网络广告具有不受时空限制、实时性强、速度快、传播范围广以及更改灵活的优势,从而大大增强了网络广告的展露效果。

案例分享:2020 年中国广告市场回顾

2020 年是不平凡的一年,突如其来的疫情打乱了人们的生活常态,也对未来市场发展产生深远影响。全国经济面临下行压力,居民收入增速下滑,整个消费市场受到或大或小的影响,疫情对经济市场的影响也给广告市场带来冲击。

央视市场研究股份有限公司(CTR)成立于 1995 年,是中国国际电视总公司和 Kantar (凯度)集团合资的股份制企业。CTR 一直致力于将中国本土经验与全球先进技术相结合,通过连续性调查和定制化专项研究,提供全方位的趋势解读和高附加值的市场洞察,与消费者一起深入理解商业环境制定营销决策。根据 CTR 媒介智讯的报告显示,2020 年疫情发生后整个广告市场出现应激反应。在广告市场的整体投放方面,从 2016—2020 年广告刊例花费来看,2020 年中国广告刊例花费同比下降 11.6%,如图 8-1 所示。

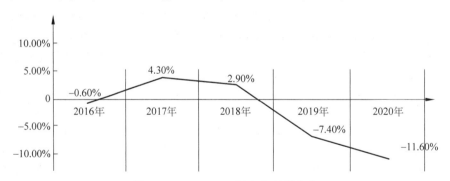

图 8-1　2016—2020 年广告刊例花费

数据来源:CTR 媒介咨询,统计范围:电视、广播、报纸、杂志、传统户外、电梯 LCD、影院视频、电梯海报、互联网站。

从具体广告投入渠道来看,受到新冠肺炎疫情影响,2020 年,传统线下广告花费大幅下降,尤其影院视频广告花费下降 62.6%,而互联网站的广告花费也有所下降。从图 8-2 可以看出,电梯 LCD 和电梯海报广告的花费增幅在 20% 以上。

从具体行业和品类来看,前十个行业中只有 IT 产品及服务行业的广告花费呈现正增长。2020 年广告刊例花费同比增长的品类占比有所减少,而且增长的品类基本都与防疫相关,如图 8-3、图 8-4、表 8-3 所示。

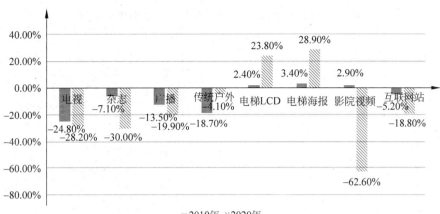

图 8-2　2019 年、2020 年各渠道广告刊例花费变化

数据来源：CTR 媒介咨询。

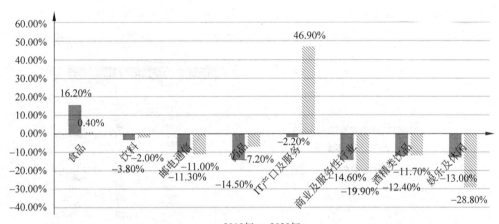

图 8-3　2019 年、2020 年 TOP10 行业投放刊例花费同比增幅

数据来源：CTR 媒介咨询。

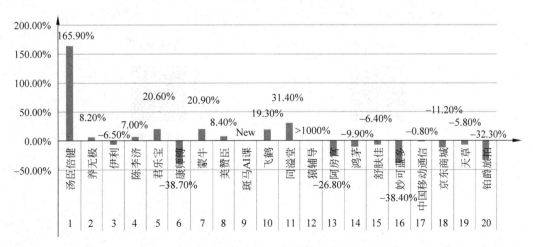

图 8-4　2020 年整体广告渠道刊例花费 TOP20 品牌

数据来源：CTR 媒介咨询。

表 8-3 2020 年整体广告渠道刊例花费增幅 TOP20 品类

排名	品 类	2020 年增幅（%）	排名	品 类	2020 年增幅（%）
1	金融业—企业形象	133.10	11	皮肤科用药	29.60
2	化妆品/浴室系列用品	117.10	12	方便食品	28.40
3	饮水机/家用净水器	100.00	13	食用油	23.50
4	口腔清洁用品/牙膏	76.90	14	个人健康食品	19.40
5	感冒用药	66.10	15	固体饮料	16.80
6	玩具/电子游戏	57.60	16	网络服务	15.50
7	移动客户端应用软件及服务	50.50	17	移动网络服务	14.90
8	保健食品	39.00	18	教育/培训	14.80
9	服装	31.10	19	补益药	9.10
10	眼镜/隐形眼镜	31.00	20	糕点饼干	7.30

数据来源：CTR 媒介咨询。

从具体品牌来看，互联网品牌的增长是 2020 年行业广告的一大特点，多个乳制品品牌跻身榜单，在线教育品牌斑马 AI 课、猿辅导首次入榜，众多生活服务类的网站或 App 在 2020 年得到了资本市场的资金支持，也在各类媒体市场增大了品牌的声量，如图 8-5 所示。

2020 年广告刊例花费 TOP20 品牌
占广告市场比重
16.8%

图 8-5 2020 年整体广告渠道刊例花费 TOP20 品牌

资料来源：https://www.socialmarketings.com/articldetails/12138，2021-06-19.

扫描此码   扫描此码

案例讨论   在线自测

第三篇

新媒体营销平台

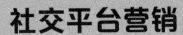

第九章

社交平台营销

【本章要点】

在互联网时代,在线社交平台迅速成为一种流行的虚拟交流空间,对人们之间的互动方式产生了根本的影响。面对这样一种新趋势,社交平台营销持续稳定增长,实现了泛社交化,在企业网络营销推广中发挥越来越重要的作用。本章主要介绍社交平台营销特征和类型、社交平台运作模式、常用的社交平台使用技巧和注意事项等内容。

【学习目标】

1. 掌握社交平台营销内涵及其主要特征。
2. 理解社交平台营销的主要类型,并举例说明。
3. 掌握微信公众号的基本设置功能。
4. 了解互动营销策略的注意事项。
5. 掌握以资源共享为中心的营销模式。

第一节 社交平台营销的概念与特征

一、社交平台营销的概念

(一)社交平台的概念

社交平台起源于社交网站(social networks site),早期的社交网站是由社交群体和社会组织关联而成的一种社会组织形态。通过社交网站,用户之间可以实现相互的联系与密切沟通,并在用户之间逐渐建立起一种彼此关联的联系网络。

哈佛心理学教授提出的"六度分割"理论,将早期的社交理念引入互联网,并创建了社会性网络服务平台(social networking service,SNS)。"六度分割"理论指出任意两个陌生人之间的间隔不会超过6个人。根据该理论,每个人都有一个以自己为中心的社交圈,这个社交圈可以不断被放大并和他人的社交圈相交,最终形成一个庞大的网络即社交网络(social network)。在 Web 2.0 与六度分割理论的基础上,国外诞生了如 Facebook、My Space 等早期的社交网络。

社交网络是人们在虚拟空间进行在线交流的地方,在这个空间里人们可以互动、沟通、交流与分享。目前,随着 Web 3.0 技术的不断发展,社交网络已拥有多元化的功能如支付、定位、购物和游戏并凸显出了平台的特点。所以,人们渐渐用社交平台一词来替代了社交网络。综上所述,社交平台(sociai media)又被称作社交媒体,是一个以用户为中心,由 BBS、微信、微博等移动互联技术应用发展而来的反映社会群体交往,能够分享个人兴趣、爱好、状态和活动等信息的移动互联在线平台。社交平台一般是指允许人们撰写、分享、讨论、评价、互相沟通的信息服务技术,是人们交流意见、发表见解、交换观点和经验的信息平台,目前常见的社交平台的主要形式包括微博、微信、社交网站、博客和论坛等。

社交平台的蓬勃发展成为大数据诞生的一个重要原因。用户在这种媒体上发表大量信息和观点,进而不断有新的热点和话题产生,对传统媒体的影响力造成冲击。社交平台与书刊、报纸、电视、杂志等传统媒介的主要区别在于前者借助互联网技术每个人都有权利来表达自己的观点并传播和分享出去,这种信息传播的影响力极大,远非传统媒体所能比拟。

(二)社交平台营销的概念

社交平台营销是指借助于社会化平台、意见领袖、在线社区等来开展市场营销活动。社交平台用于营销活动具有天然的优势。从消费者的角度出发,在营销活动中消费者的决策过程往往很大程度上受到别人的影响,而这种影响是建立在人际网络上的,因此社交平台中用户通过分享感受所带来的影响效果最为显著。

常见的社交平台营销工具有 Twitter、博客、Linked In、Facebook、YouTube 等。如企业可以利用 Twitter、Facebook、微博和微信等来进行产品推广、客户关系管理与维持、市场分析与调研等。它通常集中于创造有价值的、引起用户共鸣的、具有吸引力的信息,进而激发用户的转发、分享行为。信息按照从用户到用户的传播路径,帮助企业建立良好的品牌形象以及优质的信誉。随着用户转发次数的增多,社交平台上获得企业信息的用户也会成倍增加,这可能为企业带来更多的销售机会。由于人们倾向于信任朋友,进而会关注并购买朋友分享的品牌。同时,社交平台是一个人人可参与的无边界开放平台,每一个使用网络的人,都可以方便进入。最后,社交平台拥有大量的用户及用户的真实信息,因此,社交平台营销将会越来越受到学者和企业界的关注。

二、社交平台营销的特征

(一)建立内容战略

首先,企业要了解你的客户、读者或社区成员喜欢讨论什么,愿意参与到哪些谈话中,就需要知道你的读者能在哪里获得这些对话,换句话说,他们喜欢在哪里逗留。测试会话的结果,看看哪些话题比较热门。内容战略的建立通常是从关键字分析开始的,大部分人可能认为关键字分析是博客发帖或博客 SEO 的工具。但是在社交媒体中,它也可以帮你发现读者或社区成员在社交网站上讨论什么。如果是一家旅游公司,发布了很多关于最新旅游地的文章,但大家都在讨论美容和服装,就显得很不合群。同样,如果谈话是关于明星的,而你在谈论烹饪,那这次谈话就有可能转瞬即逝。

(二)免费提供消息

免费的信息并不是说所有的信息都要是免费的,而是说你需要提供足够的免费信息来建立受众群体对你的信任。这样一旦等你要发布电子书或者精装书的时候,受众群体会因为了解喜欢你独特的内容而购买你的产品。

(三)实时

社交媒体的营销意味着要实时发布信息,而不是等到下周甚至下个月。"时时邮报"和Twitter 既能帮助你找到时下趋势也能帮你扩散信息。社交平台营销还意味着你必须立刻回应各种抱怨和要求。提前 3 个月或 6 个月进行营销的时代已经随着市场变化而消失了,当下的人们希望立刻得到他们需要的消息。

(四)内容新鲜有趣

当每个人都在说同样的事情,谁能抓住你的注意力?有影响力的人会在一个主题上有所创新,说一些不同,或者相反,或者有趣的内容。比如颇受欢迎的作家、博主和演讲者Gretchen Rubin。虽然有很多人也在写,也在演讲,Rubin 如何成为 Linked In 上 150 个最有影响力的人之一呢?当别人在告诉人们如何幸福时,Rubin 决定采取一种古怪、自嘲和幽默的方法。她和她的 92 000 多粉丝在微博上互动,他们倾听和分享,因为 Rubin 不会喷出同样的传统智慧,她的做法是完全不同的,她从那些单调的事情中找到快乐,这种冒险使她的社交联系人都愿意参与。

(五)关注最有影响力的人群

社交平台建好后,如何吸引优质的客户呢?该如何写才能让用户感兴趣,怎么评估客户是感兴趣的?以微博为例,首先,定位关注同领域、同行业的相关名人、专家,然后了解、分析他们关注的热点、话题、圈子、行业信息等,这里按核心影响人群、次核心影响人群、一般影响人群来进行划分。

(六)倾听

牢记要去倾听你的受众。他们会告诉你他们要什么,他们需要解答什么问题,然后你就要根据他们的要求提供信息。Facebook、Twitter、微博和微信上的评论都会显示你的目标受众的广泛要求。

(七)表现出自己的热情

社交媒体营销需要热情。如果你对它不够热情,不够有动力,这点将很快表现出来。你无法假装热情,而一个热情的营销人员却很容易引起关注。

（八）考虑多媒体

单是文本并不足够,需要用各种方式来满足不同人群的需求和期望,需要在不同的媒体上提供自己的信息。出生于 20 世纪最后十年的美国人喜欢视频模式,而出生于婴儿潮时代的美国人喜欢邮件和文字。你需要知道你的受众希望什么样的模式并提供给他们相对应的模式,如今的高速宽带网络就是一个多媒体的载体。

（九）后续延伸与线上线下结合

运用社会化媒体进行营销实质是"关系"营销。而关系的建立是需要时间、有来有往的。企业在建立关系营销的过程中应该更加注重与消费者的沟通,除了可以设立关系复制的模式,还可以建立企业与消费者之间的关系。做到这两点,几乎就可以产生后续延伸的效果。同时企业在启动网络营销方案的过程中,通常的操作经验是:线下提示吸引、线上互动传播相结合。

（十）成立专门机构负责社会化媒体营销

星巴克成立了社会化媒体营销小组,有 6 名成员。星巴克在众多新媒体平台上进行宣传推广,如 Twitter、Facebook、YouTube 等,可见星巴克非常重视社会化媒体营销。市场研究公司 Altimeter 分析师 Charlene Li 在报告中列出了社会媒体关系参与度最高的 100 个品牌,其中星巴克排名第一、戴尔位居第二,而 eBay、谷歌和微软则分别位居 3～5 位。而中国企业在这一块尚处于启蒙阶段。

三、社交平台营销的优势与功能

（一）社交平台营销的优势

1. 社交平台营销可以满足企业不同的营销策略

作为一个不断创新和发展的营销模式,越来越多的企业尝试着在 SNS 网站上施展拳脚。无论是开展各种各样的线上的活动(例如:悦活品牌的种植大赛、伊利舒化奶的开心牧场等)、产品植入(例如:地产项目的房子植入、手机作为礼品的植入等)还是市场调研(在目标用户集中的城市开展调查了解用户对产品和服务的意见)以及病毒营销等(植入了企业元素的视频或内容可以在用户中像病毒传播一样迅速地被分享和转帖),所有这些都可以在这里实现,因为 SNS 最大的特点就是可以充分展示人与人之间的互动,而这恰恰是一切营销的基础所在。

2. 社交平台营销可以有效降低企业的营销成本

社交平台营销的"多对多"的信息传递模式具有更强的互动性,受到更多人的关注。随着网民网络行为的日益成熟,用户更乐意主动获取信息和分享信息,社区用户显示出高度的参与性、分享性与互动性,社交平台营销传播的主要媒介是用户,主要方式是"众口相传"。因此与传统广告形式相比,无须大量的广告投入,相反因为用户的参与性、分享性与互动性的特点很容易加深对一个品牌和产品的认知,容易形成深刻的印象,从而获得良好的传播效果。

3. 可以实现目标用户的精准营销

社交平台营销中的用户通常都是认识的朋友,用户注册的数据相对来说都是较真实的。企业在开展网络营销的时候可以很容易对目标受众按照地域、收入状况等进行用户筛选,选择哪些是自己的用户,从而有针对性地与这些用户进行宣传和互动。如果企业营销的经费不多,但又希望能够获得一个比较好的效果,可以只针对部分区域开展营销,例如只针对北、上、广的用户开展线上活动,从而实现目标用户的精准营销。

4. 社交平台营销是真正符合网络用户需求的营销方式

迅速发展的社交平台营销模式恰恰能满足网络用户的真实需求。只有符合网络用户需求的营销模式才能在网络营销中帮助企业发挥更大的作用。

(二)社交平台营销的功能

1. 实现精准的市场定位

新的经济环境下,尤其是大数据技术的发展,传统商业模式正在潜移默化地发生变化,随着社交平台的全球扩张,数据大爆炸正在改写营销规则。大数据的营销价值是随着实名制社交平台和电子商务的普遍化而不断增加的。社交平台上用户的互动行为、用户创造的内容等都形成了海量的数据信息,未来在社交平台的营销领域,能够深度挖掘数据价值的企业将构筑起竞争优势。而移动终端的介入使得这一切变得更加顺理成章,没有什么平台能够像社交平台的移动客户端那样贴近消费者真实的生活,数据公司在这些开放的客户端上面收集痕迹,通过技术对数据进行处理,得出用户特征,洞察用户喜好,从而给用户描绘出一幅生动的图像。移动终端不仅使得用户数据更加全面真实,而且其独特的地理追踪数据更是价值所在,它能提供网页数据无法提供的地理信息,从而让数据公司能够进一步描绘出消费者的生活习惯。

微信的"摇一摇"加 LBS 定位功能可以查找附近的人并加为好友,对用户来说这样的功能为陌生人交际开辟了全新的空间。查看附近的人就是通过微信定位功能,将用户周围陌生人链接,即把在生活中没有交际的两个个体拉到同一个虚拟空间,并成为虚拟世界的好友。这样的功能进一步满足人们的社交需求。对于企业来说这个功能能够吸引附近的人添加关注,为自己的品牌或产品做营销。同时,摇一摇功能可以帮助企业实现精准的地理细分和市场定位,通过它企业可以准确找到客户所在的地方,进而集中资源有针对性地去开辟企业的市场。

综上,社交平台不仅是收集用户资料的数据平台,而且还能将这些资料还原成消费者行为特征,这比传统的市场调研更加隐蔽,也更加生动,并且更有价值。因此,企业通过其社交平台,可以挖掘出客户的行为特征数据,进而使得企业的市场细分、目标市场选择以及市场定位更加精准。

2. 实时满足顾客需求

产品竞争力是企业营销追求的重要目标之一。一个产品是否具有竞争,完全取决于产品满足目标顾客的需求程度。因此,在产品开发过程中,要密切关注目标顾客的需求动态。为了提高新产品开发成功的概率,同时减少因新产品开发带来的财务风险,营销理论将新产品开发的程序分为新产品的构思、构思的筛选、产品概念的形成与测试、初拟营销方案、商业性分析、产品研制、试销、大规模上市八个环节。新产品开发程序中,监控的焦点是顾客的需求。然而,社交平台的内容无论是文章、照片和视频,或是评论、评级和建议等,都是用户创造、共享的内容。社交平台用户对产品及服务的评价系统,更是一种重要的内容形式,这些评论能够有效地帮助企业进行市场调研、市场细分和目标市场的定位。再者,企业可以利用社交平台,邀请客户加入企业的产品开发。通过集中搜索用户在社交平台上给予企业的所有评论建议,来不断修正和改善满足客户需求的产品和服务。

微信 5.0 开通了与银行卡绑定的支付功能,通过这个功能,用户不但可以绑定银行卡,实现在微信公众号扫描二维码中的一键支付,而且能直接接入腾讯的第三方支付平台。这种既方便又安全的交易方式,吸引了电商入驻微信。在微信的支付功能中,用户只需要一次绑定银行卡,然后通过支付密码就可以快速付款买卖。如此一来,用户就可以实现实时充话费、在线购买商品、线下扫码支付等便捷式的生活体验。因此,用户在使用微信的时候,不但可以与商家直接进行沟通下单,还能付款结账。而对于商家来说,这也是一个巨大的商机,在公众账号中,商家可以设立产品信息推送以及定价、下单服务等项目,让用户对支付方式和所买物品一目了然。这种便捷的支付方式,使得移动购物在微信平台飞速地发展,人们已经渐渐培养起了微信购物的习惯,这对各大企业来讲微信的商业价值进一步得到提升。

再者,微信公众号的后台界面,可以显示公众号的订阅人数,通过新建分组的功能,可以对用户的类型进行分组管理。这个功能等同于简化版的 CRM 系统,企业可以根据客户通过公众号发送的信息判断不同客户的个性化需求,并通过用户分组功能,给不同用户分组,为其用户提供个性化的服务,以及推送用户感兴趣的营销信息。

综上,企业通过社交平台可以精准地找准客户的需求,同时利用社交平台越来越多元化的功能及时地发现客户的需求,并通过简单便捷的方式满足客户的需求。

3. 提高促销效果

社交平台的出现与应用,消除了企业与渠道之间的信息不对称。通过社交平台,企业可以获得有价值的消费者信息与数据,提高企业对渠道的议价能力。通过消费者的直接反馈,更好地比较和评估各种渠道的优势与劣势,帮助企业调整渠道策略。渠道成员可以通过社交平台这一开放平台,增进彼此间的关系和化解冲突。

从整合营销传播的角度来看,企业与渠道商通过社交平台实现统一的传播目标。在社交平台所培育的新型商业生态中,品牌商所扮演的角色不再是单纯的渠道直销商,而是一个平台,它和经销商不是竞争的关系,而是一个平台生态圈的共生关系。随着社交平台移动支付、位置定位功能的不断完善,用户可以直接通过社交平台进行消费,因而社交平台现已演化成为企业的一个重要的营销渠道。

在传统的营销模式中,主要的促销手段包括广告营销推广、人员推销与公共关系。在社交平台中,促销手段与促销模式变得越来越丰富,而且越来越隐蔽。营销大师科特勒指出,"随着社交平台的个人表达性越来越强,消费者的意见和体验对其他消费者的影响也与日俱增,企业广告对消费者购买力形成的作用正在逐渐下滑"。然而,社交平台上植入式的趣味互动娱乐广告,让用户的体验更自然、愉快,接受度也随之大大增强。

企业通过社交平台直接建立与消费者、公众及媒体的对等沟通渠道,及时地利用热点事件形成有效促销。此外,社交平台改变了传统营销中企业绝对的主导地位,用户和企业的角色发生了转变,用户通过社交平台参与转发、投票、游戏等活动,加入企业整个的促销流程中。

第二节　社交平台营销的主要类型

一、微信

微信由腾讯控股有限公司筹划启动,腾讯广州研发中心产品团队研发。在 2011 年年初,微信还仅仅是一个移动即时通信软件,用户可以通过移动智能终端传递文字、图片、语音信息。随着用户群里的不断攀升,微信在功能上不满足于点对点的信息交换,逐渐开始发展自媒体信息,更侧重人与人交流中的信息互动与分享。用户可以通过扫描二维码、名称搜索、摇一摇等方式添加微信公众号。关注公众号之后,可以把自己感兴趣的内容分享给其他用户或者分享到自己的朋友圈里,与自己的朋友们进行互动、交流、分享。

近年来,智能终端和移动互联网迅猛发展,这为 O2O 模式打开了前所未有的想象空间。当用户拥有一台随身携带的智能终端,消费需求便会在任何时间、任意地点出现,需求的广度和深度得到了极大拓展。如果说 PC 互联网时代诞生了阿里这样的电商大鳄,那么移动互联网时代谁将成为"下一站天后"则更加令人期待。

对于企业来说,借力风头正劲的移动 O2O 浪潮开展营销已经成为迫切需要。微信,因其庞大的用户基数及高活跃度成为众多企业心目中的"当红炸仔鸡"。在利用微信开展O2O 营销之前,有必要理清微信的营销价值。微信首先是手机即时通信软件。用户从 QQ好友及手机通讯录中导入联系人,通过流量或无线网络发送语音、图片、文字等,且这些信息可以像短信一样被及时接收。可以说,从一开始微信便被赋予了维系熟人间"强关系"的社交基因,而随着查看附近的人、摇一摇等功能的加入,微信开始兼具依据地理位置建立陌生人间"弱关系"的能力。

微信是手机里的虚拟社区。用户可以将生活点滴记录在"我的相册"中,并将照片分享至朋友圈,好友可对这些照片进行评论和点赞。此外,微信还支持从第三方应用向好友分享音乐、新闻等内容。由此,微信完成了向移动社交平台的转变。

微信还是企业的微型 App。通过微信公众平台,企业可以向订阅用户群发文字、语音、视频等内容,同时通过聊天界面及自定义菜单与用户互动。5.0 版本后的微信公众平台尽管被分为订阅号与服务号两类,出现位置及推送频率也受到了限制,但伴随支付功能的横空出世以及地理位置、客服等技术接口的陆续开放,企业得以在微信中完成交易并向用户提供更符合自身特点的多种服务。正如微信产品部相关负责人在首次"微信·公众"合作伙伴沟通会上所说,"每一个公众号都是一个 App",微信公众平台已经成为企业与消费者建立连接的重要入口。

从连接人与人,到连接人与服务,微信的平台效应正日益显现。目前来看,微信为企业营销提供的价值主要体现在五个方面。第一,维系"强关系"的社交基因决定了只有与企业联系紧密的用户才会主动加关注,无形中过滤了非潜在消费者,提高了营销的精准性;第二,多媒体形式的内容、拟人化的快速回复、简洁的对话界面提升了传播质量与互动效率,用户反馈的数据有助于企业进行消费者识别,实现更有针对性的个性化传播;第三,位置服务功能帮助企业依据用户的实时位置预测消费需求,及时推送产品、服务信息甚至消费路线,提升营销的即时性;第四,微信好友以亲人、朋友、同事为主,朋友圈中意见领袖的分享对用户的购买决策影响巨大;第五,已经形成的支付闭环及开放的平台生态利于企业将微信接入既有的营销链条,为企业开展 O2O 营销提供移动端的重要支撑。

站在用户的角度来说,充分利用微信价值的营销应让其感受到:第一,与用户直接相关;第二,对用户的反馈能迅速做出反应;第三,能预判用户的消费需求并及时推送有用的信息;第四,让用户与朋友们联系更为紧密;第五,可轻松交易。

二、微博

"今天,你围脖了吗?"这句话从 2009 年开始便逐渐地闯进了人们的视野之中。当然,该词的意思已经发生了一定的变化。如果还将其认为是"围在脖子上的围巾"之意,那么只能表明你没有适应当下的发展趋势了。因为"围脖"其实即是对微博的谐音。虽然从当下的学术界来看,尚未对微博的含义进行权威性的界定,当然,如若对现在已经取得的相关资料来看,微博含义的界定呈现出"横看成岭侧成峰,远近高低各不同"的局面。从不同的视角来看待微博,就会得到千差万别的微博定义,对于微博含义的界定自然也就千差万别。综合不同类型的微博定义,提炼出最为核心的要点内容,对其含义总结如下:微博,其原型来源于博客,在体制规模上属于非正式型、迷你型。它通过互联网的平台,对用户发布的信息多以转播的形式进行资源共享,并以跟帖留言的方式展开互动的过程,不拘泥于时间、地点以及操作的主体对象等。其篇幅精短,其字数规定在 140 个汉字之内。在具体分布信息的方式上,也出现了多元化的现象。在发布信息的途径上也呈现出多元化的特点,手机、IM、Web 等都是主要的媒介。虽然微博的精确定义莫衷一是,但其在现实中的发展却已经如火如荼地进行着。

微博营销,是在 Web 2.0 时代下,基于微博这一社交媒体平台的一种全新营销方式。在百度百科中,微博营销被定义为通过微博平台为商家、个人等创造价值而执行的一种营销方式,也是指商家或个人通过微博平台发现并满足用户的各类需求的商业行为方式。微博营销以微博作为营销平台,每一个听众(粉丝)都是潜在的营销对象,企业利用更新自己的微型博客向网友传播企业信息、产品信息,树立良好的企业形象和产品形象。每天更新内容就可以跟大家交流互动,或者发布大家感兴趣的话题,达到营销目的。同时也有学者将微博营销定义为组织或企业借助微博这一可以进行快速信息传播、反馈、分享和互动的社交媒体平台,进行产品和品牌推介、市场研究、消费者关系维护以及危机公关等营销行为。

三、社会问答平台

社会问答平台,又被称为问答社区或者问答平台等。Gazan 在前人研究的基础上指出问答网站中社区一词在某些时候可以限定使用,但是当问答网站的参与者并没有表现出区分的特点时,就需要一个较为宽泛的词来表述问答平台的概念。对社会问答平台的定义主要从用户服务的视角将其分为三个重要部分:第一,社会问答平台是一种用户使用自然语言表达信息需求方式的平台;第二,社会问答平台是一个满足用户信息需求的平台;第三,社会问答平台是一个鼓励用户积极参与的平台,而这类用户不仅仅是信息资源的需求者还包括信息资源的生产者。

　　侧重于社会关系的第二代社会问答平台开始受到用户的广泛关注,其中以知乎平台最为典型。与以百度知道为代表的第一代社会问答平台相比,两者在服务模式、申请方式、社会化程度、问题偏向性以及用户黏度上都存在明显的差别,但是在本书研讨中,则主要以百度知道等第一类社会问答平台为主要研究对象,主要考虑以下几点:首先,从用户群体来看,第一代社会问答的用户群体主要是大众用户,或称为草根用户,而知乎平台中的用户群体主要以精英用户为主且多为年轻用户,受众规模相对较小,注重探索问题,并不注重问题的求解过程,用户信息需求的目的性相对较弱;其次,由于知乎的用户群体为精英用户,因此提供的信息资源的质量具备较高的效用和准确度,垃圾信息相对较少,而百度知道因广泛的大众用户参与,从而信息质量问题更为突出,更加值得关注;最后,从平台的影响力出发,虽然知乎平台快速发展,目前注册用户已过 6 000 万,但是在用户数量、问题数量和平台使用上都与百度知道相差甚远,影响力远逊于第一代社会问答平台。综上所述,社会问答平台主要是指以百度知道为代表的第一代社会问答平台。

第三节　社交平台营销的运作方式

　　国内外学者对营销模式的研究起始于 20 世纪 60 年代。从营销模式的发展脉络来看,营销模式的过程已经历以产品导向的营销模式、以顾客为中心的营销模式和以关系为中心的营销模式等三个阶段。目前在互联网时代的浪潮下,社会正处于史无前例的创新时代。"共享经济"横空出世,通过社交平台的分享行为已与日俱增,营销模式正朝着以顾客分享行为为中心的资源共享方向演进。每个阶段,都有不同的学者对营销模式理论的发展作出了卓越的贡献,如表 9-1 所示。

表 9-1　营销模式的发展

营销理念	代表人物	营销模式
产品思维	麦卡锡、菲利普·科特勒	4P(产品、价格、渠道、促销) 6P(产品、定价、销售渠道、促销方式、权利和公共关系) 10P(市场研究、市场细分、优先目标市场、市场定位+6P)
顾客思维	罗伯特·劳特朋	4C(顾客、沟通、成本、方便)
关系思维	舒尔茨	4R(关联、反应、关系、回报)
资源共享思维	维克托·迈尔-舍恩伯格	整合营销、大数据营销、C2C 营销

一、以企业为中心的营销模式

　　以企业为中心的营销模式,以企业利益为出发点来处理营销问题,其核心是以产品交换为前提的思维方式。在这种理念的引领下,20 世纪 60 年代,麦卡锡首次提出了 4P 营销模式即产品(product)、定价(price)、渠道(place)和促销(promotion)。20 世纪 70 年代后,西方学者和企业界对企业营销模式的发展和演变进行了更深入的分析,提出传统的 4P 模式容易导致企业营销活动的机械性和短期行为,进而将传统 4P 营销模式进行了改动和补充。从"服务营销"的观点出发,提出了 6P 模式,即产品、定价、销售渠道、促销方式、权利和公共关系。随后,科特勒进一步提出了战略营销理念,认为无论是 4P 或 6P 都只是企业市场营销的战术性组合而非战略性要素,需要市场研究、市场细分、优先目标市场、市场定位四个战略性要素的指导。4 个战略要素和 6 个战术要素组合形成 10P 营销模式。最后,科特勒吸取了服务营销提出的 7P 模式的观点,并认为营销模式的构建与实施还应有"人"的因素,最终构成 11P 营销模式。总之,这是企业营销模式纵向发展的阶段,每一种新的营销模式的提出都是对营销实践发展的回应和不断吸收营销领域新发展与理论研究新成果的结果。但其根本仍是产品导向的以产品交换为立足点的扩展,企业的核心竞争力在于制造能力,企业的观念主要是生产观念和产品观念。

二、以顾客为中心的营销模式

20 世纪 80 年代,随着经济的发展和社会的进步,消费者的需求发生改变。同质化低价格的产品对顾客已经没有吸引力,顾客的需求变得多样化。以 4P 模式为基础的产品思维营销模式,难以适应市场的发展。此时,罗伯特·劳特朋提出了 4C 模式,强调企业要重视顾客而不是产品,应当满足顾客需求;追求成本应优先于价格,企业应当努力降低顾客购买的成本;为消费者提供便利比渠道重要,企业应当尽全力为顾客提供购买过程中的便利;并与顾客进行有效沟通,最后找到企业与顾客的契合点,并形成顾客的购买行为。可见,企业的竞争力不再是生产能力,而是从顾客的角度出发,为顾客提供满意的产品与服务,营销模式的理念从产品导向向顾客导向演进。

三、以关系为中心的营销模式

21 世纪初,信息技术发展为营销活动更加有效地开展开拓了新天地。学者们渐渐发现基于 IT 的沟通技术、物流技术、柔性制造技术已经渐渐成熟。同时,经济社会进一步发展,市场不断走向成熟。产能过剩和企业供给大于顾客需求是这个时代的显著特征,在这个背景下消费者变得越来越挑剔,消费需求更加变幻莫测和多元化。此时,美国学者舒尔茨提出了 4R 营销模式:关联、反应、关系、回报,意在通过与顾客的互动形成企业与顾客间独特的关系并最终实现共赢。接着舒尔茨又提出了整合营销模式,早期的整合营销以整合企业内外部所有资源为手段,再造企业的生产行为与市场行为,充分调动一切积极因素以实现企业统一的营销目标。后来随着互联网技术的发展,数字整合营销模式以用户价值为核心驱动力,强调与用户沟通互动等交互式的营销方式,其核心工作是培养"消费者价值"观,从单向诉求灌输转变为双向沟通互动,旨在与有价值的消费者建立长期的紧密关系。

四、以资源共享为中心的营销模式

当今世界,社会正呈现出这样一种前所未有的趋势:消费者之间的分享、交换、借贷、租赁等将自有资源使用权共享的行为正在爆炸性增长,催生着"共享经济"的新形态,其主要特点是：一个以信息技术为基础的由第三方创建的市场平台为需求方和供给方提供服务链接。正是由于互联网时代的到来、移动网络的普及和智能手机使用者的爆发性增长，为"共享经济模式"的发展提供了基础条件。以共享经济为前提的营销模式应具备以下特征：一是消费者在无须持有产品与服务所有权的情况下，通过合作的方式来和他人共享产品和服务，即"使用但不拥有，分享代替私有"；二是企业通过与用户的互动与用户建立强关系的营销；三是让用户真正参与到营销推广模式的进程中，并为客户打造极致的体验。

第四节　社交平台营销的策略与方法

社交平台营销的实施策略与方法，主要包括内容营销、互动营销、O2O营销和移动场景营销策略。

一、内容营销

内容营销是指以文案、图片、视频等介质来向客户传达企业产品、品牌、服务等相关内容，目的是接触和影响企业现有的与潜在的客户。它的核心理念不是销售，而是积极与客户进行沟通，通过提供持续有价值的内容来吸引用户，刺激用户的购买愿望，同时提高顾客的忠诚度，如图9-1所示。

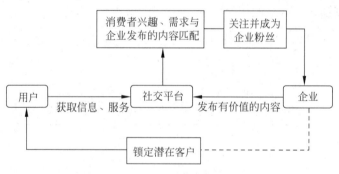

图9-1　内容营销策略图

社交平台汇聚了上亿的高黏性活跃用户，他们已经逐渐养成了通过社交平台来获取信息的习惯。用户在社交平台会主动关注自己喜爱的品牌、企业以及其他有高质量内容的主页，并积极参与社交平台中热门事件的讨论。根据社交平台用户行为数据研究结果显示，社交平台用户会主动分享有价值的内容并关注发布内容的企业账号。因而，企业可以通过社交平台发布与企业产品、品牌相关的内容，并将内容设计得富有创意有趣味性或是标新立异进而引发大家的共鸣，这种有价值的内容发布会很快在社交平台上传开。社交平台用户会通过热门信息浏览或通过社交平台相互关注用户的分享来接触到企业信息，并参与到企业发布内容的评论、转发、点赞等活动中，倘若用户对企业十分有兴趣便会在社交平台点击关注企业的官方账号。此时，企业的粉丝数也会相应地增加，企业也因此而获得了一批潜在的用户。

内容营销的核心主要包括两个方面,第一,营销者要确保传递的内容具有价值,能打动受众。传递内容应该与目标消费者的需求密切相关,可为其提供信息、知识等帮助,同时内容需要通过有意思的故事、图片、视频吸引消费者、愉悦消费者和激发消费者的互动欲望。第二,营销人员要把握合适的内容传播时机和频率。Nisa Schmitz 研究 Facebook 营销指出,企业每天应该 2 次展示其产品信息,以保持和粉丝的良好关系,每周要展示 4 次图片以及状态、链接等其他多种类的内容,切忌用海量的没有价值的信息轰炸用户,否则会引起用户反感,他们会立即撤销对企业的关注。同时根据社交平台用户对社交平台的使用行为可知,用户在社交平台上信息阅读的高峰期集中于三个时段:午饭后、晚饭后和高峰期上下班乘车阶段。因此企业应当在以上三个时段进行信息的发布与更新,扩大信息接收者的范围。

综上,企业通过内容营销,一方面向客户传达企业产品和服务信息,另一方面也会获得社交平台用户的关注,而关注企业的用户则很可能是企业的潜在用户,因此这个营销阶段可以帮助企业快速地锁定一部分潜在客户。

二、互动营销

互动营销是指企业通过社交平台与消费者之间形成双向的、即时的、多次的沟通对话,激发用户活性,保持与用户长久的联系,并在这个过程中进一步向消费者传达企业的产品理念、服务特色以及企业价值观,试图让消费者全面了解企业、信任企业,同时也能利用互动活动更加精准地了解消费者需求,最后邀请消费者主动参与到企业产品的定位、研发、设计、生产等过程中去,进而保持长久的用户忠诚,如图 9-2 所示。

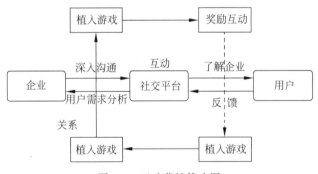

图 9-2　互动营销策略图

互联网技术将社交平台打造成一个移动的便捷式双向沟通平台,为企业和用户间良好的互动创造了良好的环境,同时社交平台的开放性,让企业可以通过多种方法与用户互动。企业可以通过游戏植入与用户互动,即在社交平台上设计有趣的游戏,同时加入游戏结果竞技排名的环节来刺激消费者重复参与,并通过社交平台分享让更多的人参与进来。企业在游戏中应该植入与自己产品和服务相关的信息,在客户玩游戏的过程中将企业推广信息潜移默化地植入用户的心智中,另外企业还可以通过奖励式互动提高客户参与度,并刺激消费。最后,企业在互动的过程中根据互联网社交平台的特点可以与客户建立起一对一的朋友关系,企业与用户之间互动的频率越高,企业与用户的沟通就越发深入,用户对企业也会越发信赖和依靠。这样便会形成用户长期的顾客忠诚行为,并且用户会积极主动地参与企业产品的设计、研发、推广和销售等活动。

　　企业在互动营销实施中应当注意严格恪守一切以消费者为中心的原则,以满足消费者需求作为企业的营销宗旨。互动营销应该根据内容营销环节中对目标客户的认知来设计与用户互动的策略体系,用现有和潜在消费者喜爱的方式去进行互动,而不是盲目地靠利益诱惑消费者参与。仅仅通过奖励式互动中的利益吸引消费者会给企业带来错觉,他们中大部分人很可能都不是企业的潜在用户,而仅仅是为了从企业的优惠活动中获得利益,因此,企业的聚焦点还是应该回到通过内容营销环节筛选出的客户。其次,企业不要盲目地追随社交平台上的热点来与客户进行互动。例如春节期间"抢红包"活动如火如荼,大部分企业全力以赴地参与其中,并投入大量资金,它们认为全民参与的热门活动一定能帮助企业获得客户。然而,根据艾瑞公司的研究报告显示,大多数企业取得的互动结果都不尽如人意,客户转化率微乎其微,甚至很多用户都不知道是哪个企业给他们送的红包。可见通过红包互动的策略并没有有效地帮助企业进行业务推广。最后,企业在任何一个互动环节都应该植入企业的产品、服务、品牌等信息,不能为了互动而偏离企业品牌的主题,企业还需确保与用户间互动的及时性。移动互联网背景下消费者的需求变得多变,同时也希望新的需求能被及时满足,因此互动环节中企业要保持持续的积极主动性并耐心的倾听和满足用户需求。

　　综上,互动营销一方面能够保持与现有用户的长期联系,也在一定程度上激活了潜在用户。另一方面,互动环节让企业与顾客间实现深入沟通,企业对消费者了解越发深入,消费者对企业就会越发信赖,最终让用户对企业产生认同感和归属感,并积极参与到企业生产经营环节中去,成为企业永久的忠诚客户。

三、O2O 营销

　　O2O 是指两种模式,其一是 online to offline,即线上营销带动线下消费,通过提供打折、新品发布、服务预订等信息,把线下商店的资源推送给互联网用户,从而将他们转化成自己的线下客户。其二是 offline to online,即将线下销售与互联网结合在一起,通过线上提供优惠的折扣、奖励、独特产品等方式,让用户的消费行为从线下转移至线上,如图 9-3 所示。

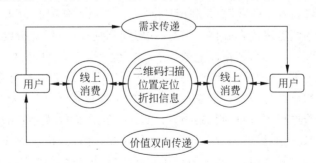

图 9-3　O2O 营销策略图

　　互联网社交平台的位置定位技术和移动支付技术的实现,让社交平台上 O2O 营销活动的开展形成了闭环价值链。同时二维码技术的快速发展,便捷式扫码付款、扫码获取商品信息功能的实现,改善了用户通过社交平台进行购物的体验。企业可以利用社交平台展示线下商品及服务,并提供在线支付"预约消费"。这种方式不仅拓宽了用户多元化的选择余地,还可以让用户通过线上对比选择与自己需求匹配的个性化服务。目前许多企业采取了线上支付比线下支付优惠的策略来吸引消费者进行线上购物。对消费者而言得到了好处，对商家而言互联网社交平台可以有效整合与分配线下分散的资源，同时消费者的在线消费行为有助于形成客户数据库让企业可实时监控和追踪消费者需求，进而有效支撑企业后期的大数据分析，实现更精准的客户价值开发。另外，利用社交平台用户的分享行为以及内容创造行为可帮助企业进行产品推广和宣传。基于强关系的社交氛围以及"社群认同"效应，在用户通过社交平台分享其所购产品和购物体验时，企业顾客的社交圈朋友关注并购买企业产品的概率会大大提升，因此，企业的这种营销方式会直接将线上广告转换为潜在用户实际的购买行为，实现获利。最后，社交平台的位置定位功能，能帮助企业实现客户需求的快速响应。例如：客户在午饭时段通过社交平台发布抱怨信息时，餐饮企业可以及时搜索到客户的这条信息并为其提供在线点单、到店就餐或者直接向用户送外卖的业务而立即获得用户，同时，如果企业提供的餐饮可口且服务贴心为客户留下了深刻的印象，那么企业将会获得一个会重复购买其产品的忠诚客户。

综上，社交平台上的 O2O 营销，首先可以帮助企业有效整合线下资源并根据社交平台上的用户信息进行科学的线下资源分配。其次，社交平台的移动支付技术、位置定位技术以及用户群体的社交关系有利于企业获得更多的商业机会，同时也能满足用户个性化的需求。最后，O2O 营销模式有助于建立基于用户实际购买行为的数据库，可以进一步提高企业对用户需求分析的精准性。

四、移动场景营销

移动场景营销是围绕用户在互联网上的搜索、输入、浏览行为，以大数据、云计算和人工智能技术为基础，识别用户不同行为下的场景入口后准确描述用户的特定需求，从而结合企业的业务、能力和资源快速响应并及时满足客户需求的过程，如图 9-4 所示。

首先企业可以通过用户申请社交平台账号时填入的个性化信息粗略地筛选潜在用户；其次，根据潜在用户发布于社交平台的原创内容以及用户在社交平台关注的账号，分析用户的兴趣、爱好、个性等特征；最后，企业利用社交平台，可以在任何时间和地点收集到任何指定用户的公开信息和浏览痕迹，同时可以在任何时间和地点，向任何指定的用户进行信息推送，并产生持续的互动。因此，依据以上的过程，企业便可实现用户所处场景的准确描述以及用户潜在需求的挖掘，进而快速地响应用户的实时需求并最终获得利益。

移动场景营销的核心是满足特定消费者当前的个性化需求，为其提供商品或服务。该商品或服务在被消费过程中可自动收集顾客信息，分析、了解消费者的偏好和习惯，自动调整产品或服务的功能，实时地适应消费者变化着的需要。因此，移动场景营销中消费者的需求是一种动态的需求。具体而言，同一用户在不同的场景中则会有不同的需求，例如午饭时间段顾客的核心需求是就餐，而下班时间段用户的需求是快速到家，周末闲暇时间顾客的需求是购物、娱乐和聚会等。因此，移动场景营销中企业如果能准确地描述用户所处场景，并掌握用户的消费行为、习惯和心理，就能快速获得用户并实现收益。例如希尔顿酒店营销人员发现 GE 公司的高管在 Facebook 发布了希望到达好莱坞后看一场泰勒演唱会的状态，于是 GE 公司高管刚下飞机的时候就收到好莱坞当地希尔顿酒店发送的酒店已预订和演唱会

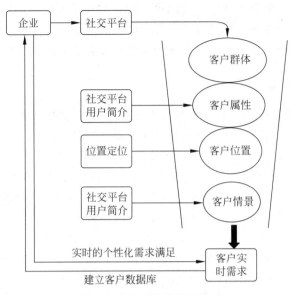

图 9-4　移动场景营销过程图

门票已买好的信息。这种基于客户移动场景需求的及时响应为客户打造了极致的体验,让
顾客深刻地铭记企业的品牌和服务,并在下次具有类似需求时第一时间想到企业。再者,
Uber 未来计划实现的目标是,当用户刚拿出手机准备打车时,Uber 的司机已经在不远处等
着客户了。这种对用户未来需求的预测也是基于用户所处移动场景的判断,以及用户消费
特征的分析。

　　综上,移动场景营销主要是利用了社交平台上大量的用户资料和用户数据,通过建立用
户数据库,进行用户信息的实时更新以及用户位置的实时追踪,来判断用户所处的不同场景
以及预测不同场景中用户潜在需求,最后实现将企业的服务快速与客户移动需求匹配。这
种营销方式将客户营销价值进行了最大化的挖掘。客户每天都会经历许多不同的场景,而
每种场景下用户都会有特定的个性化需求,而且基于场景的需求几乎都是用户的刚需,所以
只要企业能够快速发现并及时响应客户基于某种特定场景的需求,那么企业可快速获得用
户并实现收入。

第五节　微 信 平 台

一、公众号

　　微信和微信公众号作为一种新的媒介现象和信息方式,深刻地改变着社会的传播生态,
极大地拓展了公共领域,并深刻地影响着整个社会文化的走向。在微信时代,个人的意见表
达、相关群体的互动、社会各种话语体系的整合、大众情绪的展露等也都呈现出不同以往的
形态和风貌。微信公众号不仅仅承担了资讯和知识传播的功能,为知识生产和信息传播提
供了更便捷的方式;同时也是一种情感需求和情感表达,人们试图在这个公共空间构建一

种极具个人化的社交网络关系和情感共同体。微信公众号所依托的网络虚拟空间,其最大的潜力是对个人的解放和对世界的改造。但一些微信公众号与资本结盟、与效益挂钩,主动媚俗、迎合受众,在某种程度上也是对当下时代精神和文化伦理的腐蚀。

(一)公众号的分类

从认证上分类,微信公众号分为服务号和订阅号两种类型,每种类型的使用方式、功能、特点均不相同。服务号具有管理用户和提供业务服务的功能,服务效率比较高,主要偏向于服务交互,例如,提供银行、114 等服务查询功能的服务号。订阅号的主要功能是发布和传播信息,用于展示个人或企业的个性、特色和理念,树立个人形象或品牌文化。订阅号主要偏向于为用户传达资讯(类似报纸杂志),具有较大的宣传和传播空间。订阅号与服务号这两者的区别在于,订阅号每天可以推送一篇文章,服务号则是一个月推送一条信息。随着微信的发展,现在大部分公众号都属于订阅号。

从工作视角分类,微信公众号可以分成"对内"与"对外"两大类。"对内"是指政府内部的办公新媒体系统,政府工作人员利用移动终端进行工作,如视频会议、微信群聊,传达工作情况、工作通知等,用以保证工作便捷高效运转。"对外"即我们平时常见的政府微信公众号,用以推送政务信息、通告突发事件、发布便民信息。

从功能上分类,可以分成信息发布类、服务功能类、互动沟通类。信息发布类微信公众号定时定点向用户推送实时新闻类的图片、音频、视频或者链接等官方的信息,主要目的是向用户更详细地解剖政府工作活动,以及法律法规等服务用户的信息。服务功能类微信公众号,一般已经提前设置好了快捷选项,用户可以通过"按钮"选择自己需要的服务,后台早已设置好了自动回复,用户可以主动查询自己所需的信息。互动沟通类微信公众号,主要是"点对点"对用户进行服务,用户举报、报案都可以随时随地地进行,也能得到及时快速的回复,政府会找专门的工作人员及时在线提供服务,类似于在线客服的政务微信。

(二)微信公众号的基本设置

微信公众号的基本设置包括名称设置、头像设置、二维码设置以及功能介绍设置等,下面分别进行介绍。

1. 名称设置

微信公众号的名称是用户识别微信公众号的重要标志之一,微信公众号的名称设置应当遵循统一、简洁、便于搜索、注明功能等基本原则。

2. 头像设置

头像代表了微信公众号的个性和风格,还能方便用户对微信公众号进行识别。微信公众号头像以 Logo、个人照片、卡通形象和文字等为主。

3. 二维码设置

每个微信公众号都有一个专属的二维码,对二维码进行分享和推广,可以让更多用户关注微信公众号。二维码的设计可以结合商品或信息内容的特色,添加一些可以展示特性的元素,使其更具个性化。

4. 功能介绍设置

功能介绍主要用于描述微信公众号的作用。功能介绍必须突出重点、便于理解,让用户可以通过该介绍快速了解微信公众号提供的服务和微信公众号的价值等。例如,直白地展示卖点,快速打动目标消费人群。

(三) 微信公众号的应用方向

微信公众号是企业进行营销信息传播的主要方式之一,企业通过微信公众号,可以非常便利地开展品牌推广和商品服务,其应用方向主要包括以下几点。

1. 信息传播

对个人用户而言,微信公众号是非常有效地建立个人品牌、扩大影响力的工具;对于企业而言,微信公众号可以为企业提供更多的信息查询和传播功能,例如,企业介绍、商品服务、联系方式和营销推广等。

2. 品牌宣传

微信公众号上丰富的文字、图片、音频和视频等内容,可以快速有效地把企业的品牌理念、促销活动等信息告知用户。微信公众号具有互动性强、传递快速和投放精准等特点,用户不仅可以接收信息,还能参与互动。利用微信公众号进行品牌宣传既深化了品牌影响,又降低了营销成本。

3. 客户服务

微信公众号能结合企业原有的客户关系管理,实现多人人工接入,极大地方便了企业与用户之间的交流,在吸引新客户的同时维护老客户,提高了客户的忠诚度。

4. 开展调研

调研数据将影响企业制定经营策略进而影响营销效果,微信公众号可以直接接触目标用户群体,不仅使调研数据更真实,而且还可以节省大笔调研成本。

5. 政务服务

政务服务是指党政机关、事业单位和人民团体,包括县级以上教育、公安、民政、社保、环保、交通、卫生、市场监管和旅游等与民生密切相关的部门运用微信公众号开展政务信息服务。利用微信公众号开展政务服务方便了政务信息的传播,提升了政务工作的效率。

6. 电子商务

微信公众号具有销售引导功能,可以将商品或服务信息快速传递给消费者,引导其购买,缩短营销周期。电子商务又分为广告、电商和内容付费三种模式。

二、个人号

个人微信是指单个用户在微信平台中进行信息传播的微信应用,主要包括个人微信号、微信好友、微信群和朋友圈四种应用方式。个人微信和微信公众号的区别见表9-2。

表9-2　个人微信和微信公众号的区别

项目	个人微信	微信公众号
功能	加好友,发消息,发布朋友圈状态,与个人相关的生活服务	自动回复,赞赏,管理用户,掌握用户信息并与之互动
社交圈	个人的人际社交关系	比个人关系圈更广的社交圈

续表

项目	个人微信	微信公众号
使用定位	好友或用户个人的近况、娱乐信息分享	商业用途,如品牌推广、企业宣传、商品销售等
推广方式	通过介绍,即口碑来达成推广	需要利用多种资源进行推广(包括线上、线下)
使用方式	移动端为主	PC 端为主

(一)个人微信号

个人微信号是用户在微信平台中的身份认证和个人资料的展示,比较重要的组成部分包括昵称、头像、微信号和个性签名。

1. 昵称

设置微信昵称是进行信息传播的第一个阶段。在微信平台进行信息传播时,用户往往最先注意昵称和头像,设置较好的昵称可以快速建立第一印象,节约沟通成本。例如,商业用户通常以"实名+个人特征"的结构体现——"王××—个人理财顾问"。

2. 头像

微信头像代表着用户的形象,与昵称设置一样,较好的头像可以快速建立第一印象,节约沟通成本。以商业信息传播为主的个人微信一般以用户个人照片、商品特色标志或者公司 Logo 等作为头像。

3. 微信号

微信号是指微信 ID,通常是一组字母、数字和符号的组合。设置微信号应该以方便记忆、方便识别和方便输入为原则,一般来说,微信号可以设置为有关联性的拼音、字母组合,例如,用户的名字、公司、职业相关的拼音+简单数字组合。

4. 个性签名

微信个性签名主要用于展示用户的个性特点、情感态度等,风格上并没有严格的要求,可以专业严谨,也可以轻松幽默。

(二)微信好友

微信好友是用户在微信平台中传播信息的主要对象,微信好友之间的信息传播应用包括文字、照片、实时拍摄、通话、位置共享和红包转账等。

1. 文字

微信好发之间通过输入并发送文字的方式进行信息传播,除了用户自己输入的文字外,还可以转发其他好友传播的信息。

2. 照片

这里的照片是指保存在计算机或手机等智能终端中的照片,用户可以通过微信平台将这些照片发送给微信好友。

3. 实时拍摄

用户与微信好友进行信息传播时,可以通过手机实时拍摄照片或视频,直接发送给微信好友。

4. 通话

用户可以与微信好友进行语音或视频的直接通话。

5. 位置共享

用户可以向微信好友发送自己的位置或者共享实时位置。

6. 红包转账

红包转账是微信平台在商业上的主要应用,用户可以直接将银行卡中的资金以红包或转账的形式转移到微信好友的账户中。

三、政务微信

2012 年 11 月 8 日,我国第一个政务微信账号"微成都"诞生。2012 年 9 月 6 日,全国第一个通过认证的公安微信"平安肇庆"上线。2013 年 8 月 30 日,广州市白云区政府开通官方"广州应急——白云"公众微信平台,及时播报河源地震灾情,打造广州首个成功运营政务微信案例。紧接着,山东寿光公安、厦门思明公安等率先通过微信向广大社会公众发布"犯罪嫌疑人通缉令",警方与民众借助微信工具的通力协作,联合行动,随时以微信播报警情,共同抓捕犯罪嫌疑人,公安微信如雨后春笋般建立起来,开启了全国政务微信问政的潮流。全国政务微信逐年增加,涉及民生实际的、职能属性与民生服务紧密关联的政府部门,如交通部门、宣传部门、劳动与社会保障部门均纷纷开通自己的官方微信,政务微信开始成为政府信息公开、舆情发布、行政办公、与民沟通、社会管理、综合治理等的新型网络问政平台。中华人民共和国中央人民政府门户网站(简称中国政府网)官方微信公众平台开通,成为我国政务微信发展里程碑式的事件。中国政府网成为一个重要的国务院政府信息公开平台,标志着今后国务院重要政务信息,将第一时间通过微信向社会公众公开。国内目前关于政务微信的研究给政务微信普遍定义:专指中国政府官方部门所注册的官方公共平台账号。从更广义的角度对政务微信进行界定,政务微信,指各级党政职能部门开通的、服务于该部门职责范围内相关行政事务开展的、经过腾讯对微信公众账号申请主体合法性及相关权利资质审核的微信公众账号(订阅号和服务号),包括党政职能部门以单位名义开办的政务微信公众平台、政务微信群、公务人员以公职身份公开认证开通的政务微信个人号。它是国家在社会管理过程中,对行政性事务的一种发布和对民众关心的事务的回应,集文字、图片、语音、视频、链接等多维一体的政务服务方式,有利于政民间全方位的沟通和互动,公民通过政务微信参与到国家的管理活动中,并获得实实在在的政务服务。

四、微信群

微信群是微信平台提供的一种群聊功能,可以允许非好友在一个群里进行沟通。作为多人聊天交流平台,群成员可以通过网络快速发送语音、视频、图片和文字,微信好友之间的信息传播方式都能在微信群中进行。微信群与微信好友间进行信息交流最大的不同在于,微信群中的用户之间不一定都是微信好友。很多企业、事业单位或政府部门的办公都会采用微信群,与传统办公方式相比,微信群具有无纸化、便捷和互动性强等优势。经营者可以建立营销群,而后添加潜在用户到群里进行沟通,最后可以设计好的营销内容,发布到微信群里进行信息宣传。微信群的利用突破了非好友宣传的限制,相较于朋友圈具有较高的宣传营销频率,而且还可以使用微信红包来提高微信群的活跃度,达到好的营销效果。微信朋友圈有允许微信好友查看朋友状态的功能,允许微信用户发送文字、图片、视频等媒体信息。利用微信朋友圈开展网络营销,要求是首先要添加为好友,而且不被别人屏蔽朋友圈信息,这样才能够开展网络营销,所受限制较大。人们在生活中也广泛应用到微信群,例如,用于老师和学生、家长之间信息传播的"师生群""家长群",用于相同爱好用户之间信息传播的"钓友群""车友群",用于人际关系信息传播的"小区住户群""班级同学群"等。

五、朋友圈

朋友圈是微信平台的一个社交功能,用户可以通过朋友圈发表文字、图片或视频等信息内容,也可以通过其他软件或应用将各种类型的信息分享到朋友圈中。用户的微信好友可以对用户发布的内容"评论"或"点赞",也可以将其转发给自己的其他微信好友,或者作为自己的朋友圈内容进行发布,由此实现信息的传播。

微信朋友圈是一种独特的朋友之间分享内容的平台,它与微博、QQ 空间有一定的相似之处,可以在用户个人朋友圈内自由分享文字、图片、文章、小视频等不同类型的内容,可以评论、点赞朋友发出的内容,具有一定的互动环节。但是微信也有许多功能与其他产品不太一样,用户可以分享朋友的文章,但是分享后,看不到该文章前一个分享用户;用户的原创内容(图片、文字),用户好友无法直接分享。微信评论功能与其他社交产品不同,评论仅好友间才能相互可见。即如果 A 方与 B 方同为好友,但 C 方与 A 方是好友,与 B 方不为好友,那么 A 方在朋友圈发布的消息,如若 B 方在 A 方的朋友圈下评论了,C 方由于与 B 不是好友则不可见。如果 D 方与 C 方、A 方都是好友,那么他们三人将可以在 A 方发布的朋友圈下相互看到彼此的留言。这与其他社交产品不同,例如,微博的评论功能即使不同时"互粉",只要跳转到一方的微博主页上,就能看到所有人的评论。这是微信不同于其他产品之一的功能。微信的转发功能,和其他社交产品不一样在于,例如微博,可以一键转发任何发布在微博平台上的信息,而微信只能转发在朋友圈内可见链接,例如文章链接、活动链接等,但是不能对微信朋友圈的原创信息进行一键转发。这也是微信不同于其他社交产品的功能之一。

六、微信广告资源

随着微信社交平台的用户不断增加,众多企业开始与腾讯合作进行微信朋友圈的广告投放,而投放的受众则根据微信后台对用户资料分析后的结果来区分,比如在汽车广告中,不同的用户群体接收到的汽车品牌信息有明显区别,一些用户接收到的是宝马的推广广告,而另一些用户接收到的是丰田汽车的广告信息。根据微信后台数据报告显示,他们目前能根据用户在朋友圈创造的内容,比较精准地描述用户的个性、收入以及偏好。进而根据用户的这些特征来帮助企业进行市场推广。广告模式是微信公众号比较常用且有效的电子商务盈利模式,主要包括平台广告和商业广告两种类型。平台广告是在微信公众号平台中植入广告,广告展现形式包括图文信息、图片、关注卡片、下载卡片等;商业广告则是和商家对接的广告,包括硬广和软广,硬广一般都是在信息内容末尾直接放入广告内容,商业味道浓厚,渗透力较弱,因此大多数情况下企业会采用软广,软广一般是将广告巧妙地植入到信息内容当中,不易被用户直接看出。

第六节　微博平台

一、企业官博

新浪微博的企业微博解释是"为企业、机构用户量身打造的服务平台。它具有更丰富的个性化页面展示功能设置、更精准的数据分析服务,以及更高效的沟通管理后台",并"期待新浪微博企业版能够帮助企业更便捷地与目标用户进行互动沟通,提升营销效果转化,挖掘更多商业机会"。而腾讯微博在《企业微博运营指导手册(初级版)》中,直接把企业微博运营等同于微博营销。用更宏观的眼光来看,企业微博的作用不仅仅是营销,它还是公司和产品信息发布的新渠道,是危机公关的重要平台,是与其他企业和客户建立良好关系的桥梁,是低成本的"扩音喇叭"。一般来说,一个企业官方微博有独特的符合企业形象识别的微博名称、头像、皮肤、基本资料,已取得互联网微博平台的官方认证,并有明显认证标志,有一定数量的关注人数、粉丝和微博文。总之,企业官方微博是企业品牌推广与形象建构的工具之一,为了塑造良好的品牌形象,推动网络互动营销,在互联网微博客平台中建立的专属微博客空间,已取得互联网平台官方认证,并具备微博客基本要素。全国有超过2 450家的企业获得新浪微博认证,可以说各个行业都参与其中,如汽车、影视、饮食、家居、交通服务等。而很多大型企业也开始开通微博,在微博上进行营销。图9-5所示为部分知名企业的官方微

华为中国 V ［＋关注］
♂ 广东　个人主页
华为技术有限公司官方微博
关注 302 ｜ 粉丝 379万 ｜ 微博 2万
简介: 华为是全球领先的ICT（信息与通信）基础设施和智能终端提供商,致力于把数字世界带入每个……

中国移动 V ［＋关注］
♀ 北京 西城区　个人主页
中国移动通信集团有限公司官方微博
关注 633 ｜ 粉丝 1114万 ｜ 微博 4万
简介: 你的围脖好友、身边的通信专家,又和你见面啦! 在这里,中国移动"和"你一起,分享新业务、……

梅赛德斯-奔驰 V ［＋关注］
♂ 北京　个人主页
梅赛德斯-奔驰官方微博
关注 220 ｜ 粉丝 188万 ｜ 微博 1万
简介: 135年来,梅赛德斯-奔驰秉承着心所向,驰以恒的品牌理念,持续引领汽车科技与文化。梅赛……

图 9-5　部分知名企业的官方微博

博。企业微博一般以实现经济价值和营销价值为目的,微博运营人员或团队通过微博来提升企业的知名度,引起微博用户的关注,并将其转化为粉丝,为最终的商品销售服务奠定基础。受微博信息发布机制的限制,企业不能仅靠微博进行宣传推广,而是应该选择适合微博营销的宣传手段,结合微博的特点,建立并维护好自己固定的消费群体,多与粉丝进行交流互动,达到宣传企业、提升品牌影响力的目的。

基于微博的自媒体性质和首页特性,微博编辑不需要像其他以新闻资讯为主的网站编辑一样寻找大量的信息填充页面,而是用户主体自娱自乐。所以有数据显示,用户在使用微博时,一般是登录自己的个人账号,逗留在微博上的时间80%是用来浏览自己主页的第一页卡,即自己所关注的微博用户发布的信息,而较少关注页面中的其他页卡和top区及右侧、底层信息,充分体现了一个Web 2.0媒体的属性,因此微博用户的使用习惯与门户网站、垂直网站用户有着显著的差别,与SNS等自媒体用户使用习惯相似,这意味着微博种类的划分显得不十分重要,也不十分必要。Twitter就十分淡化编辑的色彩,编辑负责更新的板块很少。而新浪微博和腾讯微博则对微博进行"本土化"改造,在右侧和top区增加了很多编辑加工的内容。

二、政务微博

政务微博是政府部门推出的官方微博,是一种搜集意见、倾听民意、发布信息和服务大众的官方网络新媒体互动平台。政府部门开通政务微博,不仅有益于政府政策的公开和透明化,而且对于一些社会上出现的重大问题,增加了一条政府处理紧急事件的信息公开通道。政府部门通过政务微博了解了一些最基本的公众诉求,微博就成了代表委员和广大群众"交心"的一个新渠道。微博用户可以通过政务微博直接表达自己的意见和建议,这保障了人们的话语权。政务微博在民情民意的表达和搜集方面具有明显的优势,能调动群众参与公共事务的积极性。图9-6所示为深圳交警和杭州发布的政务微博,一个是广东省深圳市公安局交警支队的官方微博,另一个是杭州市人民政府新闻办公室的官方微博。微博具有的"草根"性、信息传递的快捷性和超强的互动性,让微博也成为政府机构和群众交流的话筒。从"微博云南"的云南人民政府网站开始,我国更多的政府机关以及政府领导都认识到了微博不可替代的作用。目前很多政府机构都开通了微博,如公安、涉外、团委、司法、交通等。并且"微博问政"也逐渐成为政府服务公众的一种新的手段,如新浪微博风云榜中政府影响力板块。

三、校园微博

随着新媒体的蓬勃发展,微博成为极具影响力的平台。校园作为社会的一个重要部分,也加入微博阵营中。自2009年起,各地学校特别是各大高校纷纷开设官方微博,在传播信息、增进沟通方面发挥着扩音器和凝聚节点的作用,在教育教学等方面也有所增益,成为学校和学生之间的沟通纽带与桥梁。图9-7所示为校园微博。

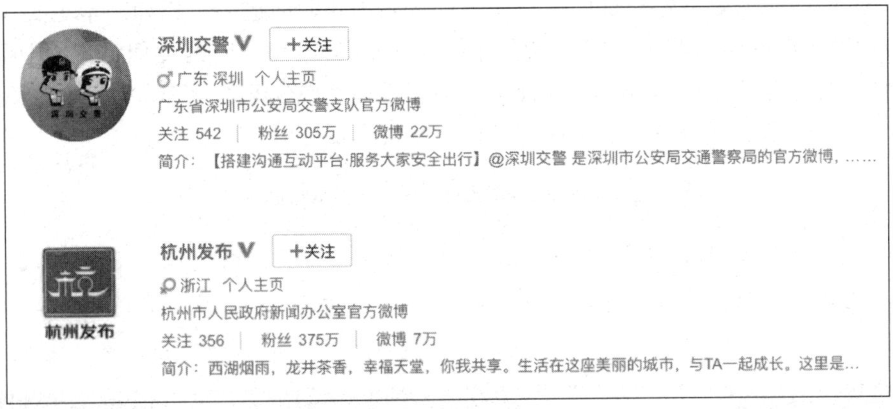

深圳交警 **V** ＋关注

♂ 广东 深圳　个人主页

广东省深圳市公安局交警支队官方微博

关注 542 ｜ 粉丝 305万 ｜ 微博 22万

简介：【搭建沟通互动平台·服务大家安全出行】@深圳交警 是深圳市公安局交通警察局的官方微博，......

杭州发布 **V** ＋关注

♀ 浙江　个人主页

杭州市人民政府新闻办公室官方微博

关注 356 ｜ 粉丝 375万 ｜ 微博 7万

简介：西湖烟雨，龙井茶香，幸福天堂，你我共享。生活在这座美丽的城市，与TA一起成长。这里是...

图 9-6　深圳交警和杭州发布的政务微博

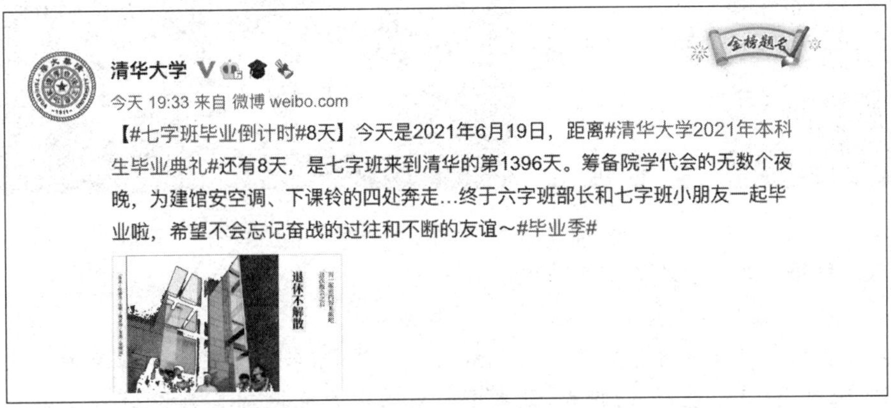

清华大学 **V** 🎓📖🔖

今天 19:33 来自 微博 weibo.com

【#七字班毕业倒计时#8天】今天是2021年6月19日，距离#清华大学2021年本科生毕业典礼#还有8天，是七字班来到清华的第1396天。筹备院学代会的无数个夜晚，为建馆安空调、下课铃的四处奔走...终于六字班部长和七字班小朋友一起毕业啦，希望不会忘记奋战的过往和不断的友谊~#毕业季#

图 9-7　校园微博

四、个人微博

个人微博的数量最多，是微博所有类型中占比最大的类型，很多专家、名人、企业高管和大众用户等都拥有自己的个人微博。个人微博不仅是用户日常信息传播的场所，也是个人或团队实现应用价值的主要阵地。一般来说，个人微博的价值是由个人本身的知名度决定的，个人通过发布有价值的信息来吸引粉丝，从而扩大个人的影响力，最终实现微博的传播价值和营销价值。另外，部分企业高管、名人的个人微博通常还会配合企业或团队微博形成影响链条，扩大品牌和企业的影响力。

五、微博广告资源

相较于微信社交平台，微博更加开放，信息可获取度更高。同时，内容优质的信息会在微博平台裂变式地传播。研究机构的数据显示，用户会主动关注并转发有价值的信息，并参与到该信息的讨论和分享中。因而，在微博社交平台出现了许多企业制作的优质传播内容，这种成本低、受众广、效果好的推广策略受到许多初创企业的追捧。例如小米手机在发布新品时，通过微博第一时间发布了"150克青春"的内容广告，其内容的怀旧情感，引起了网友们的共鸣即对青春的追忆，短短10分钟小米的官方微博就被转发了100万次，受众覆盖人数达1.67亿，小米手机的品牌也在这个过程中获得了很好的推广。

案例分享：拼多多——互联网新贵

"拼多多，拼多多，拼得多，省得多。拼就要拼多多。每天随时随地拼多多，拼多多……"最近是不是被这首洗脑神曲刷屏了。这段时间，互联网运营圈的朋友们讨论得最多的，莫过于"拼多多上市"这个话题。

今天，我们从平台定位、用户留存、活动运营三个维度，一起聊聊"拼多多传授给新媒体运营的三大秘籍"，希望能给你带来启发。

秘籍一，平台定位：消费＋娱乐＋社交＝新电商

拼多多官网这样描述自身的定位——新电商开创者，致力于将娱乐社交的元素融入电商运营中，通过"社交＋电商"的模式，让更多的用户带着乐趣分享实惠，享受全新的共享式购物体验。简单来说，拼多多的定位是：拼团、低价、注重社交属性的网络购物平台。而拼多多针对的是"小闲用户"。该类用户的市场表现为："我不想买东西，就是无聊出来走走，突然看到这个商品不错，还打折呢！那就买吧。"

秘籍二，用户留存：独特的产品属性

新媒体运营人每天都面临着一个重要的指标——用户留存率。如何拉进更多的新用户？如何留存、活跃老用户？如何促进新老用户的转化（变现）？拼多多依靠的是产品功能的独特性，驱动产品的增长。这种独特性，主要来自两个方面：游戏化设计和社交关系。

1. 拼团的游戏化设计

"拼团"这个词并不新鲜，多年前就出现过"团购"的低价购买方式；但拼多多在其中掺入了游戏的成分——"你不知道拼团能否成功，你也不知道拼团什么时候成功，但是，你知道一旦成功就能够获得很大的收益，这个时候你会有很大的兴趣持续参与其中。"这在某种程度上，满足了用户的好奇心和投机心理。

2. 社交关系带来的信任背书

拼多多的定位主要是三、四线城市，以及经济限制较大、时间相对宽裕的用户（如学生、孕妇、经常购物的人、节俭持家的中老年人），他们之间有一个共同点是——熟人之间的社交关系。

秘籍三，活动运营：从产品的视角拆分运营目标

美国哈佛大学教授雷蒙德·弗农(Raymond Vernon),于1966年提出了产品生命周期理论(product life cycle theory)。理论认为:一种新产品从开始进入市场到被市场淘汰的整个过程,要经历形成、成长、成熟、衰退四个周期。作为新媒体运营,拼多多借助产品的视角,在不同阶段采用不同的平台运营方式。

(1)形成期。运营目标:吸引商家入驻平台,扩从平台品类及业务量。活动运营:推出"1元购"活动,用户注册拼多多,交1元钱参加活动。如果未能中奖则进行退款并且赠送平台代金券;周年庆大促,每天9:00—24:00每个小时放出三款秒杀商品,共计432场秒杀,每场两款商品低于五折,一款商品0.1元秒杀;"拼团"概念的拼图有奖活动,用户只要在"周年庆大转盘"活动中凑齐五种碎片,即可获得一台iPhone 7。活动效果:为拼多多大量引流、App下载量激增。

(2)成长期。运营目标:更多的用户量及平台交易额。活动运营:集十二生肖平分1亿红包、约会女神节等优惠活动;6·18"狂抢1亿红包"活动,每位用户需要额外找寻2名好友帮忙才能获得,促成大量用户分享、吸引新用户注册;其他运营策略,在北京部分地区投入地铁和公交广告,并且同步推出"洗脑神曲"——《拼多多》。活动效果:月GMV已超过100亿。

(3)成熟期。运营目标:树立正向的品牌形象。活动运营:拼单卡收藏,即用户通过完善资料、发起拼团、好友索要、参与拼团、购物评论等行为可获得不同的拼单卡,通过拼单卡组合可以兑换优惠券用于购物;双11"5亿红包大放送",10:11、12:11、16:11、18:11、21:11整点抢红包;双11系列活动,包括抢先购、1折抢、1元秒杀、红包翻倍等。

(4)衰退期。运营目标:促进用户活跃、转化用户价值。由于拼多多还没进入衰退期,难以找到相关案例。做运营的朋友不妨观察一下近期ofo共享单车的动态,从而获得一些启发。运营是一个漫长的过程。在这个过程中,我们陪你一起成长。

资料来源:https://www.sohu.com/a/272575375_115470.

扫描此码　　　　　　　　　　扫描此码

案例讨论

在线自测

第十章

视频平台营销

【本章要点】

随着互联网的发展和视频平台的兴起,视频平台营销也越来越被很多企业所重视,成为新媒体营销中普遍采用的利器。"视频平台"与"互联网"的结合,给消费者带来了一种视觉冲击力和表现张力,通过消费者的力量实现自传播,能够达到营销产品或品牌的目的。本章主要介绍视频平台营销基本概念和特征、短视频平台营销基础、长视频平台营销发展阶段、视频平台营销策略和方法等内容。

【学习目标】

1. 掌握视频平台营销基本概念、特征和分类。
2. 理解短视频平台营销和长视频平台营销的区别和联系。
3. 掌握植入广告的主要类型。
4. 了解视频平台营销策略与方法。
5. 掌握 KOL 营销的运作模式。

第一节 视频平台营销的概念与特征

一、视频平台营销的概念

平台,作为全球化、信息化和网络化三大趋势融合发展的产物,实质上是多边市场的具体化,跨越实体经济和虚拟经济范畴,汇集整合多方资源,通过收取一定的费用而吸引交易各方,最终追求收益最大化的一种交易空间或场所。根据功能角度,可把平台细分为社交平台、视频平台、电子商务平台、共享平台等。需要强调的是,这里的平台实际属于一种在线网络平台,具有虚拟性特征,区别于传统的实体经济平台,如菜市场、人才市场等。

视频营销,是常见的多媒体营销方式。它是以视频为载体、以内容为核心、以创意为导向,借助社交平台、视频平台、购物平台等多个平台,通过精心策划进行产品营销与品牌传播的营销方式。电视广告、网络视频、宣传片、微电影等都是视频营销的常见形式。视频营销类似于电视短片,但传播方式更加灵活。同时,互联网提供的平台支持,使视频营销兼具互动性、主动性、传播速度快等优势,使其应用更加广泛。

视频平台营销是指基于视频网站为核心的网络平台,以内容为核心、以创意为导向,以实现产品营销与品牌传播为目的,借助视频平台互动性、主动性、传播速度快等一系列优势,利用精细策划的电视广告、网络视频、宣传片、微电影等,主动传播具体产品与品牌信息的一种营销方式。依据各平台主打的视频时间长短,可将视频平台分成两大类:短视频平台与长视频平台。其中,短视频平台包括抖音、快手、火山小视频等,长视频平台包括爱奇艺、优酷、小米视频、韩剧 TV 等。视频平台营销与视频营销具有相似性,即均需通过平台进行营销,视频平台营销与视频营销也具有迥异性,即视频平台营销主要是借助腾讯视频、小米视频、抖音等视频平台进行广告营销,而视频营销可以借助多种平台进行广告营销,既可以通过微信,QQ、微博等社交平台,也可以通过腾讯视频、小米视频、抖音等视频平台营销广告。

二、视频平台营销的特征

视频平台营销具有内容丰富性、推动精准性、渠道多元化、双向互动性的特征,如图 10-1 所示。

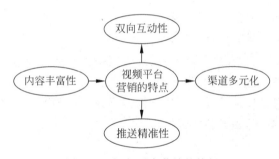

图 10-1　视频平台营销的特征

(一)内容丰富性

随着生活节奏加快,用户对于解压性质的产品倍加依赖,尤其是近年来发展较快的视频平台,由于娱乐性、话题性、稀奇性的内容存在,各用户在视频平台上的活跃度以及用户黏性极大,各视频平台成为极热门的营销渠道。视频平台营销主要通过策划走心的文字、绚丽的图片、有趣的视频、优质的动画等丰富的内容,在满足消费者消遣娱乐、获得资讯、社交需求的基础上,刺激消费者购买心理与购买行为。各种形式的优质内容是联系产品和消费者之间的纽带,能提升消费者视觉、听觉两方面的接受程度,提升用户对品牌的好感度。同时,有价值、有意义、有趣的内容还能吸引用户并引发情感共鸣,推动消费者依托各种平台进行二次传播,发挥口碑效应。

(二)推送精准性

传统电视广告只能实现内容和地域两个维度的定向选择,而随着智能算法推荐技术被广泛应用于视频平台领域,基于算法推荐机制的短视频平台可以根据自定义标签以及浏览习惯,对系统用户进行分类,并在适当时间推荐与投放相关内容,帮助用户摆脱空间、时间局限,提升视频观赏体验。以抖音平台为例,抖音给予用户性别、年龄、地域、兴趣等自定义权利,并根据用户标签进行选择性定向投放,减少了传统电视广告所做的无用功,让广告内容直达目标受众,投放更加精准,总体提高了营销推广的质量。

(三)渠道多元化

传统的电视广告营销形式单一,仅能依托电视台栏目发布广告内容,且广告费用昂贵、广告宣传时间短暂且固定。相比之下,视频平台的营销渠道更多元。首先,视频平台发展至今较为稳定,具有较成熟的营销体系且价格低廉,能为视频营销提供十分广泛的营销渠道,如视频网站允许随时随地免费下载,并允许转发到各类社交网站,有利于广告的病毒式广泛传播。其次,视频平台丰富多样,既有主打贴近民众生活的小视频平台,也有主打甜蜜而又浪漫的偶像剧和搞笑而又休闲的综艺节目的长视频平台,为广告营销提供了庞大的选择基础。最后,各视频平台营销方式丰富多样,如视频营销、广告营销、字幕营销等,多样化的营销方式有利于刺激消费者的全方位感官需求与体验,减少消费者排斥心理,刺激消费者购买欲望。

(四)双向互动性

传统电视主导单向传播模式,而视频平台借助网络的传播优势改变了这种自上而下的单向传播模式。视频平台具有的社交属性,使其在营销过程中具有和用户实时互动的自然优势,除了能够让用户直观感受广告之外,还提倡网络言论自由,允许用户发表个人观点,具体通过点赞、评论、下载、转发方式实现互动,让信息能双向传递,通过"商家将产品展示给用户—用户通过互动将意见反馈给商家—商家根据反馈再向消费者推荐精品"的良性循环模式,获取用户的信赖与好感,提升整体营销效果。

第二节　视频平台营销的主要类型

一、视频平台营销的分类

视频平台营销分类方式多样,但目前大多从视频平台主打的视频长短视角对视频平台营销进行分类,具体可分为短视频平台营销与长视频平台营销,其中,短视频平台包括抖音、快手、火山、西瓜、秒拍、美拍等;长视频平台包括爱奇艺、bilibili、小米视频、腾讯视频、韩剧TV、迅雷等,如图 10-2 所示。

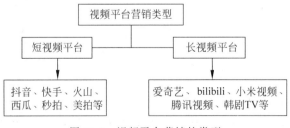

图 10-2　视频平台营销的类型

二、短视频平台营销

（一）短视频行业发展现状

我国短视频行业发展先后经历了微电影时代、移动时代、"短视频＋"时代。

微电影即微型电影，它是指能够通过互联网新媒体平台传播的影片，适合在移动状态和短时休闲状态下观看。2005 年，一部 20 分钟的短片《一个馒头引发的血案》掀起了一波浪潮，当年它的下载量直接打败了当时的热门电影《无极》。此片也被认为是我国短视频行业的雏形，也正是这波浪潮，让众多的导演、演员、大众拿起手机或 DV 机去拍自己的短视频。但是不巧的是，当时国内并没有专属短视频的网络平台，那时的短视频只能上传到当时的传统视频网站，但是其点击量也非常高，短期内收获了巨大的流量。基于此，许多投资者看到了商机，开始投资短视频，也因此短视频迎来了下一个时代。

随着移动互联网的发展，2013 年，一款名叫"小影"的短视频系统在安卓平台上线，它为用户提供滤镜、配乐、海报等多种视频剪辑素材，在 10 个月内获得百万注册用户，每天上传分享视频超过 1 000 条，但是此时的短视频系统存在一个严重的缺点——缺少社交属性，导致用户黏性差。同年，腾讯创立了"微视"，与"小影"相比，更具社交性，并将短视频的时间压缩到更短。它展现出的短视频，跳出了"影片"的思维，以生活碎片的形式展现在人们面前，并加入了更多的互动功能，从而解决了社交上的难题。之后，更多的投资者开始加入竞争队伍，将短视频系统的发展重心由 PC 端逐步转移到移动平台。

如今，抖音、快手、火山小视频、西瓜视频等各类具有社交属性的短视频平台迅速发展，各行各业都出现了头部"短视频"账号，企图通过不同调性的产品，捕获不同喜好的人群。2019 年 7 月，短视频巨头快手推出了"百万游戏创作者扶持计划"，高调入局游戏直播。由此"短视频＋"的时代正式来临，这个"＋"不仅代表着短视频系统更深层次的发展，也代表着短视频平台良好的兼容性，目前短视频平台也迎来了高光时刻。

进入 2021 年以来，短视频行业已经走过从萌芽期、探索期、成长期到成熟期四个阶段的发展历程，并且在不同阶段的发展中，短视频平台营销都有着不同的主要营销驱动方式，如图 10-3 所示。

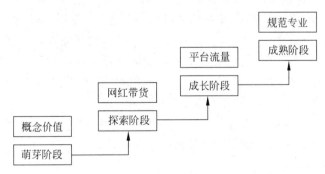

图 10-3　短视频营销的发展阶段

1. 萌芽阶段：概念价值

短视频发展更多聚焦在其概念价值上，其作为互联网原生产物，在早期玩家眼中拥有无限的想象空间。互联网时代下网络视频迅速崛起，但仍以传统电视内容的线上化为主，短视频还是一个被畅想和探索的概念与模式。该阶段，国内最早的视频分享网站土豆网和国外视频短片分享网站 YouTube 于 2005 年成立。

2. 探索阶段：网红带货

随着移动互联网时代的来临，"短平快"的内容消费模式更加符合用户碎片化内容消费的习惯，短视频形式逐渐受到关注，价值受到肯定。短视频媒体诞生后，短视频成网红新一代的互动平台，同时也孵化了很多"短视频一代"原生网红。该阶段网红利用短视频带货成为新兴营销手段。

3. 成长阶段：平台流量

短视频内容消费习惯逐渐普及，内容价值成为支撑短视频行业持续发展的主要动力。随着资本和巨头的涌入，各类短视频 App 数量爆发式增长，用户触媒习惯养成，平台和用户对优质内容需求加大，用户流量也得到极大增长，平台以"贴片信息流、自制视频信息流"形式呈现的硬广告与软广告为内容植入，成为主要营销形式。短视频媒体平台内容综合呈现移动时代的"流"的特征，因此，视频信息流凭借更好的原生环境得到品牌方认可。随着快手、抖音等平台的崛起，短视频在创意呈现上也趋向小成本的竖屏内容，更加生活化和贴近消费者。

4. 成熟阶段：规范专业

伴随短视频媒体平台商业化和品牌方营销理念的成熟，短视频平台营销也逐渐走向规范化和专业化。媒体方积极搭建商业平台，如快手、美拍、抖音等短视频平台陆续推出自有商业平台，规整平台内各种短视频营销活动，促使营销规则和流程更加清晰。同时，第三方营销服务商推出短视频数据平台，如微博易、IMS 等。第三方服务商不断搭建数据平台，为广告主的短视频营销决策提供更多的数据支持。

（二）短视频平台的主要类型

社交媒体是互联网上基于用户关系的内容生产和交换平台，是一系列在 Web 2.0 技术和意识形态基础上的网络应用，主要包括社交网络类、博客类、微博类、视频分享类、问答类等应用。目前，"社交＋短视频"已成为社交媒体的常态。2013 年，微博率先将秒拍设为客户端内置功能，美图秀秀推出"美拍"以后获得迅速发展，拥有短视频的社交媒体迅速风靡，不仅诞生了快手、秒拍、小咖秀等一批以短视频拍摄和分享为主的社交媒体软件，传统的社交媒体，诸如微信、QQ 空间等也纷纷加入短视频功能。目前主要有以下两种类型平台承载短视频：一是集短视频制作、分发为一体的短视频社交平台，例如抖音、火山、快手、梨视频、美拍等；二是附带短视频功能的综合类平台，诸如以微博为代表的社交平台、以今日头条为代表的新闻咨询平台以及以爱奇艺为代表的传统视频网站。

1. 按时长划分

因平台定位原因，各短视频平台短视频时间长度标准不一。根据时长的不同，短视频的内容有 15 秒以下短视频、1 分钟左右短视频、2～10 分钟的短视频。通常 15 秒以下短视频为 UGC 内容，是用户为自我表达所进行的拍摄，美拍、抖音等平台上这类内容较多。1 分钟左右短视频的内容比较完整,侧重对故事情节的表达,秒拍、快手上这类内容较多。2～10分钟的短视频通常为 PGC 内容,这类内容的专业性更强,有专业的编排和剪辑,媒体属性较强,梨视频、西瓜视频上这类内容较多。

2. 按来源划分

按拍摄视频主体不同,社交媒体短视频可分为个人自制短视频、新闻资讯类短视频、商业营销类短视频和其他类短视频。其中,个人自制短视频占比规模最大,这些短视频达人累积到一定量的粉丝以后,开展商品销售、品牌推广、广告代理等商业活动。新闻资讯类短视频是由新闻机构在短视频平台上创立的账户所发布的新闻类视频,例如央视新闻、凤凰网、腾讯新闻等机构都拥有自己的短视频账号和运营团队。商业营销类短视频是专门从事产品推广、品牌公关等营销活动的视频,这些视频可能由个人账号发布,也可能由企业官方账号发布。其他类短视频形式包括由政府部门、公益组织等发布的公益宣传、政府服务类短视频。

3. 按生产方式划分

按生产的专业性,短视频可分为 UGC、PUGC、PGC 三个类型。UGC 即普通用户自发上传的短视频,这类短视频一般为用户自发拍摄,用于自我表达与分享,比较零散,主题性较弱,具有强社交属性。PUGC(professional user generated content),即平台专业用户所上传的内容,这些专业用户一般是具有一定数量粉丝的网红,或某一领域的权威人士,这类短视频制作精良,点击率高,商业价值高,兼具有社交属性和媒体属性。PGC(partner generated content),即为专业机构制作并上传的短视频,通常独立于短视频平台,这类制作成本较高,专业和技术要求较高,商业价值高,主要靠内容盈利,具有强媒体属性。

(三)短视频平台的特点

1. 制作门槛降低

随着智能手机的普及、手机软件的不断升级,拍摄并制作视频变得更加容易,任何用户都能够使用智能手机进行拍摄、制作、上传及发布,使得短视频行业进入门槛变得极低。以美拍为例,美拍上线未到一年就累计拥有 1 亿粉丝,美拍的宣传语是"十秒也能拍大片",事实上美拍确实做到了。美拍操作起来简单便捷,具有分镜头录制、一键后期美化、一键 MV效果等功能,还能够自主选择配乐,从而更简单更好地满足了用户需求。2016 年,微博博主Papi 酱通过发布原创短视频而爆红网络,她表示其视频完全是一个人自编自导自演。在过去,自编自导自演自制视频似乎不是一件容易事,移动互联网却将这件事变得容易实现。

2. 传播即时性

短视频传播的即时性就在于它的"即拍即传"。在过去,社交软件中仅支持文字、图片的"即拍即传",而随着手机技术的升级,"即拍即传"已经在微信、微博等社交媒体实现。越来越多的用户利用短视频记录身边发生的事情,并及时将拍摄的短视频上传分享至社交网络中,从而强化了短视频内容的时效性。

3. 内容碎片化

移动互联网时代用户碎片化的行为习惯促进了短视频的出现和发展。与传统视频相比,短视频时长更短,传播具有便捷性和移动性,表现出碎片化的特点。短视频具有拍摄简单化以及传播"即时性"的优势,在社交网络中传播的短视频,通常也是对生活片段的记录,碎片性会由此加强。在碎片化信息时代,人们的注意力倾向于更加富有表现力的内容形式,视频内容正好满足人们的需求。

4. 分享社交化

短视频的传播离不开社交网络,将短视频发布到社交平台,增加了短视频庞大的用户群体的同时,也提高了社交网络的活跃度。用户将短视频分享到社交平台,可以在社交网络中获得浏览、点赞、评论等,进一步提升了这些平台的社交属性。

(四)短视频营销的基础

1. 用户规模大

基于庞大的用户基数和多年的市场培育,我国短视频产业逐渐成熟并产生了巨大的经济效益。在互联网红利逐渐消失、泛娱乐领域愈发疲软的背景下,短视频成为极少数实现逆向增长的行业之一,广告投放、直播带货、商业开发等模式层出不穷,其市场空间广阔,有望成为在线用户主要的娱乐、社交方式。因此,短视频营销的市场规模将持续扩大,优质的短视频内容会成为引爆品牌的核心。

2. 平台算法优势

算法就是一套评判机制,这套机制对短视频平台所有用户都有效,无论是拍视频的人或看视频的人,在平台上的每一个动作都是一个指令,平台根据这些指令来判断属性。将这些用户分为优质用户、沉默用户、流失用户等,还会判断这些账号是否是营销号、有没有违规操作等。创作者在发布了一条视频之后,平台会按照视频的类型、关键字,将内容推送给一部分目标用户,然后再根据点赞量、评论数、转发率等判断这条视频是否受欢迎。如果受欢迎,会进一步推送给更大的用户,以此类推,这条视频会实现二次传播、三次传播甚至更多。相反,如果在第一轮推荐中,视频打开率低、点赞评论少,那平台就不会进行后续的推荐。算法推荐避免了马太效应,所以会出现很多一夜爆红的普通人,粉丝可能不多,但是视频播放量却以十万、百万甚至千万计。在这样的算法时代下,优质内容成为短视频营销的关键。

3. 天然的娱乐性和话题性

随着收入水平的提高,大众对娱乐的消费需求逐渐提升,不同年龄段、不同社会阶层的人都会看短视频,视频消费已经成为中国网络用户不可缺少的内容。据调查显示,搞笑、娱乐综艺、影视、音乐、美食等类型的短视频最受用户喜欢和追捧,这些短视频让人们在娱乐中获得了精神上的愉悦,同时引起对特定话题的关注,企业或者个人可以有技巧性地发起话题。

4. 借助社交平台进行社会化营销

短视频与社交媒体相结合时,才能够发挥出更大的价值。在社交媒体中,短视频可以充分利用社交传播的特点进行社会化营销。社会化营销,是指运用各种社会化媒体平台和手段开展的品牌营销、产品销售、客户服务、企业公关等活动,用户是社交媒体的主角,也是社会化营销的主角,良好的社会化营销可以让网络用户自觉成为企业营销的参与者、企业的正面宣传者,在社交媒体中极易形成良好的口碑。

三、长视频平台营销

（一）长视频平台营销的发展阶段

国内长视频平台主要以爱奇艺、优酷、腾讯、芒果 TV 为主要代表。

在网络视频行业发展早期阶段,贴片广告是最主要的视频营销手段。但是,由于贴片广告和视频内容之间的相关性较低,视频平台不断增加广告时长,用户对该类广告排斥性较大,观看和点击的意愿较低,从而影响了广告投放的效果。随着视频平台会员数量的激增,其跳过广告的特权会使广告的曝光率也在一定程度上有所下降。更糟糕的是,视频平台之间的竞争愈加激烈,头部优质内容的版权购买成本持续飙升。视频营销开始逐渐转向更为常见的信息流广告和成本低廉、能提供更多丰富营销形式的自制内容。

（二）长视频平台营销的定义

长视频平台营销是以长视频平台为载体的营销活动的总称,具体在长视频平台植入图文广告、视频元素植入广告、信息引流广告等各种宣传广告,运用图片、视频、语音、音乐等方式进行组合呈现,通过简洁有力的内容创意进行持续的营销推广,形象生动地向用户进行内容传递。长视频平台营销的类型丰富多样,如贴片广告、微电影、KOL 营销、会员营销、娱乐营销等。

（三）长视频平台营销的特征

长视频平台营销的特征具体包括内容专业化、类型多元化、内容连续性、创意点独特,如图 10-4 所示。

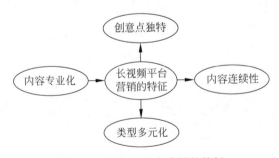

图 10-4　长视频平台营销的特征

1. 内容专业化

长视频平台营销最鲜明的特点就是内容专业化。目前,长视频平台的营销方式大多以"电视节目标准"为目标,制作网络娱乐视频,延续了往日传统电视节目视频的制作特点。在此基础上,更强调满足大众需求,以引人夺目的色彩、高清的画质、立体式声音、逻辑清晰的视频内容等,引发大众情感共鸣,有利于大众产生情感依赖,促使消费心理与购买行为,进而提升长视频平台营销的总体效果。

2. 类型多元化

长视频平台营销的类型复杂多样,从视频类型看,具体包含综艺节目、微电影、网络剧、电影等系列;从视频内容看,具体包含娱乐、美食、时尚、旅游、健康等多个方面;从营销渠道看,具体包括图文广告、视频元素植入广告、信息引流广告、自制内容等,呈现多元化的营销类型与营销趋势。

3. 内容连续性

视频时效性和时间灵活性是视频的重要衡量标准,长视频平台营销具有内容连续性的特征。具体地,长视频平台借鉴了传统电视台的制播经验,各自形成一套完整的排播机制,于每周固定时间上线播出,提前预告下节内容并于固定时间再次上线播出,如此周期性地连续更新长视频内容,不仅能满足大众的好奇与捕猎心理,还制造了大众热点话题,增加了对大众的吸引力,有利于借助大众力量散播营销内容。

4. 创意点独特

创意是生命的源泉,各大网站都使出浑身解数在"创意"上下功夫。以创意取胜是长视频平台在自制视频制作上坚持的原则之一。当下各娱乐节目兴起,长视频平台根据用户画像制定独特的视频内容或策划具有创意的广告。在视频内容方面,各视频平台通过对用户定义,主动为用户推送搞笑类、浪漫偶像类或贴近民众生活类的独特视频;在广告播放方式方面,长视频平台根据用户的偏好,制定独特创意的广告以吸引用户。以爱奇艺为例,爱奇艺平台紧抓"新生代喜欢新潮的网络语,能够接受并很快投入使用新词中"的特征,制定与之爱好相匹配的创意营销广告,定位搞笑诙谐的风格,运用生动形象的网络语,提出如"本节目由一直停不下来的爱奇艺客户端坚挺播出"的宣传语,获取新生代的极度喜爱与关注。

(四)长视频平台的主要类型

通过长视频平台的使用方式,可将长视频平台分为客户端类与网页类,如图 10-5 所示。

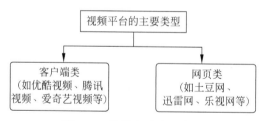

图 10-5 长视频平台的类型

1. 客户端类

客户端类的长视频平台是指可以在手机终端或电脑终端运行的长视频软件平台,如优酷视频、腾讯视频、爱奇艺视频等,主要以软件的形式呈现。

2. 网页类

网页类的长视频平台是指可以利用手机或电脑通过网站运行的长视频平台,如土豆网、迅雷网、乐视网等,主要以网站的形式呈现。

第三节　视频平台营销的运作方式

视频平台营销的主要运作方式包括贴片广告、植入广告、微电影、信息流广告、KOL营销、内容营销、娱乐营销、会员营销、病毒营销、其他等(矩阵营销、热点营销、个人号营销、企业号营销等),如图10-6所示。

一、贴片广告

(一)贴片广告的定义

贴片广告是指在视频播放的不同阶段所插播的广告,具体通过在视频片头、片尾以及视频暂停时插播广告,达到品牌和产品曝光的目的。贴片广告与传统的电视广告类似,是视频网站与广告商合作盈利的一种模式,也是网络视频平台应用最广泛的营销方案。

(二)贴片广告的特征

1. 强制性

国内视频网站中出现的贴片广告一般是以贴片广告与视频相贴合的方式呈现,用户须在贴片广告播放完毕后才能观看某些视频内容,这种传播方式较为生硬,也被称为"硬广告"。

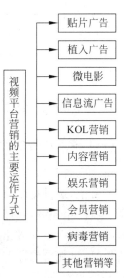

图10-6　视频平台营销的主要运作方式

2. 超链接性

当视频平台出现贴片广告时,利用光标点击弹出的贴片广告,用户便可了解贴片广告的具体信息内容。

3. 用户选择性

考虑到用户的观看体验,视频平台后续在以往强制性广告的基础上,额外设置了可供选择的关闭按钮,即当视频内容出现贴片广告时,用户可以通过自身喜好选择是否关闭该广告,这在一定程度上授予了用户自主选择的权利。

4. 自由性

自由性指的是贴片广告在视频播放时出现的时间节点是自由的,贴片广告既可以出现在视频内容的片头部分,也可以出现在视频内容的片尾部分,还可以出现在视频播放的中间部分,自由性是贴片广告的优势,能够全方位抓住广告营销时机,但也会带给观众相应的反感。

5. 依附性

依附性指的是贴片广告与平台之间的关系较为紧密。贴片广告只有依附于高流量平台视频,通过高的视频收视率带动贴片广告的浏览率,才能获得更多价值。

（三）贴片广告主要类型

根据贴片广告出现的时间点，可将贴片广告具体分为前置贴片广告、暂停贴片广告、后置贴片广告。其中，前置贴片广告是指利用用户等待网络视频缓冲时间出现的贴片广告。暂停贴片广告是指视频播放过程中暂停时弹出的悬浮贴片广告。后置贴片广告是指视频播放完成后出现的贴片广告。视频贴片广告的成本较低但影响力较大，传播范围较广，是目前应用较大的视频营销方式，如图 10-7 所示。

图 10-7　贴片广告的主要类型

二、植入广告

（一）植入广告的定义

植入广告是指将产品或品牌标志性的视觉符号、服务内容计划性地植入电影、电视剧或综艺节目中，通过场景再现，潜移默化地宣传产品的一种营销模式。植入广告不仅能运用于电影、电视、小视频，还能应用于报纸、小说、杂志等。植入广告的重点是不露痕迹地将商品植入剧情中，以品牌露出、剧情策划、口播等形式将广告信息和视频内容相结合，使观众在欣赏剧情时，也能自然注意到广告的相关信息，加深用户对产品的印象。

（二）植入广告的特征

1. 针对性

植入广告的针对性体现在目标市场针对性、网络渠道针对性、视频内容针对性三方面。首先，在目标市场针对性方面，植入广告需要针对特定消费群体、特定产品及服务进行推广宣传。其次，在网络渠道针对性方面，植入广告需要根据自身品牌内容定位，在不同类型的视频平台上进行投放，有针对性的视频平台投放有利于提高植入广告的营销效果，直接影响营销成果转化。最后，在视频内容针对性方面，品牌需要根据自身产品或服务商品的属性或是企业文化，选择相应有针对性的视频内容。

2. 融合性

融合性主要体现在植入广告与视频的完美融合上，一个成功的植入广告营销很少会在视频里凸显视频内容的营销目的。通过合适的出现方式与表现形式将产品融合衔接在视频中，有助于增加观众好感与消费欲望。

3. 弱控性

伴随着短视频的热度，植入广告的信息也被广泛传播，但营销效果却难以把控，企业品牌的形象依靠火热的广告，可能瞬间提升，也可能迅速降低。为了避免广告的恶性传播，广告商应严格设计植入广告宣传的路径及方式，避免后期植入广告的不良传播，损害产品与品牌的形象。

（三）植入广告主要类型

植入广告类型复杂,按照按植入方式可分为道具植入、剧情植入、台词植入、场景植入、音效植入以及题材植入等,如图 10-8 所示。

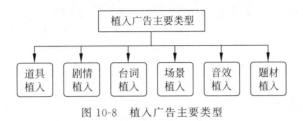

图 10-8　植入广告主要类型

1. 道具植入

道具植入是最常见的植入广告形式,产品作为影片中的道具,展示产品功能和品牌标志。如美国电影《我是传奇》中,男主角威尔·史密斯用苹果电脑的各种新式功能进行科学实验记录,这样的道具植入不仅出现了商品的 Logo,也实际宣传了商品的功能。

2. 剧情植入

剧情植入是指商品的植入有剧情桥段和专场戏等方面的设计。在剧情桥段方面,通过设计一段剧情突出产品,如《疯狂的石头》,道哥吃着康师傅方便面,给黑皮和小军讲解作战计划,包头拿着谢小盟的相机镜头盖说:"耐克? 耐克也出相机?"而后,镜头迅速摇向尼康相机镜头盖。在专场戏植入方面,针对性地设计剧中人物到品牌专卖店、加盟店购买等专场戏,深度进行剧情植入,如《爱情呼叫转移 2》,范伟把林嘉欣带到自己开的瑞恩珠宝店里,让她随意挑选店里的首饰佩戴,还把自己家祖传玉镯都送给她,使得品牌整体形象在镜头中完美展现。

3. 台词植入

台词植入是指商品或品牌名称出现在影片台词中。例如,宁浩为游戏公司的新款游戏《奇迹世界》拍摄长视频广告,黄渤扮演的小偷在网吧与女孩对话,说道:"你也玩奇迹世界啊,玩不错啊。"把企业名称、产品等目标信息通过剧中人物对白或旁白传递出去,容易得到消费者的认同。

4. 场景植入

场景植入是指在人物活动的场景中,布置可以展示产品或品牌信息的实物,如户外广告牌、招贴画以及在影视剧中频繁出现的固定场景等,场景植入的电视剧与电影案例很多,如电视剧《刘老根》,将鸭绿江边河口的"龙泉山庄"捧红了,每当节假日期"龙泉山庄"便吸引大量旅客。植入广告成了旅游目的地推广的新方式,赢得了众多观众的喜爱与欢迎。

5. 音效植入

音效植入是指通过旋律和歌词等的暗示,引导受众联想到特定的品牌。例如,各大品牌的手机都有其特定的几种铃音和短信提示音,在影片中,观众即使不能清楚地看到手机上的品牌标志,也可以通过熟悉的铃音、主题曲或是短信提示音联想到手机的品牌。

6. 题材植入

题材植入是指为某一品牌专门拍摄影视剧,以详细阐述介绍品牌的发展历史、文化理念等方式,提升品牌知名度。如电视剧《天下第一楼》讲述了全聚德烤鸭店的成长历程。《大宅门》和《大清药王》讲述了同仁堂的故事。它们均是通过一个完整的故事情节,让观众在品味文化大餐时,也全面了解了产品及企业,这种植入方式更容易被观众所接受。尽管企业没有明显的推销行为,但起到了非常好的宣传效果。在电视剧播出后,全聚德烤鸭店人山人海,同仁堂在人们心中的知名度和美誉度也大幅提升。

三、微电影

(一)微电影的定义

微电影,即微型电影,又称微影,是指专门在各种新媒体平台上播放、适合在移动状态和短时休闲状态下观看、具有完整策划和系统制作体系支持,具有完整故事情节的"微时"放映、"微周期"制作和"微规模"投资特征的视频短片。微电影内容融合了幽默搞怪、时尚潮流、公益教育、商业定制等主题,可以单独成篇,也可系列成剧。不同于网络视频短片,微电影更偏向商业化,通过专业化的制作,依托丰富的故事引起观众的情感共鸣,向观众提供商业大片般的视觉与情感享受。

(二)微电影的特征

微电影最大的特征就是"微",而"微"又具体表现在制作规模小、叙事方式碎以及表达方式简单。

1. 制作规模小

制作规模小表现在时长、投资及制作周期三个方面。首先,在时长方面,微电影的时长最少只有几十秒,多则 30 分钟左右,最常见的在 10 分钟左右,如徐峥的微电影《一部佳作的诞生》,仅用 8 分钟的时间讲述了三个绑匪为筹集拍电影的经费,去拍摄勒索录像的一连串趣事。其次,在投资方面,受时长和剧情限制,微电影的投资远远低于电影的制作,甚至几百元就可以制作出微电影,如《天堂午餐》是河北传媒学院大三学生刘啸宇用相机拍摄的一部表达"孝"主题的微电影。最后,在制作周期上,微电影从拍摄到上映仅需要几天到十几天的时间,相比电影而言,时间大大缩短了。

2. 叙事结构碎

微电影是顺应当下社会生活的快节奏而诞生的,在叙事上,它呈现出一种碎片化的微型特征,如故事小、片段小、情境小、叙事方式简单利落等。由于微电影需要在几分钟的时间里完成一个故事的叙述,因此,它往往会突出故事的高潮部分,弱化其他部分,或者采取跳跃式的叙述方式描述其他部分的故事情节。例如微电影《老男孩》中,跨越式地展现了肖大宝和王小帅等人的生活细节,但具体完整的故事情节需要观众对细节进行整合与理解。

3. 表达方式简单

微电影的时长决定了它的表达必须能简单明了地陈述故事的发展,避免太多的铺垫和戏剧冲突,运用观众通俗易懂的表达形式展开叙述。表达方式的"微"可以从主题、细节表达和语言三方面体现。在主题方面,微电影的主题比较简单明确,集中在社会舆论焦点以及容易引起关注和争论的新闻热点。在细节表达方面,微电影往往只注重表达与主题最为贴近的那个细节点,并将细节放大,引发观众情感共鸣,更容易成为俘获观众的"吸睛点"。在语言方面,微电影与电影区别较大,主要表现在微电影在与音乐、喜剧等的结合上,风趣、幽默、时尚更是微电影语言的共性特征。

(三) 微电影的主要类型

微电影的类别划分方式多样,依据时长,可将微电影划分为小微电影和大微电影。依据主题内容,可将微电影划分为励志、爱情、悬疑、青春等。依据传播目的,可将微电影划分为文艺微电影、企业形象片和公益微电影三大类,如图 10-9 所示。

1. 文艺微电影

文艺微电影是兼具文学性和艺术性的微电影,这类微电影往往有着令人深思和反省的主题,在艺术表现上有着比较高的水平。文艺微电影具有两大典型特征。第一,令人深思的主题。文艺微电影往往在内容上聚焦当下社会的热点问题和舆论热事件,在内容的选择和表现上力求有深度,能够通过电

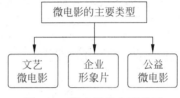

图 10-9　微电影的主要类型

影的叙事方式引起受众的情感共鸣与交流互动。例如顾长卫导演的《龙头》,它反映的是当下社会的一个片段、一个缩影,电影中的人物和意象有着深刻的隐喻意义。表面来看,影片中只有一辆邮车上面有"龙头"二字,但深刻分析,它既是时间的指示,又是对纷繁复杂的世界和生活进行反思与溯源的一个代名词。影片中不同事物的聚集看似简单的堆砌,实则是通过一个个的片段串联起人生的全部,引发人们对婚姻、生育、住房、赡养、生死、灵魂的思考。第二,跳跃的思维方式。微电影的时长限制了它的思维,跳跃性是它的独特所在,对于文艺片而言尤甚。文艺片由于其表达主题的深邃,从其情节和画面来看,似乎有着更加令人难以追随的快节奏和时空转换。观众往往需要对影片中的情节和画面进行重构才能串联起一个完整的故事情节,进而揣摩作者的意图,这也是文艺片受众面比较窄的原因之一。

2. 企业形象片

企业形象片是企业为了塑造形象和宣传品牌,利用微视频以故事形式描述产品品牌以及企业文化的一种广告宣传方式,也可以说它是一种广告化的电影。近年来,随着电视媒体、网络媒体、移动互联终端的普及,传统生硬、直白的硬广告宣传模式已难以俘获消费者的芳心,在企业文化建设不断发展的同时,更多的企业倾向于选择植入软广告的微电影形式进行营销。企业形象片不仅具有强大的商业价值,更具有其独特的艺术特征。第一,个性化。企业形象片非常注重个性化的创意设计,通过勾勒一个独特且能充分凸显企业特色的故事架构,并以几十秒到几分钟的微电影形式宣传企业形象,充分突出企业的显著优势与特点,从而给观众留下深刻印象,达到营销效果。例如佳能公司的微电影《让我留下》,通过一个感人的故事吸引了观众的眼球,视频内容植入一个主人公使用的相机道具,让观众沉浸在故事里的同时,也记住了佳能。第二,感官性。如今的企业形象片已经不再是简单的画面和字幕呈现,更多地融入了意蕴悠远、婉转美妙、抑扬顿挫等唯美或壮观的音乐,通过演员的演绎,讲述企业的创业历程和品牌故事,从而在视觉听觉等方面感觉更强烈,内容更加绚丽,氛围感更好。

3. 公益微电影

公益微电影是一种以传达公益精神为主要目的的微型电影,具体包括家庭亲情、社会关爱、热爱自然、崇尚道德等多种类型。公益是公益微电影区别于其他微电影最显著的特征。如今,社会思想潮流与信息交互渠道多元化交织,"吐槽"和"牢骚"等负面情绪词语日益聚集,严重影响了核心价值体系的架构。为正确引导大众的观念,微电影便成为一种释放和传播正能量最好的表达。公益微电影迎合了观众"乐于挖掘身边的热点话题和弱势群体的生存困境"这一特征,通过具有代表性的选材、混合式的拍摄手法和浸染人心的故事,捕捉人性中最真切的情感,通过故事的展现,呼吁人们做正能量的传播者。如公益微电影《父亲》通过音乐与画面的组合反映如山的父爱,呼吁大家理解父亲、敬爱父亲。

四、信息流广告

(一) 信息流广告的定义

信息流广告是指以智能手机应用为载体,基于应用内收集的用户数据,开展机器智能分析,建立用户画像,通过推荐算法和推荐引擎实现广告内容的精准推送,将已经设计好的图文内容呈现在信息流中的一种广告形式。

(二) 信息流广告的特征

1. 用户精准性

"让能掏钱的人看到想看的广告"是广告投放的最终目的。为了让核心用户能接收到广告主精心设计的广告,信息流广告方式基于用户属性、网络行为属性和兴趣属性等数据建立用户画像,通过计算机算法模型将用户画像与产品购买意向、品牌偏好等结果建立联系,通过广告推荐引擎精准确定和匹配目标用户,实现信息流广告推送的精准化和个性化。

2. 内容多样性

信息流广告具有多样性的呈现形式,包括文字、图片、视频、音乐等,为广告创意和内容提供了较大的发挥空间,支持信息流广告的个性化定制,有利于提升信息流广告的影响力。

3. 用户体验好

用户体验好体现在以下两方面。第一,信息流广告通过分析用户喜好特征,并根据用户特征投放与之相关度更高的广告信息,使得用户体验较好。第二,基于海量数据的优势,在用户无目的、无规律浏览情境下,企业主动通过智能广告投放系统、智能创意投放、意图引擎、CTR 预估等方式推送多种不同形式的趣味性广告与优质的服务,吸引用户关注。

(三) 信息流广告的主要类型

按展现形式不同,信息流广告可分为单页信息流广告与原生信息流广告,如图 10-10 所示。

1. 单页信息流广告

单页信息流能直接通过广告商自主发布广告信息,用户点击视频营销广告后,直接跳转到落地页或 App。

图 10-10 信息流广告主要类型

2. 原生信息流广告

原生信息流必须通过视频平台发布广告信息,可通过视频平台上出现的广告营销链接直接跳转到广告主的账号主页中,还能帮助广告主积累大量的粉丝。

五、KOL 营销

(一)KOL 营销的定义

KOL 是 key opinion leader 的简称,意思是关键意见领袖。在互联网运营中,KOL 是指知名度高、号召力强、活跃度高、拥有一定影响力的人。KOL 营销泛指有 KOL 参与的社会化媒体营销传播行为。

(二)KOL 营销的特征

KOL 营销特征表现为联动矩阵化、类目垂直化、内容专业化、互动日常化、营销社会化五方面。

1. 联动矩阵化

初期,KOL 营销以个人账号为主,随着 KOL 和粉丝互动形式增加与频率提升,营销不再局限于头部 KOL,广告主可自主搭建 KOL 营销矩阵或者一站式投放,实现跨平台多种内容形式联动营销模式。对广告主来说最重要的是如何在众多 KOL 中进行合理选择,这就首先要了解各类型 KOL 优、缺点以及粉丝群体特征与需求,然后充分利用各个类型 KOL 优势进行组合,搭建营销矩阵来实现最低成本达到预期的营销效果。目前短视频 KOL 可划分为头、肩、腰、尾四个层次,头部 KOL 流量大、价值高但是价格更贵,肩、腰部 KOL 垂直化流量适中但集中性价比更高,尾部 KOL 流量低但总数量大、价格低,在长尾内容推广上有一定作用。随着 KOL 营销模式逐步完善,广告主投放模式也从初期头部顶流 KOL 深度合作模式转向肩腰部垂直 KOL 多点并发模式,再到转向搭建 KOL 营销矩阵联动模式。

2. 类目垂直化

从广告主投放趋势来看,广告主已转变过去优先投放明星型 KOL 或泛娱乐型 KOL 的模式。更多开始转投垂直 KOL,虽然垂直 KOL 粉丝总量上较少,但其专注于某一细分领域,粉丝需求更加集中,垂直 KOL 营销具有更高的覆盖率和转化率。KOL 营销从分散化转型垂直化,并不意味着 KOL 营销流量价值已经消失,相反 KOL 垂直化意味着行业正在进入一个更好的新时代。短视频 KOL 营销流量价值从分散类目转向垂直类目,用户细分市场更加明确,垂直化 KOL 可通过准确的市场定位获得稳定流量。据数据统计,头部明星型 KOL 或泛娱乐型 KOL 接单量是肩腰部垂直化 KOL 的两倍左右。目前头部明星型

KOL 或泛娱乐型 KOL 竞争已经十分激烈，流量红利基本瓜分完毕，但肩腰部垂直 KOL 市场现阶段总体流量红利仍然充足，因此更多短视频 KOL 选择垂直化，做好目标定位实现更加高效的商业价值转化。

3. 内容专业化

早期短视频 KOL 以 UGC 模式为主，随着短视频流量红利凸显，更多流量明星等头部 KOL 入驻短视频平台，使得头部 KOL 降级到肩腰部。虽然短视频拍摄与内容制作门槛低，但随着竞争加大，只有高质量内容才能持续吸引粉丝关注，只靠个人生产内容是很难长时间保持作品质量与数量的。相比头部 KOL 具有专业团队生产内容，原生 KOL 个人生产内容的方式就存在巨大的劣势。为了更好地获得流量，KOL 在垂直化基础上，需进行专业化内容生产，从 UGC 模式转向 PUGC 模式。

4. 互动日常化

相较传统媒体而言，短视频已成为用户日常生活重要的娱乐和资讯获取方式，以碎片化形式充分占用用户碎片时间。据统计，64% 的用户每天浏览短视频在 1 小时以上，58% 的用户每天浏览时长在 1～3 小时。短视频使得用户互动意愿更高，而互动主要基于视频内容。数据显示垂直型 KOL 呈现粉丝基数越小，赞评比比值越小的情况。这意味着肩腰部垂直型 KOL 粉丝数虽远少于头部 KOL，但通过更加有效的互动能够更好地保持粉丝黏度。同时与粉丝深入互动能增加对粉丝心理的了解，也能增强粉丝对 KOL 的信任，为营销打好基础。过去网络营销重在信息输出但忽视了用户反馈，这样无法准确且及时地了解营销效果以及洞察消费者的真实需求，不利于广告主实现价值转化。

5. 营销社会化

新媒体营销时代，KOL 能利用社会化媒体打破固有平台传播边界，依靠粉丝对营销信息二次传播，扩大营销内容的覆盖范围。营销热点不仅能在短视频平台快速发酵，还能通过社会化媒体快速传播扩散到整个互联网。广告主通过 KOL 带动粉丝分享转发，实现营销内容裂变传播，带来指数级的病毒式传播效果。根据 AdMaster 调研数据显示，广告主移动端短视频平台广告投放媒体意向占比为 50%，位居第二，KOL 营销在社会化营销方式选择意向调查中位居第一，占比为 60%。由此可见，基于短视频平台 KOL 营销模式占比已经超过传统网络媒体。这种利用社交平台推广的短视频 KOL 营销方式具有传播速度快、裂变效果好的优势，更加受到广告主的青睐，是近些年广告主投放的主要渠道之一。

（三）KOL 营销的主要类型

当前短视频 KOL 营销模式主要可分为三类：第一类是广告推广模式，主要通过头部 KOL 流量推广，让用户对品牌或产品进行认知时，肩腰部 KOL 增加曝光度，并进行消费转化；第二类是种草拔草模式，主要是肩腰部垂直 KOL 基于粉丝的信任激活购买欲望并进行消费；第三类是电商引流模式，主要通过 KOL 矩阵将短视频流量引入各视频平台，实现将短视频用户转化为电子商务平台用户，并进行消费，如图 10-11 所示。

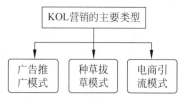

图 10-11　KOL 营销的主要类型

1. 广告推广模式

广告推广模式的短视频 KOL 营销，针对的广告主的需求是尽可能地传播其品牌或产品,因此 KOL 需要做的是尽最大的可能提高曝光度。在营销推广中头部 KOL 有着较大的粉丝规模和号召力,特别是选择明星类 KOL 负责话题引爆,其影响力表现和营销价值最为显著,但同时其营销成本和风险性也更高。在考虑成本的前提下,广告主不能完全依靠头部明星类 KOL 进行长期营销,而肩腰部 KOL 虽然粉丝数较头部 KOL 少很多,但是其总数量多,同时价格低。因此,头部 KOL 引爆内容结合肩腰部 KOL 持续推广增加曝光时间成为广告主的最佳投放方式。

2. 种草拔草模式

种草拔草模式是垂直类型的 KOL 营销,通常在垂直领域内对内容精耕细作,提供专业性强、具有深度又令人信服的内容,其核心是直达粉丝要点。针对自己的粉丝群体在专业领域内,推荐给粉丝目前所困惑问题的各种解决方案或是能满足其需求的产品。基于粉丝对 KOL 的信任,通过视频内容让粉丝能够快速感知产品的优势,从而实现种草拔草的全流程。在整个种草拔草的营销过程中,用户的决策链条大幅缩短、转化效率更高。

3. 电商引流模式

电商引流模式是近几年来火热的模式。主要是基于粉丝与 KOL 建立的信任关系,KOL 通过短视频平台将商品跳转到电商平台的链接推荐给粉丝,大量铁杆粉会经常购买 KOL 推荐的商品实现流量转化,以信任为基础的购买行为容易产生更高的消费金额,同时购买行为能够持续。

六、内容营销

（一）内容营销的特征

内容营销的特征主要体现在互动式双向传播、低成本内容营销和定制化广告植入上。

1. 互动式双向传播

互动性是互联网与生俱来的一大特点,而视频网站自制内容以创新性的众筹模式,凸显了受众发表观感和主导剧情的权利,增强了用户体验。视频网站自制内容会采用边拍边播的模式,更加重视受众对剧情的反馈意见,并将网友的意见落实到制作中,从最初的剧本选择到拍摄过程中剧情的调整,到播放过程中的节奏快慢等,都考虑到与受众的充分互动,真正做到及时互动、用户至上,随时保证自制内容的与时俱进,增强受众在观看过程中的愉悦感。同时,在自制内容播放过程中采用弹幕技术,让受众在观看视频时表达即时的心情和意见,制作方也能通过弹幕获取受众反馈,以此构成有效的互动形式。

2. 低成本内容营销

视频平台自制内容营销在投入产出比上具有先天优势,制作成本低,营销收益相对较高。与传统电视营销相比,仅用微量的费用投入便可获得千万级的曝光度,远远高于传统电视热门节目带来的品牌传播效果。根据乐视网的数据监测显示,一次 15 秒的视频网站自制内容前置广告所带来的品牌知名度和信任度的提升与电视广告基本一致,品牌信息关联度甚至更胜一筹。根据精确市场研究集团的研究报告显示,74％的视频网站用户表示广告会激发购买欲望,而 69％的用户表示广告增加其对产品或品牌的信任,由此可见视频平台内容营销能以低成本获取极大的影响力。

3. 定制化广告植入

视频平台内容营销的另一个突出特点是视频平台内容作为在线视频平台最具潜力的新兴营销载体,以 LBS 定位跟踪技术为基础导向,基于大数据和云计算,融合消费者线上线下的生活为场景,最终以此满足消费者个性化需求,通过收集计算消费者的消费倾向及特征数据,有针对性地定制内容信息,更加精准推送给消费者,促进消费者的购买行为。在新媒体环境下,广告主对品牌营销的创意性和品牌传播的柔性化要求越来越高,广告主考虑的不再只是单纯的品牌曝光频次,更看重的是品牌精神和产品理念的传达。内容营销的优势也在于能为广告主提供深度定制,通过设置创意情节,将视频内容与其产品或品牌调性深度结合,将品牌的文化、价值观、所代表的生活方式,融入剧情并润物细无声地影响受众,进一步提升自制内容营销的精准率和目标受众触达率,为广告主带来满意的营销效果。

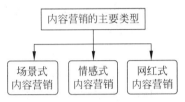

图 10-12　内容营销的主要类型

（二）内容营销的主要类型

内容营销主要类型包括场景式内容营销、情感式内容营销和网红式内容营销,如图 10-12 所示。

1. 场景式内容营销

场景式内容营销是将产品本身基于特定的消费者使用场景中进行思考,让场景赋予产品以意义。场景营销作为一种营销行为,是将场景比作营销活动中的一种影响因素,更多的是注重使用场景体验的环境属性,并且通过时间和空间的属性来营造时空情境,以此来满足消费者的体验式需求。

2. 情感式内容营销

情感式内容营销是指将消费者个人的情感和需求相结合,成为企业品牌营销战略的营销方式,注入情感元素来满足消费者的个人情感诉求,关注需求变化,通过一系列促销、包装、广告、口碑等营销策略满足消费者的情感需求,提升消费者对于品牌的认同感,从而实现企业的经营目标。情感营销立足于亲情、友情、爱情中,企业多运用于品牌宣传和形象塑造上。

3. 网红式内容营销

网红式内容营销主要是指通过网络红人宣传内容,利用视频平台进行营销传播。互联网社交时代,新生代网红不断产生,网红市场早已成为一个热门风口,同时也是受人瞩目的一个市场经济营销端口。网红已不再是当初一个个单独的个体存在,现在更多的网红市场已经渐渐地形成了产业链条,网红形象在互联网具有较高的认知度,其内容制作更贴近普通生活,其具有庞大粉丝量和用户背后的黏性,因此具有潜在的巨大商业价值。

七、娱乐营销

（一）娱乐营销的定义

娱乐是当今一种以感官刺激为基础的体验。营销是专注于消费者的需求,通过满足消费者而实现目标的活动。娱乐营销便是以消费者的娱乐体验为诉求,有效地达到营销目标的一种营销方式。

（二）娱乐营销的特征

通过娱乐营销的定义可以看出,娱乐营销是对传统营销的一种颠覆和创新,相对于传统营销,具有一些新特征,包括形象性、生动性、时尚性、互动性、人性化。

1. 形象性

社会进入"同质化"时代,商品生命周期缩短,市场瞬息万变,要让自己的产品从众多商品中脱颖而出,显然传统的营销手段已难以奏效。这时,企业竞争已不是孤立的产品竞争,而是升级为企业整体形象的竞争。形象对企业的生存和发展显得日益重要起来。而娱乐营销正是通过一定的创意在娱乐活动当中表现企业形象和产品形象,形成品牌对受众统一的形象力,使自己的品牌从众多的商品中脱颖而出。

2. 生动性

娱乐营销的生动性是指在进行营销活动时,创意新颖、形象具体、情节活泼、诉求明确、耐人寻味,能激起消费者的兴趣,带动消费者的购买欲望。营销要生动,这是由消费者的心理特点决定的。因为不管哪个年龄阶段的消费者,都愿意在轻松愉快的气氛中选择并购买产品。生动有趣的营销,可以令消费者如沐春风、如饮甘泉,人人轻松愉快,个个心驰神往。它可以消除紧张,淡化焦虑,调节消费者的情绪。营销的生动性是吸引消费者的重要所在。这种生动性是能打动人的,比那些平庸和乏味的营销推广更易于让消费者怦然心动。

3. 时尚性

从客观上说,时尚是一种经济现象,它反映了消费者收入水平的提高和生产工艺技术的进步。从主观上讲,时尚是一种心理现象,它反映了消费者渴望变化、求美求新、自我表现等心理上和精神上的需要。时尚造就的是一种速生速朽的"梦幻"式价值,消费市场则通过时尚的迅速更替来形成一个个消费高潮。娱乐营销正是根据时尚的从众性,积极创造时尚,通过有目的、有步骤地"制造"时尚,来"满足"大众的需求,借助这种浪潮式时尚,形成一浪高过一浪的对某产品或服务的白热化消费。

4. 互动性

娱乐营销与传统营销最大的不同点就在于互动性。娱乐营销通过找出消费者与企业的关键互动点,然后推动互动点的再造活动,让消费者参与整个营销过程,体验娱乐营销大餐。参与的程度越高,越能吸引消费者,越能让他们对品牌、产品和服务产生好感,越能拉近相互之间的距离,消费者对产品或品牌的忠诚度也就越高。

5. 人性化

形象化、生动化、时尚化和互动性,最终都是落脚到人性化上。人性化营销正是娱乐营销的核心和根本所在。消费者是有血有肉的人,绝不是一台冰冷的消费机器。因此,在现代经济社会中,人们对消费产品的"人性化"早已达成共识。随着社会、经济的日益发展,人们从不同层次改变了以往的生活方式,生活变得更加丰富多彩了,企业只有关注消费者的人性,关注人们新的生活主张与方式,才会带来娱乐营销的崭新思维。娱乐营销重视人性化在营销过程中的作用,充分尊重消费者的个性,把握消费者的脉搏,关注他们的生活方式和需求,有的放矢地创新营销内容、方式,创造出人性化导向的营销模式。

（三）娱乐营销的主要类型

企业娱乐营销的主要类型有明星代言、大众体验营销、音乐营销,如图 10-13 所示。

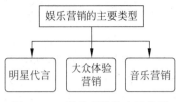

图 10-13　娱乐营销的主要类型

1. 明星代言

名人代言可称为"品牌代言"或"品牌形象代言",即企业通过名人为品牌代言,以彰显品牌独特的品牌个性、传承品牌精神,消费者可以通过明星这座桥梁与品牌建立良好的亲密关系,加深消费者对品牌的印象。

2. 大众体验营销

伴随着互联网时代的迅速发展,网络体验、网络消费逐渐增多,学者们开始关注网络环境下的消费体验。消费者作为主角,他们的记忆会变得更有价值,若企业为消费者提供了一次难以忘怀的体验,往往能达到改变消费者行为的目的,同时还会找到产品生存的新的价值与空间。

3. 音乐营销

音乐营销是利用音乐的艺术特征迎合消费者的精神需求,以润物细无声的方式和消费者进行情感的沟通与交流,增强品牌与消费者的黏性,促进产品的销售,增长市场占比的一种营销手段。学术界已有研究证明音乐能够调动消费者的情绪,从而影响消费者的行为,也有研究论证消费者的记忆在不同音乐环境下是有显著变化的,因此,恰当的音乐营销可以达到增强广告效果的目的。

八、会员营销

(一)会员营销的定义

会员营销是视频平台为了维护固定的忠诚消费者,与消费者建立并保持持久良好的供应关系,实现固定且连续的销售收入及利润,通过建立会员资料信息库,根据会员顾客的爱好、购物特点等制订相应的促销策划方案。

(二)会员营销的特征

1. 资格限定性

一般来说,视频平台都有自己专门的服务项目,有些项目查看权限需要有一定的制约条件,如受众需要缴纳一定费用,才能观看特定的电视剧或者电影等,某种程度上享有会员的特权。

2. 本身自愿性

视频平台的会员费用缴纳并不是强制性的,而是受众自己选择是否愿意缴费成为会员用户,享受会员特权,会员身份的确立具有本身自愿性。

3. 双方合约性

受众成为会员用户时,需要与视频平台签订已制定好的电子相关合约,履行会员的义务。同时,企业也要履行相应的职责,完成协议中规定和能提供的会员专享的折扣、回馈和专享的服务。

4. 目的性

用户缴费成为会员具有一定的目的性,往往是为了获取各种权限,如观看特权电影、提前观看更新的热点电视剧、看 MV 等,进而享受更好的服务。消费者为了满足需求会在视频平台缴费成为视频会员。

5. 专享性

视频平台的会员制设置了不同的等级,如视频 VIP 和超级视频 VIP,不同 VIP 视频等级拥有不同的项目特权,具有一定的专享性,视频平台的会员专享性是为了满足不同层级客户的需求,同时专享性一定程度上也增加了会员的忠诚度和黏性,稳定了视频平台的收益。

(三) 会员营销的主要类型

目前,视频平台会员营销可以根据等级和时间长短划分为视频 VIP 和超级影视 VIP,如图 10-14 所示。

1. 视频 VIP

视频 VIP 在视频平台上享受一定的会员特权,能观看一部分刚更新的电视剧和电影等,且在价格上较为便宜,可根据时间长短自行选择会员开通的时间。视频 VIP 相比视频用户具有较多的特权。

图 10-14　会员营销的主要类型

2. 超级影视 VIP

超级影视 VIP 在视频平台上享受全部的会员特权,是视频平台最尊贵的顾客,能享受视频平台提供的各种资源,也可根据时间长短自行选择会员开通的时间,但超级影视 VIP 整体价格较为昂贵,用户较少。

九、病毒营销

(一) 病毒营销的定义

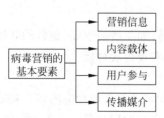

图 10-15　病毒营销的基本要素

1997 年,贾维逊和德雷伯在《病毒营销》中首次提出病毒营销的概念,并将其定义为"基于网络的口碑传播",口碑传播是一种基于社会网络的口口相传而开展的营销方式,而病毒营销是在此基础上进一步强调了网络的推动力量,即病毒营销就是通过提供有价值的服务和信息,利用用户之间的主动传播来实现网络营销信息的传播目的,具备快速复制与传播的功能。一个成功的病毒营销必须具备四个基本要素:营销信息、内容载体、用户参与和传播媒介,如图 10-15 所示。

1. 营销信息

营销信息可以是新产品信息、促销信息、品牌故事、品牌理念以及品牌本身、企业信息等。企业要实现病毒营销,就必须思考什么样的营销信息对消费者具有杀伤力。炫酷的产品(如苹果产品)、超性价比的产品(如小米手机),还是有趣的品牌故事等。当企业的营销信息本身对用户有极强的吸引力时,营销信息就具备了一定的传播力。

2. 内容载体

通常情况下,单纯的营销信息的传播力是有限的,用户往往不会传播直白的企业营销信息。当企业网络营销人员无法在营销信息本身上作出创新努力打动用户时,就必须思考可以嫁接哪些有意思的内容载体。在此情况下,网络营销必须了解哪些内容是对用户有吸引力且乐于分享的。

3. 用户参与

病毒营销的最大优势之一就是利用用户参与来传播企业营销信息,因此开展病毒营销的前提条件之一就是积累高质量的用户资源。如果企业拥有强大的用户资源,可以利用已有的用户资源进行传播;相反,如果企业没有用户资源,此时就要思考如何嫁接和利用社会上已有的用户资源,如一些网络达人、大 V 和明星等。

4. 传播媒介

传统的口碑营销效率低是因为只能利用用户的口口相传,传播效率和范围都是极其有限的。社会化网络媒体的发展给开展病毒营销提供了工具优势。不同的社会化网络媒体有其本身的传播特点。

(二)病毒营销的主要类型

病毒营销包括四种主要类型,如图 10-16 所示。

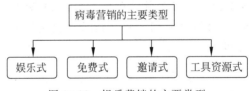

图 10-16　娱乐营销的主要类型

1. 娱乐式

随着网络视频的兴起,娱乐的内容和形式具有更加立体化的展现方式,娱乐类的视频内容以更加直观生动的形式,更容易短时间内创造轰动效应。

2. 免费式

免费的资源在无论何时都会引起大家的关注和自发传播,如免费的视频、免费的修饰道具、免费的会员适用等,都会吸引用户并促使用户主动宣传,实现再次传播。

3. 邀请式

邀请式病毒营销是用户通过邀请其他用户注册或参与方式进而获取相应的特权观看视频、使用视频平台所提供的工具等。邀请机制使有共同兴趣爱好的用户聚成一个"圈子",有利于圈内用户共享信息,相互推广更多的产品。

4. 工具资源式

工具资源主要是帮助用户查询视频音乐、配图挂件、修饰品等辅助工具,如抖音里面的配乐、美图贴片等帮助用户更好制作视频内容,在给用户提供便利时,工具产品或是服务的传播价值和口碑效应都会呈现出来。

十、其他模式

（一）矩阵营销

依托大规模网络环境,经过视频平台上互动话题,企业进行金字塔形 KOL 矩阵搭建,开展阶段式、持续性、大范围信息触达需求的营销活动,如新品发布信息、品牌形象塑造传播等。矩阵营销一般可以划分为活动预热、中期曝光、后期导流三个环节。首先,在活动预热环节,需要选择视频平台,开启挑战赛活动;其次,在中期曝光环节,需要经过头部视频媒体,引发关注,搭建矩阵,向整个互联网扩散;最后,在活动持续扩张期,可以选择垂直短视频平台,实现二次传播、导流。以"2018 年淘宝造物节"短视频平台营销为例,基于矩阵联动理念,联合了多个领域,通过"创意短视频内容＋互动话题讨论＋代言人选拔＋KOL 线下活动"的模式,达到了总互动量超出 3 万、总阅读量超出 7 000 万的成绩。前期预热通过微博♯神物 battle♯、♯造物键盘侠联赛♯激发兴趣,引领互动,中期通过招募素人代言人扩散信息造势,后期通过"淘宝直播＋线下探店"导流。

（二）热点营销

紧跟热点是每个传播平台必不可少的做法,用户关心什么新闻,视频平台就推送什么新闻,当下流行什么时事,视频平台就制作相关时事的内容,视频平台在传播热点事件方面起到了重要的作用。比如中国女排奥运夺冠,有的用户将中国女排多年来的夺冠瞬间制成集锦发布在平台上,在紧跟着奥运会冠军的热点下,将中国女排的精神传递给这个社会,促进大家产生一种民族自豪感并且鼓舞自己也努力为祖国奋斗。短视频平台的这种热点营销模式取得了很好的效益,为社会正能量新闻的传播打下了良好的基础运营。

（三）个人号营销

视频平台的设计初衷是为了打造公开、以用户制作分享为主导的内容平台,由于制作简单、易于传播,前期吸引了大量 UGC 个人创作者,在以普通用户为主的 UGC 内容生产模式下,短视频数量显著增长,平台经济空前繁荣。随着短视频内容创业兴起,个体纷纷开通个人营销账号,通过短视频内容制作及展示商品等形式吸引用户,促成消费行为。当前视频平台营销个人号推广主要有两种形式。一种是自发式个人营销行为,利用个人账号发布自己制作的短视频内容,发布者基于自身兴趣,寻找亮点进行视频内容设计拍摄,吸引粉丝关注。如个人号钟百迪教摄影,粉丝近 50 万,其拍摄的视频主要是教授摄影的一些实用技巧,简单易懂,操作性强,同时通过商品橱窗展示摄影课程链接,吸引粉丝促成购买行为。另一种是全员营销行为,通常是员工的个人号参与到公司视频拍摄宣传活动中,以员工风貌展示和产品促销信息为主,贴合当前的促销政策进行内容制作。

（四）企业号营销

企业号以官方品牌形象亮相于短视频平台,作为官方认证的视频号,其发布的内容更具号召力,同时也能促进品牌影响力提升。当前频繁出现在短视频平台的企业号主要有两类。

一类是以企业命名官方认证的账号,如华为集团,在抖音平台以华为终端命名视频号,作为官方账号多用来发布品牌事件或产品活动,发布的内容具有权威性,传递了品牌理念。另一类是以企业品牌打造的 IP 形象为主的视频号,通过人设定位来吸引用户,如尚品宅配品牌孵化的达人号有@设计师阿爽、@设计帮帮忙等多个粉丝量达 500 万以上的账号,达人号日常发布的内容并不局限于品牌信息传递,同时还致力于从行业角度去建设专家型人设,以及为品牌发声、种草带货等。

第四节　视频平台营销策略与方法

一、短视频平台营销的策略与方法

(一)短视频平台营销的策略

短视频营销是短视频新媒体应用的主要方式,因此以下将以短视频营销为主阐述短视频平台营销的策略与方法。

短视频平台营销概念范畴包括广义和狭义两个层面,从广义上讲,短视频平台营销指以短视频平台作为载体的所有营销活动的总称,根据玩法的探索和创新呈现出越来越多的形式和特征,主要包括硬广告投放、内容植入、内容定制、网红活动、账号运营和跨平台整合等营销形式。

结合著名市场营销学家罗杰斯提出的消费者对于产品的接受规律"认知→兴趣→评价→试用→采用"理论,基于短视频平台及平台产品特点,从用户、内容、渠道、互动四个维度总结短视频平台营销的策略。

1. 用户定位策略

(1)精准用户画像。随着精准营销的普及使用,用户画像能准确描述用户的全貌信息,时刻呈现用户的需求与兴趣变化,有助于广告商持续跟踪与研究用户的需求动向,帮助广告更精准地开展营销行为。因此,广告商应基于精准的用户画像,重点分析用户兴趣动态变化,为用户智能匹配有效的信息资源,有针对性地推送用户想看到的营销广告,从而能更好吸引用户眼球,增加用户的广告浏览时间,提升用户对营销产品的好感,最终推动用户购买产品。

(2)深挖垂直市场。基于现有忠实用户及其多维标签,进一步挖掘垂直细分市场,深度剖析用户的特征,并研究用户特征与产品间的具体联系,基于此,制作与发布能迎合固有用户特征的产品营销广告,以进一步提升用户对产品的喜爱,增加用户的产品依赖性,完成品牌营销与消费者的无缝链接,最终实现广告营销的价值,促进消费者重复购买。

2. 内容优化策略

(1)内容优质创意。数据调查显示,短视频平台超过一半的用户倾向点击幽默搞笑和年轻活泼的营销广告,这表明,优质且具有创意内容的营销广告越来越能吸引用户,激发用户兴趣,同时这种内容的短视频也最容易形成病毒式扩散。营销广告可以确定幽默、炫酷、青春时尚等主题特色,通过故事的形式,设计值得品味的开头和结尾,以及跌宕起伏的情节,以此吸引用户注意,并通过凸显产品特色的真实表达提升消费者购买欲望,促使消费者发生购买行为。

(2)内容形式多元。营销产品广告的内容在形式上的多元化,会加深用户对营销内容的印象,提高用户对品牌的感知强度。因此,营销广告应采取多元化的设计形式,将精彩的创意内容与恰当的广告表现形式相搭配,从而深入用户思绪,提升用户对产品的感知强度,获得更好的传播效果。例如,定位高品位、高质量的短视频内容可以搭配电影效果的表现形式,带给用户电影级别的视觉享受;定位幽默、炫酷的短视频内容则可以使用脱口秀的视频表现形式等,以获得用户的认可。

(3)内容持续创新。广告主不能局限于仅一次的内容输出,而是需要持续的内容创作和传播,让消费者接连不断地接收到产品的信息,有利于深化用户对产品的好印象。因此,广告主应注重产品营销广告的创意持续性,多维度地挖掘产品的创意点和宣传点,在连续满足用户好奇心的同时稳固用户与商品间的买卖关系,维持用户对产品的黏性,从而刺激消费者重复购买。

3. 渠道整合策略

传播渠道是短视频平台营销中非常重要的一环,单一的传播渠道往往无法取得良好的营销效果,需要采取多渠道、多链接的形式,打造具有连续性和连锁性的传播方式,扩大短视频的影响范围,短视频平台的传播策略主要有以下两种方式。

(1)整合传播。整合传播就是在短视频信息传播中,对各种营销工具、营销手段的系统化结合,注重系统化管理,强调协调统一的营销策略。在短视频营销中应用整合传播策略,不仅体现在工具和手段的整合上,还需要在整合的基础上进行信息内容的传播,以用户为中心,以商品、服务和信息内容为核心,以互联网为渠道,整合视频营销和新媒体传播的多种形式和内容,达到立体传播的效果。另外,拥有不同上网习惯的用户,通常接触视频的途径不同,使得单一的传播途径很难收获良好的效果。因此,在通过短视频平台进行营销的过程中,还可以整合线下活动资源和媒体进行品牌传播,进一步增强营销效果。

(2)连锁传播。连锁传播贯穿短视频的构思、制作、宣传、发布、传播每一个环节,精确抓住每一个环节的传播节点,配合相应的渠道进行推广。例如,某品牌要制作一个推广短视频,制作初期可以透露内容热点、视频主角等信息进行预热;制作阶段也可以剪辑一些片段发布到网上,利用各种新媒体渠道进行传播;视频上线后,进一步对前期预热的效果进行扩展和升华,加大宣传的力度和广度,强化短视频营销的作用。

4. 互动体验策略

互动体验策略是指在产品广告营销过程中,及时与用户保持互动与沟通,关注用户体验,并根据用户的需求提供更多体验的手段。互动体验策略的制定是因为通常用户体验效果越好,营销效果就越出众。

(1)互动功能设置。短视频平台基本都具有互动功能,包括用户评论、转发、分享和点赞等,可以让用户表达自己的看法和意见。同时,为了提升用户体验,与用户建立更牢固的关系,短视频还需要综合设计视频表达方式。例如,通过镜头、画面、拍摄、构图和色彩等专业手法制作短视频,为用户提供美好的视觉体验,用贴心的元素、贴近用户的角度和日常生活中的素材制作短视频,拉近与用户的心理距离等。

(2)技术强化互动。随着短视频平台的不断完善,短视频的互动玩法越来越多,企业在进行新品营销推广时,不能局限于单纯的内容视频,还可以借助短视频平台的各种玩法以及智能技术,创造深度沉浸环境,鼓励用户参与互动,优化体验,多维展示新品功能和特点。根据新产品的功能和特点设计创意主题活动,利用短视频平台的"挑战赛"功能,吸引用户参加挑战,让更多的用户乐于参与和分享,实现更大范围的宣传。同时,随着 AR 等新技术的成熟,企业在推广新产品时,可以通过"智能技术+产品功能",开启更多可能。在短视频互动中,人脸识别和 AI 技术可以为短视频提供美颜、视觉特效、小游戏等趣味性较强的拍摄和互动功能,提高了短视频用户的体验丰富性和趣味性,增加用户多维体验,优化用户对于新产品的体验。

(二)短视频平台营销的方法

短视频平台营销的目的主要是促进短视频信息内容的有效传播,加强与用户的沟通,以此获得更多的流量,进而增强营销效果。也就是说,要让短视频获得广泛的传播,就需要提升短视频的流量,下面介绍短视频获取流量的常用方法技巧。

1. 正面展示

营销广告中品牌或信息内容本身就有亮点和创意,或者自带话题性,与同行竞争者也有很大的差异性,具有自己的竞争优势与特点,就可以采用正面展示的方法突出优势。在制作广告时,就可以将展示的信息内容融入生活或使用场景中,完整地展示营销产品的使用过程,并辅以具体解说。此外,与产品相关的制作过程如商品的原料、生产工艺和运输保障等方面有特点的也可以展示。

2. 专业测评

专业测评结合广告植入是短视频平台营销的一种新型方式,该类营销方法要求产品介绍人需具备专业化的知识,利用详细的专业化讲解打造一个有说服力、可信赖的专业形象,并以稳定的视频更新频率,通过高品质的视频内容将产品传播给消费者,提升消费者消费信心。

3. 夸张手法

夸张手法是对信息内容中常用的或某几个独有的特征,以夸张的方式呈现,提升用户的视觉体验,便于用户记忆。夸张手法比较适合在某一方面超出预期的信息内容,特别是在拍摄商品营销广告时,以夸张的方式凸显产品的特征,强调卖点,可以使整个视觉效果呈现出一种强烈的娱乐性,吸引用户关注,同时引起用户转发与评论。

4. 吸人眼球的标题

一个吸人眼球的标题,是传播产品广告的引线。因此,产品广告的标题需配上一个新颖的、能吸引大众的标题,如"解密""曝光"等。需要注意的是,通过标题的设置来吸引用户,标题需要与信息内容、商品或品牌有所关联,若不注重标题与信息内容及品牌商品的关联性,当用户清楚套路之后,就会彻底放弃观看类似的其他广告内容。

(三)短视频营销的模式

社交媒体短视频营销的模式是组织或个人在社交媒体中使用短视频作为载体开展营销行为活动时,形成的一般规律和经验的总结。

1. 病毒式短视频营销

病毒式短视频营销是基于病毒式营销形成的短视频营销形式,病毒式营销是利用公众的人际关系网络,让营销信息像病毒一样快速传播和扩散的营销活动,实际上是以用户对品牌营销信息良好的体验为基础形成的口碑营销。社交媒体中的病毒式短视频营销具有以下特点。

(1)贴近用户心理。总结成功的病毒式短视频营销活动发现,贴近用户"猎奇""体验""被认同"等心理状态的短视频最容易传播,例如"ALS冰桶挑战"是在微博上进行病毒式营销最成功的案例之一。该活动的宗旨是让更多人了解渐冻症并关爱渐冻症患者,最初只是活跃在国外社交媒体上,活动蔓延到国内以后主要是在微博上进行。活动很简单,接受挑战便用冰水从头顶浇下并将此录制成为视频上传到微博并点名3位挑战者,若这些参与者24小时未接受挑战就为渐冻症患者捐赠100美元。根据微博的统计数据显示,冰桶挑战相关话题获得了45亿次讨论。

(2)标题别具一格。能引发病毒式营销的短视频常常在标题上别具一格,标题就是短视频的眼睛,这些标题虽然短小但能在第一时间迅速获取视频用户的关注。

(3)所需费用低。病毒式营销通过口口相传,受到追捧的营销传播速度非常快。与实体促销或普通商业广告相比,更容易获得关注或者参与的热点,这个热点在投放前有时不需要太大的投入,所需要的费用远远低于其他营销活动投入,但热点一旦形成,能够带来的效益却非常可观。

2. 植入式短视频广告

植入式广告又称隐性广告,是随着影视剧的发展而兴起的一种广告形式,后来被普遍应用于游戏、直播、综艺节目中,在短视频领域也比较常见。植入式广告是指把产品及其服务具有代表性的视听品牌符号融入影视或舞台作品中的一种广告方式,给观众留下相当深的印象,以达到营销目的。由于用户对广告有天然的抵触心理,把服务和产品不露声色地植入短视频内容之中,会让用户在不知不觉中熟悉这一产品或者服务。社交媒体短视频中的植入式广告具有以下特点。

(1)隐蔽性强。短视频中的植入式广告采取的是一种委婉的方式传达广告信息,与传统的硬广告植入相比,短视频的植入更加自然和隐蔽,能够将广告信息潜移默化地传递给用户,这种隐蔽性也对短视频创作提出了较高的要求。从另一方面来看,良好的隐蔽性也是体现短视频广告质量的关键。

(2)广告诉求的强制性。现在,大众传媒的力量变得前所未有的强大,人们每天生活在各式媒体洪流冲击之中。现代社会已经进入一个大数据时代,各种信息爆炸式增长,花样繁多的广告早已使受众产生审美疲劳,普通说教式广告的效果越来越差。当广告被植入于社交网站特定的情境时,就与其中的某些功能绑定在一起,只要用户操作某些功能,广告就被激发,社交网站的用户是无法躲避这些广告的,短视频中的植入式广告成为其不可缺少的内容,用户在看短视频的过程中,会潜移默化地受到广告的影响。

(3)可精确统计广告效果。互联网广告都有一个共同点,那就是广告效果可精确统计,这是由网络这个新兴媒体的技术本质所决定的,常见的互联网广告计费方式有CPM(每千人访问成本)、CPC(每点击成本)等,这些方式都能够通过社交媒体平台数据直接给出广告效果统计数据,避免了传统的广告费用计算复杂的过程。

二、长视频平台营销的策略

长视频平台营销策略具体包括精准推送策略、内容优化策略、渠道拓展策略、VIP 策略。

(一) 精准推送策略

精准推送策略是长视频平台根据用户特征针对性推送相关内容的营销策略。具体基于大数据资源如用户的浏览行为、消费习惯、消费喜好等,利用 AI 智能系统对用户的心理需求与消费行为特征进行精准划分,并针对性向用户推荐相关的影视作品,增加目标用户的投放率和精准度,实现精准营销,减少资源利用度。

(二) 内容优化策略

(1) 内容多元化。随着互联网的发展,人们的生活节奏逐渐加快,人们的喜好愈发多元化,逐渐重视优质、个性强、创造力旺盛的作品,为了响应群众的需求,长视频平台营销的产品类型及内容应顺应群众喜好多元化的发展模式,打造全方位营销体系,如布局电视剧、综艺、电影、动漫、音乐等立体化内容,以满足用户的多样化需求,吸引更多的用户。

(2) 内容差异化。长视频平台根据自身实力,通过差异化的内容策略吸引更多用户。一方面,以"需求新、个性强、共鸣深"为主题,积极开发自制内容,布局如电音、表演、偶像等多个细分市场,打造更多的自制爆款节目。另一方面,积极争取并获得网剧、电影、动漫等网络独播特权,从而进一步规避视频平台内容同质化的问题,增加长视频平台营销内容的独特性与新颖性,吸引用户注意力,增加用户黏性。

(3) 内容优质化。长视频平台优质的视频内容有助于维护忠实用户群体和培养新用户。因此,抵制劣质视频,持续坚持"内容为王,精品为王",具体地,长视频平台应强化视频监督与审核过程,提升视频发布内容的品质和深度,用高质量的视频内容吸引并留住用户。另外,视频平台还应重视技术研发,提升视频清晰度、对比度、色彩度等,从而提升视频画面和音频的质量,带给用户一种沉浸式的体验,提升用户黏性。

(三) 渠道拓展策略

(1) 整合营销。整合营销是指长视频平台不仅需要依靠自身平台向顾客传递营销信息,还需要通过长视频平台的转发功能等链接其他平台,并利用其他平台的资源优势进行广告营销的营销策略。长视频平台应具体设置能链接其他各种平台的功能键,通过用户一键分享,实现广告视频内容的二次传播甚至病毒传播,增加视频的曝光率,最大程度实现传播价值。

(2) 互动营销。互动营销是指创建粉丝与爱豆互动的平台,打造一站式服务,既为明星提供一个宣传平台,借助平台本身的流量进行宣传,实现事半功倍,又为平台提供扎实的粉丝基础,增加用户忠诚度,提升平台竞争力,有助于提高长视频平台营销效果。

(3) 联合促销。联合促销是长视频平台与多方合作共同开展的一种促销方式,具体与移动公司或者淘宝等商家进行合作,推出多种促销模式,如联合年卡、联合套餐、联合优惠券等,跨行业的联合促销价格便宜,营销效果好,总体性价比较高,容易吸引用户购买。

（四）VIP 策略

VIP 策略是指用户通过付费而获得 VIP 观看或使用特权的一种营销策略，VIP 特权主要包括内容、观影、身份、生活等方面，具体有王牌美剧、院线电影、漫画特权、1080P、杜比试听、首席体验官、服务特权等多种。VIP 策略具体可以通过 VIP 等级、价格体系、营销等方面的设置提升视频平台营销能力。在 VIP 种类方面，视频平台应设置多等级，如视频 VIP 和超级影视 VIP，不同等级的 VIP 可以使用不同的特权；在 VIP 价格体系方面，视频平台应设置多种定价方式，如连续包月、连续包季、连续包年等价格优惠方式，同时可以增加 VIP 特权如游戏礼包、精选电影票、亲友附属卡等积分体系（会员消费获得积分可以兑换商品）等；在营销渠道方面，视频平台可以邀请 VIP 代言人从亲情、爱情、友情的角度凸显 VIP 价值，传递情感并进行宣传。

案例分享：抖音营销

有人说，5G 时代最大的营销是抖音营销。这个观点并没有错。我也认为，新媒体营销是时代给我们的机遇。而抖音是新媒体营销中变现最快的方式之一。并且，抖音处在流量最后的红利期，一定要马上学习，抓紧掌握抖音系统营销。

现在很多品牌企业已经意识到抖音巨大的营销价值，小米、蒙牛、格力、海底捞、可口可乐、王老吉、海尔等超过 26.1% 的中国 500 强品牌，都开始入驻抖音。抖音不缺粉丝，微信适合成交。说起抖音营销，不知道你发现没有，我们刷到的抖音，是被推送出来的。再看它的主页内容，绝对不少于 10 条，这说明了什么？事实上，抖音根本不缺粉丝，只要你能够持续更新，用心做内容，相信涨粉并不是一件难事。恭喜你，你已经掌握了抖音运营的关键。但是，你有没有发现，抖音的 90% 内容，只有观赏价值，根本无法变现。

一个做搞笑视频的，平均点赞数 10 万＋，一看橱窗商品居然是卖书、卖水壶的一间杂货铺！第一，看起来就像是杂货铺！没法给人足够的信任。第二，你在搞笑吗？我要买这本书为什么不去当当网买？我买水壶为什么不去拼多多？为什么不去找专门的淘宝商家买？所以，哪怕抖音可能做到了上百万粉丝，要想达到很高的变现率也是非常难的，而微信则是当前阶段相对成熟的适合做成交的平台。有粉丝不难，难的是掌握变现的方法和步骤。接下来，我就要向你揭晓，最实用的抖音变现步骤。这可能是开启你金矿的关键一步！

第一步：抖音创意

同样是 3 个人一起走路，什么样的人才能成为人群中的焦点？那就是与众不同、最独特的那个人。抖音也一样，每天有千万个视频，而火的那个往往最有创意。做好内容的大咖很多，好的创意永远不缺。"缺的是为创意找到转化的理由"，也就是说"好的创意需要财富的出路"！我们总结了 3 个高频、并且被市场验证过有效的抖音创意内容制作公式以供借鉴。

公式一："测评"或"辨假"＋"真品促销"。现在互联网的世界里,真真假假实在太多。就拿女生来说,一款防晒霜都能够弄出上百条的测评视频。现在的商品千百万种,压根不知道该选择哪种。一个防晒霜,也有几千个品种,一个口红有几百个色号,到底哪一个好用呢?我该选择哪种?人们在买一个产品的时候,第一个相信的,绝对不是商家说这个产品有多好,而是选择相信使用过这个产品的人的评价是如何。所以,抖音上制作的"测评"或"辨假"＋真品促销,是一组变现率超高的创意内容组合。这个公式怎么去运用呢?比如说,你测评一款洗面奶,可以先说明这个洗面奶的真实使用效果,把真实使用心得一一介绍给大家,最后抛出一个橱窗点击购买,而这个产品比市面上的还便宜。你说人家买不买?或者教大家怎么去分辨这个洗面奶牌子的真假,最后把"真货"链接抛出来。这样做的潜在心机是什么?——"我整天教别人怎么辨别假货,我自己怎么可能辨别不了假货?"所以,抓住这个变现出路,只需不断证明你的产品是真品即可!这样的牌一打,信任度立马就上去了。再加上你有产品供应链上游、价格优势,不买你的买谁的?大概率看了视频的人分分钟就下单了。适用行业:化妆品、球鞋等,百试不爽!

公式二:超强代入感的试食＋评论。同一碟菜,同一个水果,都有一百种不同的感受评价,皆可成为内容!例如众多广州的美食博主,拍出形象的试食视频和试食感受,令读者感同身受!超强的代入感体验加之强力推荐,网红店就诞生了。很多试食博主也因此成为各大美食店长喜爱的广告代言人。变现出路:各种餐厅的广告、私厨、水果特产、商品橱窗!

公式三:专家身份＋真人出境＋专业知识输出。在引流方面,除了在抖音的内容简介以及内容本身上下功夫,我们还可以通过在个人主页上直接放微信号的方法实现引流(安全起见:新号建议先做好内容工作,等粉丝涨到一定量级再做引流动作)。抖音上的商业干货,大部分用的都是这个套路:以专家的身份,用真人出镜的方式输出知识内容,再引导读者迫不及待地评论,或到其主页寻找微信,希望得到专家的指点。变现出路:知识付费、培训、咨询!特别注意:创意千万条,变现第一条!不要为了单纯涨粉而做内容,做抖音还需要想好后续的变现再开始行动!

第二步:抖音涨粉

(1)坚持发垂直作品。运营抖音账号,保证持续更新是十分必要的,另外内容选题上要保证足够垂直(每期做一个内容),一方面有利于塑造个人IP,另一方面还能够被机器识别打上统一标签更有利于吸引精准粉丝。在具体的内容创作上,注意要保证足够连贯、专业,最重要的是能为粉丝提供价值,只有这样,他们才更愿意持续关注相应号主。

(2)权重和互动有关。内容发布后,如果引导适当,我们常常能收到用户的评论和反馈,这个时候就要注意了——每条都要回复。用户在收到回复的情况下,很有可能回来再次打开我们的视频,一来二去我们的播放量随之上升,进而增加账号的权重与推荐量。

(3)DOU＋投放测试。粉丝做到700~1000的账号,建议可以尝试投放DOU＋,单条视频投放预算一般控制在300元左右:投2~3次DOU＋,每次100元。投放期间注意及时回收数据,相应作出调整、优化,利用DOU＋推广还有一个好处——带动其他作品的播放量。

(4)外部助推。在头条系平台上由于机器推荐的原因,初期的助推是十分重要的。发布视频后,可以将视频链接推送到粉丝团购群(也有一些抖音运营交流群),发红包鼓励群友第一时间给视频点赞并转发到朋友圈助推。外部助推所带来肉眼可见的数据增长,效果是十分显著的,有条件的一定要做。

（5）热搜话题与争议话题自然涨粉。除了运用一些主动涨粉的"小心机"，还有一种常用并且有效的自然涨粉方法——蹭热点。具体的应用方法，即日常注意把握留意抖音的新规或流量活动，最简单粗暴的做法，就是在自己的内容标题除添加相应的 #热点话题，切记选择话题的时候，要注意与内容的相关性。争议话题：除了上热门，还能延长热度，要注意评论区的互动。

第三步：抖音引流到微信

（1）常规引流。在抖音上最常规的引流方法，就是在抖音主页的"简介"上放置微信号，最好是一串数字，这样即便不用任何符号暗示，粉丝都能知道是微信号，主动加过来。

（2）有偿服务引流。除了常规的留二维码，还可以尝试在主页上标注"提供辨真服务＋微信号"，引流效果极佳。

（3）赠送测试品引流。送福利、送试用装产品也是一个不错的引流方法，可以通过在视频评论区留言，赠送对应视频的试用装产品，吸引粉丝加你参与活动。抖音粉丝引流到微信号上后，可以利用一些工具实现自动通过和回复。

第四步：设计裂变

将粉丝引流到个人微信号之后，就可以相应在微信这边做一些动作，经过我们团队的亲测验证——微信社群是一个十分值得尝试的裂变渠道，可采用以下方法。

（1）粉丝团购群。通过识别关键词，将抖音引过来的粉丝，汇总到一个群，在群内做促单动作：发拼团优惠，对应设计裂变话术，促使粉丝们以客带客，实现裂变。

（2）集赞打折。在裂变环节的设计中，可以引导粉丝把活动的裂变海报转发至朋友圈，通过集赞，获得打折的优惠，让粉丝更愿意转发。

（3）分享＋赠品。除了打折优惠，我们甚至还可以直接免费送，通过引导粉丝转发链接，新用户完成注册后，我们对应赠送产品。

第五步：关于成交

分享两个重要的公式，分别为"信任"以及"成交"的组成：微信朋友圈早期铺垫（至少两周）＋背景图＋头像＝信任。简单问候＋一句话文案（重申价值＋促销激素）＋下单步骤＝成交。具体的成交模式有以下几种。

（1）产品带货。如果自身销售的产品是知名品牌，基本无须怎么对用户进行"说教"，通过抖音的内容进行适当的引导，"戳"他们的痛点和需求，这时只要价格上具备一定优势，大部分都会自然成交。而如果是非知名品牌，可以从内容上下手：你做祛斑产品就拍教人怎么祛斑，你做美白就教人怎么美白。抓住用户的购买理由，正常做内容、提供内容价值。在实际运营过程中，我们发现，频繁搞"送赠品"的活动，吸粉到微信的效果是十分有效的，很多粉丝不管你是不是大牌，只要送东西都会加过来（成本预算充足情况下可尝试）。从抖音把流量导到微信后，要想更快速地实现成交，最有效的方法，是让老用户去"说服"新用户。具体做法是：建群→拉粉丝（尤其是询价用户）进群→用红包鼓励老用户在群内发布产品体验。要知道，让用户去影响用户，远比商家自说自话进行销售的方法，效果要好上至少一百倍。

（2）广告。除了卖货变现，还可以卖广告——在抖音上留下联系方式，有需求的广告主一般都会自己搜再找上门。其中会有部分是淘宝商家，一般会要求挂橱窗或者天猫店产品链接；其中挂橱窗的效果因人而异，这里不做主推；视频直接链接到天猫店的，有销量有评价相对容易出单,效果相比更为显著。在筛选广告主的过程中,要注意参照以下三个标准。

① 以天猫店为主,淘宝店尽量不接。

② 看店铺综合评分、销量、评价是否达标。

③ 佣金比例,一般是广告主样品寄到后,共同决定是否操作。

（3）培训或咨询＋产业合作。除此之外,还可以通过提供培训、咨询的服务实现变现,对应地,还可以找一些相关产业进行合作,达成异业联盟。例如通过"给宝宝取名"对应收取取名费用实现变现的,由于起名需要查看生辰八字,可以引导客户加微信进行对接,再提供服务;在寻求合作方面,可以尝试与正规取名机构合作分润,对接给母婴平台分佣,后期再用母婴产品继续转化,相应地,母婴平台也有可能成为我们的一个上游,两者互为"鱼塘"。类似的还有提供商业咨询的服务,常规的路径一般是:回复评论→私聊留言→引流微信→价值提供;后面仅需加上"购买主张"和"咨询流程"即可开始成交环节!

第六步:复购 & 转介绍

实现成交后的下一个目标是引导复购,而复购的本质,是不断地提供高价值,建立信任。下面分享锁客加复购的常用方法。

（1）搭建合理的会员体系,如京东 plus。

（2）年卡、年度套票等,如美发美容行业的次卡。

（3）积分卡优惠券,如奶茶店积分卡满 5 杯送 1 杯、瑞幸的优惠券。

这需要前期一定量的信任积累,这里提一个"信任温度计"理论——信任越高,成交价格越高! 后续做出的新一代产品,继续满足客户的追加需求。从而实现复购,让用户再次光顾购买。在抖音上实现引流、到微信上进行成交,是目前市场上相对成熟的一条抖音变现路径。

资料来源:https://www.niaogebiji.com/article-23650-1.html.

扫描此码　　　　　　　　　　　扫描此码

案例讨论

在线自测

第十一章

直播平台营销

【本章要点】

近年来,随着互联网技术的发展和人民日益增长的文化娱乐需求,在线直播逐渐成为人们生活中不可缺少的调味剂,中国在线直播行业用户规模一直保持稳步增长。在"互联网+"的时代环境,企业的营销模式不断发生变化,网络视频直播具有吸引更年轻的用户、更立体的视觉感官、更快的实时互动和更鲜明的话题性等优势,正逐渐成为企业品牌推广、带动销售的新切入点。为此,本章主要介绍直播平台营销优势、直播平台营销类型、直播平台营销策略和方法等内容。

【学习目标】

1. 掌握直播平台营销内涵和要素。
2. 熟悉私域流量营销和网红营销的区别和联系。
3. 掌握"直播+活动"的运营设计各个阶段注意事项。
4. 了解维护管理粉丝的方式。
5. 掌握直播平台营销的方法,并举例说明。

第一节　直播平台营销的概念与特征

一、直播平台营销的概念

网络直播于 2004 年开始兴起,最早是美国 TWITCH 平台开始允许注册用户在平台与观众分享自己的生活。我国的网络直播发展历程主要分为秀场时代、泛娱乐直播时代以及现在的垂直领域直播时代。最近,直播营销成为一种大势,不管是明星还是素人都选择进行直播。直播是指从事件的开端到结尾都进行实时播放的播出方式,直播营销以直播平台为载体,以获得品牌的提升或是销量的增长为目的。直播的核心价值就在于聚集注意力的能力。

"直播营销"最早只是单纯的"直播"。从最早的央视新闻、春节联欢晚会等广播电视直播逐渐发展成为"YY""六房间"等聊天室聊天直播类的秀场直播,再到"斗鱼""花椒"等游戏、移动、社交直播等。渐渐地,直播开始从一个聚集"网红"的平台发展成为创新营销平台。一时之间,"直播＋营销"成为各大品牌营销模式的新标配。

网络视频直播是指利用互联网和流媒体技术进行直播,因视频融合了图像、声音、文字等多种元素,通过真实生动的实时传播和强烈的现场感,能达到使远程客户端用户印象深刻、记忆持久的传播效果,逐渐成为互联网的主流表达方式。由于互联网直播平台营销具备直观、表现形式佳、内容丰富、实时互动性强、不受地域限制、受众群体广泛等特点,商家能借此增强广告宣传的效果,受到了众多商家的青睐。直播结束后,观众能够依照自身的喜好进行部分直播内容的重播观看,既有效延长了直播的时间与空间,又发挥出了直播的最大价值。网络直播营销正逐渐成为商家在网络营销工作中的重点内容。

网络直播通常有两种方式:一种是将传统媒体平台的现场直播上传到网络中供用户观看,相当于网络电视;另一种是在现场架设独立的信号采集设备(音频＋视频)导入导播端(导播设备或平台),再通过网络上传至服务器,发布至网站供用户观看。新媒体营销中的直播平台营销通常是指后一种直播方式。

直播平台营销是企业以视频、音频直播为手段,以广播、电视、互联网为媒介,在现场随着事件的发生与发展进程同时制作和播出节目,最终达到品牌提升或是产品销售的目的。未来直播营销会成为每个企业品牌提升或某种产品营销推广的标配。

直播平台营销是以网络视频直播的形式实现提升品牌形象、增加商品销量或直接获得经济收益目的的一种网络营销方式,主要包含场景、人物、商品和创意四个要素。

(一)场景

场景是指营造直播的气氛,让用户或观众身临其境。

(二)人物

人物是指直播中的人或物,通常是指直播中的主播或嘉宾,其主要工作是展示内容,与用户或观众进行互动。

(三)商品

商品要与直播中的道具或互动有关,以软植入的方式达到销售的目的,例如美食直播中介绍的某款食品等。另外,在以淘宝网为代表的电商购物平台中有直接销售商品的网络直播,通过介绍商品的使用方式等向用户或观众推销商品。

(四)创意

创意是提升直播效果、吸引用户或观众观看的方式,例如,明星访谈、互动提问等形式就比简单的表演直播更加吸引用户或观众。

二、直播平台营销的特点和优势

直播平台营销的核心价值在于它聚集注意力的能力,其特点和优势使其成为企业品牌提升或产品营销推广的标配。直播作为一种新兴的娱乐风潮,本身就具有很大的粉丝量。直播能够快速地抓住消费者的眼球,占领消费者流量,极大程度地满足消费者群体的猎奇心理。直播平台营销之所以受到越来越多企业的青睐,主要是因为其具有以下几个特点。

(一)互动性

直播营销和之前的电视广告不同,直播营销注重与消费者的互动,即消费者可以在直播的时候提出自己的问题,让商家作出详细回答。

(二)直接性和真实性

在直播营销过程中,一个直播主若想让自己的商品卖得出去,就需要将商品完全展现给消费者。让消费者可以清晰地了解到商品的款式、形状、功能、颜色等基本信息,从而决定购买与否。这样一来,直播营销给消费者带来了很大的便利,消费者就能从被动接受转变为主动出击,对商家的产品及服务进行主动的挑选及提出意见,让消费者真正能拥有自己想要的产品,也让商家的投入更有效益。

(三)强娱乐属性

直播的历史可以追溯到早期六房间和 YY 直播间,受早期直播平台氛围的影响,结合视频直播自身特点,视频直播的内容及形式更多偏向于娱乐化。直播营销使消费者产生一种参与感。现如今提倡粉丝文化,直播作为一个可以和消费者面对面的平台,在直播营销的过程中,拉近与消费者之间的距离,让消费者自身充满参与感,增强消费者对于企业品牌的黏性。同时,直播营销运用群众的从众心理,让用户参与到品牌的整个建设过程之中,增加消费者对品牌后期的一种认同感。

(四)平台众多,特色分明

在众多直播平台中,各个直播之间存在定位和内容上的差异,直播分类包括综合类、游戏类、秀场类、电商类、会议类等,企业通过直播做新媒体营销时,可以根据自己的产品属性选择合适的平台。

(五)直播是即时事件

由于直播完全与事件的发生、发展进程同步,因此可以第一时间反映现场状态。无论是晚会节目的最新投票、体育比赛的最新比分,还是新闻事件的最新进展等,都可以直接呈现。

(六)直播常用媒介

收听或观看直播通常无须专门购买昂贵的设备,使用电视机、计算机、手机等常用设备即可了解事件的最新进展。也正是由于这一特点,受众之间的相互推荐变得更加方便,更有利于直播的传播。

(七)直播内容直达受众

与录播节目相比,直播节目不会做过多的剪辑与后期加工,所有现场情况直接传达给观众或网民。因此,直播节目的制作方或主办方需要花费更多的精力去策划直播流程并筹备软硬件,否则一旦出现失误,将直接呈现在受众面前,从而影响制作方或主办方的品牌形象。

第二节　直播平台营销的主要类型

一、私域流量营销

所谓私域流量,就是私人拥有的可以随时反复免费利用的流量,通常指沉淀在公众号、微信群、个人微信号、B站等自媒体的好友或粉丝等用户,包括商家的直播间都属于私域流量渠道。运营私域流量的主要作用是帮助主播或者商家维护用户的关系,增加与粉丝的亲密度。私域流量具有营销成本低、增强主播与观众之间的联系、维护并留存用户的优势。由于目前营销过程中流量投放费用占比能够达到销售额的 10%,甚至 20%,因而私域流量营销能够大幅度降低流量投放成本,同时培养忠实用户,收割粉丝经济带来的红利。

二、"网红"营销

现如今,电商直播市场中呈现经典的二八分布,即头部主播拥有平台上绝大部分的资源和收益。头部主播发展呈明显的明星化、网红化,这样的头部主播的粉丝会像明星粉丝一样,将观看直播变成追星行为,而购物行为演变成为主播的打榜支持行为。根据淘宝直播数据服务平台"销售盒子助手"公布的淘宝直播带货日榜,在 2020 年 10 月 20 日当天,排在榜单前两名的著名头部主播的销售额分别达到了 35.21 亿元和 32.04 亿元。尤其是网络红人、直播达人等意见领袖的商品测评与推荐,其专业程度更容易赢得消费者的信任,在直播中处于中心领导位置,且受到大批粉丝追捧的主播所引发的网红效应愈发明显,其影响力与号召力显著提升。通过红人主播带动粉丝经济,大大提高了电商直播营销的效率。

三、低价营销

价格优势一直是电商直播中一大优势,也是吸引消费者购买的主要原因。主播或运营团队与商家进行合作,在直播过程中通过打折或有买即赠等方式,降低商品单价,特别是在购物促销节假日时,电商直播的热度将达到高峰,增加用户对电商直播的关注度,通过这样的价格促销方式来提升成交率。低价营销正是利用了人们损失厌恶的心理,在面对商品打折时,主播会不断强调原价与折后价之间的价格差,这样的价格差会影响人们对事物的感知与判断,不买似乎意味着损失,这样的心理会促使观众不断购买。这样的价格刺激使得消费者在心理上有一种满足感和愉悦感。

四、直播类互动营销

电商直播不仅是一种销售模式,它的特点也使得其成为一个巨大的、开放的社交空间。

直播中,主播可以与观众进行深度互动,建立主播与用户之间的情感联系。由于用户的评论能够实时滚动出现在屏幕中,其他观众都可以看到,用户的参与能够营造热闹的气氛,带动更多观众的参与,有效刺激用户的购买欲望,使消费者在购物时产积极的情感影响。这一点在相关研究中也得到了印证,高度的互动性通过激励消费者正向的情感态度,从而对购买意愿具有显著性影响。

五、活动营销

在直播开始之前,商家会发起预热宣传活动,积攒人气,如在社交媒体上发布直播信息,并通过"转、赞、评"的方式进行随机抽奖,从而达到扩散传播的目的。在直播过程中,可以通过举行公益活动的形式,从通过网络直播筹募资金到具体的资金下发,或是主播深入贫困山区传递爱心等,使得用户对于平台的信赖度和好感度更高,建立良好的商家形象。

第三节　直播平台营销的运作方式

直播平台营销彻底改变了我们的信息传递效率。在"无直播不活动"的今天,衍生出了"直播＋"的行业形态,所涉及的领域十分广泛。概括来说,企业在"直播＋"的营销过程中主要有以下几种形式。

一、直播＋内容营销

此种模式以品牌推广和产品宣传为目的,在直播中亲身试用产品或参与体验,因此可分为产品体验、新品发布及户外旅游三大类别。

直播新品发布向来不新鲜,不论是乔布斯时代的苹果产品发布,还是罗永浩的锤子手机发布,都让众多粉丝守候在屏幕前。而直播平台上的发布大不相同,地点不再局限于会场,互动方式也更多样和有趣。2016 年 5 月 25 日,小米抛弃了御用的发布会场地——国家会议中心和新云南皇冠假日酒店,在五彩城的某间小米办公室里史无前例地举办了一场纯在线直播的新品发布会,粗略估算,这次发布会上的在线人数达上千万人。除发布小米无人机之外,雷军在两个多小时的直播时间内还透露了小米手环 2 的上线时间,并回答了粉丝们的多个提问。2018 年 5 月 31 日,恰逢小米公司成立 8 周年之际,小米在深圳召开新品发布会,用户不仅可以到米家现场观看直播,也可以在小米官方的 9 个直播平台观看网络直播,同时还有惊人的 72 家网络直播合作平台。这场发布会上,雷军接连发布了 7 款产品,在小米历史上也创下了新的纪录。

小米的发布会让我们看到,直播将这种同现有客户和潜在客户交流而不谈销售的内容营销手段效果最大化。"直播＋内容营销"模式不仅能向更多的用户传递有价值的信息,还可以节省开支,增强用户参与度和粉丝黏性,获得更高的曝光度,这势必会提升用户对企业品牌的忠诚度,进而提高产品销量。

直播＋内容营销案例中最经典的应该是为了宣传投入了 400 亿元成本的"万达南昌文

化旅游城"。熊猫 TV 直播团队携手《鲁豫有约》,展现"亚洲首富王健林的一天"。虽然在直播过程中设备出现了一些问题,但是高峰期也吸引了近 30 万人同时在线收看。

二、直播＋互动营销

直播不仅可以带给用户更直接、更接近的使用体验,甚至可以做到零距离互动。"直播＋互动营销"指直播中用户在参与互动的环节中加入营销,观众的主动参与起到信息的双向交流传播作用,使用户对企业品牌和产品信息形成深刻印象。

这种模式的展现形式丰富多彩,例如,熊猫直播平台现开发出赞助抽奖、冠名口令红包、互动投票及魔力贴等多种广告信息交互展现形式,在直播的某款综艺节目中,观众在规定的时间内输入总赞助商携程旅行的 Slogan"订酒店上携程",便可领取口令红包。也有企业尝试线上与线下配合,招募粉丝亲身参与直播,满足大众猎奇心理的同时,加深用户对企业的认识。Bilibili、乐视、优酷、天猫、斗鱼、腾讯六大平台联手直播"百人试戴杜蕾斯"活动。这场直播吸引了 500 万人在线收看,满足了大众的猎奇心理和心理期待。

"直播＋互动营销"模式可以借助互动环节刺激用户积极参与,从而吸引用户的注意力,使企业品牌或产品信息真正有效地触及用户。未来,随着技术与内容的创新,会出现更多、更新鲜的展现形式与互动活动。

三、直播＋电商

"直播＋电商"模式是营销活动中最为明显的一种直播营销形式,最好的例子就是淘宝。最新版本的淘宝页面特别设置了"视频直播"栏目。普普通通的淘宝主可以在淘宝上进行视频直播,对消费者展示自家商品的过人之处,抓住消费的眼球,让消费者能够进入这个直播间。消费者进入直播间之后,可以发现直播视频下方附带主播正在直播的商品,点击"加入购物车"即可立即购买感兴趣的商品。同时,在直播营销过程中,主播会让消费者把直播的页面分享给朋友从而给消费者一些更多的优惠。这样一传十、十传百自然带入许多消费者,增加了流量的同时也大大提高了商品能够销售出去的可能性。它以直播为媒介,对品牌或产品进行全方位的介绍或试用,最终实现产品的销售增长。由于电商平台具有较高的用户集中度和购买目的性,所以这种营销模式多以电商平台为主。这种营销模式能让用户对于所售卖的产品有更加直观、全方位的了解,提升用户的购物体验,便于用户边看边买。所以这种模式的直播活动能带来极高的转化率,尤其是由明星和意见领袖作为主播带来的消费引导,更能达到显著的营销效果。

四、直播＋明星（网红）

在第 69 届戛纳国际电影节中,欧莱雅的"零时差追戛纳"系列直播间记录下了包括巩俐、李宇春、井柏然等知名艺人在戛纳现场的台前幕后,创下 311 万总观看人数、1.639 亿总点赞数、72 万总评论数的各项数据纪录。艺人们在专访中对欧莱雅产品的推荐,带来的直接市场效应就是直播 4 小时之后,被称为"李宇春同款"的 701 冰晶粉色唇膏在欧莱雅天猫旗舰店售罄。此外,还有吴尊推荐的惠氏启赋奶粉,1 小时直播达成 120 万元的交易量;柳岩与聚划算合作,打包推荐面膜、吊坠等七种女性必需品导致销量大涨;等等。

五、直播＋日常

日常包括主播分享自己日常生活的点滴和日常工作两种情况。例如,企业将明星拍摄宣传广告的日常工作进行直播,将会吸引大量粉丝关注,获得较大的流量。比如欧阳娜娜自从去了伯克利读书后,把自己的生活拍成 vlog 放在网上。看了 vlog 后,大家都被欧阳娜娜穿搭、护肤等所吸引。除了丰富多彩的日常生活外,欧阳娜娜的私服、美妆受到了极大关注。她所推荐的衣服、鞋子、美妆产品经常销售一空。

六、直播＋广告植入

直播中的广告植入既摆脱了插入广告的生硬感,同时又能获得粉丝好感。在直播场景下,通过原生内容插入的形式,自然而然地进行产品或品牌的推荐。例如很多主播通过直播与粉丝分享化妆秘籍,植入各种护肤商品的宣传广告并导入购买链接,获得购买转化。为了配合联想美国 TechWorld 科技大会,推介联想一系列新产品,展示联想的非凡创新,联想CEO(首席执行官)杨元庆在映客独播进行了 5 小时的跨国直播。在这场直播过程中,进行了抽奖、展示等一系列的互动活动,吸引了超过 200 万人在线收看,"最潮杨元庆,我美我联想"的话题刷爆微信平台。同时,"直播＋广告营销"的这种直播营销成功地以新的形式,为联想新产品做广告,新颖的方式赢得粉丝的口碑。

七、直播＋发布会

2016 年 4 月 14 日,美宝莲纽约举行新款唇露发布会。美宝莲邀请大牌明星 Angelababy为品牌站台,并且在淘宝上进行发布会全程直播。与此同时,美宝莲还邀请了 50 位网红开启化妆间直播,让用户直击化妆师为模特化妆的全过程。当天,美宝莲纽约的新款唇露在两个小时内就已经销售出 10 000 支,美宝莲整体无线访客比前一天增长了 50.52%,这样耀眼的销售业绩是通过"直播＋发布会"实现的。

八、直播＋活动

"世界图书日",罗辑思维创始人罗振宇在优酷进行了一场读书会直播。优酷联合天猫、淘宝对线上读书进行全球直播。此次读书会的视频直播和视频回放都是付费模式,5 个小时的全程直播使罗辑思维的商品在天猫旗舰店的购买量大幅提升。

(一)直播＋活动的运营设计

一场直播活动,表面看起来是几个人对着镜头说说话而已,但背后却有着明确的营销设计——要么通过直播营销提升企业品牌形象,要么利用直播营销促进产品销量。

直播营销的运营设计包含直播营销前期、直播营销过程和直播营销后期三个阶段的运营设计。

1. 直播营销前期

(1) 直播营销方案的准备。完整的思路设计是直播营销的灵魂,但仅依靠思路无法有效地实现营销目的,企业必须将抽象的思路具象化,以方案的形式进行呈现。直播营销方案的作用是传达。作为传达的过渡或桥梁,直播营销方案需要将抽象概述的思路转换成明确传达的文字,使所有参与人员尤其是直播相关项目的负责人既了解整体思路,又明确落地方法及步骤。完整的直播营销方案包括直播目的、直播简述、人员分工、时间节点、预算控制五大要素。比如设置目标人群,作为一个主播,需要根据商品类型确定目标人群,例如学生、上班族之类。然后主播需要根据目标人群选择合适的直播时间。如果目标人群是上班族,就不能把直播时间设定为工作日的 9:00,这样的时间段,你的直播间消费者数量寥寥无几;话题吸引粉丝眼球,如若想在千千万万的直播主中脱颖而出,主播需要有一个话题能够抓住粉丝的眼球,让消费者进入直播间。

(2) 直播营销方案的执行规划。直播营销方案需要让所有参与直播的人员知晓,而直播营销方案的执行规划具有更强的针对性,需要参与者烂熟于心。直播营销方案的执行规划一般由项目操盘规划、项目跟进规划、直播宣传规划组成。项目操盘规划用来保障项目推进的完整性,主要以项目操盘规划表的形式出现。项目操盘规划在方案的整体推进上进行了大致安排,而项目跟进规划则在方案执行的细节上进行细化,明确每个阶段的具体工作是什么、完成时间是什么、负责人是谁等。项目跟进表的制定并非完全固定,在不改变制作项目跟进表目的的基础上,可根据具体需求进行表格的调整,以满足项目跟进的需求。

具体直播前期有必要对直播项目进行大力宣传,不过需要强调的是,宣传必须有针对性。

企业营销直播与个人直播不同,追求的不是简单的在线人数,而是在线的目标用户数。直播前期需要设计有效的直播宣传,以达到企业营销的目的。

(3) 宣传与引流的方法。设计直播宣传,企业要将研究用户经常活动的平台作为第一步。常见的引流渠道或方法包括硬广、软广、视频、直播、问答、线下等。企业可以在传统的问答网站,包括百度知道、搜狗问问等平台回答网友问题,同时为自身做宣传。如果企业有线下的渠道,可以借助线下渠道,以海报、宣传单等形式宣传直播内容,引导线下消费者关注直播。

(4) 硬件筹备的三大模块。为了确保直播的顺利进行,企业首先需要对硬件部分进行筹备。直播前期的硬件筹备主要由场地、道具、设备三大模块组成。直播活动的场地分为户外场地和室内场地。直播道具由展示产品、周边产品及宣传物料组成。直播设备是确保直播清晰、稳定进行的前提。在直播筹备阶段,相关人员需要对手机、电源、摄像头等设备反复进行调试,以达到最优状态。目前,直播的主流设备是手机,直播方在手机端安装直播软件,通过手机摄像头即可进行直播。当使用手机进行直播时,至少需准备两部手机,而且要在两部手机上同时登录直播账户,以备不时之需。同时,还需借助直播辅助设备进行优化,如电源、无线网络、支架、补光灯、提词器(包括主播手卡和白板)、相机等。

2. 直播营销过程

(1) 直播活动的开场技巧。直播的开场是企业给观众留下的第一印象,其重要性不言而喻。观众进入直播间后,会在短时间内决定是否要离开,因此,一个好的开场会让直播事半功倍。直播活动的开场设计需要从五个层面考虑:引发观众兴趣、促进观众推荐、代入直播场景、渗透营销目的、平台资源支持。各大直播平台通常会配备运营人员,对资源位置进行监控与设置。资源位置包括首页轮转图、看点推荐、新人主播等。

(2)直播活动的开场形式有直白介绍、提出问题、抛出数据、故事开场、道具开场、借助热点等。

① 直白介绍。企业可以在直播开场时直接告诉观众直播的相关信息,包括主持人自我介绍、主办公司介绍、直播话题介绍、直播大约时长、本次直播流程等。需要注意的是,这种方式比较枯燥,容易使部分用户不耐烦,因此建议添加一些吸引用户的活动环节,如抽奖、彩蛋、发红包等,也可以在开场中提前介绍,以促进观众留存。

② 提出问题。开场提问是在一开始就制造参与感的好方法。一方面,开场提问可以引导观众思考与直播相关的问题;另一方面,开场提问也可以让主持人更快地了解本次观众的基本情况,如观众所在地区、爱好、对本次直播的期待等,便于在后续直播中随机应变。

③ 抛出数据。数据是具有说服力的,直播主持人可以将本次直播要素中的关键数据提前提炼出来,在开场时直接展示给观众,用数据说话。在专业性较强的直播活动中,直播主持人更是可以充分利用数据开场,在第一时间令观众信服。

④ 故事开场。消费者都爱听故事,直播间的观众也不例外。相对于比较枯燥的介绍、分析,故事更容易让不同年龄段、不同教育层次的观众产生浓厚的兴趣。通过一个开场故事,带领观众进入直播所需的场景,能更好地开展接下来的环节。

⑤ 道具开场。直播主持人可以根据直播的主题和内容,借助道具来辅助开场。开场道具包括企业产品、团队吉祥物、热门卡通人物、旗帜与标语、场景工具等。

⑥ 借助热点。参与直播的观众普遍对互联网上的热门事件和热门词汇有所了解,因此,在直播开场时主持人可以借助热点,拉近与观众之间的心理距离。

(3)直播互动的常见玩法。直播活动中的互动由发起方和奖励两个要素组成。其中,发起方决定了互动的参与形式与玩法,奖励则直接影响互动的效果。

① 弹幕互动、剧情参与。弹幕即大量以字幕弹出形式显示的评论。这些评论在屏幕上飘过,所有参与直播的观众都可以看到,传统的弹幕主要出现在游戏直播、户外直播等纯互联网直播中,现在电视节目、体育比赛、文艺演出等进行互联网直播时均可进行弹幕互动。如挑选一些弹幕进行互动,"能介绍一下这个产品的原材料吗?""小姐姐皮肤真好,是用介绍的这个护肤品吗?""什么时候抽奖啊?"等内容更适合与用户互动。剧情参与多见于户外直播,主播可以邀请网友一起参与策划直播下一步的进展方式,增强观众的参与感。邀请现场观众参与剧情发展,一方面可以使观众充分发挥创意,令直播更有趣;另一方面可以让被采纳建议者获得足够的荣誉感。

② 直播红包。直播间的观众可以给主播或主办方发红包,表示对其的认可与喜爱。但此类赠予只是单向互动,其余观众无法参与。为了聚集人气,主播可以利用第三方平台进行红包发放或等价礼品发放,与更多的观众进行互动。

③ 发起任务。直播中发起任务是让用户按照指定的方式,在指定的时间内完成一系列任务的活动。直播中可以发起的任务包括建群快闪、占领留言区、晒出同步动作等。如邀请用户进入一个微信群,在微信群中讲述自己的糗事;邀请用户在某个帖子或微博下评论;

号召用户一起做出与主播相同的动作,并分享到社交网络上等。发起任务可以快速凝聚用户,形成团体力量,使用户有一种成就感和满足感。

④ 礼物赠送或打赏。在直播中,出于对主播的喜爱,观众不时地会进行礼物赠送或打赏。同时,为维护企业形象,主播应在第一时间读出对方的昵称并予以感谢。

(4)直播收尾的核心思路。直播活动收尾的核心思路主要在销售转化、引导关注、邀请报名方面。

① 销售转化。将流量引导至销售平台,从收尾表现上看,即引导进入官方网址或网店,促进购买与转化。通常,留在直播间直到结束的观众,对直播的内容都比较感兴趣。对于这部分网友,主播可以充当售前顾问的角色,在结尾时引导观众购买商品。需要注意的是,销售转化要有利他性,能够帮助观众省钱或帮助观众抢到供不应求的商品。如果在直播结尾时植入太过生硬的广告,只会引来观众的反感。

② 引导关注。将流量引导至自媒体平台,从收尾表现上看,即引导观众关注自媒体账号。在直播结束时,主播可将企业的自媒体账号及关注方式告诉观众,以便直播后继续向观众传达企业信息。

③ 邀请报名。将流量引导至粉丝平台,从收尾表现上看,即告知粉丝平台的加入方式,邀请大家报名。在同一场直播中积极互动的观众,通常比其他观众更同频、更容易与主播或主办单位联络起来,也更容易参与后续的直播。主播可以在直播收尾时将这类观众邀请入群,结束后通过运营该群,逐渐将直播观众转化为忠实粉丝。

(5)直播重点与注意事项。

① 反复强调营销重点。因为网络直播随时会有新人进入,所以主播需要在直播中反复强调营销重点。直播中需要反复强调的营销重点如表 11-1 所示。

表 11-1　直播中需要反复强调的营销重点

类　别	营销重点
介绍	主播介绍、主办单位介绍、现场嘉宾介绍、产品介绍等
关注	引导观众关注直播间、微信公众号、微博等
销售	现场特价产品、观众专属商品、近期促销政策等
品牌	邀请点赞、邀请转发、邀请点评等

② 减少自娱自乐,增加互动。直播不是单向沟通,观众会通过弹幕把自己的感受发出来,并且希望主播予以回应。一个只顾自己侃侃而谈却不与观众进行即时互动的主播,通常不会太受观众的欢迎。刚接触直播的新人往往过于关注计划好的直播安排,担心直播没有按照既定流程推进,因此会生硬地结束一个话题而进入新话题。实际上,几乎没有百分之百按照规定完成的直播活动,任何直播都需要在既定计划的基础上随机应变。

③ 注意节奏,防止被打扰。在直播进行过程中,网友的弹幕是不可控的,部分观众对主播的指责和批评也无法避免。如果主播过于关注负面评价,就会影响整体的直播状态。

④ 在直播进行过程中,主播要有选择地与网友互动。对于表扬或点赞,主播可以积极回应;对于善意的建议,主播可以酌情采纳;对于正面的批评,主播可以幽默化解或坦荡认错;对于恶意谩骂,主播可以不予理睬。

⑤ 在直播活动中,全场的掌控者是主播。因此主播必须注意直播的节奏,避免被弹幕

影响,特别要避免与部分观众现场争执而拖延直播的进度。主播需要有耐心地回答消费者的问题,可以用幽默的话题调动氛围,注重实时互动。

3. 直播营销后期

(1)做好直播活动总结。直播结束后要跟进活动的订单处理、奖品发放等,确保用户的消费体验。特别是在发货环节,一定要及时跟进。要及时公布中奖名单,并与中奖用户取得联系。

(2)做好粉丝维护。在直播过程中,主播会添加各类粉丝。直播结束后,做好粉丝的维护是很关键的,可以跟粉丝沟通交流,调研粉丝对此次活动的评价,便于后期的优化和提升。同时,主播可以对直播观看、销量、活动效果、中奖名单等进行宣传,并对直播视频进行美化剪辑,包装到推文中。

(二)粉丝的发展和维护

在直播进行过程中,运营者可以利用直播页面引导观众加入粉丝群组,也可以由主播在开场及结束时说明加群方式。

观看同一场直播,面对同一个主播,一起发出弹幕,这样有共同体验的观众更容易有共同话题,更容易与主办单位或主播长期互动。直播结束后,运营者可以定期维护粉丝群体,与积极互动的粉丝交流,并在群内发起活动,实现"观众→粉丝→客户→忠实客户"的转变。

对于通过直播加入的粉丝,在直播结束后,运营者可以通过策划线上活动、分享最新信息、邀请参与直播、发起线下活动四种方式进行粉丝维护。

(1)在粉丝社群刚成立的时候,运营者的主要工作是通过策划一系列线上活动制造"熟悉感"。

(2)在熟悉起来后,运营者可以定期在群内分享专属的信息,让群内粉丝优先得到最新的折扣、促销信息。

(3)逐步邀请粉丝一起参与下一场直播,良好的参与感是粉丝对直播产生好感的前提条件。运营者可以邀请粉丝参与更多的直播环节,如表 11-2 所示。

表 11-2 不同直播环节可参与的项目

直播环节	群友可参与的项目
直播筹备	选题探讨、场地选取、文案策划、图片设计、主持人票选等
直播进行	直播间互动、线下助威等
结束发酵	微博转发、朋友圈分享、论坛传播、视频网站推广等

(4)定期发起线下活动,让线上聊天变成线下互动。在聚会的同时,运营者可以借机邀请粉丝试用新品、反馈建议、回馈粉丝,增强粉丝的归属感与参与感。

第四节　直播平台营销的策略与方法

随着互联网的快速发展,网络直播平台也越来越多元化,人们可以用手机或电脑,通过网络直播平台进行及时的信息传播。在信息愈加公开化的现代社会,网络直播平台开启了生产网红的模式,并逐渐被公众接受,借助粉丝"变现",催生出更多的粉丝现象,主播与粉丝之间、粉丝与粉丝之间互动更频繁便捷,呈现出草根性、实时性的特点。

一、直播平台营销的策略

(一)视觉营销

直播中画面的流动性一般不大,人物形象也相对固定,而过于单调的画面容易让观众产生厌倦感从而离开直播间。企业要让直播的画面充满生机,给观众的视觉造成强劲攻势,实现与观众的沟通,以此向现众传达商品信息、服务理念和品牌文化,实现良好的直播营销效果。

通常,视觉效果可以从光线、角度、镜头的稳定性和主播这几个方面入手。

1. 光线

光线的变化会引起人们不同的视觉感受,带给人们不同的心理感受。要在直播中打造出画面的视觉效果,就应该重视光线的运用,好的光线布局对视频呈现的效果起着至关重要的作用。

一般来讲,在光线好的时候,利用自然光直接进行拍摄就可以,这样拍出的视频更接近实物本身,也更加自然。在光线不好的室内或较暗的环境中拍摄,可以手动打光或用反光板来对光线进行调节。当然,在这种环境下,也可以利用灯光营造氛围来激发人们相应的心理状态。一般直播中,无论色温是冷是暖,通常都采用较为明亮的光线。

2. 角度

画面的展示角度是一个不得不关注的因素,它既能在直播中带给观众新奇而使大家印象深刻,也能毁掉一个画面。因此,企业应找好角度,把握好的一面,将其展示在观众面前。角度的运用常有拍摄高度、拍摄方向、拍摄距离三个方面,拍摄高度和方向不同,能产生不同的画面效果,拍摄距离的远近则决定了画面的主次。直播中不能一直让观众看着主播的脸,镜头的转换才能有效减少观众的视觉疲劳,最简单的做法就是通过调整拍摄距离的远近来放大和缩小画面,以引起观众的兴趣。全景、近景及特写等不同的景可以让整个画面场景鲜活生动,从而让画面牢牢吸引观众。

3. 镜头的稳定性

镜头的移动变换是直播中不可避免的,但移动变换过程中也要保持画面的稳定性。除了在直播中握稳直播设备外,主播还需注意始终保持画面的基本线条"横平竖直",当镜头移动变换时,也要尽量缓慢移动且要保持水平移动。如果是户外直播,未知因素会更多,不知道会发生什么事,会带来怎样的影响,因为户外直播难免要因处走动,一般需要拍摄稳定器来保证画面的稳定和美感。

4. 主播

策划、编辑、录制、制作、观众互动等一系列工作大多由主播负责参与,并由主播本人担当主持工作,这需要主播具有很强的综合能力,一个优秀的主播要面对线上几万、几十万甚至上百万的观众,并且在与观众的实时交流互动中传递企业文化、宣传企业品牌、推广产品。主播作为一次直播活动的核心,它给观众的第一印象会决定观众的去留。第一印象不单指人的外表,它是在最初交往过程中融合了表情、姿态、身体、仪表或服装等方面而产生的综合印象。一个合格的主播不仅需要穿着得体、行为得当,还应有较强的综合素质和临场应变能力,为主办方打造一个良好的形象。

此外,视觉效果的提升自然也离不开听觉,语言作为人们思想交流的媒介,把握分寸、恰到好处的语言更能为企业的宣传推广打下良好的基础。当然,一个有营销效果的直播还离不开优质的内容。

(二)内容营销

如今的直播早已不是靠单纯的娱乐就能取胜的,企业真正要做的是用优质的内容打动观众,为企业扩大品牌曝光度,实现产品销量的增长。企业利用直播进行内容营销,有以下三个重点方向需要引起足够关注。

1. 专业生产内容

PGC 指的是专业生产内容,具有内容个性化、视角多元化、传播民主化、社会关系虚拟化等特点。目前,大多数企业的直播营销的销售转化都依赖于 PGC。在直播营销领域,PGC 的重点在于"P",即专业,用"P"去聚集话题性人物,包括明星、名人、"网红"。

2020 年"双 11"期间,完美日记依然稳居天猫美妆榜的第一名,亦在直播带货上有一定的成绩。完美日记邀请李佳琦为完美日记做带货直播,并通过网红主播、明星效应为品牌开拓渠道,打造品牌爆款,一次又一次地激发万千少女的购买欲。

由上可以看出直播营销中 PGC 的重要作用,只有将人物和内容完美结合,才能获得品牌预期的曝光量和销售转化量。

2. 品牌生产内容

直播营销是企业营销中的一种新型工具,对工具的运用需要掌握灵活的技巧,才可能实现预期的营销效果。直播营销的 BGC,重点在于传播企业的品牌文化。单纯的产品营销已不能满足消费者的需求,而 BGC 正好展现了企业品牌的价值观、文化、内涵等。

例如,阿迪达斯 Originals 的跨界涂鸦艺术直播。Adidas Originals 作为阿迪达斯的经典系列,成立于 1972 年,一直以来都在保持经典的同时不停创新,兼具复古内涵与时尚活力。为配合 Adidas Originals ZX Flux 新款发布,Adidas Originals 在上海旗舰店举行了"Flux it! 创作直播"。这场直播邀请了多媒体艺术家,基于 ZX Flus 造型现场绘画,并根据网友弹幕,实时变幻鞋面色彩、图案等创作元素,为网友呈现了一场充满无限可能性的跨界涂鸦艺术形式。

3. 用户生产内容

用户参与度是直播最核心的要素。如果直播中忽视了 UGC,那么它仅仅是主持人的自娱自乐。智能手机的普及、移动互联网的盛行,使直播成本骤减,让"直播"风靡一时,在"移动＋互动"模式的完美结合下,直播的内容边界被无限延伸和拓展。那么,这种"无边界内容"成为一场网友可参与的内容就成了企业直播营销中的关键。

很多人对直播营销里的 UGC 认识并不全面,认为 UGC 仅指直播营销里网友的弹幕评论。这种理解未免有失偏颇,举个例子,我们知道一部成功的小品离不开好的导演、演员和剧本,那么 UGC 就类似于小品的导演,而 PGC 和 BGC 则是演员和剧本,导演所起的作用是引导演员将好的剧本呈现出来,排练过程中,导演必须时刻和演员互动,甚至还需根据现场情况改编剧本,但最终目的是让这部小品得到观众的喜爱。

直播营销的 UGC 除了要和 PGC/BGC 互动外,还要改变 PGC/BGC,这种改变的最终目的是使 PGC/BGC 更有趣、丰富,具有猎奇性(不知下一秒会发生什么)、可参与性(情绪感染,吸引更多网友参与)、社交性(志同道合的网友形成社群)。只有这样,观众才会心甘情愿地守在直播前,并全程参与。

(三)体验营销

随着人们生活水平的提高,人们的消费需求也从实用层次转向体验层次。体验营销能带给用户充分的想象空间,最大限度地提升用户参与和分享的兴趣,提高用户对企业品牌的认同,增强用户购买产品的欲望。然而,如果直播内容千篇一律,差异化、价值输出存在不足,则会致使用户体验效果大打折扣。利用直播进行体验营销,企业应从观众的感官、交互、信任等方向入手提升体验感。

1. 感官体验

感官体验是让用户通过视觉、听觉、触觉、味觉与嗅觉等知觉器官,来实现对品牌的感性认知。利用互联网传递信息,企业先后经历了文字、图片、视频,再到今天的直播,这为用户带来了感官升级,使用户对品牌产生感性认知,达到激发用户兴趣的目的。

直播中可以从区分公司和产品、引发消费者购买动机、增加产品的附加价值等方面,提升用户对企业的认知。例如,吉利博瑞拆车 24 小时直播完成实车拆解、同级合资车型同步拆解对比、现场评论等线下活动,并通过多平台进行 24 小时无保留实时直播,受到众多用户的好评,效果远超预期。直播带来的感官升级能让用户更真实地感受产品、更立体地感受产品,使企业能够直接地与用户互动,产生全新的营销场景,扩大企业品牌认知,实现产品销量增长。

2. 交互体验

交互体验就是网上互动。交互是网络的重要特点,它能够促进用户与企业之间的双向传播,和前面提到的 UGC 有异曲同工之意。因此,交互式体验应该作为真播体验营销的核心。在直播营销中,企业应尽可能使用户最大限度地参与到直播过程中,在互动中使用户感到快乐和开心、提升用户的体验,以达到企业的营销目标。

3. 信任体验

信任体验即借助直播形成用户对于企业以及品牌的信任程度。企业经常通过明星、意见领袖来激发用户,使其生活形态发生改变,从而实现产品的销售。激烈的市场竞争使行业内提供的产品和服务越来越趋同,这种趋同抹杀了产品和服务给人们带来的个性,因此独特的感受和对品牌及产品的信任才显得格外珍贵。

品牌不是企业生产制造出来的,也不是传播推广出来的,而是由用户体验出来、感受出来的。为此,企业一定要以用户为中心,精心设计、策划、执行每一个直播环节,为用户创造难以忘怀的记忆和感受,提升用户体验效果,进一步推广企业品牌,扩大产品销售。

(四)搭配社群营销

如果仅在网站或海报上提前预告直播时间及房间号,转化率太低。为了实现传播量的最大化,企业可以建立一个社群,把所有感兴趣的用户拉到这个群,前期进行情绪铺垫、气氛渲染,加上社群成员的配合,直播开始时的关注度就会很高。

社群为直播提高转化率,直播为社群提升活跃度。一个高人气的社群绝对离不开精彩的内容,而直播就是非常好的内容资源。相对于普通的图片和文字输出,直播传递的信息量变大、形式更新颖,更具即时性,能使社群更活跃。因此,社群营销已经成为企业重要的直播营销手段。

二、直播平台营销方法

(一)打赏和广告营销

直播平台通过与主播签订合约,在主播收到粉丝打赏后分成来赚取利益。粉丝花钱购买礼物,送给主播的行为,是粉丝实现自我满足的过程,在这个过程中用户得到了虚荣心的满足,送的礼物越贵,代表身份等级越高,也吸引了大量的投资者和创业者。在这种情况下,优质的主播便理所当然成为加强主播和粉丝互动的关键所在,直播平台也常常会利用用户对主播的喜爱,在直播过程中植入一些产品广告,这样的宣传也的确取得了良好的营销效果。直播平台通过各种广告来获取利益,广告商利用直播平台来达到宣传目的,从而达成互利共赢的目的。

(二)垂直营销

垂直营销是指用户可以在直播的同时通过发弹幕提问等方式与主播或者商家进行直接的沟通和交流,了解更多商品信息,形成互动。如以"明星＝公益""直播＋淘宝"为切入点的直播形式,已成为越来越多的直播平台获取利益的方式。这种营销手段激活了用户的体验需求,加强了主播与粉丝间的交互,以动态的角度向用户展示商品,形成更直观、更全面的感官刺激。这也是直播平台流量变现的重要手段之一。

(三)技术营销

近几年,VR技术、人工智能、CDN(内容分发网络)技术正处于突飞猛进的发展态势,许多直播平台利用该技术,对网络直播进行了从视觉到听觉的一系列改进,使用户的体验效果提升,缩短了用户与平台之间的距离,在短时间内吸引大量用户流量的围观,为直播平台带来了更多的潜力和发展空间。但值得注意的是,在直播过程中应把关注的核心集中在粉丝的互动上,而非技术的视觉、听觉效果之上。

(四)营销精细化

随着电商直播规模逐渐扩大,直播带来收益的增长逐渐进入"瓶颈"期,直播的内容逐渐同质化,而用户的需求更加多元化。如果没有足够好的内容,不能给用户提供有价值的信息,就很难在平台上留住用户,也就没有良好的转化率。所以,针对不同的用户提供个性化的服务,必将成为未来企业直播营销需要攻克的难关。

企业需要根据商品类别、属性、特征来确定目标人群,再根据目标人群的习惯、特点制定相应的营销策略,提升电商直播的服务效率和品质。而现在随着大数据技术的发展,平台上海量的用户行为数据得以获取,这些数据无疑是企业的重要虚拟资产。利用大数据技术去实现精准营销,提高信息传递精准度,帮助企业维持忠诚用户,降低营销成本,将成为企业未来营销发展趋势。

（五）传播场景化

随着 5G、虚拟现实技术、增强现实（augmented reality，AR）技术的飞速发展，直播场景将越来越多样化，而视听效果更清晰，信息传输更流畅。VR 即将被应用于直播平台，VR 技术目前最普遍的应用就是让手机屏幕传输的页面从二维转换为三维，而更先进的 AR 技术是一种将真实世界信息和虚拟世界信息无缝集成的新技术，让观众透过手机屏幕，进行虚拟世界与现实世界之间的互动，能够把原本在现实世界的一定时间空间范围内很难体验到的实体信息（如视觉、听觉、味觉、触觉等），通过模拟仿真后，在真实世界的基础上叠加虚拟信息，将虚拟的信息传输到真实世界，被人类感官所感知，从而达到超越现实的感官体验。这样的沉浸式直播使观众产生身临其境的感觉，能够全身心投入直播之中，从而能够提升用户黏性和趣味性，带来颠覆性的视觉体验和信息交互感受。

（六）直播途径多元化

2017 年以来，短视频平台迎来爆发期，短视频将娱乐与营销进行深度融合，成为电商直播传播新途径。在 2020 年"双 11"宠粉节活动期间，抖音直播带货成交额超过 187 亿元。优质轻松的内容更容易激起消费者的购买欲望，具备生产成本低、扩散速度快、用户沉浸度高及社交能力强等特点的短视频，成为企业直播营销的一个重要途径。短视频平台是兼具娱乐和购物的直播平台，涵盖了音乐、舞蹈、综艺、游戏、户外、美食等一系列节目类型。目前，短视频平台基本已经布局了直播功能，相比于传统电商平台，短视频平台拥有更多元化、群体类型更丰富的用户，将成为下一个企业直播的风口。

（七）主播专业化

由于直播市场的扩张速度快，专业人才的发展跟不上直播的发展速度，优秀主播匮乏。在现如今的直播平台中，主播的平均素质偏低，不仅直播内容低俗化，缺乏专业知识，甚至出现色情、暴力等道德问题。随着直播增长"瓶颈"期的到来，用户的要求逐渐提高，对主播的选择也更严苛。

对于优秀主播本身的培养可以从三个方面进行：一是掌握专业的产品知识和真实的数据，向观众进行讲解，避免空洞的泛泛而谈；二是培养定向型的主播，根据不同用户群体选择主播，加深与用户之间的亲切感，减少距离感，从而能够留住用户，形成主播口碑效应；三是通过构建完善的运营团队，共同协作，立足于市场与产品创新，寻找自身差异化特点，避免主播同质化，在激烈的竞争格局中脱颖而出，赢得用户。

（八）直播市场下沉化

近年来，互联网企业逐步开始布局下沉市场，存量用户已经很难实现增长，而在三、四线城市的群体还处于未挖掘的状态，直播市场竞争日益加剧，市场下沉化将成为新的关键点。据艾媒咨询数据显示，2019 年，大部分的直播用户分布于一、二线城市，三线及以下城市的直播用户不足三成；在年龄分布上，30 岁以下的用户占比高达八成，直播用户年轻化特征明显。然而针对三、四线城市用户，中老年用户，他们的购物需求还尚未完全在电商直播中得到开发。我国 50 岁以上人群已占全国总人口的 20% 左右，这部分人群具有娱乐方式匮乏、空闲时间多、购物价格敏感、收入稳定等特点。目前,我国老年群体的网络购物行为正在快速发展,对电商的接受程度已经超过想象。在某些日常生活商品中,老年人展现了强大的消费能力,如早在 2018 年,某创业人士佟某的老年鞋线上销售额就达到 2 亿元。据京东研究院数据显示,2019 年,老年人适用的家具、家居日用、厨具、家纺等品类线上成交额比 2018 年增长 10 倍以上。因此,根据下沉市场用户的群体特征,制定相应的营销策略,挖掘实现这部分增量用户的价值,实现电商直播销售额增长,是未来企业直播营销中需要重点考虑的问题。

(九)供应链管理高效化

在企业直播营销中,对供应链管理的要求不断提升。所谓供应链管理,是指从供应商到用户的产品流、信息流和资金流的集成管理,以达到供应链价值的最大化。在企业供应链管理过程中,包括前端的产品生产、后端产品采购、仓储管理、营销管理、物流运输、产品配送所有过程。

互联网环境下,供应链管理的好坏决定着利润空间和电商购物服务质量,是影响竞争力的核心因素。应对供应链管理全过程进行信息共享,通过收集产品的市场信息和目标用户行为,提升企业供应链的抗风险能力和市场预测能力。目前,直播平台还在不断地建设完善之中,大平台占领市场重要地位的同时,小平台也具有开展兴起的可能性。但不管是大平台或是小平台,若在直播平台营销策略上不采取具有创新性的改革,将很难继续发展,最终会被市场所抛弃。

案例分享:秀展期间直播种草,拥抱时尚达人

有人说,时尚大秀不一定在米兰、巴黎,还可以在抖音。的确,从诞生开始,抖音就汇聚了各种潮人、时装、美妆内容,可谓自带时尚基因。随着奢侈大牌以及明星的加入,抖音在时尚界的影响力逐步扩大。

为了满足时尚艺术达人们的内容需求,抖音特别推出#快闪季#IP,专注发布时装周、艺术展览等线下快闪项目视频。在 2018 年巴黎时装周期间,抖音团队将街拍视频、秀场视频剪辑为 15 秒短视频,通过抖音@快闪季 官方账号发布,同时联袂众多时尚品牌和明星达人共同参与,将最新鲜最闪亮的时尚资讯第一时间展现给大众。由于四大时装周原本就是整个时尚界和时尚爱好者们的焦点,加上优质内容,快闪季发布的其中两支视频在无推广的情况下点赞均超 10 万,实现了广泛曝光。

对于时尚品牌而言,如果在秀展期间结合抖音特质进行种草,往往也能收获事半功倍的效果。针对合作品牌,抖音官方会为其在时装周期间拍摄符合抖音用户喜好的短视频,发布于抖音@快闪季、品牌代言明星账号或蓝 V 账号,而抖音的达人资源也可以配合为品牌造势,实现引流。

资料来源:http://www.360doc.com/content/19/0129/10/30965498_811928200.shtml.

扫描此码　　　　　　　　　　　扫描此码

案例讨论　　　　　　　　　　　在线自测

第十二章

问答平台营销

【本章要点】

随着互联网技术的飞速发展,问答平台对于企业开展网络营销活动而言,无疑是一块非常重要的阵地。越来越多的企业开始注重问答平台营销活动,使问答平台在信息传播和运营推广方面的突出作用日益显现,这对于快速、精准地定位客户和企业自身发展等有很大帮助。本章主要介绍问答平台营销的主要类型、问答平台营销运作的方式,以及问答平台营销策略与方法等内容。

【学习目标】

1. 掌握问答平台在营销推广方面具有的突出优势。
2. 理解百度知道和百度贴吧的区别和联系。
3. 掌握问答平台营销运作的方式。
4. 了解分答知识共享传播机制的新特点。
5. 掌握知乎平台营销的注意事项。

第一节　问答平台营销的概念与特征

一、问答平台营销的概念

问答平台营销是基于问答平台而产生的一种新型互联网互动营销方式,是互动营销鉴于第三方口碑而创建的网络营销方式之一。问答平台营销既能为商家植入软性广告,同时也能通过问答平台来为企业引流潜在用户,是做品牌口碑、互动营销不错的营销方式之一。问答平台的运营投入比较大,通常在搜索引擎的排名都比较靠前,所以对很多互联网企业来说,问答平台是 SEM 的重要辅助手段。

问答平台推广是网络营销推广的重要方式,是企业在各大问答平台统计查找与自己所要输出内容相关的问题,然后去回答用户的一种干货内容输出的推广产品手段。这种营销方式无疑是持续的、低成本的、高成效的、首选的推广手段。它的引流效果也是众多网络推广中较好的，能为企业带来直接的流量和有效的外链。另外，问答平台营销在企业引流中有四大优势，分别是使信息迅速传播推广、全方位展示产品推广信息、问答平台营销的话题性、争议性强和实现企业与客户的近距离接触。

问答平台在营销推广上具有两大优势：精准度高和可信度高。这两种优势能形成口碑效应，对网络营销推广来说显得尤为珍贵。通过问答平台来询问或作答的用户，通常对问题涉及的东西有很大兴趣，如有的用户想要了解"有哪些新上映的电影比较好看"，那些刚好看过电影的用户，会积极推荐自己看过的满意影片，提问方通常也会接受推荐去观看影片。提问方和回答方之间的交流很少涉及利益，用户通常是根据自己的直观感受来问答平台，这就使得问答平台的可信度很高，这对企业而言则意味着转化潜力，能够帮助企业产品形成较好的口碑效应。

二、问答平台营销的特征

问答平台营销通过商家植入软性广告和提问、作答来实现营销目的。问答平台营销的最终方式是引起争论，同时可控制地引导争论的方向，最终潜移默化地在争论过程中达到企业的营销目的。问答平台营销且具有互动性、针对性、广泛性、媒介性、可控性特点。

1. 互动性

问答平台互动能补充企业内容，还能扩充用户知识面。问答类的互动效果可以充分补充网站内容的不足，也能让读者完善知识面，这样的互动效果不仅起到了针对性效果，而且起到了广泛性的效果。

2. 针对性

问答平台营销不仅能针对相关话题，也能针对目标群体。问答可以针对某个目标群体，根据群体的特点选择关注的焦点，充分调动该人群的力量，达到具有针对性的效果。另外也可以针对话题做讨论，让更多的人来参与，达到人群融合的效果。

3. 广泛性

一个问题可以引来不同人从不同角度的广泛讨论。问答营销的特点本身就决定了问答营销的广泛性，一个问题可以引来不同人群的讨论，一个事件可以引来不同人群来评论，品牌的建议往往从问答开始。

4. 媒介性

通过问答或评论的形式，实现间接媒介营销。可以通过文章或者问题的形式在各大平台或者媒体投稿，只要稿件通过或者是问题通过，那么借助媒介可以达到更好的效果。如你是做发电机的，可以把发电机的技术指标在相关的论坛发布，那里会有很多高级的工程师，他们的评论和回答可以加以借鉴。

5. 可控性

问答营销的传播引流效果通常是可控的。评论可以通过平台或者媒介管理者以审核的方式来控制，去除重复的、不符合规定的评论，从而达到让读者有益、让内容健康的效果。

第二节　问答平台营销的主要类型

利用新媒体问答平台来进行营销推广,通过回答问题和模拟提问的方式进行产品宣传,提高企业知名度。这种新兴的问答平台营销推广方式,在推广效果上比较突出,从而获得很多互联网企业的普遍认可。除了推广效果好之外,互联网上企业问答营销的兴盛,还依靠背后火热的问答平台支撑,可以说没有这些问答平台就没有问答营销。

当前,中国各种网络问答平台百花齐放、百家争鸣,每一种网络问答平台,既有相似的地方,又有自己的独特之处,相互竞争,形成自己的用户群体。依据网络问答平台的发展脉络以及不同的运营方式,网络问答平台可以分成如下四个种类:搜索引擎式互动问答平台、综合类社交知识问答社区、垂直类互动问答平台、网络付费语音问答平台。

一、搜索引擎式互动问答平台

搜索引擎式网络问答平台的前身是 2002 年韩国搜索引擎网站 Naver 上线的"Knowledge iN",这种问答形式不断扩展到全球各地,成为网络问答平台的典范。这类网络问答平台以搜索引擎为依托,网民可根据自己的需要借助搜索引擎搜索相关内容,并对已有的问题或者答案进行浏览,寻找最优解答,若搜索到的内容与个人的要求并不匹配,用户可采取虚拟货币的形式如积分、赏金等进行悬赏,从而激励更多的用户参与到问题的解答中。

此外,用户在搜索内容的同时也可对感兴趣的内容进行解答,既可以匿名回答,也可以进行实名回答。这类网络问答平台以搜索引擎为重要入口,问答和搜索形影不离,将所有用户日积月累贡献的答案,作为数据库不断呈现给其他用户,从根本上还是一种"人机互动"的网络问答平台。目前,百度知道、百度贴吧,依托于全球最大的中文搜索引擎,都是搜索引擎型互动问答平台的典型代表。

(一)百度知道

百度知道是搜索互动式的知识问答分享平台,是中国最大的问答网站。百度知道主要特点在于和百度搜索的完美结合,百度的庞大用户群体为它提供了流量支持。"世界很复杂,百度更懂你"。"百度知道"的搜索模式是用户自己有针对性地提出问题,通过积分奖励机制发动其他用户来解决该问题。同时,这些问题的答案又会进一步作为搜索结果,提供给其他有类似疑问的用户,达到分享知识的效果。如图 12-1 所示,百度知道首页的问题栏设置很多类问题,具体包括经济金融、企业管理、法律法规、社会民生、教育科学、健康生活、体育运动、文化艺术、电子数码、电脑网络、心理分析、医疗卫生等。

百度知道累积的知识数据可以反映到搜索结果中。通过用户和搜索引擎的相互作用,实现搜索引擎的社区化。百度知道可以看作是对搜索引擎功能的一种补充,让用户头脑中的隐性知识变成显性知识,通过对回答的沉淀和组织形成新的信息库,其中信息可被用户进一步检索和利用。这意味着,用户既是搜索引擎的使用者,同时也是创造者。百度知道可以说是对过分依靠技术的搜索引擎的一种人性化完善。

图 12-1　百度知道首页界面截图

百度知道的功能模块分布在不同的页面,大致包含首页、在问页、日报页、合伙人页、知道商城、个人中心。

1. 首页

百度知道首页包含我要提问、大家热议、影响力排行、权威机构、精彩推荐和活动公告几个模块。单击"我要提问"进入提问页面,在问题说明框中输入问题,选择提问服务的赏金,在输入验证码后便可提交问题。浏览百度知道的最新提问栏,对于感兴趣和了解的问题,可以单击进入回答页面,如果你的回答被采纳将会获得提问方的悬赏赏金。

2. 在问页

在问页主要包含想要提问的问题类型以及新提问、高悬赏。在此界面用户可以发表自己想提问的问题及能够回答的问题。

3. 日报页

日报页基于百度知道背后的大数据,对于一些日常生活问题,提供专业的解答,同时会披露相关用户数据,是一个信息化的平台,类似于现在的报纸功能。

4. 合伙人

百度知道合伙人是基于知识内容的问答创作分发平台,为企业生产问答内容提供便捷、有效的生产方式,支持问答内容在各渠道的推优展现。合伙人拥有完善的推荐机制,多样化的内容生产模式,强大的渠道流量分发能力,不仅能助力企业生产者满足用户需求,提供目标用户触达、获取及用户服务双向互动支持,同时对品牌价值传播、提升转化效果、增强多维度的用户服务能力起到重要作用。

5. 知道商城

百度知道商城,是百度官方 App 为了奖励积极答题的热心网友,推出的礼品兑换商城。网友可以在移动端或者 PC 端搜索百度知道商城,用百度知道做任务赚的财富值,兑换喜欢的商品。

6. 个人中心

个人中心里用户可以设置个人资料、收到消息进行交流,同时还能直接进入商城查询积分兑换商品。

（二）百度贴吧

百度贴吧（以下简称贴吧）是以兴趣主题来聚合志同道合者，结合搜索引擎建立的一个在线互动交流平台。贴吧的组建依靠搜索引擎关键词，不论是大众话题还是小众话题，都能精准地聚集大批同好网友，展示自我风采，结交知音，搭建别具特色的"兴趣主题"互动平台。贴吧目录涵盖社会、地区、生活、教育、娱乐、游戏、体育等多个方面，是全球最大的中文交流平台，如图 12-2 所示。

图 12-2　百度贴吧首页界面截图

使用百度贴吧需要创建一个百度账号。对于账号的申请、基本设置及常规操作，在贴吧中均有详细的介绍，本书不再予以进一步的讲解。以下将重点介绍百度贴吧的特殊构成板块及对应的操作技巧，以方便企业营销活动的顺利开展。

1. 个人中心

"我的贴吧"是用户的个人管理中心。在该板块中，用户可以记录自己的心情和新鲜事，关注贴吧里的各路"达人"，通过与其他用户亲密互动，形成稳定的好友关系，获取自己的粉丝；也可以根据个性化需求关注喜欢的贴吧，与吧主进行交流互动；还可以关注好友在贴吧的一举一动，包括道具使用、吧务等动态，以增强互相之间的了解。对于个人贴吧内容的管理，吧主可以通过吧务管理中精品区的分类功能，为精品区的帖子设置不同的分类，以便于阅读。每个贴吧，最多可以设置 8 个不同的分类，设置好不同的分类名后，即可在前台对每个精品帖子设置不同的分类。对于已经属于某个分类下的精品帖，也可以通过再次点击帖子上方将其设为精品帖，为其重新选择一个新的分类。同时，还可以使用吧务管理的"添加友情贴吧"选项添加或删除友情贴吧，吧主可以最多设立 5 个友情贴吧。

2. 贴吧群聊

该功能模块打破了贴吧传统的发帖聊天模式，开启了崭新的贴吧群时代。贴吧群聊功能是贴吧史上最大规模测试、最多迭代次数、最大人力投入的功能之一，也是互联网诞生速度最快的重量级产品之一，为"吧友"提供了时效性更强的私密交流空间，从而增加了"吧友"

对产品的黏性。

3. 贴吧发帖

发帖是贴吧的基本功能。根据用户需求的变化，贴吧在原有基本发帖功能上又增加了一些新的功能，如楼中楼、直播帖等。其中，楼中楼是指在一个主题帖中，当"吧友"想与某个"楼层"（回复帖）的层主互动的时候，所有和这个"楼层"相关的讨论内容都会在这个"楼层"里显示出来，这些讨论内容被称为楼中楼帖，简称楼中楼；直播帖主要包括文字直播帖和视频直播帖，增加了多吧交叉实时互动。直播帖提供了一个更开放的沟通平台，让"吧友"可以第一时间了解热门信息，同时还能与嘉宾零距离地沟通。另外，贴吧还开设了明星贴吧、图片贴吧等专题贴吧，便于不同"吧友"兴趣爱好的精准化定位。

二、综合类社交知识问答平台

全球第一家成熟的综合类社交知识问答平台起源于 2009 年在美国硅谷成立的 Quora，集合众多用户协同编辑问题和答案，具有很强的社交属性。中国本土化的综合类社交问答平台以知乎为代表，被称作中国版的 Quora。这类问答平台信息的供给以及需求的针对性相对更强，用户的参与范围更广，是对搜索引擎类问答平台的有益补充。

综合类社交知识问答平台，能够实现将人与问题直接对接，以内容的供给和需求为节点，围绕某一具体的问题使一部分用户聚集起来，形成社交关系网络。在这类社交问答平台中，用户不仅可以关注感兴趣的问题、话题以及其他用户，表达个人见解，还可以对相关问题进行赞同或者反对的评价，以此形成了人与人以及人与信息的复杂交互，从而在这个知识问答社区中形成了一个围绕信息交流以及知识分享的社会关系网络。社交知识问答平台通过人们之间观点的交流与碰撞，促使拥有不同背景以及资源的用户在其擅长的领域生产有价值的信息，而其认识盲区也可通过获取他人分享的知识不断获得补充，享受知识共享的"红利"。下面以知乎为例进行重点介绍。

知乎是一个真实的网络问答社区，是当前最大的中文互联网知识社交平台，如图 12-3 所示。知乎以"知识连接一切"为使命，聚集了一批全国互联网上科技、商业、文化等领域里颇具创造力的人群，将高质量的内容通过人的节点来成规模地生产和分享，构建高价值的人际关系网络。用户通过问答等交流方式建立信任和连接，在彼此分享专业知识、经验和见解的同时，实现个人品牌价值的全面提升。

图 12-3　知乎平台首页界面截图

1. 知乎与其他问答平台的对比

知乎是一个信息获取、分享及传播的平台。目前，国内比较专业的问答平台还有百度知道、360 问答、搜狗问问、悟空问答、新浪问答等。在这些平台中，网络推广度较高的主要是知乎和百度知道，下面将重点对这两个典型问答平台进行对比分析。

（1）内容深度。知乎定位走的是专业化路线，深而精，百度知道走的是大众化路线，广而大。知乎连接的是行业精英,分享专业知识和见解,因而更专业,参考价值更大,但其内容产生速度相对较慢,内容多偏纵向发展,是一个良性信息聚合的平台;而百度知道对于回答者来说门槛较低,对于生活常识类和非专业类内容非常合适。另外,百度知道面向的是所有用户,每天都有不计其数的提问者与回答者在该平台提供内容,但由于专业程度不够,难免会造成信息膨胀,产生一定量的互联网垃圾信息。

(2)信息流动。百度知道主要是以用户主动需求为导向,而知乎具有关注及信息分析提供的针对性推送功能,在平台中推送的信息已经由用户主动获取,转变为根据用户的兴趣和习惯操作向用户主动推送。

(3)用户关系搭建。用户关系也就是提问者与回答者的关系。从运营关系网的角度看,百度知道属于浅层次的关系,提问者很少真正与回答者形成关系,所以百度知道的回答多用于参考;而知乎能够让用户之间通过见识、思想的碰撞,逐步形成"朋友"关系,知乎表面上看似是运作问答,却又不仅是问答,实质上却是运营关系。

2. 知乎的功能模块构成

知乎的功能模块分布在不同的页面,包含首页、话题页、通知页、个人主页和问题。各页面主要具有以下功能。

(1)首页。知乎首页中包含最新动态、行为管理信息和用户话题推荐模块。通过这些模块,用户可以设置相关参数,及时了解所关注人的最新提问及回答等信息。知乎平台根据对用户关注话题的信息汇总和用户网络行为数据的记录统计,能够实现话题的精准推送。

(2)话题页。知乎话题页主要包括两个板块;"话题动态"和"常去话题"。"话题动态"板块中,用户可以对所关注话题下的问题进行查看,也可以对所关注话题进行"固定"和"取消关注"操作;"常去话题"板块中,用户可以了解到所关注话题中如子话题、关注人数和动态等具体信息。

(3)通知页。知乎通知页主要提供了用户关注的问题、用户行为数据汇总、邀请好友加入知乎、话题及话题推荐版面等,和首页部分功能相同。

(4)个人主页。知乎个人主页主要提供了个人资料编辑、个人回答和个人主页设置、搜索用户问题和答案、关注人和被关注信息、关注话题等功能。这些功能能够更好地实现用户的个性化设置,提高个人的被关注度。

(5)问题页。知乎问题页是知乎最主要的页面。在这里,用户可以了解、编辑、回答具体问题和信息。这一板块按照功能可以分为问题回答、关注功能、邀请功能、相关问题链接、分享功能和问题状态六个部分。

三、垂直类互动问答平台

垂直类问答平台的最主要特征是集中某一领域为讨论主题,并围绕这一主题进行网站的建设以及议题的设置。在这个问答平台里,汇集了与该领域相关的一些问题,并且围绕这个领域为广大用户提供专门的深度信息以及全方位的问答服务,"专、精、深"是这类问答网站的最主要优势。用户在这个平台上的问题往往会获得专业人士的解答,为了增加提问者对答案的信任度,回答者往往会采用实名制的方式,这类互动问答平台已经成为沟通普通用户以及专业人士的重要桥梁。

以"科技有意思"为口号的果壳网定位于科学知识传播领域。春雨医生是以寻医问诊为突出特点,患者的问题往往能够得到专业医生的回答,从而增加问题的可信度。房天下问答主要针对家具行业的解答。作业帮主要针对课后作业的解答。这些都是垂直类问答平台的代表。本书以果壳网为例进行重点介绍。

在 2010 年,果壳网由姬十三创立,与其之前创办的非营利组织科学松鼠会在运营上完全独立。果壳网包括三大板块:科学人、小组和问答,由专业科技团队负责编辑,网站主编为拇姬。三大重点产品:MOOC 学院、知性社区、研究生 App。果壳传媒另有"果壳阅读"这一阅读品牌,负责科普类图书的编辑。

果壳网,作为一个开放、多元的泛科技兴趣社区,吸引了百万名有意思、爱知识、乐于分享的年轻人,用知识创造价值,为生活添加智趣。在这里可以关注感兴趣的人,阅读他们的推荐,也将有意思的内容分享给关注的人。根据兴趣关注不同的小组,精准阅读喜欢的内容,并与网友交流。在"果壳问答"里提出令你困惑的科技问题,或提供准确靠谱的答案,如图 12-4 所示。

图 12-4　果壳网首页界面截图

果壳网是中国首家科学传播的垂直知识型社区,用轻松明快的风格提供负责任、有智趣的科学内容,作为排名国内前列的科普性网站,具有科学人、果壳问答、果壳小组、在行等板块。以公众线上、线下的互补参与为视角进行研究,其中,来自"谣言粉碎机"主题站的科普人员,逐一破解伪科学谣言。作为一个科普组织,果壳网聚集了大量相关专业的学生、研究人员及科普爱好者等,为严肃的科学知识注入娱乐化因素的研究方式,并不断满足人们对破除谣言的相关需求,从而对提高公众的科学素养有现实意义,也为其他的网络知识社区的构建与发展提供了借鉴意义。

果壳网试图唤起大众对科技的兴趣,不是冷冰冰的知识,而是对身边的生活进行有意思的科技解读和创造。除了看电影听音乐玩手机,用户也可以尝试在业余时间做一个长腿机器虫,认识更多的星星和路边植物,或者用科学知识去破解网络上的流言。在果壳网,用户会发现生活的乐趣不仅是文艺和消费,科技将打开认识世界的另一扇窗。用户能在这里找到许多志同道合者,发现所有趣味都会被欣赏,探索到许多从未想象过却如此奇妙的科技现象。果壳网认为梦想在未来,这些科技兴趣将改变人们的文化生活和娱乐生活。姬十三展望果壳网的定位时表示："Web 2.0将内容生产权带给用户,但是如何创造专业、优质的内容则成为新的挑战。科学松鼠会从草根中培养一批具有公众影响力的知识领袖,而果壳网将进一步拓展这一模式,把 Web 2.0时代的去中心化与传统媒体的内容担当、编辑立场相结合,用科技内容关切大众生活的方方面面。"

(一)果壳网发展现状

果壳网经历了三个发展阶段。在创立之初,作为垂直的科学类媒体,吸引到一批提供优质内容的核心作者和用户,后来逐步形成由科学爱好者组成的社区,使得"科学明星"和"粉丝"能够实现很好的互动,并以此来催生出更多的优质内容,到今天,果壳网还运用新媒体和垂直生活化的孵化产品探索新的发展方向。

(二)果壳网活动

自成立以来,果壳网每年都会举办联合活动。随着网络技术的不断发展,为促进公众理解、参与科学,各种媒体、企业、个人纷纷加入。相同性质的科普组织、合作者之间能够互相补充、互相借助,吸引热爱科普工作的人加入科普事业并进行创造,促进了优质科普资源的开发与利用,而优秀科普作品又不断吸引新的主体与受众群体。例如,2016年,果壳网主办、中国科协支持下的"科学之声"活动。通过科学节目的演绎和科技元素的加入,如科学脱口秀、科学京剧、科学小品等,启动了"大数据+科普"合作,活动中有上百名专家、科普爱好者共同参加。

四、网络付费语音问答平台

网络付费问答平台强调用户之间的协同创作、分享交流以及主动参与,延续了互联网知识分享与传播的优良传统。这类平台在问答营销中引入付费机制,用户借助传播平台,付出一定报酬,寻找能够为自己答疑解惑的其他用户。而答题者需要花费一定的时间用语音的方式来解答疑难,在此之后可获得一定比例的报酬。为知识付费是这类问答平台的典型特征。网络付费问答平台在提问者和回答者之间建立了直接沟通的桥梁和纽带,在问答的过程中,可以满足提问者本身的特定需求,形成个性化和精准化的知识获取渠道。

网络付费问答平台丰富了网民知识获取和分享的渠道,为用户搭建了一条连接专业人士的桥梁和纽带,实现了资源的精准匹配。在探索过程中,个人的知识和技能经过交换,可以获得金钱收益,这也是为内容付费,实现"知识变现"的一次重要探索。下面以分答平台为例进行重点介绍。

分答是由果壳网在行团队孵化,在行是一个知识技能共享的网络平台。通过在行,用户可以实现与各行业的专家进行一对一的约谈,形成从线上到线下的知识分享过程。在2016年5月,分答上线。在行知识和技能有偿分享这一功能,主推"为每个人提供专家服务",致力于打造一个连接普通用户与专家学者的网络平台,从而实现"你的问题,专家解答"这一目的。

分答是一个开放的互动问答平台,所有用户都可以通过多种注册方式加入分答,自主定价,成为答主,接受其他网民的有偿问答。此外,分答平台邀请王思聪、章子怡等在内的各路明星以及涉及健康、教育、职场等各个行业的专家学者加入分答,采用付费语音的方式对网友问题进行解答,吸引一大批粉丝。2016年6月27日,在"邂逅分答的第42天"新闻发布会上,分答创始人姬十三发布重要信息,在42天之内,有1 000万用户体验了分答,超过100万用户为内容付费,交易金额超过1 800万元,并于11月获得腾讯A+轮的战略投资。分答平台作为网络付费问答平台的先行者,在不仅注重满足用户需求,而且也在挖掘和引导着新的需求,在知识变现的道路上进行着探索和纠错。

分答主打线上知识有偿分享。现阶段围绕知识的分享与传播,分答主要设有每日头条、快问、讨论等六个板块,涵盖了健康、职场、科普等多个领域,有偿和免费两种方式相结合,将知识传播与互动结合起来,与O2O模式相比,依托线上的有偿知识共享方式提高了知识变现的转化效率。

(一) 首页

分答首页是个综合类信息流,除了汇集所有收听答主的最新问答,还包括平台运营方推荐的热门问答,用户可选择偷听限时免费的问答,也可以1元偷听自己感兴趣的问答。

(二) 每日头条

每日头条是分答页面的焦点板块,精选3条热门话题,邀请相关专业人士进行解答,所有用户都可免费收听,回答内容突破60秒语音限制。

(三) 讨论

讨论板块是个问答社区,由分答运营方进行议程设置,所有用户都可成为答主,采取语音或者文字形式进行回答,也可收听和查看别人的观点和意见,形成知识和意见集合地。

(四) 快问

快问板块是个垂直领域问答社区,主攻医学、法律情感类的有偿问答,提问者10元悬赏提出问题,只有该平台的特邀答主,才可进行抢答,被选中答案的答题者可获得赏金,其他网民可免费收听答案。

(五) 找人

找人具有搜索导航功能,下设健康、职场、科普、情感等多个类别,每个类别都对应经过认证的各个答主,此外还设有新晋榜、热门榜等榜单,方便用户筛选答主以及查看问题。

(六) 小讲

小讲是知识讲座,有专业知识积累的分享者经过审核以及认证,在线上进行一场付费知识讲座,感兴趣的用户通过购买"门票"的形式加入讲座,一方面可以收听主讲人20～30分钟的语音讲解,另一方面也可通过小讲圈与主讲人以及其他听众进行交流,形成知识分享的小课堂,更像是一场专业的知识讲座。

第三节　问答平台营销的运作方式

问答平台营销的操作方式有很多不同的种类,如开放式问答、事件问答、娱乐评论等方式,具体的方式如下。

(1)开放问答。开放类问答有很多,通常提问不需要审核,但回答却被严格审核。

(2)事件问答。对某一热门事件的回答,通常具有很好的传播效果和讨论热度。

(3)娱乐评论。娱乐评论是比较容易被用户接受的方式。

(4)促销评论。通过促销评论可以完善企业的促销方式。

(5)内容运营。依托专业公司来运营推广企业的问答营销。

一、百度贴吧

(一)百度贴吧营销的特征

利用百度自身的超高人气,可以批量化为企业提供品牌营销传播服务。贴吧的话题多具开放性,企业大部分的营销诉求都可以通过帖子找到所对应的兴趣人群,从而实现相关内容的有效传播。一般情况下,通过事件炒作可以培养网民的活动兴趣,并可持续传播效应,引发新闻事件,导致传播的连锁反应。因而,企业可以在贴吧中将品牌、产品、活动内容植入传播内容中,通过多平台的关联,实现相关内容的广泛传播。运用搜索引擎内容编辑技术,不仅可以使营销内容在贴吧上有好的阅读率,还可以在主流搜索引擎中实现帖子的快速搜寻,从而推动有关营销内容的全面推广,有助于实现品牌营销传播效果的快速提升。

(1)成本低。贴吧提供置顶帖、普通帖、连环帖、论战帖、多图帖、视频帖等高效传播服务,贴吧营销操作成本较低,要求操作者有对于话题的把握能力与创意能力,而不是资金的投入量。

(2)针对性强。贴吧的人群多因兴趣相投而聚,企业可以针对自己的产品特色在贴吧中发帖,利用贴吧举办各类活动,通过与"吧友"的交流,调动网友与品牌之间的互动激情,以引发更大的回响。

(3)自主性强。企业以自己的身份发布相关消息,所以对企业而言,其控制程度要更高。企业可以站在用户的角度,更具针对性地设计发布内容,以主动迎合用户的需求,从而达到精准度较高的交流和互动。

(4)方式灵活多样。企业可以根据实际需求,采用图文并茂、站点链接、活动视频等多种推广方式,从而满足企业的营销策略要求。

(5)信息反馈及时。贴吧提供相关的数据反馈,如点击率、回访率等,适用于企业的贴吧营销分析,有助于企业对未来长期网络营销项目组合的设计,以获得有效的投资回报。

(二)百度贴吧运营基础

百度贴吧成为当前全球最大的主流中文社区平台,主要得益于其运营基础。

1．人工信息聚合方式是对搜索引擎的补充

从一定意义上讲,贴吧是对百度搜索引擎的一个有益补充。对于那些以获得某个主题信息为主要目标的人来说,搜索引擎一般难以高质量地满足这些人的需求,而贴吧可以从机器搜索过渡到人工信息的智能整合。拥有不同知识资源的用户,可以在贴吧中实现信息的分享。而且信息的需求与供给关系也更为明确,从而使用户获取的信息针对性更强。基于这种人工信息聚合的方式,贴吧平台吸引了较大规模的关注人群。

2．共同兴趣爱好者的快捷聚集

网络平台上有众多由兴趣爱好者组成的社区,找到它们却并不是一件容易的事,找到一个有代表性的社区更是困难。百度贴吧最大的特点就在于,它能利用自己在搜索引擎领域的知名度与地位,为各种兴趣爱好者的聚集提供一个最便捷的方式。只要知道百度,就可以通过关键词找到同道者。与此同时,百度的知名度也有助于使某一个关键词的贴吧成为一个具有代表性的贴吧,两者相互促进,相得益彰。

3．封闭式交流话题带来的深度互动

与很多社区不同,百度贴吧创造的社区往往是个话题非常封闭的社区。讨论的话题一般并不十分扩散,如某一款产品、某一部影视作品,甚至只是某一首歌曲。虽然理论上这些社区也可以有更开放的讨论主题,但是多数贴吧的成员更愿意围绕一个封闭的主题来展开交流,这就促进了互动深度的不断挖掘。

4．粉丝文化的催化剂

百度贴吧的迅速走红,与"粉丝"及"粉丝文化"的流行紧密相关。在"粉丝文化"的发展过程中,百度贴吧也起到了重要作用,该平台推动了"粉丝"及"粉丝文化"的快速集中和形成,同时也促进了"粉丝"在该平台的聚集,及"粉丝文化"在该平台的形成。

(三)百度贴吧运营团队建设

贴吧的运营是一项系统性的工作,因此必须有一个完整的吧务团队,共同维护吧内的秩序,积极发掘优质话题与事件,促进专题贴吧的良性发展。

运营团队必须要确定一个合适的管理人才,即吧主。一般情况下,规模化的贴吧都有大、小吧主和图片/视频小编。大吧主不仅可以在吧务管理区对小吧主、图片/视频小编进行任免,还可以负责吧内的整体建设规划及监督考核管理团队等工作,是贴吧的核心所在。小吧主的职责是删除本贴吧内的违规帖,负责吧内的内容整洁。小吧主必须要具有足够的兴趣和热情,并且要保证充裕的在线时间。图片/视频小编主要负责上传与本吧主题相关的图片或视频,参与相关建设。除上述几个有权限的职务外,吧主还可以根据本吧的需求,建立如"贴吧外交小组""活动交流小组""常务工作管理小组"等小的分支团队,负责贴吧会员的管理和维护,以保证贴吧的有序发展。

(四)百度贴吧运营方式

企业可以根据其自身的性质、规模和特点,利用百度贴吧开展相应的网络营销活动,以提升产品竞争力和品牌价值。百度贴吧的营销运营方式主要体现在以下几个方面。

(1)推广帖特权。普通的帖子在热门的贴吧会迅速被淹没,百度贴吧可以提供推广帖服务,以独有降速参数保护,有效保证帖子能够一直出现在优势位置,方便"吧友"的阅读,从而实现产品的有效推广。

（2）精准选（推荐）吧。百度贴吧是基于共同爱好而兴起的平台，提供了根据自助填选目标受众筛选条件，智能筛选推荐投放贴吧的功能，从而摆脱了社群组建过程的烦琐限制，能够直接实现受众群体的精准化定位，有助于营销效果的全面实现。

（3）短期曝光爆发力。百度贴吧提供不同贴吧专区，支持企业投放匹配品牌推广目标的帖子，有助于推动兴趣相同的"吧友"在贴吧社区内进行用户传播，以达到全方位营销的良好效果。

（4）广告软植入。企业可以选择与用户容易互动的品牌，以社区帖子的形式对品牌或产品进行推广，避免生硬的广告模式，实现用户与厂家的交互互动，以增加客户黏度。

二、知乎

（一）知乎平台的特点

1. 优质的垂直知识问答社区

以兴趣为主导的问答模式，使知乎在专业方面有着较深的用户知识积累，在问题话题管理方面有系统的父话题和子话题体系。

2. 基于兴趣知识的社交平台

问题的答案并非知乎问题的结束，基于兴趣与知识的分享及点赞机制，更突出用户在优质答案方面的贡献，有利于促进用户之间的交流。

3. 用户属性明显

知乎的核心用户主要分布在高新科技信息传媒、金融、制造加工三大行业。知乎用户区域数量排名方面，北京、上海、广东包揽前三。因此，在知乎平台开展营销活动，适合业务及消费者在一线城市的企业，尤其在高新科技信息传媒、金融、制造加工三类行业，能够获得更高的用户参与度。

（二）知乎平台营销的注意事项

知乎是一个教育程度高、收入高、消费水平高的"三高"人群集合地，这类人群的典型特征就是他们对知乎内容的分享热情几近疯狂，近 85% 的页面浏览量来自站外的转发分享，而一次传播与二次传播的比例高达 1:294。从近年来的统计数据来看，知乎的用户群和流量呈现爆炸性增长，同时平台具备用户活跃度高、用户具备深度阅读习惯、用户黏性强等多个特征，这些无不显示出知乎平台具有强大的商业价值。

通常情况下，偏精英交流社区的平台属性意味着，若是"知友"为你的产品背书，那必然会形成很高的公信力，这点恰恰是其他问答平台无法实现而大多品牌却渴望达到的。在产品上线之初，企业在知乎发起一个讨论帖，然后邀请知乎相关评测专家对该问题进行专业回答，产生深度内容，引起知乎用户围观，最后再通过其他渠道对该答案进行二次传播，将极有可能引爆社交网络。而整个过程中，知乎作为舆论爆破点和背书阵地是整个传播链关键的一环。利用知乎平台开展营销，要做到以下几点。

1. 切入点有趣，用户才买账

不同平台的受众喜好有所差异。首先，品牌切入要做的是看看用户都在讨论什么，了解平台用户的心理是打开话题的敲门砖。只有当商业广告的切入话题正中用户下怀时,双方才能愉快地开始聊天。比如"知友"的一大显著特征是善于将生活中的普通行为知识化、系统化、技能化。腾讯旗下的互联网借贷产品微粒贷,瞄准高收入人士的敏感区,用争议性话题"朋友问你借钱,借还是不借"开启讨论,再以"如何优雅地拒绝别人借钱"的原生文章广告引爆话题,引出产品优势,成功完成网络借贷教育。微粒贷的这期原生广告,得到了超过17%的打开率,远高于移动端信息流广告3%～4%的打开率。

2. 沟通坦诚认真,用户才认可

资讯蓬勃的时代,用户眼球越来越难抓,品牌宣传要注重信息易读化、趣味化。在知乎,知识性、专业性的内容更容易得到大家的认可。以奥迪解决"为什么说奥迪是灯厂"问题为例,在没开通机构账号前,奥迪发现"为什么说奥迪是灯厂"问题下的回答,大多是调侃之辞。入驻机构账号后,奥迪索性直面调侃,一边自嘲一边辟谣,以自黑的方式隐晦地炫耀车灯技术,并梳理出奥迪多款车型的迭代和发展。这篇首答的传播效果出乎意料,一次传播与二次传播比例为1:300,而来自站外分享的流量占比84.6%。回答一周,奥迪就收获了2330个赞同,品牌形象越发生动,产品认可度得到了新的提升。

3. 激励用户产出用户原创内容,并最大化传播效果

知乎广告能激发优质 UGC,好话题能吸引爱分享的活跃用户引爆传播。博朗的案例就证明了这一点。博朗 3 系产品定位为年轻的职场人,人群标签为自我要求高、追求完美、细节控、追求不凡等。博朗在知乎社区发起了一个召集:如何用 100 字说一个不凡背后的故事?为了调动用户创造的积极性,优秀作品将有幸刊登在"知乎日报"的"小事"栏目中。"知乎日报"是一款独立资讯 App,每天推荐热门的知乎问答,"知友"们都以能登上日报为荣。在这样的激励之下,博朗"不凡背后"共收集了 600 多篇故事,实现了传播效果的最大化。

4. 不做单向曝光,沟通有来有往

知乎是一个有问有答的交互社区,重要的是双向的交流和深度信息沟通,而不是一般的单向曝光和关键信息传递。这点,SKⅡ的案例表现得较为明显。虽然知乎的女性用户比例只有三四成,但都是高知识高学历、生活积极不将就的女性。为了能够触达这部分人群,SKⅡ发布原生广告"改写命运"字幕组,征集 TVC 字幕翻译,一举获得 2700 多万的浏览量,20 万互动量,上百条高质量的 UGC 内容。随后 SKⅡ一鼓作气,相继推出了 TVC 中文版,并录制和汤唯感谢网友的短视频,将质量最高的用户翻译集结起来推上"知乎日报",还专门请代言人汤唯亲自朗读优质作品,感谢字幕组成员。虽是原生广告,却获得了网友如此认真的互动,实属难得。

5. 不做尝鲜,而是长线投入

企业营销可能需要一份周密的计划、一丝冒险的精神,同时还需要一份长期的坚守,它不只是一次尝鲜,更是有计划、有节奏感的长线投入,这一点 Kindle 最有发言权。Kindle 是在知乎做广告的第一批广告主,也是投放次数最多的广告主。从 2014 年开始,从展示广告到原生广告,共投放 10 余波广告,很多用户通过知乎知道了 Kindle,关于购买决策和如何使用的问答增多,关注人数增长了 14 倍,站内总问答数增加了 3 倍,总评论数提升了 9 倍多。知乎不光强调曝光量,更强调传播效果,尊重内容本身。知号官方也强调认真探讨的氛围,让企业营销价值更多地体现在中长期的品牌建设中。

三、果壳网

（一）果壳网运行阶段

在果壳网运营过程中，各种各样的用户角色加入进来，从一开始的科学家、科普作者、媒体编辑，到科学和科技的爱好者，然后到现在的公众用户。用户规模逐渐扩大，用户构成越来越复杂，用户行为习惯千差万别。果壳网的运行阶段表现为以下几个方面。

第一阶段，果壳网是垂直的科学类媒体。

第二阶段，果壳网形成科学爱好者组成的社区。

第三阶段，果壳网不仅是媒体、社区，还提供生活相关的垂直化服务。

（二）果壳网的运行方式

1. 果壳网如何让科学作者变成明星？

成立之初，果壳网以科学家或者说科普作者为中心。这个阶段是果壳网的起步期。在这个阶段，给果壳网的定义是媒体，所以当时的着眼点是果壳网这个科学媒体品牌怎么样去深入人心，以及品牌价值的落脚点在哪儿？

媒体品牌价值的落脚点就是优质的、有权威性的内容。在这个基础上，果壳网更加关注作者的需求，因此它们所有运营工作，都是围绕着这群核心作者来进行。果壳网把提供优质内容的核心作者分成两类，第一类是传统的科学研究者，他们有意愿去做科普的工作，为果壳网供稿。第二类是大专院校的教职工，还有活跃在企业当中的科研人员。他们除了有科学的背景外，还十分关注生活，为果壳网提供非常多的热点，以及与老百姓的生活相关的内容。这群科学作者，他们有什么样的需求呢？首先，体制外的诱惑。早期大部分科学作者全都是体制内的，不管教师还是科研人员。体制内环境比较僵硬呆板，让他们向往体制外的环境。而在体制内的经济状况不太景气时，大量的媒体、科研公司倒闭，相当一部分人会从旧有的行业流动到新兴行业。互联网其实是当时最朝气蓬勃的产业，这为果壳网能集中这群用户创造了一个很好的机会。其次，个人品牌塑造。社交媒体的兴起，让个人品牌的塑造变成可能。原来的个人品牌依附于大的官方品牌之下。有了社交媒体以后，这些作者就有动力站出来，这时候如果果壳网能帮助他塑造个人品牌，得到现实收益的话，他们非常愿意和果壳网合作。了解了这些作者的需求后，怎么去运营这些科学作者呢？

（1）科学造星运动。如果这些作者单独放到一个场景下面，其实是不能称为明星的，只有和粉丝去结合，那明星的个人影响力才能体现出来。所以认为，造星最关键的步骤是为他们找到一群粉丝，而且是非常非常铁杆的粉丝。因此果壳网当时集中精力去做这件事情，称为"科学造星运动"。在一个社区里面，粉丝的价值是什么？是让作者成为明星，提供成就感。让明星万众瞩目，很多人景仰，很多人信任。这样的感觉，是非常重要的心理需求。

（2）成为明星思想的放大器。粉丝可能会通过分享、通过再创作去把这些科学精神传达出来，对果壳网的科学作者有很强的激励作用。从这一点出发，来分析哪些粉丝是我们最需要的。认同明星价值的粉丝就是一个比较优质的粉丝。找到粉丝之后，就要开始积极的互动，需要跟明星或者明星行为各种各样的交流，比如说线下的接机、粉丝送花，还有去消费明星衍生品牌的一些产品,进行互动。

(3)追星。通过追星,这些粉丝在宣告自身的价值观,通过各种层面的积极互动,强化粉丝自己的形象。这其实和我们去购买某类品牌商品是一回事,我们都在彰显品位、价值观。所以在这个阶段,果壳网会以运营粉丝与科学明星互动,作为果壳网的一个运营的重点。这里面的运营其实不是常规意义上的在线社区的运营,果壳网当时只是一个传播内容的媒体,大部分的用户其实只是停留在浏览内容上,但是为了核心用户和粉丝的交互,建立了很多这种线上线下类似于社区的场景。比如说果壳网当时做了一个叫"未来光锥"的产品,它非常像 TED,单次传播线下大概有 1 000 人参与,然后有十几位科学家上去演讲,除此之外果壳网还做很多类似的事情。这时候,果壳网社区的雏形其实已经形成了,只不过还没有一个传统意义上的社区产品。

2. 社区运营关键问题:如果社区的意见领袖离开,怎么办?

在果壳网还定位为媒体的阶段,有一点非常重要:一个社区的意见领袖有品牌了,自己就离开了,这怎么办?这时有三个层面的事情要做。

第一,企业确认产品的价值观和这些核心用户的价值观是不是一致,这个是基础。果壳网和科学达人的价值观都是希望让大众了解科学,用科学改变人们的生活,这个并不是说果壳网为了迎合这群人,而有意塑造这样的价值观,更确切地说这是一种不谋而合或者说一拍即合的行为,所以这个价值观是很重要的。这个群体怎样彰显他的归属感?就是靠价值观来引导他的,这个是一个基础。

第二,企业要为用户塑造自有的传播渠道,形成个人影响力。个人影响力的塑造依赖于传播渠道。果壳网会帮助科学家、科学达人用户来建立这种渠道,但是这个渠道是属于果壳网的。所以科学家、科学达人们和果壳网是共生关系。果壳网需要科学家、科学达人贡献内容来,彰显果壳网的科学性,同时科学家、科学达人也需要果壳网或者说果壳网这个组织来为他的行为背书,为他扩大影响力。

第三,要有深入、独特、具备持续性的服务来提供附加价值。果壳网为科学家提供职业写真的拍摄,在 2010—2011 年时,很少有公司这么做。而且,基本上只有明星或者国外的高管才会享有这种服务,而果壳网就给科学家提供这种服务。科学家要去演讲,果壳网会专门请来拍戏剧的导演,指导他演讲的技巧。科学家要做 PPT,果壳网有专门的 PPT 服务团队,来帮助他来打造 PPT 的逻辑还有形式感。这些都是果壳网挖掘出来、具有深度的服务。这种服务在当时竞争对手来看,其实是做得非常不够的,但恰恰是这种积累的服务,让果壳网可以领先一步。

(三)果壳网运营难题及解决方式

第一,内容传播的难题。果壳网有一个叫"科学人"的产品,它里面的内容非常严谨,同时又有一点点深奥,这种内容对于科学爱好者来说是可以接受的,但是再往更外面的一层或者说更浅一层的用户群体去扩展就会遇到障碍,尤其是在移动互联网这个浪潮到来以后,这种比较长的、科学性比较强的内容,并不是非常利于传播。

第二,科学话题用户的互动成本会比较高。有两个原因,一个原因是有的话题不是特别适合讨论,尤其是自然科学类的话题,它不像是一个人生经验或者就一些事情发表的看法,例如大家经常会问"这是一个什么物种"或者是"在进化的角度来讲那这个是怎么回事",这种话题的讨论是非常难的。另一个原因是用户之间地位不平等造成的心理门槛。科学作者本身是比较专业的,经常会带着一定的荣誉,比如说什么专家、什么教授或者是什么博士,在他那个领域内,他一定是很权威的、普通用户只是科技爱好者,很难平等和科学作者去进行交流。

第三,新人的成长比较难。在社区里面,新人的成长本身就是一个非常难的事情。因为需要对新人的成长设定好一个明确的路径,同时有各种各样的运营工具帮助他成长。比如说让他多去参与,引导他去发布有价值的内容,这些内容还要帮他去传播,还要帮他培养社区内的个人影响力,这些其实很多都是基础的运营工作,但是在果壳网的社区里,新人的成长很难积累。

第四,向更广泛的用户群体延展产品的推广难。果壳网通过三年多的运营,基本上在科学传播领域已经有了一定的影响力,但是这个市场是有瓶颈的,如果单纯做科学传播的话,喜欢科学的人也就这么多,那就导致很难向更广泛的用户群体去延展,这是遇到的又一个难题。

针对这些难题,果壳网做了一些尝试。在内容传播和产品推广的方面,更多地把内容和社会热点结合起来。果壳网有一次传播非常成功,是在福岛核危机以后,老百姓全都在抢盐,说这个东西可以预防核污染、核辐射,当时果壳网做了一系列的内容说"抢盐"是不科学的,实现大量的传播,并帮助内容和品牌结合起来。因此,结合热点其实是一个社区运营的良药。科学其实只是一个属性、一个标签,而热点其实是大家最关注的,果壳网把垂直社区的一个主题和热点想办法结合起来,是可以让果壳网的主题借着这个热点的热度,去扩大它的传播范围的,或者是吸引更多的用户来交互。果壳网在运营当中还悟出来的一点道理:去传播科学,关注的其实是科学生活,而不仅仅是科学本身,科学本身对于用户来说它的需求只有两个,一个是教育需求,还有一个就是资讯需求,但这些需求其实都是比较弱的。但科学生活就不一样了,在这个维度,可以认为科学是一个可以帮助指导我们的生活,让我们的生活更好的东西。所以果壳网在后面的运营当中,就更多地关注科学对生活的影响,而不仅仅是传播一个科学知识。

四、分答

(一)分答付费模式

1. 付费问答

开放性的平台使得所有用户都可以参与到有偿知识分享的过程中,提问者、回答者以及偷听者构成了整个知识传播过程中的三个重要因素,如图 12-5 所示。

依据分答的运营规则,所有用户都可以注册成为分答答主,通过头衔和擅长回答的问题这两项内容设定形成自己的身份标识,自主定价接受其他用户的咨询,此外还可以成为提问

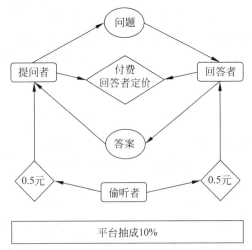

图 12-5　分答的知识付费模式

者和偷听者。提问者可对任何感兴趣的答主进行提问,但是问题的字数需要限制在80个字以内,答题者以不超过60秒语音的方式进行解答,其他人可以针对自己感兴趣的问题采用1元付费的方式进行偷听,偷听的费用由答主和提问者平分,因此,当一个问答被偷听的次数越多,所获得收益也就越大。每个问题的提问者,都可以在偷听这个环节获得收益,这在一定程度上能够促进更多的用户参与到付费问答中,提出高质量的问题。分答作为知识付费问答平台的搭建者以及运营方,享有10%的提成,能够在问答的过程中获得一定的金钱收益,从而实现平台与用户的多方共赢。

2. 有偿知识讲座

2017年1月,分答上线"小讲"功能,"小讲"类似于一堂有偿知识讲座,感兴趣的用户通过付费的方式加入讲座,收听主讲人事先录制好的长约20～30分钟左右音频,每一位收听者都可以对主讲人进行追问,并且在小讲圈与其他收听者进行互动,而这些主讲人都是各个领域的专家学者,如图12-6所示。"小讲"自上线以来,截至2021年11月13日,共进行343场知识讲座,涉及情感、职场、养生等几个热门领域。

（二）分答知识共享传播机制的新特点

随着互联网技术的发展,信息传播的渠道和手段不断变化,媒介市场的多样性在一定程度上影响着知识传播的格局。网络付费问答平台实际上是网络知识传播中的重要渠道,在网络知识传播中发挥一定的优势和作用。网络付费问答平台是对社会化问答平台的

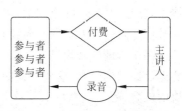

图12-6　分答付费知识讲座模式

继承和发展,一方面继承了社会化问答平台的各种特点,集合社交与问答这两大特性于一体;另一方面在共享经济的大背影下将付费引入到知识传播的过程中去,达到知识变现的目的。分答是网络付费问答的典型代表,促进了知识、技能领域内共享经济的发展,传播者、受众、媒体平台以及各种问答构成其传播机制的重要因素,此外,分答是一个多层次的传播过程,在付费问答过程中,各个传播要素之间相互作用和影响,具有新的传播特点。

1. 受众的精准化需求得到满足

随着移动互联网的日渐成熟,在共享经济的浪潮下,网络付费问答平台突破了传统问答平台追求共性、忽略个性的发展弊端,形成了一种全新的信息交互方式。分答的个性化特征体现在两个方面:第一,从提问者的角度来说,以付费问答的形式与专家学者进行一对一的交流,从而达到快速获取知识、屏蔽垃圾信息的目的;第二,从回答者的角度来说,不必为了取悦所有人群进行全方位的知识灌输,回答者只需充分挖掘个人的闲散时间,花费60秒左右的时间就可以完成一次知识传播行为,达到因材施教的目的。分答付费机制的建立,直接将知识的供需双方联系在一起,直击信息冗余的痛点,改变了原有的信息与知识消费方式,从人找信息变成人给信息,各取所需,实现信息与知识传播中的个性化、精准化,将网络中的知识传播行为由面向所有用户转变为面向单个个体,形成了高效率、个性化的知识问答服务。

2. 传播媒介的新颖化

语音问答重塑传播者的身份识别。与文字传播相比,分答通过有声语言的传播形式解放了用户的双手,回答者只需60秒的时间通过录音的形式,可以完成一次知识的分享和传

播活动,促使答题者的零散时间得到高效利用。此外,与文字相比,声音如同一个人的身份标识,在这一问一答的过程中给提问者形成了"闻声识人"的真实感觉,隐藏在信息接收终端的回答者通过声音的形式,使提问者对其拥有一个初步的身份认知,回答者的身份、形象在受众这里形成一次虚拟的勾勒。与单纯的文字对话相比,声音实现了信息和知识的传递,依靠声音为媒介进行的知识分享和传播行为,拉近了传播者和受众双方的距离,如同一次亲密的对话和交流。

3. 传播者中的意见领袖

从自身的身份特质看,分答中的意见领袖主要包括两类:第一类为在某个领域内具有较高专业知识水平的专家、学者,他们的观点和意见更具有权威性,能够凭借自己的知识和技能有针对性地帮助提问者答疑解惑,提出的观点和意见往往更容易被他人接受,如曾位居分答"最受欢迎答主 TOP100"排名第 6 位的答主洛之秋,身份认证为南京大学英文系副教授,共在分答上回答了超过 1 900 个问题。第二类为在现实社会中已经具有一定的知名度和影响力的各路明星,明星效应使他们往往更容易受到别人的关注。如王思聪入驻分答成为答主,总共回答了 32 个问题,回答一个问题的定价更是高达 3 000 元,其中偷听次数最多的问答更是高达 3 万多次。需要特别指出的是,提问者和这些名人之间或许在某个专业领域并不存在所谓的知识鸿沟,而这些名人身上的故事、声音甚至于个人隐私都是其他用户的兴趣以及提问的焦点,这些名人的粉丝们通过付费语音问答的形式,获得了一次与明星直接交流的机会。

4. 传播内容的权威化

分答是典型的 UGC 模式的内容生产平台,为用户提供内容生产的规则和框架,内容的生产和传播都依赖于用户自发地进行,但从答主群体以及答主关系上看,分答又具有典型的 PGC 的特征,这种特征体现在两个方面。

(1) 答主群体专业化。据分答产品总监朱晓华在回答网友问题时介绍,早期的分答主要从两个方面快速实现对专家资源的积累,这些专业人士除了来自某行业的专家以外,还包括果壳网经过多年运营所积累的优秀答主,他们本身已在某个行业具有一定的影响力。随着分答用户规模的不断扩大以及传播机制的不断完善,分答加强了对答主身份上的认证,只有经过身份认证的答主才能获得认证标识,能够进入到分类领域并且被优先展示,从而汇聚了一批拥有某些专业知识的群体。这些答主并不是全职的职业答主,他们凭借在某个领域所具有的专业知识,能够成为具有一定专业水准的专业作者,在某些方面看来,他们就像是传统媒体的从业人员一样,增加了答案的权威性,从而保证了分答在有偿知识分享过程中的内容质量。

(2) 答主群体是多源的。他们无形中组成了知识传播的共同体,彼此之间的关系并不是简单的提问与回答的关系。从某种意义上看,他们之间的关系更多地体现在分工与合作,这些作者在问答的过程中构成了一个专业的共同体。

由上,综合分答的传播特点来看,分答一方面在问答的过程中引入了语音问答的形式,这是对网络问答平台的发展和创新。另一方面,分答理论上为所有用户都搭建了一个通过知识和技能的分享获得经济收益的平台。

在实际运营的过程中,并不是所有人都能够成功地实现知识变现这一目的,因为知识变现的前提之一是答主在身份上能够得到他人的认可,并且提问者信任答主本身所拥有的知识和技能,而这些认可和信任无法在短时间内获得,需要答主本身的社会积累,这也就解释了为何网络大V入驻分答以后,能够在短时间内引起轰动并且获得关注,而其他普通用户鲜有问津,往往成为内容付费的那一方。这些意见领袖一方面保证分答传播过程中内容的质量;另一方面则形成话语权的垄断。在分答的运营过程中,普通用户的集体智慧还很难得以展现,需要赋予这些用户更多的机会来展示他们的才华和能力。

第四节　问答平台营销的策略与方法

企业要想利用问答平台营销来获得流量,在运营操作上有许多诀窍需要掌握,其中有三点技巧作为参考:第一,每天问答量不宜过多。每天的问答量不要太多,否则容易被平台列入监控对象,严重的甚至会被封号。第二,回答的内容要靠谱。只有靠谱的内容才能打动和影响用户,企业在问答营销时不能带有过强的广告倾向。第三,可以自问自答。企业可以通过不同的账号间的问和答来自问自答,从而传播企业想要输出的信息。

对企业而言除了上述的三点技巧外,在实际运营问答营销时还需要注意一些细节,具体如下。

(1)用户角度。企业在提问或作答时要多从用户角度思考,这样才能抓住问题的重点。

(2)有价值角度。企业运营问答营销时,应该多传递些有价值的内容,从而引来关注和重视。

(3)搜索角度。利用用户的搜索习惯来作答和提问,提高曝光率。

(4)答案角度。答案应该清晰明白,便于用户查看、理解。

(5)监控角度。问题有可能会被删除,要及时监控并修改内容。

无论是哪种问答平台的问答营销,只有在熟悉技巧、了解细节上做得好,才能形成好的营销推广效果。而且需要注意的是,随着网络技术的发展,各种技巧和细节不是一成不变的,企业要做好问答营销需要不断地完善和改进。

一、百度贴吧的营销推广策略与方法

(一)百度贴吧的营销推广策略

目前,百度贴吧是国内最大的论坛平台,每日的活跃用户可达千万级别。网络营销推崇"流量即是王道"的理念,通过贴吧实现快速"吸粉",从而实现品牌的进一步推广,是企业利用贴吧开展营销活动的主要目的。在百度贴吧进行推广主要有以下几个技巧。

1. 合理充当"标题党"

设计一个醒目诱人的题目,往往可以激起吧友的好奇心,使其很自然地进入主题去看帖,这样,帖子的点击率就会很高。当然,"标题党"也要做到合理充当,题目应当与内容相关,切不可"挂羊头、卖狗肉"。

2. 内容要有争议、有悬念

所发帖子的内容如果没有争议和悬念,那么大家只会一扫而过,很少会在讨论区留下只言片语。内容有争议,尽量"小事化大,大事化奇、奇事化精",以提高吧友的回帖率和关注度,实现内容的广泛传播。当然,这些内容也不可无中生有,一切都应依据事实来展开。

3. 长帖短发,可考虑连载发帖

通常情况下,贴吧中看帖的人都没有耐心。如果帖子太长,不管它有多大的吸引力,很少有人将其全部看完,所以一定要长帖短发。长帖短发并不是说把帖子尽量缩短,而是将一贴分成多帖,以跟帖的形式发,这样可以更多地留有悬念,以提高吧友的关注热情。

4. 把广告打得不像广告

化妆的最高境界就是看起来像没化妆,广告的最高境界就是使广告看起来不像广告。赤裸裸的广告只会在人眼前过,有内涵的广告则会让人眼前一亮。所有帖子中的内容都要以软文的形式来表示,这是贴吧营销的基础。

5. 不定时回帖

主题帖发布后,可能会没人回帖或只有少量回帖,这时就需要不定时地维护帖子,最好能经常与吧友进行交流和沟通,以获得较高的人气,促进吧友的回帖率。

6. 效果评估

要不定期对发帖效果进行评估,可以对文章的阅读率、转载率等指标进行综合分析,从而找到改进方向,对营销模式进行进一步的优化。

(二)百度贴吧在营销实践中的应用

百度贴吧以其超高的人气和绝对的时效性,成为一个绝佳的营销平台。如何合理使用该平台,以达到超预期的营销效果,可以从以下几个方面进行思考。

1. 分析产品是否适合做贴吧营销

百度贴吧的特性在于因兴趣而生,也就是说在贴吧中进行推广的产品必须具有明显的、易于辨别的特征,只有这样才能够对营销对象进行精准化的定位。与此同时,还要考虑产品的受众群体,由于百度贴吧使用人群多为中、青年群体,所以产品要适应这部分群体的需求偏好,实现精准化营销。

2. 分析产品特性,选择适合的主题贴吧进行投放

全面分析产品特性,根据自身产品的特点,到百度贴吧中检索与其关联度最强的吧友、接受认可度最高的主题贴吧作为备选投放目标。

3. 贴吧标题选择和内容选择

制作发帖要主动迎合网友的需求,可以通过标题来吸引吧友的注意力,激起其好奇心,提高帖子的浏览量,但要注意标题和内容贴合,不能只做标题党。在图片帖和视频帖上加上相关的宣传文字,因为图片和视频比较直观,能吸引人。文章内容不要以硬广告的形式出现,最好是知识性、趣味性短文。如果广告内容非常明显,帖子被删除的可能性非常大,而且也不易吸引人,整体的效果不会很好。内容要有"争议性",即有话题可议,以增加帖子的留言或评论数量,从而达到人气的提升效果。

4. 巧妙维护与吧友之间的关联度

进行贴吧营销并不是说发完帖子就万事大吉了,必须定期地去维护贴吧内容,要尽量多地去其他专题吧参加活动,提升等级,以吸引更多吧友到创建的贴吧中进行互动跟帖。另外,一定要对账号进行信息的完善,尤其是个性签名中,以简短的文字介绍产品或企业信息,同时还可以把企业网站或其他相关网络信息放在个性签名中,以达到对企业网站的搜索引擎优化的目的。

二、知乎的营销策略与方法

(一)知乎的营销策略

1. 做好"形象工程"

平台运营,"形象工程"建设不能忽视。这里的"形象工程"建设主要指的是平台资料完整程度,如背景图、头像、教育经历、个人简介、一句话介绍等,其中头像以及一句话介绍往往容易被忽视。头像设置上,做企业号运营,那毫无疑问就应该是产品 Logo 或公司 Logo,一定要正式,以方便建立信任感;一句话介绍是跟在昵称后面的最显眼地方,表现企业特点的内容;完善时一定要充满营销的特色,很多企业都会放上自己的网站链接或引导关注微信公众号,以凸显行业特性或实现其他平台的引流。

2. 做好内容定位

无论是出于产品推广,还是企业账号的维护,都需要先给企业的内容进行定位,以凸显账号的认识标签。在合理的内容定位之后,回答问题时一定要注意,不要与你的专业偏离得太远,以防对有关话题的回答太过业余。另外,所涉足的话题可以逐步扩大,但一定要在拥有一批可靠的粉丝、知识储备足够的情况下才可以去接触新的话题,在扩大回答知识领域的同时收获更多粉丝的关注。

3. 掌握必要的回答技巧

选取问题进行回答时,如果所涉及的行业发生了一些比较重要的新闻,那就要好好借势,在"大咖"陆续关注这个话题前进行抢答,以获取更多的关注。回答的问题并非越多越好,建议一天不要超过两个。知乎是推荐算法机制,短时间回答较多的问题,就会默认为有频繁刷题的作弊行为,所以回答的频率要适当控制一下,秉承"要质不要量"的原则去回答。回答时可以一句话直击重点,也可以从资源枚举、理论、故事这几大类来进行回答,字数不宜太多,不要超过 4 000 字。一般控制在这个数字内的答案都会得到比较大的认可,点赞数也会很高。

4. 适当加强互动

知乎的运营并非一味地回答问题就可以,还需要与其他用户特别是跟"大咖"进行互动。在回答完问题后,如果有用户在评论区里求助或提问,千万不要吝啬自己的答案和方法,用户完全可以通过口碑传播进行信息共享;另外,在浏览一些行业相关干货资讯的时候,也可以适当地跟行业"大咖"进行互动。下次当企业在某个问题下给出了比较好的答案,曾经互动过的这位"大咖"说不定就会点个赞,以帮助获得较高的经验值。

(二)知乎在营销实践中的应用

1. 回答问题

知乎官方出台的《知乎官方指南》对回答问题进行了规范要求,主要包括以下几条。

(1)不要灌水。不要把"评论"当作"答案"来发布。如果答案对其他用户毫无帮助,其他用户单击"没有帮助"而将答案折叠起来,也起不到实际效果。

（2）提供支撑答案的原因。如果提出了一个观点,请说明提出观点的原因,以利于读者理解。

（3）提供有用的信息。在写答案时,要提供与问题相关的有价值的信息,应避免发一些没有意义的文字、字符、图案或表情等,避免与问题本身无关或没有意义的回答。

（4）介绍链接指向的内容。如果提供了一个其他网页的链接,需要介绍一下这个链接指向的内容是什么,便于读者判断是否阅读此链接。

2. 赞同与反对

知乎平台对于每一次的提问和回答都给予了评价的机会。每个答案的左侧都有蓝色的上下箭头,向上箭头表示赞同该答案,向下箭头表示反对该答案。每个答案下方都有"感谢"和"没有帮助"的文字链接按钮。用户可以根据实际情况对阅读的答案进行投票。平台会根据积分规则对答案进行评分,积分多少将决定答案的排序。只有赞同与反对会对排序产生影响,"感谢"和"没有帮助"无影响,但当"没有帮助"积累到一定数量时,该答案会被折叠。

3. 禁言处罚

知乎官方规定:用户首次提交违规内容,内容将被删除,发布者将受到私信警告;再次提交违规内容,内容将被删除,账号将被禁言;多次提交违规内容,内容将被删除,账号将被停用;如遇尤其恶劣的情况,知乎保留直接永久停用账号的权利。在知乎,不友善言论、恶意行为、违反国家相关法律法规的行为和内容,涉及这三方面问题的用户将被禁言。在知乎,被禁言的用户无法提问、回答、评论、编辑和发送私信,只能投票与浏览,禁言期结束后将恢复正常。

4. 打造个人品牌

知乎是垂直领域意见领袖打造个人品牌的优质平台,个人品牌的塑造必须通过提升阅读量和粉丝数来实现。增加阅读量和粉丝数可以从以下几个方面入手。

（1）回答为主。当粉丝数较少时,应以回答为主,不断积累粉丝量。回答问题时,要选择关注度高的问题;发布答案时,文字和图片要尽量多些,这样更受读者喜爱;提交答案时要谨慎,只有在首次回答高关注度的问题时,所有关注该问题的用户才会收到提醒,后期再进行修改的话,用户将无法收到提醒。

（2）写文章和专栏。发布高质量答案积累到基础粉丝后,就可以在垂直领域持续发表文章,不断积攒个人势能。作者发布的文章,可以投稿至同类别的热门专栏中。该专栏收录的文章,其关注用户均会收到提醒,利于作者扩散个人影响力。

（3）合理提升个人知名度。知乎作为高质量的问答社区,作者回答问题或发表文章时,应尽量避免对自我的吹捧或推销,如在文中放置微信二维码等行为,以免影响读者的阅读体验。可以将这些信息写在企业介绍里,如果确实拥有高质量的回答,将被收录至知乎日报、知乎热门,粉丝会通过企业简介了解产品信息,这样可以实现企业影响力的有效提升。

三、果壳网的营销策略与方法

（一）将不同群体融合在一起

随着果壳网高质量的内容在网络不断传播,果壳网品牌越来越响,拥有了一批粉丝。他们自发地组织到一起,满足社交需求。当时,粉丝们在百度贴吧、豆瓣小组建立了很多以果壳网来命名的社区。刚开始,果壳网会有官方人员去和这些用户互动。后来,觉得与其让他们散落在四处各地,不如自己去做一个社区产品。有了这个社区产品以后,果壳网的科技爱好者、科学作者核心用户有机会在一个场景下交流,强化了对果壳网用户身份的认同。其实,原来的科学用户群体有比较统一的价值观,比如教育背景,他们从事的职业非常接近,那么这群人加入之后,一下用户规模扩大了。而且这些人的价值观非常一致,以科学为导向,相信科学。这群人还比较开放、喜欢分享,在统一的价值观基础上,社区产品就给了大家非常多的交流机会。

在这个阶段,果壳网做的经营其实比较传统,涉及两个方面:一是官方地去挖掘话题,引导社区舆论;二是用多个视角去塑造社区的榜样。一个社区里面,如果没有内容引导的话,会造成越来越衰退的现象。随着用户增加,这部分群体对于社区目标的理解可能会有偏差,导致内容质量参差不齐。果壳网努力塑造社区的榜样,需要让用户明确地知道,这个社区是什么样的。如果榜样塑造好了,用户将模仿这个榜样的行为,这个是一个比较常规的运营手段。不过果壳网有自己的特殊性,主要在于科学家、科学作者这个群体不太好模仿。所以,在塑造这个榜样的时候,果壳网不只是塑造科学家、科学作者在科学、科普方面的行为,更多会去从多个角度去完善这个榜样的塑造,比如说他在生活当中的趣事儿、他的兴趣爱好,让作者的形象丰满起来,更加有亲和力。

(二)垂直化和生活化策略

在发展的第二阶段,果壳网已经沉淀了不少很有活力的社区,所以要做的事情是从这些社区里面发现用户的需求,找到优势所在,把它变成很垂直、很独立的服务,将优势方向外拓展。

在这个阶段,果壳网推出了 MOOC 学院这个教育方向的产品。果壳实验室是创客和创新方向的产品,果壳空间是创业方向的产品,再包括知性是情感方向的产品,健康朝九晚五是健康方向的产品,这些全部都是果壳网产品部署的领域。果壳网之前积累的优势和果壳网的品牌背书,为这些产品提供一个很好的冷启动,这是果壳网的运行方式的特色。

那么,果壳网又是如何去触达大众用户的呢?主要是抓住新媒体这个平台增长的红利。果壳网内部有一个项目叫 NMB 项目,该项目有员工团队负责新媒体的运营,他们主要做的事情是降低内容的阅读门槛,用互联网的语言来运营这些内容,并且通过各种各样的方式和终端用户直接互动。

在面向大众用户运营的过程中,科学只是变成了果壳网的一个特性和标签,并不是全部内容。在果壳网的内容里,科学是为改变生活这件事而服务的,而不是科学变成了果壳网的目的,这是果壳网面向大众运营的最主要的策略。另外,果壳网不会特意突出科学品牌和子品牌之间很强的关系。子品牌是直接对应用户的需求,比如说吃货研究所,吃货是主体,研究是辅助方式,果壳网用科学的方式去告诉大家,什么东西好吃,或者背后科学文化的依据和背景是什么,这是在子品牌运作中的一个策略。在这个阶段,也面临着一些问题,第一个就是果壳网的主品牌与子品牌之间的关系会逐渐淡化,果壳网发现了这样的现象,但并不是特别严重,所以现在也没有做什么特殊的策略,可能会从市场宣传的角度去强化它们之间的关系。第二个就是生活类的用户,也就是大众用户第三层外围的用户进入社区后,可能对社区的调性产生一定的影响。但是因为第三层用户还在第三方平台,比如微博和微信去运营,还有垂直的一些产品去运营,并没有直接导入社区中来,所以社区中还是中间的两层用户很活跃,但是可能是未来潜在的问题。

四、分答营销策略与方法

人类的共享行为是实现个人与他人交流与互动的重要方式,信息的共享是促进网络付费问答平台发展的主要动力。在互联网高度发达的今天,人们之间的共享行为变得十分普遍,共享方式也更加多样化,这种基于"数字化"的分享行为几乎可以忽略成本,有时却能够产生更大的回报,如建立新的社会关系,提升自己的社会地位,甚至可以带来经济收益,这种低投入、高回报的共享行为越来越得到人们的重视。网络付费问答平台是共享经济在知识传播领域的运用,实现了知识和技能的有偿分享,它在一定程度上提高了个人原创内容的价值,增强了其版权意识,为实现优质原创内容源源不断的供给提供了激励,推动了知识与信息传播领域的共享经济向现实经济转化。

(一)认知盈余使知识共享成为可能

从某种意义上说,分答用户间的付费问答行为是克莱·舍基提出的"认知盈余"理念的重要体现。在现实生活中,由于社会分工的差异,每一个人都在自己感兴趣的领域获得更多的专业知识,而在其他方面则存在一定的知识盲区。在这个平台上,所有用户可以通过付费提问的方式寻求他人帮助,形成特定的信息索取渠道。在分答的付费问答过程中,隐藏在人脑中的隐性知识以语音的形式展现出来,成为更容易被他人接受和感知的显性知识,为他人提供支持和帮助。在这个过程中,个人的闲散时间也伴随着知识的传播得到有效的利用。现阶段,分答的答主既包括各个领域的专家学者,也涵盖明星大 V,每天由用户产生的各个问答形成内容聚合的"荷塘效应",完成知识传播过程中量变到质变的积累。分答在社会化问答网站中首次引入付费的方式,分答搭建的平台帮助个人将自己的"认知盈余"整合为 60 秒语音,形成传播者与受众的互动协作,完成知识分享的过程,这是一种有偿的互助合作行为。

(二)知识商品化是实现知识变现的重要手段

在 Web 2.0 时代,互联网为用户搭建了知识和技能分享的平台,成为各种意见的集合地。然而,由于互联网的开放性,传播门槛较低,所有人的"认知盈余"都可以在网络上实现共享,无数碎片化的知识和信息被转移到互联网上,形成海量的内容,造成信息超载的问题。对于想要通过互联网获得信息和知识的用户来说,信息超载可能增加他们进行信息甄别的成本,分散用户的注意力。此外,由于多数网民没有经过信息传播方面的专业教育,缺乏内容生产方面的专业知识,互联网的匿名性无法对他们的内容生产行为产生实质性的约束,导致互联网平台的各种信息鱼龙混杂,呈现出内容质量不高的问题,特别是网络谣言的滋生,一直备受社会各界诟病。信息超载和信息混乱这两大问题需要借助网络媒体重塑传播机制进行改善,从这个方面看,分答所建立的付费问答机制是改善网络传播秩序的一种新尝试。

（三）知识共享行为产生新的社会效应

分答的付费语音问答形式,从微观上看,这是一次有目的性的知识分享和传播行为,在这个过程中,传播者、受众以及媒介平台各取所需,实现三方共赢。从中观上看,分答在付费问答的过程中,聚合了大量由专业人士生产的高质量的内容,这些内容经过沉淀和积累能够被其他人重复利用,成为一个庞大的知识数据库,成为人们获取知识和信息的重要渠道。从宏观上看,这是挖掘人类认知盈余的重要手段,也是信息资源在传播过程中的多次利用,更是实现信息资源合理配置与高效利用的重要手段和工具。

总之,在互联网的发展进程中,信息技术延伸了个人在信息和知识分享与传播中的能力,个人享有更多获取和处理知识的权利,网络使所有人之间建立联系成为可能,人们之间的交流场景不断增多,通过网络连接起来的人们可以汇集起来形成创造和分享知识的合力。

分答所搭建的网络平台,以有偿问答的形式进行知识的分享和传播行为,在这个平台上,知识伴随着一对一、一对多、多对多等多层次的传播进行流动,并且实现着知识变现这一个目的,这实际上也是共享经济在知识分享过程中的应用。

在分答的传播机制中,传播者、受众、问答内容以及网络平台之间的关系密不可分,在他们的相互作用下,知识在传播的过程中获得增值,知识变现这一目的得以实现。网络付费问答是连接知识的供给者和需求者之间的重要纽带,个人的认知盈余通过分答平台在与他人的互动中实现商品化,在这个商品化的过程中,传播者获得了经济方面的收益,提问者得到专业人士的个性化服务,网络平台在获得收入分成的同时形成了一个庞大的知识数据库,这些内容能够不断积累和沉淀,为其他需要帮助的人提供服务,从某种意义上说,这也是传播者即共享经济中的供给方、受众即共享经济的需求方以及网络平台之间的互利共赢。

案例分享:问答平台营销典型案例

快手 App 的品牌营销

快手 App 是一款记录和分享生活的平台,据 2016 年 3 月的数据流量统计,其活跃度一度曾仅次于微信、QQ、微博,但在媒体曝光方面,很少有关于快手 App 的报道。2016 年 6 月,一篇名为《残酷底层物语:一个视频软件的中国农村》的文章把快手推上舆论高地,颇受争议的快手逐渐推出了一系列营销措施,将知乎平台作为互联网科技信息行业用户的聚集地,快手在知乎平台开设机构账号,在知乎平台开展了系列内容营销。

2017 年 7 月 10 日,针对在知乎中一则"为什么快手惹人嫌"的问题,快手机构账号通过"不同圈层的人、不同思想的人,甚至同一个人在不同的人生阶段对于审美和世界观等的认识和追求是不同的"这一观点巧妙地进行了解答和软性反击,获得过万点赞,数千评论对此表示认同。

(1) 平台属性决定营销方式。不同平台有着不同的营销方式,知乎以问答为主的营销方式适合通过对问题的解答来推广自身产品。当问题与自身产品有关时,企业自身的回答有利于产品的曝光,有利于外部用户了解企业自身对于问题的看法,可以有效避免外界无根据的恶意评价;当问题与自身产品无关时,企业账号巧妙而精悍的回答可有效地提高企业曝光并获取其他用户的好感。

(2) 防患于未然。知乎用户时常就当下热门新闻热点提出相关问题,其中的问题包括社会热点、互联网公司发展以及企业负面信息等。根据知乎平台用户所属行业标签及其讨论的话题范围进行分析,知乎作为舆论集散地,尤其需要引起互联网企业重视。当网络中出现企业负面信息而没有官方信息解答时,容易引起其他用户的猜测以及竞争对手的恶意攻击,企业方通过官方渠道以恰当的表态,可以避免负面舆论的传播。快手 App 对"为什么快手惹人嫌"问题的解答,一方面解释了快手 App 的内容并非来自快手的许可;另一方面站在快手 App 用户的角度解释这一现象是由不同群体的不同人生阶段造成的,并表达了对快手 App 用户的理解和尊重。

中信银行百度贴吧——章鱼卡吧

当前,越来越多的品牌都意识到了"客户终身价值"的重要性,所以很大一部分品牌都将其市场开拓对象瞄准了年轻群体。由于贴吧是"年轻人的主场",因此尤其适合品牌做年轻态的价值洞察。在贴吧这类自媒体平台中,与用户交互的重要原则之一就是"价值洞察",通过观察、了解年轻消费者的真实需求与行为习惯,不断洞察企业所希望提供的价值的有效性,以便向他们交付符合其预期的价值。

鉴于该种现状,中信银行和百度贴吧合作推出"章鱼卡吧",在贴吧直接开设"贴吧银行",启动了对年轻族群的办卡服务。这一整套设计连同线上交互,无不表现出年轻人熟悉的各种"亚文化"元素。此外,该项目还通过前置的、不同时代风貌特征的社会化传播海报来引爆情绪,以突出这是一个避免品牌"老龄化"的项目。

百度贴吧这一社会化营销平台,很好地促进了中信银行对于客户群体的价值洞察与价值交付的认知,使其品牌能够早早地与年轻人建立情感连接,以有利于获得长远的商业回报。

文献来源:shizheng. xilu. com/20141106/1000150003366047. html.

扫描此码

案例讨论

扫描此码

在线自测

第十三章

社区平台营销

【本章要点】

在互联网经济快速发展的时代,网络社区平台成为用户在虚拟世界开展网上交流的重要空间,在同一主题的网络社区平台聚集了具有共同兴趣的访问者,使人们的生活内涵更丰富,生活方式更加多元化。随着信息化和智能化的技术逐渐升级,社区平台营销成为企业开展新媒体营销活动的重要工具。本章主要介绍网络社区的主要形式和作用、社区平台营销主要类型,以及社区平台营销策略与方法等内容。

【学习目标】

1. 掌握网络社区的类型和作用。
2. 理解社区平台营销的主要类型。
3. 掌握体验营销操作步骤。
4. 了解网络社区口碑营销设计的原则及建立过程。
5. 熟悉关系营销特征及常用方式。

第一节　社区平台营销的概念与特征

一、网络社区的概念

面对当前互联网技术的升级换代,广大群众也得益于技术的进步,日常生活与工作已全面"网络化"。对于企业和商家来说,需要借助新型的网络营销方式为企业注入新鲜血液。在这一发展趋势下,网络社区平台应运而生,网络社区是网上特有的一种虚拟社会,可以通过其平台特色,将具有共同兴趣但分散的目标客户和受众群众精准地聚合在一个虚拟空间,使得社区平台内的成员之间进行信息交流,并且会对信息作出及时的共享与评论,每一位在内的社区成员不光是社区内信息的接收者,更多的是发挥信息传播者和消费者的作用。

二、网络社区的形式

（一）电子公告板

电子公告板（BBS）是虚拟网络社区的主要形式，大量的信息交流都是通过 BBS 完成的，会员通过粘贴信息或者回复信息达到互相沟通的目的。

（二）聊天室

在线会员可以实时交流，有着共同兴趣爱好的网友通常可以利用聊天室进行深入的交流。

（三）讨论

如果一组成员需要对某些话题进行交流，通过基于电子邮件的讨论组会觉得非常方便，而且有利于形成大社区中的专业小组。

值得注意的是，论坛和聊天室是网络社区中最主要的两种表现形式，在网络营销中也有着独到的应用。

三、网络社区的作用

（一）企业可以与访问者直接沟通，更容易得到访问者的信任

通过具有商业性质的交易网站，利用 BBS 或聊天室等形式在线回答顾客的问题，可以达到了解客户对产品或服务的意见的目的。访问者与社区平台管理者的交流可以增进和访问者或客户之间的关系，也可能直接促进网上销售。良好的沟通能够使已购买产品或服务的客户对此提出意见和建议，能够使企业根据客户需求更好地对产品或服务进行改进，从而吸引更多的潜在客户购买企业的产品和服务，成为企业真正的客户。

（二）访问者可以参加讨论或聊天

当社区成员愿意重复访问网站时，那是因为网站于他们而言是和志趣相投者聚会的场所，具有共同兴趣爱好的人除了相互介绍各自的观点之外，对于一些有争议的问题也可以在此进行评论达到交流讨论的目的，发挥信息接收者、传播者与消费者的作用。

（三）方便进行在线调查

无论是进行市场调研，还是对某些热点话题进行调查，在线调查都是一种廉价但高效的手段。在主页或相关网页设置一个在线调查表是通常的做法，然而对大多数访问者来说，调查表会占用额外的时间，社区成员大都不愿参与调查，即使提供某种奖励措施，参与的人数仍不多。然而充分利用论坛和聊天室，主动、热情地邀请访问者或社区成员参与调查，参与者的比例大幅增加，同时通过收集 BBS 上顾客的留言也可以了解到一些关于产品和服务的反馈意见。

四、网络社区平台营销的概念

由于网络社区平台上有众多用户的参与,因此,它除了具备最基本的交流功能外,更重要的是逐渐成为网络营销的场所,网络社区营销既继承了实体社区的特定属性,又拓展了来自互联网的自由和广泛。网络社区平台营销是指为了达成相对的营销目的,企业以网络技术为根本支撑,以电子邮件、即时交流平台、聊天室或论坛等虚拟社区为媒介和方式所开展的各种营销活动的总称,网络社区平台营销是企业市场营销战略的一个重要构成部分。本质上,网络社区平台营销是一种利用众多网络社区进行的销售活动,是一种基于网络社区,在企业、营销平台、社区成员和潜在消费者之间进行彼此间对话,并且能够达到网络营销目的的实践活动。从营销学角度来看,网络社区平台营销是企业为了达到一定的营销目标,借助互联网技术,通过邮件、即时通信、聊天室、论坛以及微博微信朋友圈等虚拟社区媒体和手段进行的营销活动,总体来说是各种社区平台进行网络营销活动的总称,是整个企业营销策略的一部分。

五、网络营销发展阶段

互联网的快速发展促进网络服务内容不断推陈出新,网民的网络需求也不断向个性化和细分化方向发展。依托于互联网的网络营销在营销理念上发生了根本性的变化,其营销平台和方式也越来越多样和丰富。网络营销发展经历了三个时代。

(一)门户时代

20 世纪末期的"眼球经济"时代,网络营销方式以品牌网络广告为主,此时门户类网站成为通栏、按钮、文字链等广告形式的主要投放平台,广告主追求的是广告投放覆盖的广泛性,而用户只是被动地接受。这种营销方式属于花大钱、撒大网形式,导致高投入、低产出的局面。

(二)搜索引擎媒体时代

搜索引擎在技术和使用上的快速发展,使其成为网民使用率最高的基础性网络服务之一。由此,导致搜索引擎类媒体的迅速崛起,而网民的网络需求更加明确,更多的网民开始主动搜索自己所需要的信息,搜索引擎成为网民登录网络的主要入口。此时,基于搜索的竞价排名和关键词搜索等营销方式,因其精准和快速的特点,使得搜索引擎媒体成为广告主青睐的重要的网络营销平台。

(三)社区互动时代

随着 Web 2.0 概念的实用化,基于 Web 2.0 的论坛、博客和视频分享等网络服务发展迅速,网民的高度参性、分享性与互动性促使社区类媒体成为广告主新的淘金地。基于社区的事件营销、关系营销、口碑营销等方式开始崭露头角,网络营销方式由之前的推送式、拉动式向互动式方向发展,营销理念也由之前的"抓眼球""抓精准"进入"抓人心"时代。

六、社区平台营销的特点

在网络经济快速发展的时代，网络多媒体广泛应用，网络社区平台营销得到了非常迅猛的发展。网络社区平台营销与传统营销相比，除了具备传统营销的特点外，还有着传统营销无法相比的特点，这些特点也是网络营销的优势所在。

（一）实时互动性

网络具有一对一的实时互动特点，当社区成员在浏览页面或者搜索商品或者服务时，可以随时与产品和服务的提供商进行沟通及交流。从营销的角度讲，这种交流直接将早期工业时代大规模生产、大规模营销的模式转化为当前小规模定制甚至个体自主营销的模式，实现了消费者的个性化，迎合了现代营销的观念。

（二）广泛性

目前，世界上几乎所有国家和地区都可以访问互联网。该网络为所有生产者和消费者提供了真正有意义的世界市场。该网络不仅是信息资源的海洋，还是商家通过数字广告媒体向广大受众群体展示自己的平台。从这个角度来看，大型企业、中小企业或个人都可以通过互联网获得无限商机。

（三）经济性

在传统营销中，营销的中间环节和渠道中存在着大量人力物力浪费、冗余繁杂。互联网时代，互联网广告的发布时间和效果可以通过技术手段得到准确的统计，大大降低了企业成本，提高了交易效率，优化全球资源配置。

（四）针对性

在互联网上，企业的潜在客户不会被动接收任何对他们没有价值的信息。网络上的商业信息可以精准地送达受众，因为用户只选择他们真正有兴趣的内容进行浏览。

（五）高效性

网络大大缩短了企业和客户之间的交流与交易过程。企业在通过网络进行业务应用时，可能会根据市场变化进行一些策略调整，并调整相应网站的结构。由于网络对时间和地域的限制不多，很容易实现对网站结构的调整。

（六）中心化与去中心化的平衡

在传统的以版主为中心的社区论坛中，版主是无冕之王，掌握着论坛中每一个帖子，而在新型的网络社区平台中，每一个用户都拥有自己的空间，他们不再受版主的意志左右，这样就有效避免了中心化的出现，形成了去中心化的趋势。

（七）口碑营销价值大

网络社区平台用户表现出日益增强的分享和互动意愿，通过好友分享和娱乐互动等项目，用户间的沟通交流更加立体化，契合了用户需求，从而使网络社区平台的媒体化趋势更加明显，凸显了网络社区作为"营销平台"的价值，其口碑营销的效果更加明显。

网络社区平台营销的良好运作可以起到维护品牌形象的作用。网络社区平台的消费者在对产品使用后会将相应的使用感受发送到网络社区，其中评价性的语句对于网络社区营销有很大的影响，较好的评价会吸引潜在消费者前往社区消费，促进企业的发展。但是由于网络社区是由有类似价值观与利益的社区成员组成的聚集区，在社区平台中出现任何对企业或品牌的负面评价，都有可能对企业及其业务和品牌口碑产生巨大的不利影响。因此通过网络社区营销树立良好的品牌口碑对于企业的作用非常大。口碑营销会最大限度地提高社区成员对品牌的亲切感与好感度，企业与消费者不再是单一的业务关系，而是会经常进行信息交流，企业要通过交流来了解消费者的内在心理，并且在交流的过程中不断地强化消费者的品牌意识，逐步地把消费者变为企业品牌的粉丝，成为企业的粉丝后，消费者会更好地帮助企业进行口碑传播。

随着互联网及各种网络平台应用的日益广泛，在网络平台中发布广告，也是企业建立其品牌形象的一个重要途径，通过在网络社区发布网络广告促进企业发展，有着丰富表现形式的网络广告以其直接的广告效果与强大的互动效应，对企业的品牌传播与口碑形成起着不可替代的作用。

第二节　社区平台营销的主要类型

企业可利用网络社区平台营销提高营销传播效果，提高目标营销的精准性，提高顾客的忠诚度，实现优化营销过程的目的。

一、网络社区体验营销

（一）体验营销的概念

体验营销是指利用网络特性为顾客提供完善的网络体验，从而提高顾客的满意度，达到与顾客建立起紧密而持续的关系的目的。随着网络的普及，网络体验成为体验营销不可缺少的重要组成部分。体验营销主要包括以下几个方面。

1. 感官体验

对于网站来说，感官体验是呈现给用户视听上的体验，当设计风格符合目标顾客的审美时就能给用户带来一定的舒适感。网站在设计之前，必须明确目标顾客群体，并针对目标顾客的审美喜好进行分析，从而确定网站的总体设计风格。要确保网站 Logo 的保护空间和品牌的清晰展示而又不占据太多空间。关于页面设计要注意：页面速度正常情况下，尽量确保页面在 5 秒内打开；页面布局要重点突出，主次分明，图文并茂。将目标顾客最感兴趣的、最具有销售吸引力的信息放置在最重要的位置；页面色彩可以与品牌整体形象相统一，"主色调＋辅助色"不超过三种颜色，以恰当的色彩明度和亮度，确保浏览者的浏览舒适度；图片大小要适合多数浏览器浏览，页面图片展示要比例协调、不变形、清晰。图片排列既不能过于密集，也不能过于疏远；页面图标使用要简洁、明了、易懂、准确，与页面整体风格统一。特别注意的是广告位要避免干扰视线，广告图片要符合整体风格，避免喧宾夺主。

2. 交互体验

对于网站来说，交互体验是呈现给用户操作上的体验，强调易用性。用户申请会员时要将会员权责介绍清晰，并提示用户确认已阅读条款。会员注册的流程要清晰、简洁，交互性的按钮必须清晰突出，以确保用户可以清楚地点击，为避免用户重复阅读，当用户点击信息时，已浏览的信息和未浏览的信息需要显示为不同的颜色。

3. 浏览体验

对于网站来说，浏览体验是呈现给用户浏览上的体验，强调吸引力。栏目的命名与栏目内容准确相关，简洁清晰，不宜过于深奥，令人费解。栏目的层级最多不超过三层，导航清晰，层级之间伸缩便利。在内容的分类方面，同一栏目不同分类区隔清晰，不要互相包含或混淆。每一个栏目应确保足够的信息量，避免栏目无内容情况出现。尽量多采用原创性内容，以确保内容的可读性。确保稳定的更新频率，以吸引浏览者经常浏览。采用易于阅读的字体，避免文字过小或过密造成的阅读障碍。可对字体进行大中小设置，以满足不同的浏览习惯。对于长篇文章进行分页浏览。面向不同国家的客户提供不同的浏览版本。

4. 情感体验

对于网站来说，情感体验是呈现给用户心理上的体验，强调友好性。首先，将不同的浏览者进行顾客划分，如分为消费者、经销商、内部员工等，为不同类型的顾客提供不同的服务，并且针对不同类型的顾客，可以为顾客定期提供邮件或短信问候，增进与顾客间的感情。其次，对于每一个操作进行友好提示，以增加网站的亲和力。再次，提供便利的会员交流功能（如论坛），从而增进会员之间的感情交流。最后，定期进行售后的反馈跟踪，提高顾客满意度。除此之外，也可以定期举办会员优惠活动，让会员感觉到实实在在的利益。根据会员资料及购买习惯，为其推荐适合的产品或服务。提供用户评论、投票等功能，让更多的会员更深层次地参与进来。对用户提出的疑问进行专业解答。

5. 信任体验

对于网站来说，信任体验呈现给用户的是可信赖的体验，强调可靠性。关于公司介绍这方面，企业要发布真实可靠的信息，包括公司规模、发展状况、公司资质等，同时将公司的服务保障清晰列出，增强顾客信任。提供准确有效的地址、服务热线电话等联系方式，便于查找。为顾客提供投诉或建议邮箱或在线反馈。对于流程较复杂的服务，必须设置帮助中心进行服务介绍。

（二）体验营销的操作步骤

1. 识别顾客

识别目标顾客就是要明确顾客范围，并针对目标顾客提供购前体验，从而降低企业的服务成本。识别目标客户后还要对目标顾客进行细分，对不同类型的顾客提供不同方式、不同水平的体验。

2. 认识顾客

认识目标顾客就需要深入了解目标顾客的特点和需求,知道顾客的担心点和顾虑点,因此企业必须通过市场调查来获取有关信息,并对信息进行筛选、分析,真正了解顾客的需求与顾虑,以便有针对性地提供相应的体验手段,来满足顾客的需求,打消顾客的顾虑。

3. 顾客角度

要清楚顾客的利益点和顾虑点在什么地方,根据其利益点和顾虑点决定在体验式销售过程中重点展示哪些部分。

4. 体验参数

要确定产品的卖点在哪里,顾客体验后进行评价,体验参数就能判断出产品(或服务)的好坏。

5. 进行体验

在这个阶段,企业应该预先准备好让顾客体验的产品或设计的服务,并确定好便于达到目标对象的渠道,以便目标对象进行体验活动。

6. 评价控制

企业在实行体验式营销后,还要对前期的运作进行评估。评估总结要从以下几方面入手:效果如何,顾客是否满意,是否让顾客的风险得到了提前释放,风险释放后多少移到了企业自身,企业能否承受。通过这些方面的审查和判断,企业可以了解前期的执行情况,并可重新修正运作的方式与流程,以便进入下一轮的运作。

二、网络社区互动营销

(一)互动营销的概念

互动营销强调通过知识传播、信息服务、沟通、娱乐等手段,激发公众兴趣,促进共同参与,在参与、互动的过程中达到营销传播的目的。互动营销要注意三点:一是要话题相关,互动营销要抓住社区平台上成员关心的内容和感兴趣的话题,将公众的兴趣和利益结合起来,在适当的环境下,选择适当的话题,话题的选择要注意抓住顾客关心的内容和感兴趣的话题。二是要利益相关。利益是关乎营销永恒的主题。如果营销策划能使公众认为自己是受益者或利益相关者,则公众一定会给予这一策划更多的关注并积极地参与到策划中来。这里所讲的利益是广义的,它包括:一些可使顾客或消费者受益的信息、知识或服务,一些关乎顾客或消费者利益的话题,使公众有机会对新闻、事件或感兴趣的话题表达想法,提供一个沟通、娱乐、展示和表现的平台等。三是要共鸣。话题和利益是打动消费者与产生共鸣的基础。有了共鸣,就会产生无穷无尽的共同语言,就有了参与和互动的渴望。

(二)互动营销的基本要求

1. 参与互动营销的便捷性

实施互动营销,就是要访问者参与其中,互动营销是要访问者很方便地参与其中,而不是要经过复杂的过程才能参与其中,否则访问者参与互动的概率就会小很多,人是有惰性的,特别是网民,其惰性更大,若参与互动比较复杂,就会点鼠标离开,不会参与其中。如申请试用产品、参与调查等应该便捷,申请表格应该简单明了,并且不会涉及隐私。

2. 互动营销对访问者要产生一定的好处

想要访问者参与互动营销,对访问者必须有利益的驱动,对访问者没有一定的利益驱动,其参与的概率会大为降低,如展开网络调查时可以进行有奖调查、产品的免费试用。

3. 访问者的用户体验要好

互动营销更要注重其用户体验,如果其用户体验不好,是不可能成为企业的潜在顾客的,这就与互动营销的目的相违。例如如果企业提供免费试用产品,那么这个产品的用户体验要好,产品质量要过硬,并在使用过程中不断对其使用情况进行跟踪以及服务,不能因为产品是免费的,就放弃提供服务。

(三)互动营销的组成部分

1. 目标顾客的精准定位

根据顾客的消费需求与消费倾向,应用顾客分群与顾客分析技术,识别业务营销的目标顾客,并且能够为合理地匹配顾客以适合的产品提供支撑。

2. 完备的顾客信息数据

目前,强大的数据库可以把与顾客接触的信息记录下来,并且将接触信息和顾客反馈进行有效的整合后,能够为增强和完善顾客接触记录提供建议,为新产品开发和新产品营销提供准确的信息。

3. 促进顾客的重复购买

通过顾客的消费行为,结合预测模型技术,有效地识别出潜在的营销机会,为促进顾客重复购买的营销业务推广提供有价值的建议。

4. 有效的支撑关联销售

通过顾客消费特征分析、消费倾向分析和产品组合分析,有效地为进行关联产品销售和顾客价值提升提供主动营销建议。

5. 建立长期的顾客忠诚

结合顾客价值管理,整合顾客接触策略与计划,为建立长期的顾客忠诚提供信息支撑,同时能够有效地支撑顾客维系营销活动的执行与管理。

6. 能实现顾客利益的最大化

实现顾客利益最大化,需要稳定可靠且性价比高的产品、便捷快速的物流系统支持,以长期稳定的服务实现对顾客心灵的感化和关怀。顾客权益的最大化是互动营销设计的核心理念,欺骗、虚假等手段只能使企业的互动营销走向灭亡。

三、网络社区精准营销

(一)精准营销的概念

精准营销是在精准定位的基础上,依托现代信息技术手段建立个性化的顾客沟通服务体系,实现企业可度量的低成本扩张之路。精准营销由时间、地点、形式、内容和受众等几个重要的因素和环节构成,也就是在精准的时间和地点,要以精准的形式和内容与精准的受众进行有效的沟通。首先,要找到并抓住精准的受众。根据"同一社区、同一需求"可知,网络社区成员具有同质性的特点,也就是说网络社区平台成员具有相似的人口统计特征、相同的兴趣爱好、共同关心的问题等。利用网络社区平台,可以精准地识别消费者的偏好,精确锁定消费者,准确定位顾客需求。其次就是与顾客进行精准的沟通和过程体验。企业需要更精准、可衡量和高投资回报的营销沟通,需要制订更注重结果和行动的营销传播计划,还要越来越注重对直接销售沟通的投资,如此才能达成精准营销目标。

(二)精准营销的手段

1. 网络推广

网络推广要做到精准营销,互联网环境下比较好用的工具有三个:搜索引擎的关键词搜索;数据库定时发出 EDM;在当下 SNS(微博、微信、社交网站等)大行其道的时候,不失时机地建立自己的粉丝圈子,也是相对精准的推广。

2. DSP 渠道

DSP 就是需求方平台,DSP 整合了包括 Ad Exchange、媒体、Ad Network 中的海量流量,更重要的是,这些海量流量的背后对应的都是真实的目标受众。

3. 电子商务

国内知名的电子商务网站,如淘宝、天猫、京东等都陆续引进站内个性化推荐系统,达到精准营销目的。网上商城通过个性化推荐系统、推荐搜索引擎深度挖掘出商城用户的行为偏好,打造个性化推荐栏,智能化地向用户展示符合其兴趣偏好和购买意图的商品,帮助用户更快速、更便捷地找到所需要的商品,让用户的购物体验更流畅、更舒心。同时,个性化推荐栏也可以起到辅助用户决策和提高网购效率的作用。

四、网络社区口碑营销

口碑营销是企业在进行社区平台营销的过程中有意识或无意识地生成、制作、发布口碑题材,并借助一定的渠道和途径促使消费者同其他人讨论有关产品、服务和品牌的信息进行口碑传播,以满足顾客需求、实现商品交易、赢得顾客满意和忠诚、提高企业和品牌形象为目的,而开展的计划、组织、执行、控制的管理过程。企业充分利用网络社区平台中人与人之间形成的一种稳定且互信的关系,合理地利用网民的口碑,从而收到很好的宣传效果。根据数据显示大多数网民在线采购商品前,会参考网上其他人所写的产品评价,并且大多数企业也相信,用户推荐和网民意见在影响用户是否购买的决定性因素中起着非常重要的作用,由此可见,网络社区平台口碑营销在企业营销行为中的重要性是不容小觑的。

(一)口碑营销的主要特征

(1)口碑传播信服度高。

(2)口碑传播具有自发性。

(3)信息传播者也是接受者。

(4)口碑营销能够给消费者以深刻的印象。

(5)口碑传播的过程是消费者交流的过程。

（6）口碑传播的道德争议性。

（二）口碑营销的设计原则

1．借势

口碑营销的特点就是以小搏大,在操作时要善于利用各种强大的势能来为己所用,可以借助自然规律、政策法规、突发事件,甚至是借助竞争对手的势能。

2．利益

口碑营销必须将传播的内容以利益为纽带与目标受众直接或间接地联系起来,这点在中国市场尤为重要。

3．新颖

在今天这个信息爆炸的时代里,只有制造新颖的口碑传播内容才能吸引大众的关注与议论。

4．争议

具有争议性的话题很容易引起广泛的传播,但是需要注意的是,企业在口碑传播时要把握好争议的尺度,最好使争议在两个正面的意见中发展。

5．私密

世界上很多传播广泛的事件曾经都是秘密的,这是因为每个人都有好奇心和探听私密的兴趣,越是私密的话题,越能激发出人们探知与议论的兴趣,但是制造私密性事件时切忌故弄玄虚或给受众一种受到愚弄的感觉,否则就得不偿失了。

（三）口碑营销的建立过程

1．寻找意见领袖

意见领袖是指在人际传播网络中能够对他人施加影响的"活跃分子",他们在大众传播效果的形成过程中起着重要的中介或过滤作用,由他们将信息扩散给受众,形成信息传递的良性传播。意见领袖并不局限于名人抑或是专家,在互联网时代任何人都可能成为意见领袖,企业要做的就是找到这些意见领袖,并通过他们向企业的目标消费者以及潜在消费者传递正面的口碑。

2．展示产品或服务的优质性

网络口碑营销是借用消费者之间辐射性的人际关系来扩大品牌的知名度,最终目的是要借助口碑来树立良好的企业形象或者是促进企业产品的销售,所以网络口碑传播必须以产品或服务的优质性为基础,产品或服务的优质性会影响口碑营销的效果,越好的产品或者越满意的服务会使顾客对产品进行更好的评价,从而促进更好的口碑的传播,口碑与产品或服务是相互成就的,好的产品或服务成就了好的口碑,好的口碑促使更多用户购买产品或服务,产品的口碑营销价值便更大。

3．制造"稀缺",生产"病毒"

在消费者眼中,资源的稀缺性使其非常重视这种资源所具有的符号价值,稀缺的资源往往能够引发消费者的炫耀性消费心理。病毒营销中的"病毒",不一定是关于品牌本身的信息,但基于产品本身的口碑也可以是"病毒"。

4. 提供免费产品或奖励

给消费者优惠券、代金券和折扣等各种各样的消费奖励，让他们帮你完成一次口碑传播过程。

5. 疏通在线沟通渠道

负面口碑对于企业形象的影响非常大，而有效的在线沟通渠道则能减少消费者对于企业的不满情绪，企业对消费者的抱怨不满若能得到快速有效的解决，不仅会减少负面影响，甚至能够给企业带来正面的口碑。

（四）口碑营销的形式

1. 话题营销

企业制造的话题要想达到预期的营销效果，要注意以下三个方面：一是标题的吸引力，标题是否新颖是话题能否脱颖而出的关键；二是内容与热点的相关性，企业可以借助热点新闻通过较高的点击率来提升话题的曝光度；三是发挥情感因素的驱动作用，考虑感情因素，巧妙设计相关内容，引起社区平台中大部分成员的共鸣，从而推动话题在社区平台中的持续讨论。

2. 病毒营销

病毒营销作为口碑营销的一种形式，其核心内容就是能"感染"目标受众，病毒体威力的强弱则直接影响营销传播的效果，鼓励社区平台成员在社区内或者其他互联网平台上宣传与企业的产品或服务相关的音频、视频以及文字信息等。很多时候，病毒营销成功与否取决于社区平台成员是否愿意同其他成员或者消费者探讨有关信息。因此，它应当以一种娱乐的原则而不是销售的原则进行。同时，在网络社区进行病毒营销时，企业应当同社区内有影响力的成员或者意见领袖保持良性关系。此外，从技术条件上来说，企业要保障病毒营销信息传播畅通。

（五）口碑营销的优势

口碑营销是以优秀的产品质量为保证，以用户的真实且良性体验为出发点而展开的营销行为。对用户而言，企业为他们提供了更多的体验机会，以及在此基础上的发言权。随着新定制时代的到来，用户可借此根据自己的需求，影响企业的产品生产和运营策略，从而使企业产品或服务更好地满足自身需求。对企业而言，网络口碑营销主要在以下几个方面更具吸引力。

1. 病毒式传播，影响更迅疾、更广泛

网络社区事件的传播具有爆发迅速的特点，能够在很短时间内聚集大量的关注；同时由于社区用户参与性和分享性都比较高，社区热点事件往往能够借助各种渠道和方式大范围传播。网络口碑营销通过用户之间的众口相传，以网络社区为主要传播平台，因此具有短时间大范围、快速传播的爆发性特征。

2. 用户细分，营销目标精准

由于社区用户习惯于根据自身爱好等集聚成大小不同的群体，各群体都有各自核心的关注点和消费倾向，因此借助话题、事件、主题活动等方式进行的营销更具针对性。

3. 高投入产出比

网络口碑营销传播的主要平台是社区类媒体,主要媒介是用户,主要方式是众口相传,因此与传统广告形式相比,无须大量的广告投入,相反,可借助用户评价的病毒式扩散获得更大的影响力。

4. 达成企业和用户之间真正互动

传统广告形式只是将产品推给用户使用,之后用户的使用体验缺少相关反馈机制和渠道。口碑营销的传播内容就是用户的评价,企业通过口碑营销一方面建立自己的正面影响力;另一方面建立起实施监测用户体验、及时反馈有效信息的机制,对企业明晰用户、市场需求变化,及时调整企业战略有着深远的意义。

五、网络社区关系营销

(一)关系营销的概念

传统意义上的关系营销是将营销活动看成一个企业与消费者、供应商、分销商、竞争者、政府机构及其他公众发生互动作用的过程,其核心是建立和发展与这些公众的良好关系。而网络社区平台中的关系营销模式最为典型的是建立网上品牌社区,在用户参与的前提下,以品牌为纽带建立网络用户的共同体。创建网上品牌社区是经营客户、培育忠诚消费者的重要选择。很多学者对关系营销从不同的角度有着不同的定义,但是都强调企业与利益相关者之间的关系的重要性。概括来说,关系营销是把营销活动看成一个企业与消费者、供应商、分销商、竞争者、政府机构及其他公众发生互动作用的过程,其实质是建立和发展与这些公众的良好关系。网上品牌社区是生活中的品牌社区在网络的延伸,现在一些品牌的BBS、博客、客户 QQ 群等,就是典型的网上品牌社区。网上品牌可以通过信息交流,使得社区平台成员更容易了解品牌精神。社区平台成员的现身说法以及品牌体验,更具有说服力,更能影响其他社区成员对品牌的理解与认识。

从交易营销到关系营销的改变,体现了市场营销理论从一次性交易的观点转变到长期交易的观点。交易营销着眼于完成交易,追求每笔交易利润的最大化;关系营销则着眼于建立良好的伙伴关系,最终建立起一个由这些牢固、可靠的业务关系组成的网络,在兼顾各方面关系利益的基础上,实现企业利益长期最大化。交易营销注重市场份额的规模;关系营销更注重以顾客的满意与忠诚度为标志的市场份额的质量。交易营销的营销对象只是顾客;关系营销的营销对象则包括顾客、供应商、员工、分销商等与企业利益相关的多重市场。交易营销的营销部门职责就是完成企业的营销任务,其他的部门很少直接参与企业营销活动;关系营销的营销任务不仅仅由营销部门完成,许多部门都积极参与和各方建立良好关系,营销部门成了关系营销的协调中心。关系营销的中心是顾客忠诚。顾客忠诚的前提是顾客满意,只有满意的顾客才可能成为企业忠诚的顾客。顾客需求满足与否的衡量标准是顾客满意程度,满意的顾客会给企业带来直接的利益(如重复购买该企业产品)和间接的利益(如宣传该企业形象)。期望、欲望与感知绩效的差异程度是产生满意感的来源,所以,企业可采取下面的方法来取得顾客满意:提供满意的产品和服务,提供附加利益,提供信息通道。市场竞争的实质是争夺顾客资源,维系原有顾客,减少顾客的叛离,这要比争取新顾客更为有效。维系顾客不仅仅需要维持顾客的满意程度,还必须分析顾客产生满意感的最终原因。从而有针对性地采取措施来维系顾客。

(二)关系营销的特征

1. 关注顾客的期望

良好的关系意味着既要照顾利益相关者的福利,更要满足甚至超过顾客期望,为顾客带来满意或快乐。顾客期望是个人需要和经历、企业口碑、营销沟通等要素相结合的产物,因而顾客期望总是处于动态调整中。企业不仅要理解或追踪顾客期望的变化,还要通过媒介和人际沟通,对顾客期望本身产生影响。

2. 信任和承诺

信任和承诺对关系营销至关重要。营销者要做到以下几点:首先,与交换伙伴合作来保持关系投资;其次,自觉抵制有吸引力的短期替代者,从而维护与现有伙伴保持关系的顾客长期利益;最后,审慎地看待潜在的高风险行动,因为营销者相信他们的伙伴不会机会主义地行事。当信任和承诺同时存在时,能够提高营销的效率和效益。

3. 提供高品质的服务

信任和承诺是通过提供优质服务来实现的。关系营销要求企业承诺提供高品质的服务,并且这种服务应该是可靠的、有感情投入的和容易引起顾客良好反应的,营销者相信优质服务能够提升企业获利率。

4. 合作共赢

关系营销通过双向且广泛的信息交流和共享来赢得各个利益相关者的支持与合作。合作是共赢的基础,关系营销可以通过合作增加关系各方的利益,而不是通过损害其中一方或多方的利益来增加其他各方的利益。

5. 动态控制

关系营销需要企业建立专门部门,用以跟踪顾客、分销商、供应商及营销系统中其他参与者与企业关系的动态变化,及时采取措施消除关系中的不稳定因素和不利于关系各方利益共同增长的因素。此外,有效的信息反馈,也有利于企业及时改进产品和服务,更好地满足市场的需求。由此,关系营销以顾客为导向,重视顾客的期望,以长远的眼光来关注利益相关者的利益,努力做到合作共赢,提供高品质的服务,对顾客的意见及时采取措施,解决问题,赢得他们的信任,兑现企业的承诺,从而建立和发展与公众的良好关系。

(三)关系营销的常用方式

1. 利用社交媒体互动

社交媒体互动的运用是充分发挥网络特性的一种营销手段,通过社交媒体互动可充分了解访问者的特征及喜好,从而更直接地掌握第一手的市场资料,需要注意的是此手段要与其他网络推广手段相配合。

2. 会员关系管理

针对网络会员设计一系列服务,通过网络会员管理系统可以准确地了解每个人不同的喜好及基本情况,有针对性地为会员提供信息及服务,可以在恰当的时间把恰当的信息和服务送到恰当的人手中。

3. 用户参与设计

用户参与设计倡导将用户更深入地融入设计过程中，激发并调动他们的积极性和主动性。用户不再只是被动地从不同的方案中做选择、表述观点，而是真正参与原型设计，甚至被吸纳到设计团队中，短时间内与设计师一起工作，用户感受到他在和设计者一起创造和解决问题，是产品的改变者和所有者。

六、网络社区事件营销

（一）事件营销的概念

企业利用具有一定社会影响、名人效应或者具有新闻价值的事件或人物，来吸引社区平台成员的关注，提高企业知名度，从而促进企业产品或服务的销售。它与传统的广告传播相比，具有传播范围更广、成本更低的优势。一个热点事件的传播会迅速地从线上延伸到线下，甚至形成二次或者多次传播。特别是对资金实力有限的企业来说，事件营销可以帮助它们更有效地树立品牌形象，促进产品销售。

（二）事件营销的特征

1. 事件营销投入小、产出大

网络事件营销利用现代社会非常完善的新闻等媒介进行传播，达到对企业进行宣传的目的。由于所用的传播媒介都是免费的，因此，这种营销方式的投入成本较低。如果企业能够提出好的创意并选择最佳的时机，成功地运用事件营销方式，不仅可以得到超值回报，还可以迅速提升企业品牌的知名度。对于一些处于成长期的中小企业来说，无疑是一种低成本高效率的营销办法。

2. 网络事件影响面广，关注度高

互联网的及时性和普及性使得信息传播的深度和广度大为提升。一些事件借助互联网的口碑传播效应，可以引发极高的社会关注度，甚至可由网络事件上升到被其他大众媒体关注的事件。

3. 事件营销具有隐藏的目的性

企业策划的事件营销都有商业宣传的目的，但该目的是隐藏的，大量高明的网络事件营销都隐藏了自己的推广意图，根本让消费者感觉不到该事件是在做产品推广。

4. 事件营销具有一定的风险性

网络事件营销是一把"双刃剑"。由于传播媒体的不可控制性及事件接受者对事件理解程度的不确定性，事件营销很可能引起公众的反感和质疑，不仅未达到营销的目的，反而可能使企业面临生存危机。

企业在网络社区平台进行事件营销过程中应该注意：第一，首选在信息型、社交型社区进行推广，将事件的简要信息传递给公众引起关注。第二，充分利用图片、视频、在线聊天等生动高效方式，立体展示事件各个方面的信息，给在线用户带来身临其境的感觉。第三，为了帮助企业掌握事件走向和营销目标的达成情况，可以利用网络测评来监测事件营销的效果。

（三）事件营销成功关键因素

1. 相关性

网络事件营销中的"热点事件"一定要与品牌的核心理念相关联，不能脱离品牌的核心价值，这是网络事件营销运行成功的关键因素。"热点事件"与品牌核心理念的关联度越高，就越容易将消费者把对事件营销的热情转移到企业品牌上来。然而如果不考虑"热点事情"与品牌核心理念的相关性，什么热点事件都想利用，最终只会导致品牌形象模糊。

2. 创新性

新闻点是新闻宣传的噱头，网络事件营销要想取得成功就必须有新闻点，新奇有趣的新闻往往会受到众多受众的欢迎。网络事件营销的创意指数越高、趣味性越强，则公众和媒体的关注度越高，营销的效果也就越好。事件需要满足人们对新闻新奇性的追求，也使公司产品销量大增。然而，在事件营销的创意过程中，需要整合企业的优势资源，借助新闻传播传递给公众，这样公司的产品销量就会增加。因此，网络事件营销的创意会受到企业的自身资源、外部环境以及品牌形象的制约。

3. 重要性

事件的重要性是影响网络事件营销成功与否的重要因素。事件越重要，对社会产生影响越大，价值也就越大，因此在网络事件销策划过程中，如何增强事件的重要性，让更多的人参与到网络时间营销中，成为企业必须考虑的问题。

4. 显著性

事件营销中的人物、地点和内容越显著，网络事件就越容易引起公众的关注。因此，策划事件营销一定要善于"借势"与"造势"，多利用"名人""名山"和"名水"来宣传企业品牌。

5. 贴近性

网络事件营销的策划需要充分考虑公众的趋同心理。在网络事件营销实施过程中，如果网络事件在心理上、利益上和地理上与受众接近或相关，那么激发公众的兴趣，让大量的公众参与到营销活动中，则更容易被公众接受，与企业单方面活动相比，会获得更多的关注度，取得更好的宣传效果。

6. 公益性

公益性是影响网络事件营销获得成功的重要因素。公益是一种责任，只有具有公益意义的营销方案才会产生较好的社会意义和号召力。

（四）事件营销应注意的问题

1. 关注热点，找好品牌与事件之间的"连接点"

企业进行事件营销，一方面可以通过策划亲自"造势"，另一方面也可以借"热点事件"甚至"热点明星"开展营销活动。企业可以利用热点事件资源进行营销活动，需要特别注意的是，营销事件的策划要尽可能把公众关注的热点转移到对自己产品和品牌的注意上。在关注热点事件的同时，应该找好品牌与事件的"连接点"，即事件营销应与企业的策略相吻合，切合自身品牌的个性。当事件营销可以和企业自身的品牌形象、品牌个性相吻合时，其所发挥的威力和持续的程度远远胜于单个事件的炒作。

2. 讲究创新,避免盲目跟进

网络事件营销的核心在于创新,只有让公众耳目一新的营销事件才会获得较好的效果。拾人牙慧、步人后尘往往只是昙花一现,最终将不会具有引人注目的效果。事件营销的创意策划需要结合企业优势资源,提出适合企业品牌形象的创新性"点子"才可能获得公众的广泛关注。

3. 炒作事件不等于品牌塑造

事件营销可以在短时间内提升企业品牌的知名度和美誉度,迅速提升终端销量。因此,很多企业希望利用事件营销,通过新闻媒体炒作,达到迅速扩大产品知名度的目的,但企业必须注意自身品牌的塑造是个长期战略经营的结果,不能仅靠短期的炒作,企业应该理性地对待,不能过于沉湎于事件营销的作用,在进行事件营销时不能忽视企业自身的经营管理,更不可忽视企业产品研发、产品质量、服务经销渠道等方面的建设。

4. 以公益原则为底线

企业的每次传播活动都必须加强消费者对品牌的好感,因此,进行事件营销必须确保以社会公益原则为底线。如果企业不关注公益,突破公益原则的底线,将会丧失社会意义和号召力,从而就会丧失受众的参与,没有受众参与就不能达到营销的目的,甚至会给企业造成严重的品牌危机。

5. 重视全方位的整合营销

企业进行事件营销的最终目的是要推销企业产品,提升企业品牌知名度,因此,在事件营销中,企业应树立全面整合的观念,充分利用网络的特性与优势,向社会公众进行立体化信息传播,同时还要综合运用组织传播、群体传播、大众传播等多种传播方式,以实现良好的整合营销传播效果。

七、网络社区个性化营销

(一)个性化营销的概念

个性化营销即企业建立消费者个人数据库和信息档案,与消费者建立更为个人化的联系,及时地了解市场动向和顾客真正需求,向顾客提供一种个性化的销售和服务。个性化营销把对人的关注、人的个性释放及人的个性需求的满足推到空前中心的地位。顾客根据自己需求对商品性能提出要求,企业尽可能按顾客要求进行生产,迎合消费者个别需求和品位。企业采用灵活战略适时地加以调整,以生产者与消费者之间的协调合作来提高竞争力,以多品种、中小批量混合生产取代过去的大批量生产。个性化营销包括在从产品的生产、产品的流通到产品的使用整个营销过程中。

(二)个性化营销的目标

1. 更高效的新用户发展

如果企业通过个性化营销,能够精确进行目标顾客定位,理解顾客的需要和需求,策划和执行高效的营销活动,通过最恰当的营销渠道和沟通策略向顾客传递正确的营销意图,将会大大降低获取新用户的成本。

2. 更高的顾客忠诚度

顾客服务营销的一个最重要的目的就是提高顾客的忠诚度。个性化营销通过营销与服务流程的优化，改善顾客体验，从而提高顾客忠诚度。

3. 更大的顾客占有率

在激烈的顾客竞争中，仅仅简单将营销目标定位于顾客是远远不够的，而应当让顾客将更多的消费集中于该企业的产品和服务上，让顾客享用企业更多的产品与服务组合，或是提高顾客在某产品或服务上的消费水平，即提高忠诚顾客的占有率变得越来越重要。个性化营销通过建立企业与顾客的新型互动关系，采用交叉销售、向上销售的方式来提高顾客的购买水平，从而实现更大的顾客占有率。

4. 更佳的营销投资回报率

很多企业已经认识到，当定位于不同的顾客、不同的营销渠道、不同的产品和服务时，营销投资回报率经常会有较大的差异，要保证营销投资回报率，就需要理解顾客的生命周期价值，根据不同的顾客价值来优化并控制产品与服务的提供成本，加强营销风险管理能力。企业的营销经理已经认识到，并非所有的顾客都应同等对待，企业应当为那些给企业带来高额利润的顾客提供更好的服务，而对于那些带来较低收益的顾客提供与其价值相对等的服务，并通过服务营销来提升顾客的收益贡献水平和利润贡献率。

（三）个性化营销的实施步骤

1. 建立目标顾客数据库

营销者对顾客资料要有深入、细致的调查、了解，掌握每一位顾客的详细资料对企业来说相当关键。对于准备实施个性化营销的企业来讲，关键的一步就是能直接挖掘出一定数量的企业顾客，且至少大部分是具有较高价值的企业顾客，建立自己的"顾客库"，并与"顾客库"中的每一位顾客建立良好关系，以最大限度地提高每位顾客的价值。仅仅知道顾客的名字、住址、电话号码或银行账号是远远不够的，企业必须掌握包括顾客习惯、偏好在内的尽可能多的信息资料。企业可以将自己与顾客发生的每一次联系都记录下来，如顾客购买的数量、价格、采购的条件、特定的需要、业余爱好、家庭成员的名字和生日等；个性化营销要求企业必须从每一个接触层面、每条能利用的沟通渠道、每一个活动场所及公司每一个部门和非竞争性企业收集来的资料中去认识与了解每位特定的顾客。

2. 顾客差别化

个性化营销较之传统目标市场营销而言，已由注重产品差别化转向注重顾客差别化。首先，可以使企业的"个性化"工作有的放矢，集中有限的企业资源从最有价值的顾客那里获得最大的收益，毕竟企业不可能有同样的能力与不同的顾客建立关系，从不同的顾客那里获取相同的利润；其次，企业也可以根据现有的顾客信息，重新设计生产行为，从而对顾客的价值需求作出及时的反应；最后，企业对现有顾客数据库进行一定程度和一定类型的差别化将有助于企业在特定的经营环境下制定合适的经营战略。

3. 目标顾客互动

顾客互动能力即选择对企业和顾客都有利的互动方式的能力。顾客互动能力往往由渠道组合管理、顾客接触点管理、顾客沟通和顾客体验管理等来实现，面对个性化营销，企业向顾客提供了越来越多的"一对一"沟通选择，如现在有些企业通过网络站点向它们的目标顾客传输及获取最新、最有用的信息。当然,传统的沟通途径如人员沟通、顾客俱乐部等的沟通功效仍不能忽视。

4. 企业行为定制

实施个性化营销的最后一步是定制企业行为。将生产过程重新解剖,划分出相对独立的子过程,再进行重新组合,设计各种微型组件或微型程序,以较低的成本组装各种各样的产品以满足顾客的需求。采用各种设计工具,根据顾客的具体要求,确定如何利用自己的生产能力,满足顾客的需要。个性化营销最终实现的目标是为单个顾客定制产品或提供定制服务。

八、网络社区危机营销

在网络社区平台上,企业可以提供客户服务、发布产品信息及其他消息,同时还可以处理顾客投诉,获得其他顾客的反馈。在企业的危机管理中,网络社区体现出了重要作用:第一,可以利用网络技术来监视网络社区平台中成员的最新动态,对社区中的有关企业的观点、言论有一个及时的、清晰的了解,帮助企业作出正确决策。第二,可以提高企业的反应速度,虚拟社区可以使企业内部的有关人员保持联系,一旦企业意识到将要爆发危机,不论这些人员身处何处,通过即时通信等技术都能随时召开在线会议,提前采取应对措施(比如与较为偏激的成员及时沟通,或者公布企业态度等),来减少危机带来的损失。第三,对网络社区平台上聚集的消费者进行实时关注,可以了解产品动态,预防危机或巧借危机对产品进行再一次营销。

公司可以利用虚拟社区向顾客发布产品信息、提供客户服务及其他信息,还可以受理顾客投诉或获得其他客户的反馈。由于网络的存在,企业与顾客之间的关系已经不是以往那种企业主导的形式,而是逐步向顾客一方倾斜。网络用户或借助各种虚拟平台或自建虚拟社区,形成比较有组织的一股力量,他们不再是一个个彼此隔绝的、被动的信息接收者。在虚拟社区中,人们很容易找到和自己观点相同的人作为盟友联合起来发表意见和观点,甚至可以团结起来采取某些行动,迫使组织和传播者无法忽略他们的存在。因此,企业在处理与顾客的公共关系时必须考虑顾客的意见,而不能一味地按照自己的思路行动。基于虚拟社区的危机管理是网络公关的另一种主要应用,当矛盾产生的时候,公众对某个问题表示出强烈不满,而且将不满转变成抗议行为,各组织可以通过议题管理来预测可能要发生的对公司不利的事件,并在公众抗议之前顺利解决问题,如果组织等到危机爆发才开始与其公众进行策略性的传播沟通,时效性已经过去,可能无法挽回的损失已经造成。

第三节　社区平台营销的策略与方法

社区平台营销是互联网经济催生的新型商业业态,作为一种本土化、成本低的商业模式,它从根本上改变了人们之间的互动方式。目前,社区平台大量涌现并呈现出"百团大战"的竞争态势,无序的竞争和雷同的经营模式已严重制约了社区平台的发展。企业必须构建多元化的营销策略与方法,加强社区管理。

一、收集用户反馈，开展市场调查

电子商务网站、企业自建网站上的社区一般是以企业相关产品和服务为中心形成的网络社区，用户往往会在上述社区里发表对产品、服务的意见或建议。企业网络营销人员应关注上述网络社区的用户反馈，调查和收集顾客的投诉与抱怨信息并及时解决，以实现提升顾客满意度的目标。营销管理人员在作出各种经营决策之前，可以围绕相关决策问题对社区成员开展各种形式的调查，以提高决策的科学性。在网络社区开展市场调查的过程中，企业需要注意调查活动内容和社区主题的一致性，以此来提高调查活动的针对性，同时避免引起网络社区成员的反感。

二、投放网络广告，传播促销信息

网络社区成员总体数量庞大，且以某种相似性为基础分布在不同主题的网络社区中，这使得网络社区成为精准的广告投放平台。在某个城市的房产论坛投放房地产广告，或者在有关篮球的论坛里投放篮球鞋广告，往往能够帮助企业找到自己的细分市场并为其提供适合的产品和服务。网络社区也是开展口碑营销的理想场所。大多数网民在作出购买决定前，会参考网上其他人所写的产品和服务评价。充分利用网络社区的上述特点传播企业产品和服务信息，是网络社区营销的重要形式之一。

三、策划焦点事件，实施活动营销

企业、组织主要以网络社区为传播平台，通过精心策划、实施可以让公众直接参与并享受乐趣的事件，通过这样的事件吸引公众注意力，改善、增进与公众的关系，塑造企业、组织良好的形象，有利于企业实现谋求持续发展的营销目标。网络活动营销的本质是通过把握新闻的规律，制造具有新闻价值的事件，并通过具体的操作，让这一新闻事件得以传播，从而达到宣传推广的效果。网络活动营销不仅可以迅速提升品牌知名度，而且品牌与事件的有机结合，还有助于提升品牌的美誉度。需要特别指出的是，网络活动营销必须围绕公众利益，创新策划思路，构筑网络社区传播议题，及时掌控、引导传播方向。

四、进行植入营销，塑造品牌形象

传统媒介环境日益复杂且投放成本不断加大，消费者在强势广告轰炸下的逆反心理，均使得传统的品牌传播手段效益不断下降。网络社区营销的软性营销特征，在一定程度上化解了上述困境。网络社区植入营销就是企业将产品、服务具有代表性的视听品牌符号融入网络社区，给观众留下深刻印象；将品牌文化和品牌符号自然地植入社区成员的网络生活；将企业品牌自然地植入社区成员的大脑。在吸引目标市场消费者参与的前提下，建立网上品牌社区，是建立品牌文化认同、培养忠诚消费者的有效手段。

五、监测网络舆论，强化危机管控

随着近年来信息技术的迅猛发展和互联网的普及，越来越多的网络危机案例浮出水面，诸如"质量门""环保门"之类的"门事件"，不断给企业尤其是具有较高知名度的企业造成公共关系危机。许多危机事件的信息源头，大多来自基于论坛、博客、微博等的网络社区，并借助网络社区的巨大力量迅速传播，最终导致传统媒体的介入，对企业信誉和品牌形象等造成巨大冲击。面对信息传播方式的变革，企业必须调整、改进危机公关工作，加强危机的事前、事中、事后管理。企业应充分利用网络技术为自身建立起高效的危机预警监测系统，监测网络尤其是网络社区环境。加强危机的事前管理，可以及早发现危机因素，并且采用相应的方式消除这些因素，把危机化解在萌芽阶段。当网络社区中出现引起关注的负面信息时，企业应该立即启动网络危机应对方案，与危机发生的源头进行沟通。及时找出危机源头，迅速处理化解是避免事件进一步炒作和民众猜测的最好方法。这种事先预防，对于企业而言是最经济、最有效的危机管控手段。

六、实现有效沟通，管理公共关系

网络公共关系管理的作用一方面是帮助企业监测网络社会环境，收集网络尤其是网络社区对企业的各种反映，向组织决策层和相应部门提供信息与决策咨询。另一方面是帮助企业建立与公众的网络联系，争取理解和支持，强化与网络公众的关系。与企业内部员工、股东、消费者、供货商、经销商等各方面的关系协调和维护，均可以通过建立和参与相应群体的网络社区来实现。上述活动的有效开展有助于企业在增强内部凝聚力和吸引力的同时，对外塑造良好的社会形象，提高自身的知名度和美誉度。

案例分享：小红书运营成功的奥秘

1. 小红书是什么？

小红书的产品定位是：一个由全用户贡献内容的商品信息分享平台。用户在这里可以发现全世界的好东西，把线下的逛街场景搬到了线上，并且加入了真实购买用户的背书。

2. 小红书福利社的东西是正品吗？

小红书是一个购物社区，很多新手用户问得最多的就是：小红书的东西是正品吗？这上面会不会卖假货呢？其实对于这种问题相信很多人心里都有一个谱，现在小编来为您详解！

网友说法：我开始也挺谨慎的，上个月买了一个 Swisse 蔓越莓胶囊。问了两个国外的朋友，都说是正品，据说这个有挺多种包装批次的，澳洲朋友说了我才知道，感觉挺靠谱的。现在我在有活动券的时候会买很多，还挺划算的。他们社区是用户自己发自己购买的东西的，和福利社没关系！

认识个妹子在郑州保税仓上班，说在保税仓有小红书自己仓库，之前报道也说这个 App 为了保证货源，卖的东西都是公司直接和品牌商采购的，有证书，保税仓直发。

3. 小红书能成功运营，小红书福利社的经验是什么？

牛千：我知道跨境电商是一个挺重要的领域，国内有巨头在做，也有不少创业公司出现，包括资本也很追捧。小红书也在这个领域做出了自己的特色，你先介绍下小红书吧。

毛文超：在座女生可能对我们小红书比较熟悉，我们口号叫"找到国外的好东西"。简单来说，就是帮助中国"85后"、"90后"中对自己生活有品质要求的用户找到他们想要的东西。我们小红书是一个新时代的社区电商，关注的是如何提升用户的生活品质。

牛千：其实在 2014 年年初小红书刚上线时，我们有过一次交流，发现小红书福利社社区用户活跃度还是蛮高的，小红书里面这些用户是些什么样的人？他们在社区里面可以怎么玩？或者小红书福利社社区里面的乐趣是什么？

毛文超：这是我经常被问到一个问题，到底社区该怎么玩，或者到底一个社区是怎么做起来的？现在为止，我们小红书福利社社区的用户分成几种，有的是分享他们到国外买好东西的经验，有的去国外旅游之前会来逛逛然后做心愿单，有的是在国内也会分享海淘经验。当然，更多的人是在社区里面互动，包括点赞、评论，以及分享他们喜欢的内容到朋友圈。我觉得每个社区最后能够走多远，或者它能创造什么价值，最重要的是两件事：第一件事是它的种子用户是谁，这个奠定了社区的基因；第二件事是核心规则，作为一个社区管理者，我们小红书福利社鼓励什么样的行为，不鼓励什么样的行为。这两件事决定了社区能走多远。

我们小红书福利社最早一批核心用户，在我看来，是"85后"、"90后"中对生活品质有要求的意见领袖。因为我们最早提供的是一个海外购物攻略。相信在座很多人都会出国旅游，而购物肯定是必不可少的环节，这个是整个中国的大环境。事实上，你们都是这方面的意见领袖。所以我们小红书很快积累了这样一批用户，并开始发酵。

4. 小红书的盈利模式是什么？

牛千：小红书还有最重要一个变化，在社区，大家都会讨论它的盈利模式是什么样的？你们是去年（2014 年）12 月上线的电商平台福利社，你们可以在小红书福利社里面买到国外好的东西。可以讲一下福利社的模式，它的情况是什么样的？

毛文超：小红书福利社是顺应用户的需求而上线的。社区上线以后，我们先后做了很多调查，想知道怎么做才能更好，用户更喜欢。从头到尾，排在第一的用户抱怨是，"看到这么多原来不知道的国外好东西，怎么买？"所以，我们在去年（2014 年）12 月正式上线购物这个功能。过去半年中我们做了很多部署，包括跟海外的品牌商直接的战略合作、大型供应商的开发、供应链的搭建。截至 2015 年 5 月，小红书在广告零投入的情况下完成了 2 个多亿元的销售额,购买转化率、复购率都极高,充分体现了社区高黏性用户在电商接入后的极高购买力。

资料来源:https://www.711.cn/market/data/post_id/2894.

扫描此码

案例讨论

扫描此码

在线自测

【本章要点】

随着互联网经济的快速发展,网民经由数字化、网络化、全球信息化,可以利用手机、iPad等移动端工具,对发生在身边的各类事件进行拍摄,发表自己的观点,通过自媒体平台发布在网络中。这种形式能够在网络上迅速带动更多人进行参与,可以快速地实现对信息评论、传播和分享,对企业的网络营销活动产生了重要的影响。为此,本章主要介绍自媒体平台营销的特征和未来发展趋势、自媒体平台营销运作方式,以及自媒体营销技巧等内容。

【学习目标】

1. 掌握自媒体营销特征和发展趋势。

2. 理解社会媒体营销优势,并举例说明。

3. 掌握病毒营销与搜索引擎营销优化组合的注意事项。

4. 了解自媒体平台监督管理技巧。

5. 掌握打造自媒体品牌形象操作要点。

第一节　自媒体平台营销的概念与特征

在经济蓬勃发展的大浪潮下,信息技术进步使得社会化网络趋于成熟。大众的消费观念随之逐渐转型:消费者不再满足、信任于被动接收的传统广告,而是倾向于关注个性化广告内容,更多选择主动地接受产品内容并积极传播。因此,一种新型的营销模式——自媒体平台营销开始发展。

一、自媒体平台营销的概念

自媒体平台营销的提出源于著名作家丹·吉尔默于2002年对于"新闻媒体3.0"的定义。据2003年对"We Media"的进一步严谨定义,自媒体可理解为:普通大众利用数字科技,向全球提供与分享新闻的途径。而对于自媒体平台营销,狭义上可理解为利用微博、博客、天涯论坛等社交网络平台,以自制文章、短视频等为载体,将私密性与公开性相结合的行销模式。广义上的自媒体平台营销,则突破了互联网平台的限制,包括个性化书籍、歌曲、企业定期对外开放活动。至今,该营销模式的主体亦从以"个人"逐步扩大至"团队、品牌、旅游宣传部门等",趋向于以个性化为唯一判断标准。本书将从狭义角度讲述自媒体营销。

二、自媒体平台营销的特征

(一)自媒体平台营销的时效性

营销热点事件,有些是人为有意策划的,有些是无意之间走进人们视线的,有些是直接带来经济效益的,有些则是引起人们广泛讨论和关注的。由此可见,自媒体营销有其不确定性,企业并不可能策划每一个热点,但企业可以紧紧抓住热点的时效性,发挥热点事件的最大优势,为个人自媒体账号营销服务。

在一定程度上,自媒体的热点都是病毒式传播,这种传递过程的特点是:成本投入低、传播速度快、扩散范围广、目标人群的精准度高,在信息传递过程中受众人数可能呈指数增长。这种传播是用户之间自发进行的,像病毒一样快速复制,迅速传播,即让"大家告诉大家"。大多数自媒体平台都具有信息转发功能,可以让受众在短时间内了解热点信息。需要注意的是,一个营销热点可能只有短短几个月的发展时间,甚至更短时间,人们就会遗忘它,被新发生的事件所吸引。这是大众心理的变异性,希望可以以最快的速度了解更多新鲜事物。在自媒体营销上,可以不必花费巨额的宣传费用,而是跟紧时事热点,即常常提到的"蹭热点",将关注重心放在"人们讨论的是什么,想看的是什么",这样就能用最少的投入取得最大的收益。还要提到的是,由于5G基站的建立和5G网络投入使用,自媒体的时效性将获得更进一步的提升。

(二)自媒体平台营销的互动性

自媒体和广播电视等媒介最大的不同就在于其具有很强的互动性,受众可以与发布者进行实时互动,表达自己的想法,比如自媒体平台有评论和回复的功能让受众之间也可以进行互相交流,缩短了人与人之间的心理距离。现在传播模式已从之前的"传者中心"转变为"受者中心"。因此,要先了解受众的不同特点和兴趣爱好,从自媒体的用户画像入手,进行针对化的自媒体营销。抖音、快手、B站等平台都具有直播功能,直播就是最能体现自媒体互动性的方式,直播带货因其变现能力强被众多商家所喜爱,成为商家最常用的线上营销手段之一。自媒体营销具有互动性强的特点,因此,要在营销过程中注意受众的实时反馈,根据受众的喜好,不断调整营销策略,保证商业利益的最大化。

(三)自媒体平台营销的易行性

自媒体立足个人或团队进行运营,相对传统媒体来说门槛低、费用少。自媒体在平台制作方式上简便易行,内容要求不高,发布作品的门槛也很低,只要掌握自媒体营销的特点和规律就可以自己运营自媒体账号,根据不同平台的风格选择与自己账号风格相适应的平台进行投放,可以起到事半功倍的效果。自媒体营销在开始阶段,针对个人账号,以树立个人形象为主,用创意吸引粉丝和流量;针对公共账号或企业账号,以宣传品牌的价值观和主打产品为主,带来粉丝关注和产品销售,实现粉丝经济的变现之路。随着自媒体平台的不断发展,竞争也越来越激烈,自媒体运营开始被越来越多人了解,从之前的"无意为之"到现在的"有意而为",这是自媒体运营开始觉醒的重要转变。自媒体营销由于其易行性特点,曾经成为很多小规模商家的最佳首选,但随着广告量的增加,自媒体营销的费用也呈现出越来越高的趋势。

（四）自媒体平台营销的多样性

自媒体平台是重要的信息和资讯发布平台,自媒体与传统的媒体之间存在明显的不同,最主要的特点就是自媒体具有浓厚的个人色彩,在自媒体平台上任何个人都可以成为平台的信息发布者,借助互联网将各种媒体信息进行实时的共享,从而获得更多的关注和点阅量。经过一段时间的发展,自媒体营销呈现出多样性的特点。具体营销方式多种多样,如饥饿营销、情感营销、差异化营销、合作营销等。在营销内容上,由于每个人的性别、年龄、喜好、受教育程度不同,内容的风格也多种多样,有旅游、情感、电影解说、护肤、Vlog 等内容,在一定程度上也不可避免地出现了一些不雅的内容来博取受众眼球。内容营销也是营销的一种,因此,我们在创建自媒体账号的初期就一定要确定好账号的风格和定位,越精细化对用户的吸引力越大、用户黏性越强,而且账号风格要保持相对统一,如果忽然转变风格,会导致粉丝大量流失。

三、自媒体平台营销未来发展趋势

自媒体作为移动媒体的分支,其碎片化传播特点让受众可以随时随地使用,比如在乘地铁上班的路上、吃午饭的间隙等,人们都会拿出手机观看自媒体视频。分析自媒体营销的未来发展趋势,有助于企业对未来发生的情况进行预测和预防,进而更好地发挥自媒体的作用,为广大受众服务。

（一）大数据分析制订营销方案

随着信息技术的不断发展,海量数据爆炸式增长,特别是来自云端的大数据,具有 4 个特点,即大容量(数据的体量超大)、多形式(图片、文本、视频等多种内容)、高速率(运转速度快,可以生成实时数据)、价值密度低(从低价值的数据中深度挖掘计算,抽取出富有价值的信息)。根据大数据的特点,企业可以建立流式数据库,利用源源不断的数据流来分析受众的年龄、性别、职业、喜好,作出数据的实时反馈。由于自媒体账号的粉丝是不断变化的,粉丝增长和取关是常态,大数据分析得出的结论可以帮助企业了解用户画像,选出最受大众关注和喜爱的作品,不断改进营销方案,使自媒体账号营销成功率大大提高。未来,自媒体营销会越来越多地应用大数据分析,营销方案也将更加精准和全面,操作执行性更强。采用大数据分析方式,可以节约人力物力,在一定程度上降低自媒体营销的成本。

（二）自媒体平台营销的垂直细分和知识付费

不管是传统媒体电视的频道细分还是自媒体的垂直化细分,都是社会发展和受众心理分析的必然结果。自媒体营销的垂直细分将是大势所趋,同质化作品泛滥成灾导致企业一定会进行内容创新,从翻拍故事转变到根据自身优势进行创作,如抖音上的"樊登读书"自媒体账号,以樊登为主讲人给广大受众推荐一些有趣的图书,分享一些简单的道理和小故事。该账号截止到 2020 年 11 月 30 日,在抖音上共有 887.4 万粉丝,获赞量 2 239.1 万,既成功营销了自己的自媒体账号,也传播了读书学习的价值观,树立了良好的口碑和个人形象。现在自媒体变现有很多方式,如链接卖货,很多视频作品下方放上淘宝卖货链接,或平台自身的"小黄车"等卖货链接,或者进行"直播带货";商业合作,即企业经常提到的广告营销,将品牌产品"软植入"视频内容,商家支付一定的宣传费用;卖服务和卖课程的账号,进行品牌宣传,吸引受众关注并进行知识付费的最终盈利;打造网红 IP,通过短视频宣传打造原创歌手、艺人,最终进军娱乐圈转变成明星。

在未来,随着自媒体账号的垂直化细分,将出现许多专业的生产内容,进而出现知识付费的现象,让忠实粉丝成为 VIP 用户,可以进行私人定制,增强用户黏性。但在做知识付费的过程中,自媒体平台和企业账号要注意所处阶段是否合适,不要适得其反,导致粉丝大量流失。

(三)各个自媒体平台账号之间的联动效应

在自媒体平台"百花齐放"的今天,各自媒体平台的侧重点也各不相同,如小红书平台主要侧重于美妆、旅游、酒店信息分享,以女性用户偏多;今日头条平台主要根据用户的喜好发布时事热点和新闻消息等,以男性用户偏多;就连同是短视频创作的抖音和快手,在用户定位上也有很大区别:抖音的用户集中在一线城市和二线城市,快手用户则主要集中在三线城市和四线城市。这种用户画像的不同,成为各平台之间可以进行联动的主要原因。比如,原创自媒体 Papi 酱最先入驻微博平台,经过一段时间的发展进入快手、抖音和微信公众号等多个平台,在不同平台上活跃账号可以实现粉丝的引流,建立用户群体规模,达到宣传优势的最大化。未来自媒体营销各个平台之间的联动效应会更加明显,平台之间也可以进行合作,实现平台的用户增长。

(四)自媒体平台营销的普遍化和日常化

科学技术的进步带来艺术和美学的发展,电视电影是依赖科学技术发展起来的影视艺术,自媒体也不例外。如果没有互联网和智能手机,自媒体时代也不可能有现在这样的高速发展,可以说自媒体时代的到来是科学技术发展的必然产物,而且势不可挡,极大丰富了人们的日常生活,也满足了受众表达自己的欲望。

随着自媒体账号的不断发展,账号数量增多,内容数量成倍增长,人们会自然而然关注自媒体营销,会不自觉运用一些营销手段来获得关注和粉丝。调查数据显示,自媒体的使用已经深入年轻人的日常生活,大家注册并使用自媒体账号了解信息、分享生活、购物消费,而且 78.43% 的人曾经尝试了解自媒体营销,由此可见,自媒体营销在未来会出现普遍化和日常化趋势,企业要适应自媒体营销的趋势,让自媒体营销发挥更大的作用。

第二节　自媒体平台营销的主要类型

我国自媒体营销以 2000 年博客为起始点,经过 2008 年新浪微博的发行、各论坛的发展,自媒体逐渐诞生。而在电商逐渐成熟的基础下,2012 年 8 月微信推出的公众号功能彻底激发了自媒体营销的发展潜力。淘宝于 2015 年发起"内容开放计划",为可口可乐、杜蕾斯、优衣库等品牌提供更有效地分享优质内容的平台。发展至今,自媒体平台营销呈现出门槛低、受众广泛、内容丰富、便利、高效、可互动等优势,以抖音、小红书、哔哩哔哩、微信公众号营销为主要代表,几乎可被称为现代最主要的营销手段。

目前,自媒体平台营销账号主要分为两大类:一是营销主体直管,包括大型企业微信公众号、大学推广微博、微商;二是主要用于发布个性化内容(如健身、美术、宠物、烘焙),由营销主体支付费用进行内容推广。营销主体根据对于自媒体账号的用户价值以及客户价值评估,分析最终其对于品牌的资源转移效用,决定对账号的时间、人力、物力资源的投入,并主要表现为软文(即植入)、硬广(即导流、提供链接)两大形式。用户价值考察指标:关注量、点赞量、转发量、粉丝持续关注程度即粉丝黏性;客户价值考察指标:消费群体中账号关注用户的比例。自媒体受众在未发觉情况下,通常会主动接受并加入两轮宣传:第一轮即观看自媒体发布内容;第二轮即在自媒体诱惑下进行转发、朋友圈分享等。然而,由于自媒体门槛低、网络生态环境差、法律完善速度难以赶上自媒体营销发展步伐,出现了一系列问题,如部门对于自媒体营销重视程度低、内容欺瞒性强、同质化严重、文字水平低下、针对性弱、针对群体有限、信任危机、合作链条(营销主体、营销受众、第三方沟通联系平台)出现断裂。

第三节　自媒体平台营销的运作方式

相比较传统的营销模式,以自媒体为媒介开展的营销模式,具有网络时代明显的特点,利用微博和微信的营销方式,不但可以涉及一些商品和服务方面的内容,同时也可以充分利用自媒体精准地对广大用户群体进行广告投放,而且这种方式成本比较低廉,不需要太多的广告宣传费,因此基于自媒体平台的创新型营销运作方式受到了普遍的欢迎。如何运用自媒体营销的优势不断提升自身的市场份额,便成为各行各业关注的重点。

一、社会媒体营销:深度运用各种自媒体营销媒介

(一)社会媒体营销的概念

社会化媒体营销是指利用社会化网络、在线社区、博客、百科或者其他互联网协作平台和媒体来传播与发布资讯,从而形成的营销、销售、公共关系处理和客户关系服务维护及开拓的一种方式。一般社会化媒体营销工具包括论坛、微博、微信、博客、SNS 社区、图片和视频,通过自媒体平台或者组织媒体平台进行发布和传播。

社会化媒体营销的特点体现在：长周期；传播的内容量大且形式多样；每时每刻都处在营销状态、与消费者的互动状态，强调内容性与互动技巧；需要对营销过程进行实时监测、分析、总结与管理；需要根据市场与消费者的实时反馈调整营销目标等。社会化媒体的崛起是近些年来互联网的一个发展趋势。不管是国外的 Facebook 和 Twitter，还是国内的人人网或微博，都极大地改变了人们的生活，将我们带入一个社交网络的时代，而我们营销人在社交网络时代迅速来临之际，也不可逃避地要面对社交化媒体给营销带来的深刻变革。

（二）社会媒体营销的优势

1. 精准定向目标客户

社交网络掌握了用户大量的信息，抛开侵犯用户隐私的内容不讲，仅仅是用户公开的数据中，就有大量极具价值的信息。不只是年龄、工作等一些表层的东西，通过对用户发布和分享内容的分析，可以有效地判断出用户的喜好、消费习惯及购买能力等信息。此外，随着移动互联网的发展，社交用户使用移动终端的比例越来越高，移动互联网基于地理位置的特性也将给营销带来极大的变革。这样通过对目标用户的精准人群定向以及地理位置定向，企业在社交网络投放广告自然能收到比在传统网络媒体更好的效果。

2. 社会化媒体的互动特性可以拉近企业跟用户的距离

互动性曾经是网络媒体相较传统媒体的一个明显优势，但是直到社会化媒体的崛起，企业才真正体验到互动带来的巨大魔力。在传统媒体投放的广告根本无法看到用户的反馈，而在网络上的官网或者博客上的反馈也是单向或者不即时的，互动的持续性差。往往是企业发布了广告或者新闻，然后看到用户的评论和反馈，而继续深入互动却难度很大，企业跟用户持续沟通的渠道是不顺畅的。而社交网络使我们有了企业的企业微博，有了企业的人人网官方主页，在这些平台上，企业和顾客都是用户，地位平等性和社交网络的沟通便利特性使得企业和顾客能更好地互动，形成良好的企业品牌形象。此外，微博等社交媒体本质上属于客户关系管理系统，通过寻找用户对企业品牌或产品的讨论，可以迅速地作出反馈，解决用户的问题。如果企业官方账号能与顾客或者潜在顾客形成良好的关系，让顾客把企业账号作为一个朋友的账号来对待，那企业获得的价值是难以估量的。

3. 社会化媒体的大数据特性可以帮助企业低成本地进行舆论监控和市场调查

首先，在社交网络出现以前，企业想对用户进行舆论监控的难度是很大的。而如今，社交媒体在企业危机公关时发挥的作用已经得到了广泛认可，任何一个负面消息都是从小范围开始扩散的，只要企业能随时进行舆论监控，可以有效地降低企业品牌危机产生和扩散的可能。其次，通过对社交平台大量数据的分析，或者进行市场调查，企业能有效地挖掘出用户的需求，为产品设计开发提供很好的市场依据，比如一个蛋糕供应商如果发现在社交网站上有大量的用户寻找欧式蛋糕的信息，就可以加大这方面的蛋糕设计开发，在社交网络出现以前，这几乎是不可能实现的。而如今，只要拿出些小礼品，在社交媒体做一个活动，就会收到海量的用户反馈信息。

4. 社会化媒体让企业获得了低成本组织的力量

通过社交网络，企业可以低成本地组织起一个庞大的粉丝宣传团队，而粉丝能带给企业多大的价值呢？例如，小米手机如今有着庞大的粉丝团队，数量庞大的米粉成为小米手机崛起的重要因素，每当小米手机有活动或者出新品，这些粉丝就会奔走相告，做足宣传，而这些,几乎是不需要成本的!如果没有社交网络,雷军想要把米粉们组织起来为小米做宣传,必然要花费极高的成本。此外,社会化媒体的公开信息也可以使我们有效地寻找到意见领袖,通过对意见领袖的宣传攻势,自然可以收获比大面积撒网更好的效果。由上,社会化媒体在营销方面的优势显而易见,但是同时也还有很多问题的存在。比如社会化媒体营销的可控性差,投入产出比难以精确计算等。不过随着社交网络时代的到来,社交媒体营销的体系也必然会逐渐完善,所以,每一个营销人都不能选择躲避它,企业要直面这个新的挑战。

二、病毒营销:联合借力强势品牌媒介

(一)病毒营销的概念

病毒营销是利用公众的积极性和人际网络,让营销信息像病毒一样传播和扩散,营销信息被快速复制传向数以万计、数以百万计的观众,它能够像病毒一样深入人脑,快速复制,迅速传播,将信息短时间内传向更多的受众。

病毒营销是一种常见的网络营销方法,常用于网站推广、品牌推广等。病毒营销利用群体之间的传播,从而让人们对服务和产品有所了解,达到宣传的目的。由于这种传播是用户之间自发进行的。因此,病毒营销成为几乎不需要费用的网络营销手段。病毒营销不等于传播病毒。

(二)病毒营销的特点

(1)有吸引力的"病原体"。之所以说病毒营销是无成本的,主要指它利用了目标消费者的参与热情,但渠道使用的推广成本是依然存在的,只不过目标消费者受商家的信息刺激自愿参与到后续的传播过程中,原本应由商家承担的广告成本转嫁到了目标消费者身上,因此对于商家而言,病毒营销是无成本的。

(2)几何倍数的传播速度。大众媒体发布广告的营销方式是"一点对多点"的辐射状传播,实际上无法确定广告信息是否真正到达了目标受众。病毒式营销是自发的、扩张性的信息推广,它并非均衡地、同时地、无分别地传给社会上每一个人,而是通过类似于人际传播和群体传播的渠道,产品和品牌信息被消费者传递给那些与他们有着某种联系的个体。例如,目标受众读到一则有趣的Flash,他的第一反应或许就是将这则Flash转发给好友、同事,这样一传十、十传百,无数个参与者构成"转发大军",成为几何倍数传播的主力。

(3)高效率的接收。大众媒体投放广告有一些难以克服的缺陷,如信息干扰强烈、接收环境复杂、受众戒备抵触心理严重。以电视广告为例,同一时段的电视有各种各样的广告同时投放,其中不乏同类产品"撞车"现象,降低了受众的接受率。而对于那些可爱的"病毒",是受众从熟悉的人那里获得或是主动搜索而来的,在接受过程中自然会有积极的心态;接收渠道也比较私人化,如手机短信、电子邮件、封闭论坛等,存在几个人同时阅读的情况,这样反而扩大了传播效果。以上方面的优势,使得病毒营销尽可能地克服了信息传播中的噪声影响,增强了传播的效果。

(4)更新速度快。网络产品有自己独特的生命周期,一般都是来得快,去得也快,病毒营销的传播过程通常是呈"S"形曲线的,即在开始时很慢,当其扩大至受众的一半时速度加

快,而接近最大饱和点时又慢下来。针对病毒营销传播力的衰减,一定要在受众对信息产生免疫力之前,将传播力转化为购买力,方可达到最佳的销售效果。

三、与搜索引擎营销优化组合:实现精准投放

自媒体营销具有信息资源广泛、传播速度快的特点,但如果信息没得到有效的关注也会造成传播效率低,淹没于信息之中。更加精准的定位与切入,能够更好地引起人们的关注和共鸣,是整合营销的重中之重。在网络推广过程中,以精准为目标,主要做到 SEO 搜索引擎优化、产品网站＋专题、软文百科问答、论坛互动、微博,以及精准的富媒体硬广告投放。结合多种形式,可以让消费者对产品有更深入的了解。

利用网络媒体进行传播,精准投放目标首先要做到的是优化 SEO 搜索引擎,通过优化 SEO 引擎,提升用户搜索效率。根据搜索引擎的技术特点,主动去迎合搜索引擎,从而达到让网民更容易搜到企业品牌及产品的目的,使有价值的信息占据搜索页面的靠前位置。以 SEO 为中心,做好关键字的维护,通过这些关键字,建立畅通的信息获知渠道,引导舆论方向,营造良好的口碑。提高自然搜索效率需要注意以下几点。

(一)使网页被搜索引擎收录

企业网页内容要被搜索者看到,必须先加入搜索引擎的索引库。搜索引擎会派抓取蜘蛛过来抓取,如果蜘蛛程序在抓取过程中遇到困难,那么企业就需要改动页面,让蜘蛛程序好抓取。

(二)选好关键词

搜索引擎工作都是围绕关键词转的,也就是说关键词设置是重点。如何设置省时省力,得到最大的回报,将是搜索引擎优化的重点。

(三)优化网页内容

根据客户搜索关键词需求,企业围绕关键词,围绕客户的需求,做内容相关性的延伸,提供给客户更多更好更全的内容,以期达到用户的搜索需求,达到内容优化目的。

唯有做到以上几点,才能更加好地迎合客户需求,满足时下消费者心理,也才能真正地实现自媒体营销。

第四节　自媒体平台营销的技巧

现在,虽然互联网信息化技术得到了快速的发展,但是基于互联网的自媒体平台营销模式还处于初级阶段。自媒体平台营销人员一定要积极探索新的市场营销技巧。对自媒体平台模式进行创新,最大限度地发挥自媒体营销的作用。

一、加强自媒体平台监督管理

自媒体营销监管的难点主要有以下几方面。

（1）隐形广告模糊了广告辨别度。

（2）各监管部门地区不同，难以形成链条，进行有效合作。

（3）内容营销的随时可删除性导致了调查、追责的困难。

（4）人工不足以筛别大量问题广告。

（5）自媒体广告的危害程度难以估计，其处罚程度亦难以判别，导致了至今仍然无专门针对问题自媒体的法律。

监管自媒体应当从以下几方面入手。

（一）完善平台管理制度

按照"获利者负责"的原则，确立"广告出问题则广告商、营销账号管理者、平台共同负责"的规定，加强自媒体平台的责任意识。当发现危害消费者利益的虚假宣传时，则依照情节严重程度，进行限流、屏蔽、警示、罚款、封号、通告等处理。

（二）建立用户投诉机制

政府及平台可合作，共同构建高效的投诉处理部门。如新浪微博平台，点击每条内容微博右上角的下标箭头，即可选择投诉，根据违规类别，选择"垃圾营销""不实信息""诈骗信息"等类型，并填写具体原因表现。微博监督员将对其进行核实、处理、反馈。

（三）优质内容营销评选活动

如新浪微博于2014年启动"信息流优化计划"，给予优质微博更多曝光机会。同理，各平台亦可以"优质营销""钻石自媒体"为主题，根据用户透明投票，以营销真实性、实用性等为标准票选出更优质营销账号，给予更多曝光机会。相应，对于违法、有害、低质营销账号，实行扣除信用数值、限制传播机会的举措。

（四）完善法律

目前，《中华人民共和国广告法》以及《中华人民共和国反不正当竞争法》促进了广告业的健康发展，而对违法自媒体广告、违法自媒体营销者并无完整界定与惩处措施。当尽快完善这些法律，消除灰色地带，保障消费者权益。

二、注重内容丰富，开展普法宣传

在利用自媒体进行营销的过程中，首先要重视自媒体营销的内容是否丰富，自媒体平台营销的内容必须满足消费者自身的需求，能够吸引他们的注意，从而引起他们消费的欲望。在互联网时代，企业利用自媒体在捕捉消费者需求的同时，也要充分了解当前的市场信息动态，只有这样才能让自媒体营销活动起到应有的作用。自媒体营销必须依托当今互联网信息化的发展,把产品的信息和特点与人们的生活有效地结合,只有这样才能够提升自媒体平台商品的吸引力,同时能够借助产品市场的变化来不断增加自媒体的影响力满足各种消费者的需要。

利用平台头条板块,以发布视频、举行趣味游戏活动、以答题获得会员等形式使营销人员增强法律意识,并且强化消费者防范意识。如 bilibili 视频弹幕网站,为获取会员,需进行答题,以"弹幕礼仪""兴趣专题知识"等为考查范围。bilibili 平台题量大且题目设置轻松有趣,可多次尝试。各自媒体平台可以"合法营销"为专题,学习 bilibili,推出类似问卷考试。

三、重视自媒体营销和传统营销的融合

在自媒体时代,开展网络营销不能够完全抛弃传统的营销手段,两者之间可以相互促进,相辅相成。在营销的过程中,营销人员一定要保持自媒体营销和传统营销模式两者之间的统一,让两者能够共同发展,只有这样才能让市场营销更加顺利,这也就是营销理论中所讲的整合营销概念。

自媒体平台营销模式要想得到创新和发展,需要与传统的营销手段结合在一起,不断地对各种营销资源进行整合。自媒体平台不但要与传统的媒体平台保持一定的联系,同时也要与其他类型的新媒体有一定的沟通和借鉴,只有这样才能够在扩大消费者覆盖范围的同时,提高自媒体平台网络营销的效率。

在互联网信息化时代,要想让自媒体平台营销能够得到一个稳定的发展,需要制定长期的策略和规划,要实现营销线上线下的结合。通常情况下线下的营销除了在实体店进行营销以外,在产品的运输过程中也是非常重要的,自媒体营销可以把这几个环节和营销的平台融合在一起,从而构建互联、互通、共享的信息平台,让消费者了解营销产品的发展动态。同时要重视售后环节,售后本身就是对自媒体平台营销活动的一部分,同时也是完整链条的重要组成部分,只有做好每一个环节才能促进自媒体平台营销更好更快地发展,从而也有利于提升营销产品的市场影响力。

四、打造自媒体营销品牌形象

很多自媒体平台,比如微信、微博等,已经成为人们使用比较普遍的软件,用户数量非常多。同时微信自身就带有支付功能,能够在自媒体营销信息分享中更好地完成交易,因此常常被人们作为线上支付的手段。在微信公众平台上进行营销能够获得丰厚的盈利,还能获得更大的受众面。同时还可以采用电子刊物营销的方式进行营销,很多电子刊物都有自己的独立的 App 或者网站,对这一类的营销就必须要消费者主动进行。自媒体营销相对于其他的营销手段具有更强的针对性,其受众群体比较稳定,同时自媒体电子刊物还具备其他媒体不具备的特点。在营销的设计上可以更加丰富多彩、具有吸引力,同时把营销的内容和电子刊物本身结合在一起,让消费者能够更好地获取自己想要的知识内容和信息,对于一些特定的媒体营销具有很好的引导作用。

自媒体营销中应突出其与众不同之处,以赢得消费者关注,将品牌人格化。有研究表明,在营销中赋予品牌人的特点,或以人为品牌的代表,给予消费者对于某一人的面孔的强

烈印象,可拉近卖家与买家间的距离,增强亲近感。如肯德基的标志即其创始人——哈伦德·山德士,他亦被称为肯德基爷爷。该标志上带着笑脸的老爷爷形象即成为肯德基的化身,提高肯德基在消费者心中的地位,促进消费。自媒体营销可以图片、文章、视频的形式将人的特点与品牌、产品结合,提高人们的购买欲望。

由上,营销不只限定于广告,还可以不时发布一些趣味文案,以消费者关心的重点为中心,也要注重塑造品牌形象。如"杜蕾斯官方微博",常发布挑战、问答、投票等,但不涉及产品宣传。其"杜绝胡说"栏目,则涉及生活各方面问题,与网友讨论过"与相亲对象线上聊天败坏好感的话""过年宅在家里的日子最常用的三样东西""喜欢的人跨年发的新年祝福"等。

五、积极互动,改善用户阅读体验

在自媒体营销过程中,要充分激发消费者的兴趣,这也是自媒体平台营销创新成功的关键,不同的行业自媒体平台要结合营销的内容和特点,确保营销的信息有创新性,能够让自媒体平台的营销创意得到大家的认可,这样消费者在捕捉这些自媒体平台促销信息的时候就能够及时地确定自己的态度和想法,了解对该产品是否有购买的兴趣和欲望。如果自媒体平台的营销能够做到这一点,那么就已经成功了一大半。在自媒体平台要显著地提升自身的质量,同时也要培养长期的客户,掌握一定固定数量的观众来源,这样不但对于商家来说是促进产品销售的好事,同时对于自媒体营销平台来说也是一个创新型的行为,比如现在很多的淘宝直播间采用的一些自媒体营销模式就值得借鉴。

社交网络的互动便利性为自媒体营销兴起的极大因素。营销商应当及时、准确、详细、耐心地对提问进行回复,并适时公开回复,从而给消费者提供更多有效信息。平台与营销主体合作,对营销内容进行分类。平台使用者在浏览时,若该账号内翻看内容多而乱,则极易放弃账号阅读,换为其他博主,可理解为营销失败。而将所有混杂的发布内容分类,方便阅读查找,则增加了营销的效用。目前,抖音存在进入某一账号时所有视频堆杂、不可查找、没有分类等问题。而bilibili、微博都已开发"分类查找"功能,提升了使用舒适感,也提高了营销成功的概率。

尽量避免跨App链接使用。跨App的链接常常降低使用的流畅感,必然导致使用者的耐心消耗,常常会终止进一步对产品的了解。因此,营销账号可尽量用软文、截图等方式转移另一网页的内容,留住消费者。

案例分享:自媒体平台营销典型案例——B站《后浪》

伴随着2020年的魔幻开局,各行各业好似都陷入一种死寂,而在五一假期期间却突然出现了"一股声音",激起了"70后""80后""90后"甚至"00后"的热议,它就是B站专为五四青年节策划的《后浪》。

仅两天时间,《后浪》在B站的播放量超过1 000万,弹幕超过16万条,甚至引发了一股朋友圈刷屏热潮,而这些都证明了《后浪》是一次成功的、2020年为数不多的、现象级的品牌营销与用户传播案例。短短不足10分钟的视频,甚至采用不讨喜的演讲形式,但《后浪》版营销为何会产生如此大的效果?

首先不得不夸赞视频宣传的形式。当下,随着抖音、快手、火山小视频、西瓜视频等直播平台的出现,视频传播已经完美取代传统文字及图文宣传类形式,成为当下受众最易接受、最受欢迎的模式,也备受企业、推广商们的喜爱。而《后浪》中,高燃的台词、恢宏的气势,再配之以何冰老师苍劲的嗓音,一切看上去都很完美。

其次,对于自身平台未来发展方向的准确定位。《后浪》的出圈很大程度上来源于"70后""80后"的疯狂转发,可能很多网友都发现了:B站的主要用户群体是"90后""00后",但是这类人群却鲜少转发,甚至发出了无数质疑声:"爹味十足""我们普通青年不是后浪""拖后腿"……弹幕里、评论区骂声不断。年轻人纷纷质疑《后浪》中表现出来的内容与我们真实的生活太脱节,是对现实社会生活过度美化。

B站的做法真的错了吗?它是要放弃自己的用户了吗?当然不是:此前B站董事长陈睿就明确表明,"2020年的重要目标是用户增长"。而如今想要在"90后""00后""中继续挖掘大量用户已经不太现实。B站想要实现用户大规模增长就不得不去"80后"这一年龄阶层里挖掘潜在用户。从这一目标方向上看,B站是完全走对了路子!《后浪》所带来的品牌效应和影响力,是每个品牌人梦寐以求的。《后浪》的整体营销仍旧主要基于对年轻用户群体需求的考量,也根植于自身年轻人视频平台的定位。青年节、过来人对青年人寄予厚望、短视频,这些都说明B站策划《后浪》仍然是给年轻人看的。所以《后浪》"这场演讲的本质是前浪对着后浪,讲给'80后'中浪听"。短短10分钟不到的视频却全面囊括了"70后""80后"直至"90后""00后"的广泛需求。

　　《后浪》最厉害之处在于，它让"不看电影的人看到了电影广告、让不了解不熟悉 B 站文化的 70 后、80 后甚至更多的人，都想要去了解 B 站"。这就是一场成功的跨界传播。"在这个数字化、社会化的时代，品牌要有足够的影响力，就必须有品质、穿透力和渗透力，让更多人知道品牌。"回到《后浪》本身，B 站因此市值一夜狂涨 34 亿元，就是这次品牌营销成功的最好证据。B 站告诉众多品牌：品牌要出圈，最重要的一点就是要找准品牌的定位。

　　（1）品牌是顾客的可识别系统。顾客是指我们的目标用户，它包含现有用户和潜在用户。找准品牌定位就成为品牌这一综合体系打造时最优先考虑的问题。

　　（2）品牌如何找准定位？首先要知道自身的传播对象是谁，要认清自身的优势，以及目标对象的深层次需求。精准击入才能事半功倍。

　　（3）学会创造需求，不能固守等待，学会挖掘自身的潜在客户。

资料来源：https://baijiahao.baidu.com/s? id=16660249288164377752&wfr=spider&for=pc.

扫描此码　　　　　　　　　　　　　　扫描此码

案例讨论　　　　　　　　　　　　　　在线自测

第四篇

新媒体营销实践与管理

第十五章

新媒体用户定位

【本章要点】

为了适应新媒体营销发展的趋势,企业在开展营销活动的过程中,需要把用户的需求放在首要位置,通过对用户精确定位,清楚了解客户需求,注重新媒体营销的创意与移动互联网工具、社会化媒体平台的结合,为其提供有针对性的产品和服务,从而更好地提升用户的满意度。为此,本章主要介绍精准定位用户需注意的问题、大数据对精准定位的影响、用户画像构建流程,以及如何选择营销平台等内容。

【学习目标】

1. 掌握基于大数据的精准定位用户的思路。
2. 理解用户画像构建流程,并举例说明。
3. 熟悉典型的互动问答平台的现状。
4. 了解为用户提供服务的注意事项。
5. 熟悉大数据对用户精准定位的影响。

第一节　精准定位用户

一、精准定位用户的概念和作用

精准定位用户就是使企业产品形象在顾客心中占据一个有利的位置,当消费者有相关需求时,就可以马上想到本企业的产品,从而作出购买决策。精准定位用户运用于企业营销活动中,会有以下作用。

（一）降低企业的营销成本

随着精准定位理论的发展,越来越多的企业在开展营销活动时都会先进行精准的市场定位,把重心转向对顾客的研究,通过精准地定位用户,其企业营销的针对性更强,目的也更加明确,大大降低了企业的总体营销成本。

（二）利于企业市场拓展活动

通过精准定位,企业可以对市场需求、顾客分布有一个明确的把握,可以有效地预测产品的销售情况和市场规模,及时对公司投入市场的产品成本和利润预期进行分析,从而获得进一步开拓市场的能力和机会。

（三）促进企业可持续发展

现代技术的不断发展,使企业与顾客间的直接沟通成为可能,通过对顾客了解的不断加深,企业就可以生产出顾客所需要的、满意的产品,使企业与顾客间建立一种稳定的关系,通过顾客的重复购买增加盈利,达到持续发展的目的。

（四）有助于企业及时调整策略

企业对消费者需求展开调查后,对他们进行跟踪和分析就有了可能,企业通过消费者反馈的信息,就能够调整定位策略,使定位效果更加精准。精准定位的发起者应该对顾客的需求进行细致的分析和洞察,然后再结合相应的活动规划、品牌规划和产品规划等对活动进行控制。

二、精准定位用户需注意的问题

在对用户定位之前,需要明确定位的几个关键点,如图 15-1 所示。

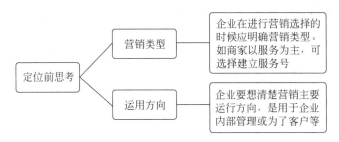

图 15-1　定位前的思考

企业除了明确自身的营销类型和方向,还有一个关键点,那就是要明确目的,要清楚自己通过新媒体营销能够得到什么,进而才能够有选择的依据和方向。在新媒体用户精准市场定位活动中,强调与老顾客保持良好的关系,强调准确了解单个顾客的个别需求,顾客由于受到尊重也愿意合作,消费者和企业由此形成了相互合作的关系。针对不同的顾客,生产的产品也体现出差异化的特征,通过模块化方法定制产品,满足消费者的个性需求,企业需要更加注重对个体顾客的深入了解,获取的有关顾客的信息越多,对顾客深层次的需求就掌握得越好,强调的是纵深经济而不是规模经济。

三、大数据对用户精准定位的影响

在大数据时代,一种以数据为中心,重视统计量化和数据相关性的新型范式强势崛起,这深刻影响了企业的市场定位理念。此时,企业可以利用海量数据,分析挖掘数据内在关系,提取和发现有价值的顾客信息,进而得出消费者预测的规律性结论,使自己的市场定位活动更加精准。

(一)大数据能精准分析顾客需求

通过大数据技术挖掘和分析收集到的消费者数据,企业可以获取每个顾客的内容需求和兴趣偏好,甚至能辨识哪些顾客群体具有相同的特征,这些数据分析可以帮助公司更好地掌握市场变化趋势和顾客消费特点,从而能够生产出完全满足顾客需求的产品和服务,实现精准定位。

1. 构建完整的顾客信息数据库

在大数据时代,企业通过大数据技术能够收集大量的市场、消费者和商品的信息,然后运用大数据高性能的存储技术,管理好这些数据,构建一个完整的顾客信息数据库。为了把消费者和商品有机串联起来,企业运用相关性分析技术,对消费者的行为、消费者地点、消费状态及商品的周转路径进行分析,精准地把握用户的消费偏好,生产出个性化的产品,这样就真正实现了由消费者驱动来生产产品,更有导向地为顾客提供服务。

2. 挖掘分析消费者对产品的态度

对顾客新的需求进行预测和判断,必将会彻底革新传统营销中,主观臆断消费者未来需求的定位模式。运用大数据技术,企业能对海量的消费者信息进行处理,实现对潜在顾客进行细分,确定公司的目标消费者,然后设计有针对性的产品和服务,提高企业开展定位活动的精准度,降低定位活动的成本,提升潜在顾客的购买率。

3. 提高顾客的让渡价值

首先,精准定位活动中会使用现代化的信息工具,将商品和服务的信息一对一地传递给顾客,这样就大大减少了消费者搜寻商品的时间和精力。其次,大数据技术可以降低企业定位的成本,企业可以把省下来的钱用来降低商品的售价,使消费者付出更少的钱能得到所需的商品。最后,精准定位强调与顾客的沟通互动,通过企业与消费者、顾客与顾客之间的沟通,分享其消费的各种意见,这种沟通不仅对顾客群体起到扩散的效应,还可以使企业与消费者建立更为紧密的关系,吸纳顾客对产品的意见,进一步改善产品功能,提高顾客满意度。

(二)大数据改变了人们行为的模式

1. 从"为什么"到"是什么"的思维转变

在以前的模拟数据和小数据时期,人们总是把重心放在找出事情的原因上,即强调"为什么"的问题,人们会根据对象本身的特性来理解它的行为。例如在自然科学的研究当中,为了验证某个理论或定律是否正确,他们需要在实验室里面进行数不清的检验和试验活动;经济学家则需要依据过去的数据来对未来的趋势进行验证,当预测的结果和某一理论相同的时候,才算证明了这个理论为什么是正确的。但是在大数据时代,"是什么"的问题更多地被人们重视起来,人们更加注重研究隐藏在事情背后的相关关系。例如,经济学家在研究过程中,不会把重点放在寻找经济增长停滞的具体原因,而是通过收集以往的经济运行数据,利用大数据技术,挖掘和分析出在今后的一段时间里经济发展和运行的规律及将会遇到的问题。此时,人们的思维方式已发生了极大的变化,在平时就会注意收集大量的数据,当遇到问题的时候,会通过大数据分析和处理技术,主动从这些海量的数据中寻找答案,找到事件未来发展的模式,然后采取相应的、针对性的措施与活动。

2. 以"以用户为中心"的经济生产模式

企业的定位方式也在大数据时代下发生了改变。过去企业推出新产品,一般会采用各种广告宣传和集中推销的方式,如指派人员对潜在顾客发宣传单、在电视台向消费者进行广告轰炸。但是,企业在大数据时代就可以运用大数据技术对顾客进行精准识别,进而开展针对性的营销定位活动,所需的成本也非常低。例如,消费者在购物网站上浏览商品时,网站就会记录消费者的购买和浏览商品的信息,分析出购买偏好,然后会给消费者推荐相关商品,激发其消费欲望,增加公司产品的销量。大数据正在创新经济运行模式,深刻影响经济转型进程,在此环境下,新的竞争业态不断发展,新的商业模式凸显出来,经济增长范围向外拓展,其能够促进市场资源配置的高效与优化,推动企业从粗放式生产转向"以用户为中心"。

在大数据时代,企业在进行决策时也可以运用到大数据技术,以便更精准地预测和分析顾客的需求。美国的奈飞公司就是运用这样的技术向全球推出了网络剧《纸牌屋》,并大获成功,大数据技术在奈飞作出出品决策时产生了决定性的作用。奈飞公司在确定这部戏的导演和主角时,都是运用大数据技术"算"出来的。通过对顾客观看内容大数据的收集,奈飞公司发现喜欢看 BBC 在 1990 年出品的《纸牌屋》的观众,会比较欣赏大卫·芬奇导演的作品,与此同时,他们也是好莱坞著名演员凯文·史派西的资深影迷。奈飞公司通过大数据,分析用户的观影偏好,在剧本、导演和演员方面,也都根据消费者在网站上的观影痕迹所留下来的数据来确定,推出的作品自然受到了顾客的欢迎。

3. 人人平等的无边界组织大量出现

大数据对企业组织结构变化也产生了巨大的影响,最突出的表现就是各种无组织网络结构的出现,这种网络结构具有去中心化的特点,淡化了人们的等级观念,每个人都是一个平等的个体,在组织中享有平等的权利,对外发出自己的声音,如空间、论坛、微博等。在大数据时代,企业可以借助这一模式对产品进行宣传,如企业定期向自己的忠诚客户推送商品信息,出于对公司产品的极度满意,那些忠诚客户会把商品的信息发到自己的朋友圈,这样,与这个消费者相关的人就会看到企业的商品信息,企业就以最小的代价使自己产品信息通过无边界组织大量扩散,达到宣传的目的。

同时,当公共服务和政府部门应用大数据时,将会极大提升政务工作的效率,提升公共服务部门的社会管理水平,产生巨大的社会价值。另外,国防、反恐、安全等部门运用大数据技术时,就可以对各种安保相关数据进行储存、整理,实现精准定位。

（三）大数据对企业精准定位开辟了新的视角

大数据是一个镜像的世界,它与现实世界相连通,既记录着人类的行为习惯,也记录着人类的生活轨迹和情感交流。精准定位之前的哲学理念是一种静态方式,它依据消费者的基本属性(如职业、收入等),来评判他们的消费需求和购买能力,然后进行市场细分,制定针对性的定位策略,生产出相应的产品。

定位哲学的转变给企业带来了获取利益的机会,也使消费者的生活更加便利。大数据时代,企业开展定位活动时,更加重视数据的价值。人们认识和分析世界规律与存在的基本单位是数据,数据结构的逻辑关系反映了世界的客观规律,"数为万物本源"的毕达哥拉斯思想充分实现,大数据时代新的文化超越性正在被孕育,对价值与事实的分离在哲学思想转变和技术发展的基础下成为可能,人类社会在技术发展的促进下,有可能实现全面数据化,在某种意义上,人类社会和自然世界又重新统一起来,即都变成了"数"。在此环境下,个人能力已经完全处理不了巨量的数据,通过大数据分析模型和云计算系统,企业能够构建数字化的模型,发现消费者数据之间的"相关性"。传统思维具有类比性和模糊性,整体去看待天、地、人三者间的关系,对分析方法不太重视,没有精准地对事物进行观察研究。然而,大数据就可以对很多人为因素进行排除,没有带有感情因素且完全诚实,对现实的消费需求能真实地反映在我们面前。因此,企业首先需尊重数据,用数据来证明,相信数据的力量,使数据的作用发挥到极致。与传统认识论阐述的定位精准性相比,模糊性与精准性在认识论中的关系在大数据时代不得不重新认识和处理,在对事物科学解释和预测的过程中加强概率与统计学的作用,科学中的模糊性和精确性的辩证关系被再次阐释。

总而言之,随着人们的生活变得越来越数字化,在这场关于大数据的科技变革中,人类的认知方式、价值模式和生活观念都将发生极大变化,数字化的生存方式为企业对精准定位认识论和价值论的研究开辟了一个新的视角。

四、基于大数据的精准定位用户的思路

运用大数据技术对潜在顾客的消费行为和需求进行预测分析,确定消费群体的行为偏好,生产出针对性的产品和服务,可以大大提升消费者的购买率,降低企业营销的成本,提高定位的精准度和命中率。企业在收集和分析数据的过程中,都需要借助大数据平台,这个平台可以为企业存储收集的原始数据,并实时处理数据信息,形成一个全方位的数据分析库。通过这个平台,企业可以及时掌握顾客及市场的数据,分析和挖掘收集上来的用户的各种信息,进而对用户进行精准定位,把握他们的消费需求偏好,然后生产各种个性化的产品,提供各种满足顾客需求的服务。基于大数据的精准用户定位的思路如下。

第一,在大数据平台的基础上,收集潜在消费者在日志、论坛、微博、社会网络、日常交易等方面留下的信息,这些信息是企业进行精准定位的基础。同时,在大数据平台中,拥有一些性能良好的数据库技术及数据存储技术,如 MongoDB、Hbase、BigSQL、联动式数据库、GFS 分布式文件系统等非关系型数据库存储技术,这些技术可以储存企业收集到的原始数据,并运用聚类算法和关联规则初步处理实时数据和已有的数据,形成下一阶段的初级数据库。第二,对大数据平台通过各种渠道抓取的消费者数据信息、初级数据库信息开展深度挖掘和统计分析工作。基于 MapReduce、OLAP 联机分析等技术,借助大数据平台对收集的信息数据进行多样性的统计挖掘工作,分析出目标消费者的需求和偏好,用以指导企业接下来开展的市场定位活动。第三,将挖掘获得的顾客消费信息运用到精准市场定位的活动中,依托大数据平台建立定位精准化业务场景,参考定位情境制定精准定位策略,使定位活动和内容库相互匹配。

企业对自身的认识要准,明确自己在市场的竞争实力和地位;其次要对用户的需求全面掌握,对他们的行为方式,对他们的所思所想,对顾客每天在哪里活动,吃什么、看什么、玩什么都应了如指掌;最后应对媒体有精准的把握,通过精准的广告宣传,使企业品牌定位效

果最大化。具体的定位组合策略如下。

(1) 价格策略。在大数据时代,企业不是盲目对商品进行定价的,定价时需充分收集消费者的需求数据,对竞争者的定价因素进行衡量,对企业目标利润和成本进行分析,然后采用因子分析法,依据不同因子间的比较获得相应的价格,最后采用均值来得到最终的价格。

(2) 渠道策略。传统的企业对经销商非常依赖,生产出新的商品之后,需在实体门店进行销售。但是在今天,顾客越来越倾向于在网上购买自己所需的产品,而把实体店当作展览商品的平台,同时,企业在线上对用户数据的采集更为便捷,对消费者需求的把握也更为全面。因此企业在对产品销售时,须同时采用线上、线下两种模式,并使两种模式深度融合、良性互动,使企业的发展更加快速。

(3) 促销策略。在大数据平台上,企业可以对顾客的兴趣、需求和消费行为等数据进行收集,分析出消费者个性化的需求,然后借助 E-mail、SNS、网络账号和 DSP 等,采用基于方法的、基于平台的、基于内容的个性化推送技术,进行产品或服务的个性化推荐服务,向顾客推荐喜欢的商品。同时,针对消费者的个性化推荐也避免了消费者浏览大量无用的商品信息,降低顾客流失率。

(4) 产品策略。企业开展精准定位活动时,会针对不同的顾客,提供不同的产品和服务,以满足他们个性化的需求,达到精准定位的效果。提供个性化的产品在某种程度上就是提供定制化的服务,即通过与顾客精准的沟通,找到并唤醒顾客大量的差异化需求,然后通过提供产品来满足需求。

第二节　构建用户画像

用户画像,是确定内容方向的一个前提。企业对用户进行画像,需要分析用户的年龄、性别、城市、职业、收入、兴趣标签、性格标签等。只有当企业明白自己的用户长什么样子,才能够知道在哪里可以找到他们,才知道他们喜欢什么,什么样的活动可以打动他们,什么样的产品可以满足他们内心的需求。那么,如何给用户进行画像呢?

一、什么是用户画像

用户画像的概念最早是由"交互设计之父"Alan Cooper 提出的,他认为"用户画像"是真实用户的虚拟表现,是建立在一系列真实数据之上的目标用户模型。用户画像又叫用户角色,是表现用户行为、动机和个人喜好的一种图形表示,能够将用户的各种数据信息以图形化的直观形式展示出来,帮助企业运营人员更好地进行用户定位。企业在对内容定位之前会按照内容的大致分类进行用户画像分析,从而明确将要提供服务的是哪一类人群,他们有怎样的用户习惯和用户特点,针对用户画像中呈现出来的规律进行有针对性的、个性化的内容再定位。

对于运营者来说,构建用户画像是必不可少的环节,想要找到最好的运营方式,就必须通过具体的数据了解用户。企业通过对用户属性与用户行为的分析可建立起基本的用户画像模型,然后再将收集和分析的数据按照相近性原则进行整理,将用户的重要特征提炼出来形成用户画像框架,并按照重要程度进行先后排序,最后再进行信息的丰富和完善,即可完成用户画像的构建。优秀的用户画像需要满足五个条件,第一是基本性;第二是真实性;第三是要有目标性;第四是数量最好不超过 3 个,以便记住用户画像的特点;第五是应用性。图 15-2 所示为用户画像的具体图解。

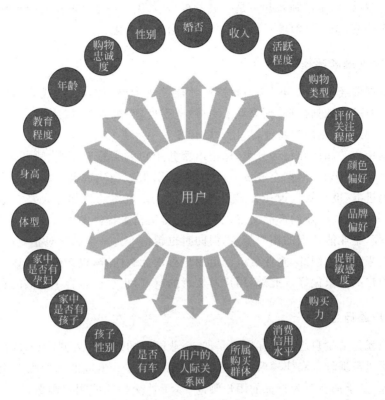

图 15-2　用户画像的具体详解

　　企业可以对消费者形成一对一的接触,做好厂商和顾客之间的沟通,了解真正的消费兴趣,满足每个消费者个性化的需求,实现对消费者提供高品质服务的承诺,长时间的这种互动关系,最终保持了高水平的顾客忠诚度,也实现了公司的长远利益。在传统的技术下,企业可以根据用户的信息数据,对其进行常规细分,如根据性别、年龄、职业等细分,以提高定位顾客的精度。运用大数据技术,企业可以掌握顾客更全面的信息,对这些数据进行分析,可以使企业对顾客进行个性化的细分,辨识出各个顾客不同的消费偏好,然后开展精准化的用户画像构建。

二、用户画像构建流程

(一)数据采集

　　在互联网环境下,时时刻刻都在产生大量的消费者数据,如交易数据、用户行为数据、网络日志数据等,且数据的存储形式多是结构化数据、半结构化数据和非结构化数据。根据来自网络的相关数据,对用户的年龄、性别、兴趣爱好、社会属性等进行整体分析,初步确定新媒体用户定位的大致走向。

　　企业获得的数据来自网站、App、微信数据、微博数据,这就需要企业具备一定的数据采集能力。通过将公众号后台数据及时进行统计,做成表格,然后分析用户的画像。也可以根据用户的需求来确定人物画像,包括后台留言、社群聊天、问卷调查、电话访谈、线下约谈等。在这里需要注意的是,用户画像并不是一成不变的。很多人因为工作的变动、环境的变化、兴趣的改变而改变,企业针对的目标用户可能也会发生变化。

(二)数据处理和建模

　　海量的数据要经过抽取、转换、"清洗"后才能够成为可用的数据,成为用户画像模型的输入数据。企业应用数据挖掘、聚类算法、自然语言处理、机器学习、特征工程等技术构建用户多维度模型,分析挖掘用户特征,给用户贴标签。

　　企业根据用户的属性和行为分类,标记出哪些用户购买意愿更强、哪些用户更活跃、哪些用户乐于分享和互动。例如企业发一篇文章,吸引大家扫码进群。如果让他们回复关键字得到二维码进群,就会筛选掉一大部分看热闹的人。进群的这部分人要么是对企业非常信任,要么是非常认同企业的产品文案,要么是觉得运营者提供的内容非常感兴趣。不管怎么样,门槛越高,企业能找到的用户越少,但同时也越精准。一旦用户对企业产生了信任,交流的内容也越来越多。因此,企业可以知道用户喜欢什么内容,也知道了应该生产什么样的产品来满足用户的需求偏好。此外,用户对文章的留言,也往往包含了他们的真实想法。

(三)用户画像生成

　　用户画像就是清楚自己的目标用户是谁,企业面对的是哪些人群,他们的行为和属性的具体内容。通过数据处理和建模后的结果,画像生成标签。生成的画像维度为基于基本属性的用户画像、基于消费行为特征的用户画像、基于社交特征的用户画像,这三个维度的画像将应用于企业新零售具体场景,以做好精准营销、个性化推荐和个性化搜索等。企业也可以利用先进科技工具建立某种渠道,使厂商更容易知道顾客在哪里、顾客的偏好是什么、产品应如何改进。

三、构建用户画像的注意事项

(一)智能融合虚实两个世界,深挖用户价值

　　在信息爆炸和消费升级的双轮驱动下,可通过融合现实世界需求和虚拟分析空间的智能硬件,自动采集客观反映人口属性、终端设备、用户行为等多维度特征数据,深层剖析量化偏好程度,挖掘隐藏在背后的模式、趋势和相关性,进行 A(认知)、I(兴趣)、P(购买)、L(忠诚)的全链路运营,从而推进用户将"需求"转变为"消费"。与此同时,为实现对用户行为和事实的准确预测,还可运用新的数据分析技术和更完善的工具,将目标产品从面向海量广泛的用户市场转换为个别用户市场,从而提供精确、个性化的用户服务。例如,北京歌华有线除收集收视率数据外,还密切关注点播次数、回看次数、暂停等"隐形"数据。在完整记录用户实际喜好时,通过精确"推荐"的方式为用户提供个性化的智能电视收视服务,从而为节目

制作、编排以及可能带来的收视效果提供科学参考。

（二）坚持数据导向，增强用户黏性

坚持以数据分析为导向，在充分了解用户基本状态属性和历史行为属性等数据的基础上，深入挖掘用户行为、兴趣和偏好等数据，并从多个触点和时间段的大数据分析中找到关键点，推动客户最终完成购买，使用户连接从过去的"经验主义"的模糊方式迈向"数据驱动"的精确方式。在此基础之上，企业可采取分流分级的方法实现对不同类型用户的管理。对潜在用户，通过对代表性常规属性以及行为属性数据的挖掘，提供针对性的服务将其转化为正式用户；对既得用户，通过可行性测试观察用户如何使用产品，尤其是使用过程中遇到的问题及原因进而不断迭代产品，从而提高用户的满意度、忠诚度，降低用户的使用成本。

（三）构建生态体系，引领用户连接

用户原始数据类型复杂、数量繁多，价值更是不可估量。为了给用户提供精确、个性化的服务，各个细分行业须围绕数字化关键技术、能力和基础设施等不断进行突破。为此，企业应尽快构建一种从数据存储、数据集成、数据处理到数据分析以及数据可视化，相互依存、共同演化的"点—线—面—体"完整生态体系。该体系以大数据战略和架构为基础，除了随时采集用户实时数据与轻松浏览外，还可打开过去用户数据中的封闭结构，并通过降维工具对产品功能进行更新升级从而高效地"连接"用户，推动快速实现价值。

（四）融入互联网战略，构建画像模型

在产品生命周期的各个阶段，包括调研、研发、营销和售后等，数据导向战略均发挥着重要作用。通过对潜在或既得用户的大量行为数据的深度挖掘，可推动建立基于内容和用户画像的个性化推荐系统，从而为用户提供更准确的搜索结果、更优质的搜索体验。为优化用户选择最佳的收货地点，零售门店可提供任何地方购买、挑选或发运的能力，使用户感受到优质的服务；为更好地了解店内客流量以及更适当的人员配备要求，可利用传感器数据实时采集和分析入店率以及顾客消费情况等。例如，零售巨头沃尔玛推出了一款针对购物的语义搜索引擎 Polaris，其具备语义数据、文本分析、机器学习和同义词挖掘等能力，可对 Polaris 上的数据进行挖掘和分析，从而构建画像并预测用户的行为。销售部人员通过分析用户在 Polaris 上的日常商品搜索数据，了解当季最新最热产品，网站前端负责者则通过用户反馈信息，不断完善网站类各板块属性，促使在线购物的完成率提升了 15% 左右。

（五）借助新兴科技，提升用户体验

构建用户画像是为用户提供广泛的个性化推荐，从而提升用户体验的有效手段。在个性化推荐技术中，算法分发权重（编辑分发、社交分发、各种算法产出等）是个性化推荐质量的良好保证，而用户数据模型的质量好坏意味着能否正确表示用户的兴趣爱好。互联网环境下，基于内容的个性化推荐算法可提取用户的时空多维属性数据信息，融合线上与线下、融合现实与虚拟，实现"用户、场景、创意"在媒介融合环境下的精准传播，而这极有可能是一个涉及综合赋能 iABCD（物联网、人工智能、区块链、云计算、大数据）等新兴科技的过程。

第三节　选择营销平台

网络营销平台主要有微信平台、微博平台、互动问答平台、直播平台、视频平台等。企业可以通过目标用户的主要特征或用户画像来进一步确定用户营销平台。

一、微信平台

微信是新媒体营销的典型平台,结合目标用户群体,如何选择公众号类型、公众号取名、设置微信号菜单栏等都是微信营销平台运营者需要思考的问题,也是微信营销运行的首要步骤。微信营销是建立在微信大量活跃用户的基础上,其特殊的点对点营销模式、灵活多样的营销模式和较强的用户联系性,为微信营销提供了更多可能。

二、微博平台

微博是从一个单一化的社交和信息分享平台转化而来的。在网络营销时代,微博凭借巨大的价值属性,成为企业重要的网络营销推广工具。由于使用方便、进入门槛低、应用丰富多彩,能够快速获取信息并与他人交流,聚集了巨大的人气。微博营销最注重的是价值的传递与内容的互动。同时网络上很多最新的动态几乎都是从微博上分享来的,具有立体化、便捷性、高速度、广泛性的特点。

三、互动问答平台

互动问答平台营销是一种以内容质量来获取粉丝的方式,是一种新型的互联网互动营销方式。问答营销既能为商家植入软性广告,同时也能通过问答来引流潜在用户。问答营销通过提问或作答实现营销目的,它的引流优势是基于这种方式的互动性、针对性、广泛性等特点。操作方式有多种,如开放式问答、事件问答、娱乐评论等。常见的问答平台有百度知道、知乎、在行、分答等。

四、直播平台

网络营销最主要的就是抓住"热点",在众多网络平台中,最容易产生热点内容的就是网络直播平台。直播具有即时性、互动性等特点,对积累人气、推广品牌有很大作用。网络直播的方式主要有信息披露直播、品牌宣传直播、网红代言直播、娱乐活动直播、淘宝店铺直播等。网络直播平台主要有映客、花椒、YY 直播等平台。

五、视频平台

视频营销是指企业以视频的形式,宣传推广各种产品和活动等内容,不仅要求高水平的视频制作,还要有吸引人关注的亮点。常见的视频营销模式包括电视广告、网络视频、宣传预告片、微电影等。如今的视频营销主要向互联网方向发展,互联网视频营销相比传统电视广告,它的受众更加具有参与性,在感染力、表现形式、内容创新等方面更具优势。

第四节　提供用户服务

众所周知,在不同行业里,不同产品的营销方式也有很大的不同,因此网络营销其实也并不是适用于所有的行业和产品,做好产品服务特色定位也是至关重要的一环。

企业想要投身到网络营销之中,就必须深入地了解自己的产业特色、产品特色,有针对性地进行产品服务定位。例如,手机厂商应该根据手机的功能锁定不同年龄层的用户,进行精准化营销和传播。除了从自身角度出发之外,还要从目标用户的角度提供用户喜爱的差异化服务,如果企业的差异化服务不是用户所需要的,那么即使公司推出了相关服务,用户不接受也没有任何意义。

一、共同研究市场,实现市场和产品的差异化

企业提供用户服务的一个重要目的,在于利用平台的力量,实现对市场的调查和了解。通过平台中专业市场调查人员的努力,开展市场的调研与预测,发现市场机会,寻找新的细分市场。同时,根据各企业的实力和特点,为产品制订不同的定位方案,以实现不同的企业开发不同的产品,形成市场和产品的差异化,以避免在同一个市场开展无序竞争,最终损害企业自身的利益。

二、开展品牌聚合,建立联合品牌

由于企业自身实力的局限,许多中小企业没有创立自己的品牌,主要依靠贴牌生产来获取加工费。但是,这种加工方式所能得到的收入有限,对企业的长远发展是不利的。而有些企业尽管已经建立了自己的品牌,但由于在资金等方面的限制,难以对品牌进行有效的宣传,使品牌的市场声誉和市场影响力都非常有限。当今时代是品牌竞争的时代,企业必须依靠自己的品牌,特别是消费者的品牌忠诚才能真正建立自己的市场竞争优势。为了有效地实现树立自己品牌的目的,营销平台可以促成成员企业的合作,共同注册一个联合品牌,以集体的力量来宣传和推广,并把成员企业的产品都打上该品牌,从而扩大品牌的影响,并以此来占领市场。

三、共同开发营销渠道，提高与中间商谈判的能力

在当今"终端为王"，企业越来越重视对终端的占领，终端流通企业的超市化、连锁化使得企业在产品流通中的地位得到不断的强化，甚至可以左右企业的价格和品种。如在家电行业，以国美、苏宁、永乐、五星为代表的四大连锁超市拥有家电大卖场近 700 家，占全国的四分之三。缺乏品牌支持和自主销售渠道的中小企业，必须依赖中间商的销售渠道。但是，品种少、品牌影响力小，使得这些企业在与中间商谈判时往往处于不利地位。建立营销平台以后，将所有的产品整合起来，使企业有实力建立自己的集中展示和专卖店，提升企业产品和品牌的形象。同时，品种的增加既可以降低单位产品的渠道开发费用，而且可以增强整体的谈判实力，提升自己的市场竞争地位。

四、共同宣传和开展市场推广活动

单个企业由于资金实力的局限，难以承受巨额的品牌宣传和市场推广活动的费用。因此，即使开展相应的宣传和推广，其市场影响力也极为有限。通过建立营销平台，可以把相关企业的力量整合起来，以集体的力量来开展品牌和产品的宣传，解决了资金实力不足的问题。同时，平台集合了同行业众多的中小企业的产品，使得宣传的阵容扩大，影响力也提高了。

五、开展价格和营销协调

在中小企业实现产品营销的过程中，由于品牌的影响力小、产品的技术含量相对较低、产品品种单一等原因，企业进行市场开拓和竞争的主要武器是价格。通过低价来打开市场是许多中小企业的首要选择，而企业间的激烈竞争往往使价格又成为众多企业开展竞争时不得不选择的手段，结果企业间的无序竞争导致企业的利益受到损害，也造成"柠檬市场"现象，使行业的整体形象和利益都受到损害。因此，通过营销平台，可以有效地实现价格的协调，同时可以规范企业的竞争行为，为行业的发展创造一个良好的外部市场环境。

六、建立相应的服务机构，为用户和顾客提供全方位的服务

企业营销平台的建立，可以把相关企业的技术力量整合起来，建立专业的咨询、培训、指导、安装和维修队伍。这样，既提高了对顾客的反应速度，也有利于为顾客提供全面的销售和使用服务，从而方便了顾客的购买和使用，免除了顾客的后顾之忧，使服务成为企业的一个重要竞争武器。

案例分享：新媒体用户定位典型案例——今日头条

今日头条，它是一款基于数据挖掘的推荐引擎产品，为用户提供精准化、个性化的移动资讯平台，实现内容与用户的精准连接。今日头条的定位是"你关心的，才是头条"。归根结

底地说,今日头条是个链接内容生产者和内容消费者的平台。所以,下面从内容的定位、内容的生产者和内容的消费者三方面来分析其生产策略。

一、内容的定位

说起内容的定位,又可以从产品的切入点、产品的差异化和解决用户需求三个方面来说。

1. 产品切入点

今日头条充分利用技术优势,基于数据挖掘,分析用户行为,为每个用户建立个人阅读DNA库,结合优秀的算法,为每个用户推荐他所感兴趣的新闻资讯内容,解决当今社会资讯过载的问题。

2. 差异化

与其他咨询类平台不同的是,今日头条利用各种算法,给用户所推荐的资讯内容都是个性化的、用户自己想看的内容。

3. 解决用户需求

资讯过剩的时代,今日头条帮用户节省了时间、满足了用户阅读自己感兴趣资讯的需求。

二、连接内容生产者

连接生产者也就是解决"内容怎么有"和"内容持续有"两个问题。继续往下看。

1. 内容从哪儿来(内容怎么有)

(1)利用机器爬虫,抓取内容。开始,头条的内容来自其他门户新闻的汇总。不管什么引擎,它的首要工作都是要通过爬虫积累足够多的数据样本。头条采用门户加推荐引擎的模式,用户点击新闻标题后,会跳转到新闻门户的原网页。但是出于用户体验的考虑,也为了方便移动设备用户的阅读,今日头条会对被访问的其他网站网页进行技术的再处理,去除原网页上的广告,只显示内容。不过这涉及版权问题,今日头条为此投入了上亿的资金。

(2)自己经营自媒体平台。在这个阶段头条真金白银(千人万元、百群万元等计划)的砸钱砸出了国内最大的自媒体作者平台。建立头条号之后,媒体可以在平台上自己上传内容,这就相当于授权头条进行内容分发。从此之后,不再是头条主动找媒体,媒体也可以更便捷地主动来找头条。到了现在,头条号的总量更是超过了 30 万,企业头条号超过 3.3万,73%的内容都是由头条号贡献的。

(3)短视频。今日头条自个宣布已经成为国内最大的短视频分发平台,并建立"金秒奖"及更多的资金来支持短视频的创作。

(4)问答和微头条。问答就跟知乎一样,微头条就跟微博和朋友圈一样。

2. 激励生产者(如何持续有)

早在 2015 年的头条开发者大会上，头条便宣布一个千人万元的补贴计划，它将确保至少有 1 000 个头条号创作者，单月至少获得 1 万元的保底收入，还开设了内容创投基金，在内容领域投资 2 亿元，投资超过了 300 家早期内容创业团队，对早期项目的投资金额在人民币 30 万元至 100 万元的范围内。

不仅如此，头条号还做了一个创作空间，在北京建了个头条号自媒体孵化空间，提供了高质低价的 200 个工位和自媒体大咖导师，以及融资渠道，从空间、服务、课程、投资等多重方位去提供孵化服务，不仅会有内容的投资资金，还有流量的扶持计划。

头条还开设了一个媒体实验室，为创作者提供一个创作工具，通过大数据为内容生产者提供内容线索。比如热词排行、热词趋势、报告热点事件需要的背景资料，都可以在这个平台上呈现出来。对于自媒体人去撰写报告的时候，也会有参考作用。

在 2016 年的头条号大会上，头条宣布了一个非常重大的消息，它会对短视频的头条号进行 10 亿元补贴。不仅如此，头条还为头条号的自媒体人考虑了盈利模式，它首先选取了一批能生产优质内容的自媒体账号进行内测，在自媒体的文章内容页面提供固定的广告位，并提供对广告的分成计划。

三、连接内容消费者

连接内容消费者，也就是让用户很爽地留在平台上，首先要保证用户看到的是满意的，所以需要把内容生产者提供的内容进行预处理，并将处理过的内容以好的方式展现出来。

1. 如何拉到优质用户（内容预处理）

要想找到优质的用户，最根本的是要把内容和体验做好，要不然就算用户来了也会流失掉的。

（1）审核机制。今日头条的审核机制相当严格。图文信息采用人工＋机器的方式进行审核，而视频方内容则全部为人工的审核方式，人工审核团队已有 300 多人。

（2）消重处理。消重能够优化用户体验，对于每一位用户，同类主题文章看一篇就足够了。

（3）资讯流推送。每次下拉或者点击首页按钮，今日头条推荐引擎便会更新几条新闻，而且要更新很多次之后，才会出现"暂无更新，休息一会儿"的字样，相比于几年前，资讯数量有了很大的提升 。而且信息流中显示了标题、来源、评论数以及刷新时间和图片，还可以设置是否在列表显示摘要，在信息流页面呈现的内容已经足够丰富，并且主次分明，并不会让人感到不适。

2. 如何展现优质的内容（展现处理过的内容）

（1）给他想看的。不需要输入关键字，就显示搜索内容的搜索引擎就是推荐引擎。推荐引擎涉及用户研究、文本挖掘、推荐算法、分布计算，以及大数据流的实时计算等多种角度。当你进入头条那一刻起，头条就已经开始收集你进入 App 的时间，以及你主动选择的资讯主题，还有你点开查看的文章类型，以及你在每一篇文章页面停留的时间。这些信息都会被头条收集起来，它细致到你刷到哪里，刷了几屏，在每一屏里停留的时间等所有的行为，都会被头条记录。

（2）资讯负反馈。在信息流页面设置了一个小叉，在详情内容末尾也设置了一个不喜欢按钮，点击之后会咨询用户不感兴趣的理由，这种方法能够精确获得负反馈的缘由，以便更精准地推荐信息。

（3）发布门槛。今日头条有严格的发布门槛，对文章的标题、正文等都有明确的标准，任何违反标准的文章都不可成功发布。

资料来源：https://baijiahao.baidu.com/s? id=16019485630920026 91&wfr=spider&for=pc.

扫描此码

案例讨论

扫描此码

在线自测

第十六章

新媒体营销内容

【本章要点】

"内容为王",对于新媒体营销而言是一个永恒真理。不过,这个内容不是自然而然的内容,而是有条件的。概括起来只有两个字:价值,就是对受众或用户而言一定要有某方面的用途。本章主要介绍新媒体内容的表现形式、新媒体内容定位的方式、话题选择的注意事项,以及内容创作的基本要求和技巧等内容。

【学习目标】

1. 掌握新媒体内容的表现特点和形式,并举例说明。
2. 熟悉新媒体内容产生的注意事项。
3. 理解内容定位的不同方式。
4. 掌握话题来源的方式和选择的策略。
5. 了解内容创作的基本要求和技巧。

第一节　内容表现形式

一、新媒体内容表现特点

（1）这种内容不仅是微观的文字内容,更是宏观的媒体内容,包括企业信息、经营信息、甚至媒体形态、报道方式、社会活动等,具有鲜明的聚合性特征。

（2）这种内容有自然内容,也就是原生的内容,只需如实报道即可,也有策划内容,是"无中生有"的创造性内容,具有鲜明的策划性和设计性特征,如特色板块、特色栏目、特色活动等。

（3）这种内容有动态内容,即变动不居的无法预设的活新闻,也有静态的、泛在的内容,具有鲜明的稳定性特征,如文艺作品、人物写真、情感故事等。

（4）这种内容在新媒体环境下,可以一次采集多次使用,多形态呈现,具有鲜明的融合性特征,如二维码、云计算、短视频、微博、微信、头条等。

（5）这种内容具有新媒体流动性，内容既包括具体企业产品和相关信息，也包括内容板块、内容策略、内容管理等多个方面。

二、新媒体内容表现形式

新媒体营销的内容表现形式非常丰富与多样化，文字、图片、视频、音频等元素都是常见的内容表现形式，这些元素都具有不同的表现与特点，可以充分满足企业对多样化新媒体营销内容的要求。

（一）文字

文字是内容信息的最直观表达，可以准确传递内容的核心价值观，不容易使用户产生理解错误。同时，文字的表现手法多样，不同的文字写作方法可以带来不同的营销效果，可以快速吸引用户的注意，并引起用户的共鸣。标题、短微博、长文章等形式的新媒体营销内容中就常采用纯文字的形式进行展示。

以文字形式表述长内容时一般字数较多、篇幅较长，此时要注意文字描述准确、用语简洁，注意每个段落的文字不要太长，要以用户方便阅读为宜。这种大篇幅的文字很容易引起用户的阅读疲劳及反感，因此除了专业性较强或需要提供较多文字说明的内容外，一般不建议采用段文字说明。

（二）图片

图片比文字具有更强的视觉冲击力，可在展示内容的同时给予用户一定的想象空间。网络营销媒体的图片内容展示可以全部是图片，也可以将文字作为图片的一部分融合到图片中，使图片既能更鲜明地表达主题，又能快速提升用户的阅读体验。但要注意文字在图片中的比例以及文字的大小要适宜，以保证查看图片时文字内容能清晰地展示且不遮挡图片的效果。微信公众号中的封面图、电商中的宣传推广图就常采用图文结合的图片内容来展示信息。

（三）视频

与文字、图片等较"旧"的内容相比，视频是目前较为主流的新媒体内容表现形式，它能够更加生动、形象地展现内容，具有很强的即视感及吸引力，能增加用户对营销内容的信任。在使用视频作为新媒体内容的表现形式时，可以直接拍摄内容信息，也可以对视频进行编辑，但要保证视频内容的真实性，不能为了营销效果拼接虚假视频片段。Papi酱就是以视频方式进行新媒体营销的典型代表，其视频内容以搞笑为主，通过微博这个新媒体平台获得了大量粉丝与人气。

（四）音频

除了文本、图片和视频外，音频也是常用的网络营销内容表现形式。音频更加具有亲和力，能够更快拉近与用户之间的距离，可以让用户感受到亲切且加深与用户之间的互动。但音频收录过程中可能由于外界的干扰使音频收录不完整，影响用户对信息的接收，导致错失重要的内容。因此,以音频的方式进行新媒体营销时,要保证录音环境没有多余的噪声,要吐词清晰、语速适当、用词简明,以让用户容易理解和接收为重点。

由上可以发现,不同的表现元素有不同的优缺点,网络营销人员可以综合利用不同的表现形式,集合多种内容的特点,降低用户阅读内容时的疲劳感和枯燥乏味。但需要注意,并非要将每种内容表现形式都集中在同一篇内容中,要注意合理搭配各种内容元素,尽量为用户带来一种极致的阅读体验,这样才会让用户喜欢阅读所提供的内容。

三、新媒体内容产生的注意事项

(一)必须由传统思维向互联网思维转变

以互联网时代的传播特征来确定内容生产的方式方法,做到形态丰富、层次多样,便于传播。哪怕是传统媒体,也不能故步自封,要在内容上形成与网络内容相互补充的融合形态,以满足不同层次读者的需求,要善于制作成不同的产品形态在不同的平台上有效传播,产品形态也是内容的重要组成部分。

(二)必须由单一媒体向"富媒体"平台转变

企业信息传播方式正在由单一媒体传播向媒体群传播转变(矩阵传播),"媒体＋社区＋粉丝＋服务"的传播路径已趋清晰。媒体的融合化传播和多形态化传播明显。单打独斗的传播不仅声音弱小,传播内容容易被覆盖和淹没,而且会形成"沉默的螺旋"效应,媒体本身也会丧失其固有功能。"内容为王"的理念要坚守,但是形成路径必须革新,新的技术和渠道,会使媒体内容和形式主动相适应,从而有效提升内容生产和传播水平。但作为企业运营管理者,必须打造出既有时代特点又被用户喜爱的内容产品。

(三)必须向用户为中心转变

用户主动选择信息,以"今日头条"为代表的智能传播媒体的出现,更是将信息按照用户画像进行集束化定向推送,甚至形成"信息茧房"效应。这说明,在以用户为中心的生产方面,企业的新媒体运营管理必须跟上,为用户提供更多更好的综合服务,实现用户再连接。企业除了向移动新媒体拓展,还要向社区下沉,向多元盈利渠道突破,寻找更多的信息传播路径。

(四)平台赋能,再聚内容资源生产力

在优质内容生产方面,传统媒体拥有专业化的采编人才队伍、权威的信息渠道、规范的采编流程,具备较强信息采集核实、分析解读、深度报道能力。随着新媒体的实践探索不断深入,传统媒体逐渐将自身内容生产优势转换为平台优势,发挥强大的组织动员和资源聚合能力,建设专注内容聚合与分发、追求智能化生产的媒体平台,以平台赋能和平台联动推动优质内容生产。

(五)技术赋能,再造融合传播新形态

新技术平台赋能,促使内容与技术实现更深层次的融合。内容本身的外延和内涵也更

为丰富。正确处理好"内容"与"技术"的关系,注重内容的丰富性和生动性,能够为内容建设注入新的意义。5G等前沿技术的发展和应用,以传输变革为牵引,向数据存储、计算及应用创新延展,着力在空间数据媒体应用、物联网数据计算模型等领域实现突破。在内容生产领域进行探索,需要以互联网思维,打破内容形态的界限,围绕技术进行内容生产、分发和产品设计,真正形成依托于互联网的内容生产能力。这种能力,是一种融合了思想观点、话语方式、表现形态,易于理解、便于接受,具有较强吸引力、感染力的全新内容生产能力。

第二节　内容定位与话题选择

一、新媒体营销受众的特点

（一）互动性

新媒体受众与传统媒体受众存在的最大差异,在于新媒体受众能够借助新媒体平台实现与媒体之间的互动交流。大部分的新媒体受众都已经养成了在获取新闻信息的同时表达个人态度的习惯,而新媒体平台也逐渐成为社交类平台。例如企业可以借助微博平台发布信息,而受众在看到该条信息以后可以在信息下方进行评论,其他受众也可以对于该受众所发布的评论进行评论,该受众也可以根据他人的评论进行追加,这样的互动性更好地拉近了新媒体与受众之间的距离。

（二）质疑性

在新媒体平台上,人人都可以成为信息的发布者,使得许多新媒体受众在获取信息时,秉持质疑信息的态度。不同于传统媒体的发布即真实,新媒体平台之上传播的信息时常"一波三折",企业先发布信息,在引起受众关注以后再进行辟谣,已经成为部分信息发布者赢得受众关注的常见手段。因此,新媒体受众开始建立起自己的衡量标准,在面对新媒体所传播的信息时,不再完全相信,仍然保留质疑。

（三）层次性

新媒体的受众群体较为广泛,其中不乏诸多高素质的优秀人才,他们具备明辨是非的能力,在表达个人想法时也秉持着平和、沉稳的心态。而另外一部分受众不仅辨别是非的能力较差,而且在面临某些事件时往往会情绪失控。

二、内容定位

（一）内容定位方式

1981年,特劳特和里斯首次提出了"定位"的概念,定位起始于一个产品,产品可能是一件商品、一项服务、一家公司、一个机构,甚至是一个人。定位不是创造出新的、不同的对象,而是对预期顾客要做的事。针对顾客的心理采取行动,使得产品在预期客户的心目中占据一个真正有价值的位置。实际上,内容定位是属于定位的一部分,即在目标受众的心智上建立"品牌"印象。企业开展网络营销活动,内容定位方式主要有以下三种。

1. 根据生产主体进行风格属性的定位

企业在进行内容定位之前,首先应该要考量的因素是生产主体,包括团队有多少人、有什么样的设备器材、能够利用的企业资源有哪些。所有与生产主体相关的要素都值得仔细考量,这些都将会影响到接下来内容创作过程中的每一步。例如,有些企业在自媒体平台上设有自己的主播,那么根据主播本身具有的特质和才艺可以为该短视频打上企业的风格标签,从而在受众心中留下独特的风格印象。

每个自媒体都有自己的风格属性,实际上也可以称为内容调性,而这个调性的树立是起源于自媒体对于内容生产边界的把控,即什么样的内容是可以生产,什么样的内容是不能生产的,然后再给生产出来的内容打上风格化的标签,如"同道大叔""Papi酱"专门搞笑吐槽。这样就可以很明确地在受众的心智上形成关于该自媒体的独特风格标签。

2. "空档"定位

所谓的"空档"定位,就是找到目前市场上至今为止还没有出现的内容,然后按照这个方向生产内容。在预期受众的大脑里"找空子"是定位领域中的最佳方式之一。在泛娱乐类短视频铺天盖地向受众袭来的时候,偶尔几个垂直类的企业短视频自媒体就很容易火爆起来,比如日食记。当然在内容生产垂直化之后,企业在内容定位的时候依然可以寻找一些市场上还没有出现过的,或者是已经出现了但仍然还没有形成头部IP的内容方向。

"云南菜很特别,食材又很独特,在外省几乎很难看到。我当时就想着,把这些菜拍成视频,应该会有人看,然后还可顺便卖一些云南的土特产。"(来自PGC短视频自媒体"滇西小哥"采访)滇西小哥是个地道的云南妹子,熟悉她的人都叫她阿盆姐,两年之前辞去了在重庆的工作,回到家里开始做一些原创的短视频。内容定位的方法就是运用了"空档"定位策略。在滇西小哥的视频中,有云南特色菜的制作过程,有整个村子里的风土人情。近两年,整个行业里面突然涌现出大批的美食类短视频自媒体,在卡思数据的榜单中也可以看到排名前五的自媒体中,有三个基本都是做美食的,且有很多也都是做农村题材的。

因此,在这个内容方向上,想要获得成功有一定的难度。滇西小哥利用自身优势,找到市场上的"空档",也就是外省几乎看不到的云南特色菜,与其他的短视频自媒体形成了明显的差异。

3. "垂直"定位

当前,企业自媒体在内容定位的过程中,不仅要做到清晰垂直化,而且要在垂直化的基础上再度垂直化,如果能够做到二度垂直甚至三度垂直,就很容易形成差异化。以抖音平台上的美食类短视频为例,数量多种类全,这时需要以二度垂直的方式进行内容定位。以12月20日最新入驻抖音的美食类PGC短视频自媒体"@煲仔哥聊煲仔饭"为例,其发布的第一条视频主要内容是:介绍煲仔哥,宣布煲仔哥入驻抖音并为大家分享关于煲仔饭的专业经验。视频内没有介绍任何实质性的内容,但是这条短视频在当天即获得近50万的点赞量和63万粉丝。其内容定位的垂直过程为:短视频—美食类短视频—专讲煲仔饭的美食类短视频。然而越是垂直化的短视频,制作过程越具有难度。因为垂直类的短视频需要生产主体具备相关垂直领域的知识和经验储备。比如"@煲仔哥聊煲仔饭"中的煲仔哥就是一个专注煲仔饭研究16年的专业人士,这是他比常人更加专业的地方。但是这样的定位策略值得借鉴。

(二)内容定位注意事项

根据"使用与满足理论",受众在大众传播的过程中具有能动性,他们接触和使用媒介是基于一定的目的,是满足他们的需求。企业在开展内容定位的时候,需将大众在接触媒介时的动机和心理纳入调查的范围内。

1. 用户画像为内容定位提供反馈标签

用户画像的建立可以通过后台数据的抓取,也可以通过大数据分析的方式进行,或者直接向用户发出调查问卷并回收分析。以短视频自媒体"办公室小野"为例,基本的用户画像在卡思数据中表示为用户性别分布、年龄分布、地域分布、星座分布以及用户标签。用户画像建立的目的是给用户打上相应的标签。因此,每个用户数据综合搭建起来就是用户画像。给用户打上相应的标签,从而在内容定位的过程中明确用户的主要需求,针对该需求作出相应的调整,这必定可以在用户的心智上产生重要的影响。

2. 链接用户情感需求的内容定位

新媒体营销内容行业里的优质产品在表现手法、制作流程、团队甚至商业模式上都是各具特色的,但是这些作品最终都是通过触达人的情绪和情感去实现自己的产品价值。内容触达的人群范围越大,情感层次越多,程度越深,带来的价值越大。企业在进行内容定位的时候,应该从用户的角度考虑,该方向的内容生产能和用户产生情感上的共鸣点,从而产生价值。根据马斯洛的需求层次理论,用户在观看短视频的时候能够产生以下的情感需求:第一,与他人交往的需求;第二,娱乐、享受、轻松的需求;第三,表达的需求。类似于影视作品,所有的内容往往都是通往人类的内心深处,只有深入挖掘人类深藏的内心情感的短视频,才能引起用户的二次传播(转发、分享)。因此,企业自媒体的内容定位也应该是个链接用户情感的过程。

3. 确定自媒体平台

确定自媒体平台包括个人自媒体平台定位和企业自媒体平台定位。在个人自媒体平台定位方面:个人需要做的不是输出自认为的高质量内容,而是需要结合企业产品和服务的实际情况,输出与平台定位相符的内容。在企业自媒体平台定位方面,企业自媒体平台定位过程中,需根据企业自身产品和服务的特征,结合平台中潜在目标客户群体的需求规律,重点考虑企业是推销产品,还是推广企业文化,或者做好服务等问题,制定差异化的定位策略。

4. 做好内容规划准备

自媒体平台的内容一般分为两种:一是针对热点话题的借势发挥。通过对网络中热门话题的持续追踪,制定宣传的噱头,吸引人们的眼球和关注度,为企业造势。二是结合自己的定位做每日更新。企业根据自身的定位目标,结合企业的实际情况进行持续更新,逐渐形成一种鲜明的市场概念,确保与顾客的需求和追求的利益互相吻合。

三、话题选择

话题选择已经成为很多新媒体营销的必备技能:为产品制造一个话题,让大家发现、讨论和扩散,最后达到四两拨千斤的传播效果。那么,话题应该如何选择呢?想要找到好的话题进行营销,就必须了解一些寻找热点话题的方式,只有平台本身关注话题和热点,才能吸引用户的注意力,而想要获得热点话题,就必须了解热点话题的来源方式。

(一)话题来源

1. 通过百度指数分析近期趋势

百度指数是互联网时代最重要的数据分享平台之一,该平台是基于百度用户行为数据建立起来的平台。通过该平台,网络营销运营者能够了解到某个热点的火热程度,它能将竞争产品、受众指向、传播效果等数据和信息,以科学的图谱方法呈现在人们面前。如企业想要了解某个热点的火热程度,只要在百度指数查询栏里输入热点关键词即可。图 16-1 所示为热门电影《误杀》的指数趋势图。

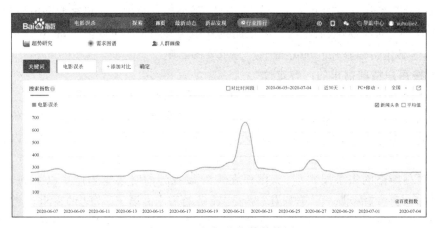

图 16-1 《误杀》的指数趋势图

如果企业获取到几个同类的热点,可直接添加对比词,然后查看哪个热点关注指数更好一点。同时通过百度指数,用户可以了解到如图 16-2 所示的信息。

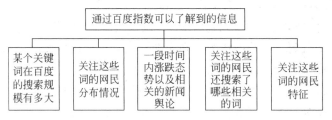

图 16-2 百度指数可以了解到的信息

2. 通过微博寻找热点话题

微博上的热搜榜、话题榜、时代要闻主要展示 24 小时内网友关注度比较高的热门事件、话题等,如图 16-3 所示。运营人员可以根据自己的营销计划方向,找到自己关注领域的热门话题,然后将这个话题嵌入自己的营销推送消息中,进而提高用户的关注度和阅读率。

3. 通过淘宝排行榜来寻找好卖产品

对于电商类或者以销售产品为主的企业来说,关注市场行情是很有必要的,这类企业要

图 16-3 微博上的热门事件

了解商品行情，知道什么最好卖，同时也要了解竞争对手是如何选择热点词的。商品行情可以通过淘宝热榜来查看，淘宝热榜的搜索指数是根据热搜词的搜索量级、增幅等指标综合计算得出的，图 16-4 所示为淘宝热榜的页面。

4. 通过百度搜索风云榜分析数据

百度搜索风云榜是基于数亿网民搜索行为的数据，以关键词为统计对象建立的关键词排行榜平台，该平台覆盖 10 余个行业类别，100 多个榜单，能够直观地反映出互联网网民的兴趣和需求。企业新媒体营销运营者可以在百度搜索风云榜上查看网民关注的兴趣点，然后结合自己的营销运营内容，将热点与自己的内容结合起来，推送给用户，这样更容易吸引用户。

5. 通过网评排行分析最受关注的内容

在网评排行——搜狐上，通过网友对某一新闻的跟帖数和点击数，了解用户的关注点所在。在该平台上，企业新媒体营销运营者可以通过排行榜了解国内、国际的社会、娱乐、财经等领域的"日热点排行"和"日点击排行"，然后再结合这些热点，在此基础上选择自己本身的营销话题。

图 16-4 淘宝热榜的页面

6. 通过知乎分析大家都在讨论什么

知乎是一个网络问答社区，用户可以在这个平台分享各自的专业知识、见解和经验等。企业新媒体营销运营者可以进入话题广场，选择与自己营销有关的话题，进入之后就可以看到热门话题的排序。图 16-5 所示为知乎话题的动态排序情况，企业新媒体营销运营者可以通过查看这些热门排序来了解网友的关注点和讨论话题。

7. 通过视频平台指数分析热门视频

对于视频类的企业来说，需要经常利用这样的视频指数平台来分析热点视频的一些播

图 16-5 知乎话题动态排序情况

放趋势、用户的观看行为、观看用户的特征特点等。企业新媒体营销运营者只需要在搜索栏中输入关注的视频名称即可查看视频的指数情况,如果是想要进行多视频对比,在搜索栏中输入视频名称时以分号分隔即可。

(二)话题选择注意事项

1. 按传播目标设立话题的创意和形式

(1) 首先要确立一下这次话题想要传播的目标是什么,然后分析当下比较大的舆论环境,大家都在热议什么,或者在目标领域内人们都会关注什么,构思好创意话题,最好是新奇、有趣、好玩等。

(2) 话题是要靠人们口口相传的,因此有了焦点后,更要抓住洞察点。如果能够让人产生共鸣甚至是情绪的宣泄,那么私人的话题就会扩散成公众话题,继而引发更大规模的跟风关注。这个洞察可以对症特定人群,也可以是社会痛点,如某沙发品牌的"空沙发活动",妻子举牌抗议丈夫加班不回家,戳中了普遍的加班之痛。

(3) 依照创意话题特点,设计传播形式。例如聚美优品陈欧"我为自己代言",我是谁我为什么为自己代言,简单的填空很方便网友参与;而优衣库事件则是一波未平一波又起,先是试衣间视频流出,后是澄清,再后是调查等,一个个小话题的抛出吸引了持续关注。

2. 巧妙地植入品牌的核心诉求

(1) 有了话题目标和创意后,还要巧妙地植入自己的品牌,或者在讨论中捆绑自身的产品等,在推进过程中凸显其优势和核心诉求。

(2) 结合的技巧和曝光的时机很重要。有的话题刚起来,可能才过半天这个传播过程就结束了,再要聚焦消费者善变的注意力就困难了;或者简单粗暴地直接把话题和品牌一起推出,受众看了觉得很生硬继而反感。因此要慎重选择品牌曝光的方式,其实最重要的还是这个事够不够吸引人。

3. 完备详尽的话题执行计划

(1) 为了确保话题的顺利推进,需要有一个详尽的执行计划。计划要确保不偏离主题,需要尽可能地细致再细致,很多传播的点往往都在很小甚至很浮的细节上,如何抓住它,以某种方法展现出来是很有挑战的环节。

(2)计划包括酝酿期、传播初期、传播中期、传播后期、收尾期。前期需要投入什么资源,影响哪些人或媒体,后期又要哪些人介入,达成什么结果,应心中有数。

4. 话题的传播及推波助澜

(1)只有极少数的话题会意外走红,现实的情况是可能千千万万个话题才会有一个火起来。但是媒介中是存在"话语权"的,包括意见领袖,即明星、网红、大 V 等,传统媒体、网络媒体,以及各种媒介的推波助澜。所以需要充分利用这些资源,让话题得以扩散和深入,当然这也需要更多预算投入。

(2)传播过程中需要适时地添加"辅料",否则单一的话题很容易"熄火"。比如之前京东价格战,刘强东先宣布家电一定比苏宁便宜,然后又宣称招收苏宁价格情报员等,一步步把话题炒热。

5. 灵活地调整及效果评估

(1)因为话题营销是卷入式的,过程难料,中间可能会有很多变数,可能有些人是既定的参与者,也有些人是临时"打酱油",还有些人是突然介入的。因此传播过程要进行舆情监控,根据话题进展态势灵活调整,"釜底抽薪"或"再添薪火"。

(2)话题营销结束后,要做效果评估和复盘总结。产生了哪些效果,过程中做得好和不好的地方,做一个收尾。

(三)话题选择策略

话题选择最终目的就是要通过各种话题资源的传播,形成品牌良好口碑的扩散和积淀,话题选择策略更是一项系统工程,需要打"组合拳",才能把"话"说好、说到位。

1. 设定核心话题精准锁定需求痛点

从一开始《人民的名义》就以"史上最大尺度反腐剧,老戏骨集体飙戏"作为主要诉求点,正是这一点成为营销传播的核心话题,后续的一系列话题无非都是这一核心话题的具体演绎和展开。核心话题精准制导,直击观众观剧痛点,正好满足人们渴望剧情能真实反映现实,不希望遮遮掩掩、背离实际的心理;当下屏幕"小鲜肉"扎堆,大多数观众也早已对他们拼颜值的套路审美疲劳,而"老戏骨"秀演技正让人眼睛一亮。核心话题的设定形成错位和差异,能够快速激起人们观剧的兴趣。

随后的话题不断围绕核心诉求演绎,针对剧情和主演的个性表演,各种话题内容更是被网友接连刷屏,"一起守护达康书记的 GDP""达康书记别低头,GDP 会掉"等更是圈粉无数,火爆程度丝毫不亚于当红"小鲜肉"。对企业营销而言,话题是手段,营销是目的,而分散的话题虽然增加了品牌曝光度,但却可能稀释消费者对品牌个性化的认知,因此,话题营销的精髓在于找到核心话题作为"主攻点",从核心话题延伸出更多的话题资源,始终聚焦在"核心"上,集中人们对品牌(产品)特色的关注。分享快乐一直都是可口可乐标榜的哲学,从2013 年起,可口可乐相继推出了分享瓶、昵称瓶、歌词瓶以及台词瓶,瓶子本身极具话题性,在微博上通过微博话题转发成功分享更多粉丝,此举无疑让可口可乐快乐、分享的品牌基因在消费者心中根深蒂固。

2. 话题发掘基于消费者最有可能产生的兴趣点

话题并不能凭空产生，要围绕产品本身来做文章，可以从其性能、结构、成分、工艺等诸多方面入手，从不同侧面和角度来产生话题。话题要让人产生兴趣，这就要求话题能够做到新鲜有趣，而做到这点，两个条件必须具备：其一，人们对话题不熟悉，如果已经熟悉，再说出来已经没有任何新意；其二，当引导人们考虑相关话题时，他们又是非常想知道的。从产品营销角度来看，许多有价值的话题都可以发掘，哪怕是富有争议性的话题也同样能引发人们莫大的关注。广告大师李奥·贝纳曾经提出"产品与生俱来的戏剧性"理论，认为"产品与生俱来的戏剧性"，即"商品能够使人们发生兴趣的魔力"，广告创作就是要将其发掘出来。话题营销同样适合这一原理，其中的"戏剧性"就是人们感兴趣的话题。在2021年，当用户在支付宝搜索框输入"在吗"口令，就会收到一首情歌，并配有一句"在吗"开头的土味情话。歌曲和情话的推送也是随机的。用户单击"分享"按钮就会自动生成一张告白文案的信封海报，品牌的曝光度迅速提升。

3. 话题传播要有互动性、参与性

新媒体时代，话题营销最忌讳自说自话、自娱自乐，需要网民的互动参与，形成病毒营销而导致话题扩散。带有趣味性和戏剧性的话题，让网友情不自禁地参与评论、转发，再一次凸显了互联网互动的强大效应。没有互动和参与的话题是没有温度的，有热度的话题一定是通过互动参与来体现，这种有热度的话题将可以短时间内拉近与消费者的距离。小米手机短短几年快速成名，和通过各种话题互动传播、让消费者体验到参与感是密不可分的。如今是碎片化的传播时代，任何品牌都需要互动性更强的话题进行传播，才有可能确保品牌的声音不至于在众声喧哗的媒体环境中湮灭无闻。

4. 多平台、多形式的话题营销实现途径

这是一个媒体狂欢时代，海量传播信息正在抢夺人们的时间和注意力，同时，受众也被切割成了许多有着不同信息需求的分散群体。既然如此，话题营销就需要在这个"碎片化"的时代"圈"住更多粉丝。企业从话题引导、内容呈现再到传播途径需要采取多元化的方式。以话题形式来看，有软文、论坛帖、微信微博话题、宣传海报、人物专访、视频、百科问答等，要利用企业热点不同设定来制造话题圈住不同粉丝，吸引企业的消费者转变成忠实的粉丝。

第三节　内容创作

互联网改变了人们原来阅览的习惯，图片和短视频成为受众喜爱的广告表达形式。自媒体的蓬勃发展降低了广告生产的门槛，企业可以自己制作、生产发表广告，5G时代更是为内容创作提供了前所未有的发展空间。

一、内容创作的基本要求

（一）增强文案的逻辑性与思想性

内容创作需要加强广告文案的逻辑性与思想性，一方面可以修正模糊、偏差的广告内容,对产品信息、品牌特性进行清晰准确的阐述;另一方面可以提升广告作品的深度,尤其在论说体的广告作品中,可以充分发挥广告文案的表达优势。如 2020 年 3 月苹果公司的招聘广告:"各位敢于不断从零开始的人/爱唱反调/讨厌合拍的人,各位不懂得随大流/不看规则的眼色/能投入新世界/重塑自我的人,各位睁眼白日梦/闭眼天马行空/满脑子理想和幻想的人,各位能在一片草地里/分辨出万千种绿色的人,能为现实的死结/寻求答案的人,你能飞得比自己想象的更高、更远,你,就是我们寻找的人。"

新媒体文案看似轻松略带调侃,但充分彰显品牌的思想态度,形式灵活、耐人深思。图片或视频很难准确传递这种抽象的广告主题,无论媒介怎样更新,能够恰到好处地运用语言文字本身,准确表达广告主题的撰写方法永远都不会被淘汰。

(二)回归文字的"书写"气质

有时文案的创意来自文字的"书写"气质。例如,2019 年可口可乐为纪念品牌进入中国40 周年,推出了全新字体"在乎体",字体灵感来源于可口可乐进入中国市场时的经典商标——"可口可乐"这四个字的字体。这套与汉字推广机构、专业字体设计机构联合开发的字体,笔画浑厚、有力,例如在横画的起笔、竖画的收笔、横折的转折处等地方都更加圆润。2020 年 5 月,为了庆祝品牌成立 134 周年,可口可乐免费开放了"在乎体"的下载权限,让大家用"在乎体"记录在乎的人与事。

数字化时代,这种有温度的书写选择也给人们留下了深刻印象。当然这并不意味着广告文案的形式只能保留传统的书写性,不能有任何形式上的创新,新媒体文案的创新应该是在保留其原有文字魅力之上的创新,不仅重视文案形式上的改变,更关注文案内容上的挖掘,让形式的创意根植于内容的创意。

(三)善用文化性文案

为了适应受众的碎片化阅读习惯,许多新媒体文案形式上发生了改变,如尽量生产短文案,又如在综艺节目或者网剧中,文案会伴随着娱乐环节或者剧情发展出现,适当弱化自身文化性,以保证引起受众的广泛关注。很多时候具有思辨性或文化性的文案只能被束之高阁,但善用文化性文案其实能更好地帮助品牌讲述故事、表达情怀,与消费者达成共鸣。传统媒体时代企业无法准确识别目标用户,追求文案的通俗化也是一种无奈之举。

如今大数据智能投放广告的方式可以甄别出不同阅读习惯的用户,实现文案的精准投放。例如,以往定位于"00 后"年轻一代的产品,为了兼顾年轻人的喜好特点,多选用流行词汇进行广告宣传,而传统、唯美的语言风格略显"土气",并不是该市场的主流,但智能推送为诗化的广告文案提供了"用武之地"。成立于 2017 年的国产彩妆品牌花西子的文案就和大多数彰显个性、追求自我型的广告不同,将诗化的语言融入文案,满足了喜爱传统文化的年轻消费者,该产品的理念为"东方彩妆,以花养妆",花西子取名于苏轼的诗句"欲把西湖比西子,淡妆浓抹总相宜"。口红的名字也极具诗意,如"涅槃""独秀""星穹"等,文案"雕花口红,唇间锦绣"更是利用文字创造了产品唯美的意境。

二、内容创作的技巧

正文是新媒体文案的主体，是对标题的拓展，也是对文案核心内容的详细阐述和展开说明，是向目标用户进行内容展示和说服目标用户的过程。正文由文字、图片、视频等组成。用户通过阅读正文，了解资讯的全貌、作者的完整观点、产品的详细信息、活动的具体情况等，从而产生相应的心理、行为反应。

1. 新媒体营销文案语言的文体特征和基本要求

不管是国内还是国外，语言的甜美和简洁都是文案语言的最基础要求。渠道也离不开文风的表达形式，具体来说，纸媒通常相对偏书面化，广播电视经常偏向于口语化，网络媒体总是会用网络热词，口号式语言常见于户外广告。同时，因为受众不同，不同的文案有不同的接受程度，这和受众文化背景层次也有联系。因此，应充分了解消费者的文化背景，让不同语言发挥出不同语境下的优势。营销广告文案需要结合社会诸多要素才可更好地发挥出其功能。部分营销人觉得新媒体背景下，文案水平已极大被削弱，这种想法是不正确的，因为不管是何种形式的文案，都要求有写作水平，而且还要有较强的表达能力，以及清晰的逻辑思维。

2. 新媒体营销文案正文内容

（1）写作意图。写作意图指企业要传达的核心信息及对用户反应的期待。从商业的角度看，主要是呈现商业信息、刺激用户购买等；从社会管理的角度看，是为了呈现事实、引导舆论；从新媒体平台本身的运营看，是提高流量、巩固社群……新媒体文案的作者身份、需求等因素决定了其文案的写作意图。

（2）佐证信息。希望用户接受一个观点，就得围绕这个观点提供证据，证明其正确性。正文的佐证信息一般包括政策、经验、数据、专家证明、形象、差异及第三方反馈等。佐证信息的主要作用是帮助用户深入理解、接受文案的核心内容和重点诉求。

（3）行动信息。通过文案引导用户作出相应的行动，帮助文案完成使命。如果新媒体文案的写作目的是说服用户接受观点、认同形象等，那么正文需要明确号召用户采取相应的行动，如号召用户参与环保事业、号召用户投身慈善事业等。如果新媒体文案的写作目的是刺激购买，那么正文需要呈现产品或服务的优惠力度、购买途径，并鼓动用户购买。

3. 新媒体营销文案正文写作原则

围绕文案的核心内容和重点诉求，呈现完整的信息，具有创意，形成话题效应，达到说服用户、刺激用户行动的效果，通常即可认为文案是成功的。至于正文内容、结构、叙述方式等，均可以根据实际需求灵活变化。一般来说，新媒体营销文案需要遵循以下原则。

（1）突出中心要点。面面俱到的正文会显得不知所云，用户在阅读过程中容易感到疲劳。正文的创作一定要从读者的角度出发，避免正文变成作者对用户的单向信息灌输和信息压迫。既要表现出核心诉求点或利益点又要使用能够充分表现核心内容的最少信息，方能使正文重心突出、信息明确。

（2）信息完整。正文信息完整对文案写作者提出了基本的要求，必须具备搜索信息的能力、整理信息的能力和使用信息的能力。

（3）语言灵活，条理清晰。根据主题的需要，语言可以有严肃、活泼、俏皮、深情、激烈、讽刺、天真等类型,不拘一格,只要能够突出主题,吸引用户的注意力,就可视为适当的语言。正文要层次分明、条理清晰,将收集的信息按照一定的逻辑进行整理,文案写作要根据目标用户的层次、文化水平等对信息进行加工,尽可能地将信息化繁为简。让正文逻辑清晰,使用的理论或者事实依据需合理安排,进行严密论证,且应选用符合文章类型的语言风格进行阐述。

（4）真实与真诚。正文具有呈现完整信息、说服用户行动的功能。新媒体文案受到伦理、道德、法律、法规的约束,呈现的信息要真实可信,不能为了传播而夸大其词、模棱两可。在真实的基础上,对待用户还要真诚。正文的态度、用词要体现出作者为用户着想,作者与用户是平等的,不能有高人一等、盛气凌人的姿态,要让用户感受到文案写作者在用心地和自己谈一件事情,推荐一种好的产品。

三、内容创作策略

（一）内容创作应统领全局

在内容创作和营销过程中,应具有统领全局的意识,不仅要考虑局部,还要考虑整体运营,企业站在统领全局的视角上去谋划未来的发展。早些年,PC 端和移动端的区分较大,有些在 PC 端可以观看的视频在移动端则不能直接观看,而是要通过其他设备的辅助才可以观看。近年来,视频已经实现 PC 端和移动端的同步观看与缓存。实际上,企业的内容创作需要统筹全局,并不局限于对于某一内容的宣传,也在于对于其他内容的广告植入和衍生宣传。

（二）内容创作应开拓创新

除了对于整体内容的规划之外,在内容创作过程之中,也应该注重通过多种形式进行宣传。例如,当前许多影视作品配有手机游戏等衍生产品,获得了较好的宣传效果。同时,注意在内容创作时开拓创新,避免内容过于雷同。如今,企业自媒体内容宣传已经取得了一定的成绩,但依然有无限的发展前景,从业者不应该故步自封,一味地停留在原有的模式之中,在目前的条件和环境之下,应该具有不断挑战的精神,抓住一切方法和机会,对内容创作和营销方式进行更多探索和尝试,发现更多的可能。

（三）内容创作应强化优势

新媒体平台通常具备不同的定位和优势,因此,在内容创作和营销上,应该紧贴每个媒介平台的特点,做到有针对性地宣传和营销。首先,应充分分析所要营销产品的特点,明确宣传目的,分析宣传受众,做好营销定位,然后充分分析不同媒介平台的特点及优势,选出最符合产品特点的媒介平台,最大化发挥媒介平台的优势,定位出产品的目标人群,获得产品的收益。

新媒体宣传不同于传统的媒体单一化的宣传,就是在于这种新的媒体传播和宣传方式整合了各个平台不同的宣传优势,使得各平台的优势能够在一个全局的协调和掌握之下充分发挥各自的优势。这种优势建立在每个平台的自身特点上,而这些特点正是各平台差异化的体现。要更好地利用好这种平台之间的差异化优势，并且能够将这种差异化整合在一起，形成一个互联的跨媒体宣传大平台。基于这样的全盘考量和整体协调规划，才能使新媒体平台营销的优势得到充分利用，进而形成爆发性的宣传优势。例如，微电影、电影、电视剧、手机游戏、报纸、杂志、书籍、广播、音乐等不同类型的媒介，具备不同的特点和优势，微电影、电影、电视剧具备艺术性和故事性等优势，而手机游戏的优势则在于其互动性和参与性强，报纸、杂志等传统媒体虽然受到了新媒体的冲击，但在宣传方面依然有一定的作用，因此可根据实际需求进行分析和选择。

（四）内容创作应彰显互动

新媒体具备传统媒体所不具备的优势，尤其体现在信息传播的速度和效率以及新媒体更好的互动体验上。传统媒体受到技术的限制，在传播资讯方面是单方面的，受众和自选传播平台无法进行全面的沟通，使得信息传播者无法在传播过程中就传播内容获得受众的反馈，也就无法对传播的方式和内容根据受众的需求进行合理的调整，以满足受众和市场的需要。

随着互联网的不断发展，各种衍生物层出不穷。在媒体行业，多种媒体平台更是搭上了互联网的顺风车，开启了不断裂变细分的发展之路。各个平台所专注的内容领域和目标群体不同，其传播特点也呈现出更加多元的态势。但是，这种新媒体传播模式都有一个共同点，那就是受众和平台之间能够实现有效互动，这种互动多数时候是实时的。通过这种实时互动，受众能够对平台的传播内容进行点评，平台也能够及时收到受众就传播内容发表的观点，这种形式使得平台和受众之间产生更加稳固的黏性，使平台获得更忠实的粉丝，进而获得更加稳定的发展。这就是新媒体行业基于互联网互动模式带来的资讯传播形式的迭代和媒体行业的新发展。

新媒体主要有两种互动方式应用较为广泛。一种是通过弹幕、留言、评论等方式进行互动。近年来，B 站的弹幕非常火爆，观众愿意通过弹幕来留言讨论，使大家在异地一起观看、交流，弹幕方式随之应用到各大主流媒体网站。而对于微博、微信等社交媒体，则通常采用评论、留言等方式。另一种则是通过观众的参与进行互动，如一些 App 会采用主海报变脸等方式，让观众参与其中；再如电视剧开放结局等方式，如韩国的很多影视作品采取拍摄与播出同步的方式，充分考虑观众的意见和建议，让观众切实地参与到剧情的走向之中，更好地迎合观众的需求。

（五）内容创作应引导观众

新媒体为大众的生活提供了较多便利，逐渐发挥出传统媒体难以比拟的作用，也逐渐占领了更多舆论高地。跨媒体内容创作应该注重对于观众的引导，而这也使得新媒体的价值得以提升。传统的媒体宣传在内容宣传和营销的过程中是线性的，营销内容在传统的媒体平台上必须占用一定的时间进行宣传，其他内容无法在同一时间进行播放。因此，在生产营销内容的过程中会考虑到这一特点，进而压缩宣传营销所占的时间和比重。这是传统媒体在宣传营销上的局限性。

进入新媒体时代，借助互联网技术，受众获得信息的方式发生改变，信息传播更加多元化、个性化。受众在检索过程中不仅能够获得内容，也能够看到一些相关的宣传营销广告，使得内容营销能够在不同的时段、不同的人群当中不断传播,营销的密度和覆盖面增加。此外,随着大数据的不断发展,新媒体平台还能够根据受众的检索喜好定向推送相关内容。这就使得受众看到的内容更加贴合自身的习惯和需求,进一步增强内容与受众之间的黏性。而平台也能够基于这样的技术进行宣传营销推广,使更多的碎片化时间被利用起来,填充在受众的检索内容当中,优化宣传营销的效果。例如,当前综艺节目会设有互动话题、抽奖等环节,引导观众参与互动;也有些产品或节目采用拼图方式进行宣传营销,将整体宣传分散成不同的碎片,在不同的媒介上面进行宣发,然后让观众自行拼接。相比长篇大论,碎片化传播模式占用的时间较为分散,能够尽可能地避免受众因为精力有限而制约营销效果。

四、内容创作的未来发展趋势探究

通过对不同种类的文案进行分析和对比,当今依托新媒体平台,企业开展的宣传和营销相较于以往传统的媒体营销而言,在发展过程中有沿袭也有变革。在当前时代能够存活并且具有良好发展的自媒体必定是遵循着人们在新时代的生活规律和生活需求而进行运营工作的。新媒体在当今时代迸发出的旺盛生命力的源泉就是在运营过程中强化受众的主体地位,这不仅是新媒体的必然发展趋势,同时也是新媒体的发展本质。纵观营销获得巨大成功的自媒体平台可以发现,借鉴前人的成功,一味地模仿"标题党"和"鸡汤党"的文案操作手段虽然容易产生一定的效果,但是却无法在新媒体广告行业真正立足。而真正优质的文案往往具有以下特征。

(1)跳脱俗套,往往不针对具体的产品进行营销,而是宣传和推广品牌的概念与企业文化。

(2)合作方一般具有广泛的知名度,旗下的产品也一般深受广大受众群体的支持和信赖。

(3)广告的植入方式一般都十分隐晦和含蓄,让受众在潜移默化中受到影响,从而促进用户作出购买决策和消费。

(4)文案的可读性很高,内容精彩。

因此模仿并不是写作的终点,结合新时期人们的审美和阅读需求进行不断的创造和改良,发挥自身的主观能动性,创造出具有前瞻性和吸引力的文章才是未来文案写作应该坚持的方向。预计在不久的未来,我国小型自媒体中那些创意不足和内容不能保持和谐的个体将面临消亡或被淘汰,自媒体行业将告别爆发期那种趋于平稳发展的状态。

案例分享:新媒体营销典型案例——大众点评

从"工具性"到"内容化"转型或将成为大众点评未来布局的战略重点,成功融资40亿美元的美团点评,将让这一转变更有想象力。

以淘宝为首的电商平台相继入局短视频,吸引优质 PGC 内容入驻不说,铁了心要打内容战役,借力短视频功能倒也玩得风生水起。如今的大众点评不再只是你犹豫去哪儿吃、吃什么的"指南针",也不再只是你寻找折扣和优惠的"聚宝盆"。连 2017 年 6 月新增的"发现"功能、自称"点评头条"的板块也集纳了各类美食、好店推荐,可谓是嫁接今日头条做资讯模式的新尝试。

短视频与图文内容相辅相成，大众点评也开始走淘宝、京东等一众电商看好的路子——优质内容引导消费升级。大众点评上线短视频，"深夜食堂"不打烊。上线了"点评视频"页卡的大众点评，更成为吃货难以拒绝的一方"沃土"。点开首页精选短视频，随便扫一眼，不是博主探店实录，就是博主疯狂开吃，再不济也有美食做法的视频教学。总之谁看谁饿，尤其深夜打开，已绝非"拉仇恨"三个字所能形容此时此刻的心情。

仔细追溯一下，大众点评可谓非常低调。早在2017年4月5日，大众点评更新的9.2.0版本就已经悄悄上线了"小视频"的功能。也就是说用户在点开商户页面后，可以一改往日15字评论配图片的点评方式，拍一段30秒的短视频，成为新的点评方式。淘宝也曾计划将短视频加入买家点评和买家秀中，但却被大众点评捷足先登。虽然早在4月就推出了该功能，但用户似乎并未养成短视频点评店铺的习惯，因此这个新的尝试也被低调地保留在App上。6月，在大众点评的社区论坛里，还组织了"美食拍客招募"的活动，试图用这样的方式传播新推出的功能。

随后，大众点评又在2017年7月更新版本中，先后上线并更新了"点评视频专区"。点评视频页卡划分成了"吃货趴""爱萌宠""变漂亮""去健身""有萌娃"等14个分类列表，囊括了婚庆、美食、萌宠、健身、电影、母婴等多个领域，都与生活方式相关。此外，从目前各个页卡中的视频内容来看，大众点评也引进了包括魔力美食、一条视频、罐头视频、摩卡视频、日日煮、腾讯视频生活频道等多个优质内容源入驻，且这个区域目前不支持用户UGC内容的上传。

跟电商平台朝着内容化发展的逻辑一样，这类产品不再只向消费者提供服务，而是更深地挖掘用户的潜在需求，以图文或视频内容二度向用户"种草"，既能增加用户在产品的停留时间，又能挖掘和激发用户的消费潜力。而短视频就成了继图文内容之后，既易于传播又能承载丰富内容的新载体。流量红海过去了，短视频领域依然是一片红海，各家平台依旧难分伯仲。这个时候入局的大众点评算是绝对的"后来者"了。而这一布局也与大众点评2017年的整体战略有关——实现从工具产品向内容产品的转型。

"作为一个主打本地生活服务类的产品，一方面从平台角度看，内容的加入，特别是短视频的加入让用户在平台的停留时间变得更长；另一方面，这些内容是为了帮助用户做信息决策，比如用户看完美食视频他会决定去哪家店，看完婚纱视频她会决定要什么套系。"曹世雄说。而对更在乎"转化率"的商家来说，通过店铺搜索达到的用户和通过内容并影响用

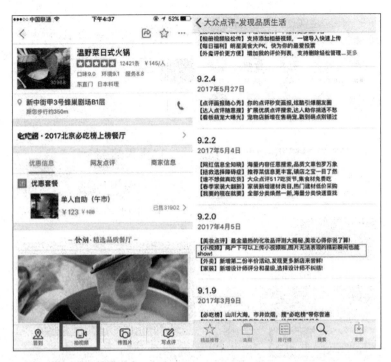

户的决定，这两者从构成上来说是不一样的，后者所包含的内容和影响力更加多元，在转化上也会比传统方式高很多。而对于优质内容来说，各家平台抢占短视频流量的红利期早已经过去，即便现在多一个平台、多一个渠道传播，流量已经不是其核心诉求。现在的优质内容，更在乎触达的人群够不够垂直细分。

作为新片场旗下的美食垂直类目的短视频栏目，在入驻"点评视频"之前，魔力美食已经是微博拥有211万粉丝的"知名美食视频博主"，而它在腾讯视频的总播放量也超过2亿，而它目前在点评视频中的粉丝数和播放量还不算高。既然这些内容在其他平台的表现已经足够优秀，为何还要再多一轮运营成本，入驻一个全新的、在短视频领域还显青涩的平台？"魔力美食是一个美食节目，而点评视频的用户大部分都对美食有热情且讲究生活品质，这比较符合我们的目标人群定位。此外，点评视频的产品和平台属性也为它带来了不少优势。"点评视频的属性更垂直一些，而且用户使用大众点评的初衷并不是出于对内容的需求，更多的是对实用性的要求。所以对于"点评视频"的合作伙伴来说，如何快速抓住用户的眼球成为运营的重点。

尽管短视频的热度依旧居高不下，前有快手、抖音、火山小视频等专注于短视频的平台抢占市场先机，后有各家媒体平台砸重金补贴短视频创作者吸引优质内容加盟，再到如今电商、服务App等跨界嫁接，短视频的优势不言而喻。快手、火山小视频不仅用户量大、内容丰富，而且场景多元，真实呈现了形形色色普通人的日常生活，这也是快手能迅速跃居短视频平台龙头地位的原因之一；而以抖音、晃咖、奶糖、Muse等为代表的音乐类短视频平台，将目标锁定在音乐垂直领域，用户更以年轻化为主，尽管用户规模不敌快手、火山，但用户群体精准且画像统一，在寻求商业化变现方面优势明显。"不一定会出现一款专门的App，但有可能嫁接在已经成熟的健身类App中，成为其中的一个功能。"并曾分析称"把它（短视频）放置在各种需求场景下，只要用户有表达和社交欲望，都可以借助短视频来完成"。

　　而今，我们看到越来越多的 App 借助短视频，或拓展其在内容方面的布局，或拓展其社交属性。网易云音乐依靠"短视频"和新增的"视频"页卡，着力打造一个以音乐为主的 MV 版"朋友圈"；主打"自律让我自由"的健身类 App 也增加"短视频"功能，着力打造 15 秒的健身短视频社区，促进健身达人们和"肌友"的互动；除此之外，以提供"自由行"服务的马蜂窝旅行网也在"嗡嗡"中增加短视频功能，且增设"旅行视频"页卡，不仅意在打造一个集纳用户 UGC 内容的旅行社群，也向用户不断推荐优质旅行类 PGC 内容。

　　"短视频＋旅行""短视频＋美食""短视频＋健身"……无论是打造吃货版"朋友圈"的大众点评，还是各类音乐、健身、旅行类 App 与短视频联姻而构建的垂直社群，都无不显出这一趋势——短视频已不再是独立的视频传播载体，它成为一种功能性应用与垂直领域的服务 App 联合，"短视频＋"已成为推动内容传播、构建垂直社群的利器。也有不少人猜测，未来我们是否也能通过短视频在"饿了么"查看外卖品相、根据饭友的记录点评而选择；或者我们会不会通过短视频进行二手买卖，无论"闲鱼"还是"优信二手车"，都可以让买卖双方通过短视频推动实实在在的交易。

　　资料来源：https://baike.baidu.com/tashuo/browse/content? id＝ca3021126a73604144462980&lemmaId＝3359289&fromLemmaModule＝pcBottom.

扫描此码　　　　　　　　　　　扫描此码

案例讨论　　　　　　　　　　　在线自测

参 考 文 献

[1] 谭贤.新媒体营销与运营实践[M].北京：人民邮电出版社,2017.
[2] 李京京,王莉红.新媒体营销[M].北京：人民邮电出版社,2019.
[3] 秋叶,张向南.新媒体营销案例分析模式、平台与行业应用[M].北京：人民邮电出版社,2017.
[4] 郭国庆.市场营销学通论[M].4版.北京：中国人民大学出版社,2009.
[5] 秦勇,陈爽.网络营销理论、工具与方法[M].北京：人民邮电出版社,2017.
[6] 田玲.网络营销理论与实践[M].北京：北京交通大学出版社,清华大学出版社,2019.
[7] 荆浩.网络营销基础与网上创业实践[M].北京：清华大学出版社,2017.
[8] 王永东.网络营销学[M].北京：清华大学出版社,2018.
[9] 廖以臣.网络营销[M].北京：高等教育出版社,2016.
[10] 樊建锋.网络营销：创业导向[M].北京：北京大学出版社,2016.
[11] 王颖纯.电子商务网络营销[M].北京：电子工业出版社,2015.
[12] 冯英健.网络营销基础与实践[M].北京：清华大学出版社,2016.
[13] 石妍.网络营销实训[M].南京：南京大学出版社,2020.
[14] 徐建华,罗阿玲,林敏,等.企业模拟经营[M].成都：西南交通大学出版社,2018.
[15] 黑马程序员.新媒体营销教程[M]//新媒体时代网络营销实战系列丛书.北京：人民邮电出版社,
     2017：23-28.
[16] 凌守兴,王利锋,李忠美,等.网络营销实务[M].北京：人民邮电出版社,2017.
[17] 苏高.移动端网络营销推广实战从入门到精通[M].北京：人民邮电出版社,2017.
[18] 江礼坤.网络网销与推广[M].北京：人民邮电出版社,2017.
[19] 陈水芬,孔伟成,谭春辉.网络营销[M].重庆：重庆大学出版社,2017.
[20] 惠亚爱,乔晓娟,等.网络营销[M].北京：人民邮电出版社,2016.
[21] 谭文曦,张敏,等.市场营销学[M].北京：人民邮电出版社,2015.
[22] 聂元昆,贺爱忠,吴健安,营销学前沿理论[M].北京：清华大学出版社,2014.
[23] 舒尔茨,凯奇.全球整合营销传播[M].何西君,译.北京：中国财政经济出版社,2004.
[24] 张卫东.网络营销[M].重庆：重庆大学出版社,2014.
[25] 周曙东.电子商务概论[M].南京：东南大学出版社,2011.
[26] 徐晋.平台经济学(修订版)[M].上海：上海交通大学出版社,2013.
[27] 杨学成,陈章旺.网络营销[M].北京：高等教育出版社,2014.
[28] 胡碧昱,丁涵,李倩.多维新媒体营销[M].北京：人民邮电出版社,2020.
[29] 王颖纯,杨欣,杨强,等.电子商务网络营销[M].北京：电子工业出版社,2015.
[30] 刘望海.新媒体营销与运营[M].北京：人民邮电出版社,2018.
[31] 乔付军,王虹垒,程淦.新媒体概论[M].北京：人民邮电出版社,2020.
[32] 乌力雅苏,徐彩苏.4C理论下的虚拟品牌社区营销研究——以小米社区为例[J].现代商贸工业,
     2020,41(29)：57-58.
[33] 陈炳旭,吴威廷,刘杨鑫,等.移动互联网时代下社群营销的策略研究[J].财经界,2020(20)：37-38.
[34] 岳宇君,郦晓月.O2O模式下虚拟社区营销对消费者认知和行为的影响[J].哈尔滨商业大学学报
     (社会科学版),2020(2)：84-92.
[35] 李维胜,黄容.基于大数据技术的房地产网络社区营销模式研究[J].技术经济与管理研究,2019
     (9)：28-32.
[36] 李英禹,裴煜.虚拟品牌社区消费者行为特征与营销策略研究[J].商业经济,2019(5)：67-68.
[37] 田英伟."互联网＋"视域下农产品网络营销模式评析[J].农村经济与科技,2018,29(6)：66.

[38] 毛丽杰,罗盈铄.营销模式国内外文献综述[J].现代营销(下旬刊),2011(10):64.

[39] 孙绪峰,席文栓.营销理论发展历程中的转变及其影响[J].价值工程,2005(7):38-39.

[40] 张洪增,高荔.市场营销理论的起源、发展与展望[J].管理研究,2006(5):14-15.

[41] 肖飞.互联网技术下关系营销实现模式研究[J].商业经济研究,2015(8):59-60.

[42] 焦建萍.新媒体形势下中小企业整合营销策略探讨[J].商业经济研究,2015(8):61-62.

[43] 卫军英.整合营销传播中的观念变革[J].浙江大学学报(人文社会科学版),2006(1):150-157.

[44] 姜奇平.共享经济从理论到实践的发展[J].互联网周刊,2015(16):70-71.

[45] 李允尧,刘海运,黄少坚.平台经济理论研究动态[J].经济学动态,2013(7):123-129.

[46] 杜佳一.基于SWOT理论的视频网站营销策略分析——以哔哩哔哩为例[J].现代商业,2019(13):28-29.

[47] 邓智铭.短视频KOL营销模式[J].营销界,2021(21):193-194.

[48] 徐岚.探析新产品的短视频营销推广策略——以抖音为例[J].商场现代化,2020(4):11-13.

[49] 健坤.2019数字营销十大案例[J].互联网周刊,2020(3):24-28,22-23.

[50] 北木.2019年经典网络营销案例[J].标准生活,2019(11):36-39.

[51] 钱澄.浅析数字技术的发展对新媒体艺术的影响[J].大众文艺,2017(15):218,59.

[52] BUSCA L,BERTRANDIAS L. A framework for digital marketing research:investigating the four cultural eras of digital marketing[J]. Journal of interactive marketing,2020(49).

[53] 王佳.人工智能及大数据技术在数字营销中的应用研究[J].营销界,2021(2):173-174.

[54] 邓倩.新媒体营销研究综述与展望[J].科学决策,2020(8):67-88.

[55] 戴妙欣.腾讯视频营销策略研究[D].乌鲁木齐:新疆大学,2019.

[56] 林朋.云南民族旅游品牌的网络社区营销[D].昆明:云南艺术学院,2018.

[57] 张旭光.共享经济视角下网络付费问答平台的传播机制研究[D].南宁:广西大学,2017.

[58] 常馨元.网络知识社区的科学传播研究[D].乌鲁木齐:新疆财经大学,2019.

[59] 陈嘉莹.移动社交时代短视频的营销模式研究[D].南昌:江西师范大学,2019.

[60] 杨力.自媒体环境中商家内容营销对顾客网络互动意愿的影响研究[D].厦门:厦门大学,2014.

[61] 付安妮.中国视频网站自制内容营销研究[D].长沙:湖南大学,2015.

[62] 李玉梅.体验经济背景下娱乐营销的模式及策略研究[D].济南:山东大学,2008.

[63] 王顺国.体验经济时代娱乐营销模式研究[D].济南:山东大学,2008.

[64] 朱晓妍.Y公司会员营销改进方案[D].西安:西北大学,2018.

[65] 何浏,沈凤,罗颖.娱乐营销基本模式研究综述[J].品牌研究,2017(1):17-24.

[66] 朱晓妍.Y公司会员营销改进方案[D].西安:西北大学,2018.

[67] 袁媛.基于顾客价值的会员营销模式研究[D].青岛:中国海洋大学,2012.

[68] 陈嘉莹.移动社交时代短视频的营销模式研究[D].南昌:江西师范大学,2019.

[69] 上海艾瑞市场咨询有限公司.中国短视频企业营销策略白皮书[A].2019:12.

[70] 中国短视频营销市场研究报告[A].上海艾瑞市场咨询有限公司,2018:12.

[71] 中国短视频营销市场研究报告[A].上海艾瑞市场咨询有限公司,2018:12.

[72] 上海艾瑞市场咨询有限公司,艾瑞咨询系列研究报告[C].2019:37.

[73] Lamberton C,Stephen A T. A Thematic Exploration of Digital,Social Media,and Mobile Marketing:Research Evolution from 2000 to 2015 and an Agenda for Future Inquiry[J].Journal of Marketing,2016,80(6):146-172.

[74] 谭介辉.以改革创新精神推动媒体融合[J].中国报业,2014(10):17.

[75] 陈真,黄沛.新媒体对整合营销传播的影响及对策研究[J].财经分析,2019(8):60-64,68.

[76] 戴月,徐晨郁,马晓思."互联网＋"时代下企业新媒体营销内容传播的探究[J].老字号品牌营销,2020(10):33-35.

[77] 叶霞."互联网＋"时代下企业新媒体营销内容传播的探究[J].青年记者,2018(11):53-54.

[78]　王子宁.PGC短视频自媒体的内容生产研究[D].南京：南京师范大学,2019.

[79]　张世龙.大数据时代的市场定位精准化研究[D].贵州：贵州财经大学,2016.

[80]　刘建波.话题营销四两拨千斤的传播利器[J].计算机与网络,2017(10)：43.

[81]　李雅雯.基于创新扩散理论的图书出版微话题营销——以《谁的青春不迷茫》三部曲为例[J].青年记者,2016(11)：94.

[82]　许志强,徐瑾钰.基于大数据的用户画像构建及用户体验优化策略[J].智媒时代,2019(6)：52-56.

[83]　于正东.基于共生营销理念的中小企业营销平台建设[J].吉首大学学报(社会科学版),2006,27(1)：142-145.

[84]　王曦.基于新零售环境下用户画像的构建[J].企业科技与发展,2021(1)：228-230.

[85]　王玉,宋琪琨,赵俊.基于自媒体平台营销模式的创新探究[J].广东蚕业,2020,54(1)：51-53.

[86]　段康.论新媒体受众的特点及其对内容生产与运营的影响[J].中外企业家,2020(20)：253.

[87]　周庆安,黄璐.媒体融合视野下媒体内容生产：观念方式和表现形式[J].南京政治学院学报(JNIP),2015,31(4)：113-117.

[88]　张利娟.浅谈话题营销的运作[J].新闻研究导刊,2014,5(6)：135.

[89]　杨帆.浅析定位策略在新媒体运营中的运用[J].中外企业家,2020(11)：236-237.

[90]　杨金宏.浅析商品话题营销[J].商场现代化,2018(12)：21-22.

[91]　罗庆学.融媒体时代内容如何为王——平台赋能技术赋能服务赋能[J].中国地市报人,2020(11)：109-111.

[92]　贾思羽.探析自媒体营销的发展历程及相关建议[J].现代商业,2020(9)：13-14.

[93]　张萌.新媒体环境下跨媒体内容创作策略与营销趋势研究[J].西部广播电视,2020(8)：45-47.

[94]　刘玉洁.新媒体时代的内容营销——以微信公众号为例[J].新闻研究导刊,2021,12(1)：243-244.

[95]　虞国芳,崔佳欣.新内容新生产：国际传播的新媒体内容生产[J].新媒体,2021(4)：64-68.

[96]　许敏玉,于笑寒.智媒时代文案写作进阶之路[J].新闻与写作,2020(6)：110-112.

[97]　徐楚翘,王微,滕昊.自媒体平台的新营销模式——以抖音为例[J].科技经济导刊,2020,28(20)：223.

[98]　杜婧妍.自媒体营销的未来发展趋势探究[J].西部广播电视,2021(4)：14-17.

[99]　刘望海,杜志攀.新媒体营销与运营：从入门到精通[M].北京：人民邮电出版社,2018.

[100]　张向南.新媒体营销案例分析模式、平台与行业应用[M].北京：人民邮电出版社,2017.

[101]　乔付军,王虹垒,程淦.新媒体概论[M].北京：人民邮电出版社,2020.

教师服务

感谢您选用清华大学出版社的教材！为了更好地服务教学，我们为授课教师提供本书的教学辅助资源，以及本学科重点教材信息。请您扫码获取。

➤➤ 教辅获取

本书教辅资源，授课教师扫码获取

➤➤ 样书赠送

市场营销类重点教材，教师扫码获取样书

 清华大学出版社

E-mail: tupfuwu@163.com
电话: 010-83470332 / 83470142
地址: 北京市海淀区双清路学研大厦 B 座 509

网址: http://www.tup.com.cn/
传真: 8610-83470107
邮编: 100084